21 世纪房地产系列教材

房地产市场营销（第二版）

叶剑平　邹晓燕　编著

中国人民大学出版社
· 北京 ·

总 序

“21世纪房地产系列教材”自2001年陆续出版以来多次印刷，得到了兄弟院校同行的支持和广大读者的厚爱，被许多大专院校作为房地产相关专业的教材采用，为我国房地产理论的推广起到了一定的积极作用，也得到许多读者的认可。在这期间，房地产市场、政策、企业经营、消费者消费模式、政府管理目标、政策法规等均发生了巨大变化，以下几个统计数据可以说明房地产业发展变化的情况：与2001年相比，2005年房地产企业从近3万家增加到近6万家，房屋建筑面积从79 411.7万平方米增加到166 053.26万平方米，商品房销售面积也从22 411.9万平方米增加到55 486.2万平方米，房地产投资额占GDP的比重从5.87%增加到8.65%（支柱产业的标准是5%以上）。除了统计数据的巨大变化，政府对房地产市场的管理也经历了从培育市场、促进市场发展到对市场调控，以保证房地产市场特别是住宅市场稳定为目标的转变。同时民众对房地产产品的认识也不断深入，房地产产品从百姓的生活必需消费品向具有投资消费双重属性的商品过渡，百姓投资置业观念越来越理性。企业对房地产市场的把握对企业在竞争中能否获胜至关重要，企业从卖方市场—买方市场—卖方市场的不断转换，特别是新的土地出让（招拍挂）政策的实施，金融政策的出台，企业间的合作、兼并、重组等已不是新闻，房地产企业经营管理方式也随之变化。随着我国物权法的颁布，房地产销售方式、物业管理内容、业主的维权意识、城市拆迁、土地的征用程序等都发生了变化，出现了房地产金融从放宽鼓励其发展到完善金融制度等的变化。在这期间，我国房地产业也从初期阶段进入了完善和规范发展时期，房地产理论与实践取得了长足进步，不论是价格评估，还是房地产金融、房地产政策制度、企业经营管理、房地产营销、物业管理、房地产投资等的研究都不断深入。相比我国房地产的实践发展，本丛书第一版的有些内容已经不适应发展的需要，在中国人民大学出版社的再三敦促下，系列教材第二版的编写工作终于于2006年底启动。在保留原有风格不变的前提下，本次编写吸收了部分读者的意见，更新和增加了与当前发展相适应的内容，删除了陈旧的内容。同时尽量协调好各书之间的内容，避免出现各书间大量的重复描述。我们要求作者编写时力求做到理论阐述深入浅出，为更好地掌握理解，加入一些实践内容，实践描述尽量做到言简意赅，与理论相互呼应。同时，在编写中，我们还吸收了一些国内外最新研究成果。除了原来《房地产估价》、《房地产市场营销》、《房地产开发与经营》、《房地产产权产籍管理》、《房地产经济学》、《房地产金融》、《房地产投资分析》、《房地产管理法》等八部教材外，本次出版还增加了《房地产政策分析》、《房地产服务市场》、《房地产市场分析》、《房地产经纪理论与实务》、《房地产项目管理》等五部教材，以使其更全面完善。其中《房地产估价》等四部教材被评为“十一五”国家级规划教材。

“21世纪房地产系列教材”是中国人民大学土地管理系教师在长期教学、研究基础上吸收兄弟单位相关学者的成果编写而成的。希望本系列教材的出版，能为当今房地产市场热带去理性的分析工具，为培养房地产相关专业的学生作出贡献。同时，本系列教材也可以作为从事、热爱、关心房地产业的读者学习时的参考工具。

中国人民大学于1985年设立土地管理专业，1988年成立土地管理系，1992年开始招收房地产经营管理专业的本科生，是全国最早从事土地管理以及房地产教学、科研的大学之一。中国人民大学现设有土地资源管理（含房地产经营与管理）、工程管理两个本科专业，土地资源管理、房地产经济学两个硕士专业，城市建设和房地产开发、土地行政管理两个MPA专业方向及土地资源管理（含房地产经营与管理）博士点，能够提供从本科生到博士生完善的教学和培养服务。本科教育一直是土地管理系教学的重点，我们也很重视教材和著作的编写、引进，如出版“21世纪土地管理系列教材”、“房地产经典译丛”、“房地产前沿丛书”等。

感谢中国人民大学出版社刘晶女士、曹沁颖女士的耐心催促与辛勤编辑，感谢所有作者在承担大量日常教学任务的同时，参与本系列教材的编写，更感谢本学科的所有前辈，是他们的研究为我们奠定了向前探索的基础。由于我们国家处在社会经济转型过程中，发展与变化是我们时代的特征，教材中必定有许多有待完善的地方，望广大读者不吝赐教。

叶剑平

第二版前言

自2000年本书第一版出版，转眼间已经过去了11年，期间我国的房地产市场取得了长足发展，房地产市场营销也经历了概念营销、事件营销、体验营销、品牌营销、关系营销等不同的发展阶段。时至今日，市场营销哲学已进入全面营销时代，影响营销的环境因素不断发生变化，网络营销技术对房地产市场营销的影响越来越明显，房地产市场营销的技术和组织也随之发生了很大的变化。本书第一版出版后受到广大读者的喜欢和支持，本次修订将秉承反映营销理论和实践新变化的写作理念，对本书内容进行改进和扩充。本次修订，在体系和内容安排方面，遵循了以下几个原则：

1. 理论与应用并重，反映营销理论和实践的最新变化

首先，在内容框架上，按照全面营销理论体系和实践对全书的结构进行改进。删除了“建筑设计、物业管理与房地产市场营销”一章，将其部分内容并入第一章有关房地产全程营销特性的阐述内容中。将“房地产市场细分”和“房地产目标市场选择”合并为一章，精简了内容。鉴于关系营销在全面营销中的重要性，单独设了“房地产关系营销”一章，从房地产客户关系管理、房地产合作伙伴关系管理以及房地产渠道营销关系管理角度进行详细深入的阐述。全书前后内容体系按宏观、中观、微观视野依次展开。在市场营销发展趋势和新兴房地产促销内容中扩充了房地产网络营销等相关内容。

其次，在本次修订中，我们力求做到不拘泥于一般理论的描述，而是将理论知识和实证分析相结合。为了体现房地产市场营销的实战性特点，每一章都精选了很多实战案例，既有大案例也有小案例，一方面用以佐证理论内容，另一方面，通过情境方式，强化读者的实际感受，以帮助其获得一些实际操作经验。

2. 模块化结构

为了提高选用本书作为教材时课堂教学的灵活性，本次修订对内容进行了模块化安排。

增设了“本章内容提要”，介绍本章主要内容及其在整个理论体系中的作用，方便读者按需快速进入阅读内容。

增设实战案例，使得读者在对本章内容掌握不是很熟练的情况下，可率先阅读案例以增加感性认识。

增设“关键术语”和“复习思考题”，通过这些与现实结合密切的问题，激发读者解决问题的兴趣，从而达到梳理整章知识体系，强化营销理论理解，并能结合实践加以应用的效果。

3. 章内容调整

第 1 章“房地产市场营销导论”部分，引入了全面营销最新理论和实践，着重描述房地产市场营销特征的总结和提升。第 2 章“房地产市场营销环境分析”部分，更新了大量的支撑资料和数据，增加了技术环境变革对房地产市场营销的影响，如计算机技术、建筑技术；扩充了包括环境影响评价和住宅建筑节能减排管理等行业环境内容。第 3 章“房地产产业结构和竞争分析”为原书第五章，保留了上一版第一节、第二节、第三节、第五节的内容，删除了原来第四节的内容，将第四节修改为“不同类型开发商的市场竞争战略”。第 4 章为原书第三章，将章名“房地产购买行为分析”修改为“房地产消费者分析”，调整了章节结构顺序，将决策过程一节放在了行为模式之后；将住宅、写字楼、商业物业、工业物业消费的行为影响因素合并为一节；将原书的商业物业名称修改为商贸物业，并与写字楼合并为商业物业一小节。第 5 章“房地产市场调查”为原书第四章，对原书的内容进行精简。第 6 章将原书第六章“房地产市场细分”和第七章“房地产目标市场选择”合并成一章；丰富了对市场细分的解释；补充了十个案例及一些段落中的解释性小例子；将原书第六章第四节“有效市场细分的条件”并入第一节，调整细分程序和细分依据（原书中叫细分参数）两部分内容的顺序，在细分程序中加入细分市场划分方法。第 7 章“房地产产品定位”为原书第八章，增加了从规划、景观、建筑单体和配套方面阐述在项目定位的指导下进行产品设计的策略，删除了重复说明和过时的内容。第 8 章“房地产市场营销策略”为原书第十章，将原第七节“房地产市场营销公共关系策略”单独分出作为第 9 章“房地产关系营销”；将原第四节“房地产市场营销促销策略”、原第六节“房地产市场营销销售促进策略”、原第八节“房地产人员推销策略”进行重组，成为新的第四节，后两节在内容上保留了主要部分，略作了一些删减，增加了房地产网络营销的内容。第 10 章为原书第十一章，将章名“房地产营销计划、组织与控制”修改为“房地产营销计划、组织、执行与控制”，调整了章节结构顺序，按照营销计划、组织、执行和控制的顺序重新编排，并将原书中的控制程序和方法两节内容合并为控制一节；增加了营销执行一节内容，补充了执行在营销方案实行中的重要性和与组织结构的紧密关系方面的内容，补充了现代营销执行中非常重要的管理信息系统的内容，以及领导者在执行中扮演的重要角色等内容；在介绍市场营销组织演化过程的内容中补充了第六种组织模式——过程与结果共同导向的公司。删除了原书第九章“建筑设计、物业管理与房地产市场营销”的相关内容。

4. 细节修订

在解释一些专业概念时附加了英文原文并增加了举例，以便更通俗易懂。对一些专业名词附加了脚注进行详细解释以便于读者理解。对章内数据和一些内容按最新的变化和政策进行了更新。

由于房地产产品的异质性、稀缺性和位置规定性等有别于一般商品的特性，使其营销手段更复杂，也更具挑战性，加之编著者水平有限，内容难免存在疏漏之处，敬请读者斧正。

参加本书修订的人员还有夏欢、黄卓、李嘉、成立、康龙、罗淑雯，他们为本书的数据和资料更新做了大量基础性的工作，全书由叶剑平、邹晓燕统稿。我们在修订过程中翻阅、参考了大量资料和案例，在此对这些资料和案例的作者一并致谢。同时感谢中国人民大学出版社的大力支持和协助，使本书得以顺利修订再版。

编著者

2011年5月

第一版前言

随着我国房地产市场的建立，特别是中央深化住房制度改革政策的出台及住宅业作为国民经济新的增长点，房地产业在国民经济中的作用将日益显现出来。然而，目前我国房地产市场的现状是：一方面约有 8 000 万平方米的商品房空置；另一方面，许多房地产企业仍然还是以产定销，企业规模偏小，不注重质量与品牌，忽视市场调研，致使开发的产品继续与市场脱节。我国房地产市场已由原来的卖方市场向买方市场转变，因此竞争将更趋激烈。房地产企业要想在市场竞争中立于不败之地，很大程度上取决于其是否能生产适销对路并且吸引客户的产品，从而把握住市场。

我们知道，市场是由卖方、买方和商品三大要素构成，三者缺一不可。而营销则是将三者有机联系在一起的有效手段，营销在三大要素中起到联结与催化剂的作用。营销帮助卖方去分析、理解买方（消费者）的心理需求，保护并诱导消费者的心理需求，协调买卖双方，使卖方提供的产品能够充分满足消费者的需求。营销以消费者的需求为起点，也以消费者最终满足为归宿。它必须在房地产还未动工前就开始介入，对投资决策地块的选择、配套、前期设计、施工、销售乃至物业管理等一系列问题进行全程跟踪，充分体现以销定产，最大限度地满足消费者的需求。企业对产品定位的正确与否，决定着产品进入市场的成效。现代房地产市场的竞争将是品牌的竞争，营销策略是产品定位、创品牌的重要途径，营销水平的高低将直接影响着企业的生存。

美国市场营销专家菲利普·科特勒指出："销售不是市场营销的最重要部分，销售只是'市场营销的冰山'的顶端。销售是企业的市场人员的职能之一，但不是其最重要的职能。这是因为：如果企业的营销人员搞好市场营销研究，了解购买者的需求，按照购买者的需求设计和生产适销对路的产品，同时合理定价，搞好分配、促进销售等市场营销工作，那么这些产品就能轻而易举地销售出去。"美国企业家彼得·德鲁克也论述："市场营销的目的在于使推销成为不必要。"

但是目前我国的房地产开发商对营销的意义、价值、作用大都不甚了解，重视程度远远不够。因此，在房地产开发中有必要引入营销理念，对房地产营销加以研究，从而规范营销行为，提高营销水平，使营销策划真正成为房地产开发、销售的先行者和组织者，而不是销售的代名词。现代营销理论就是使发展商和客户架起桥梁，使发展商去了解市场，去了解客户“以人为本”的需求，依据客户的需求（包括潜在需求）来生产产品，从而使其生产的产品能够为市场青睐。但由于房地产产品的异质性、稀缺性及位置固定性等有别于一般商品的特性，使其营销手段更复杂，也更具挑战性。本书试图运用现代营销理论结合我国房地产市场特点来分析探讨房地产营销环境、购买行为、市场调查、目标市场、市场细分、产品定位及营销计划、组织与控制等，以飨读者。

在编写本书时我们力求做到不拘泥于一般理论的描述，而是将理论知识与实证分析相结合，使读者通过实证分析，达到对营销理论的理解，并能结合实际加以运用。由于房地产市场营销在我国刚刚起步，许多操作还不规范，还在完善和发展中，再加上房地产市场营销的特殊性，更由于编者水平有限，谬误在所难免，敬请读者批评指正。

参加本书编写的还有陈国潮、王爱民、黄崇龙等，最后由叶剑平统稿。我们在编写过程中翻阅、参考了大量资料和案例，特别是中国房地产信息网为我们提供了许多信息，在此一并致谢。同时感谢中国人民大学出版社的大力支持和协助，使本书得以顺利出版。

编　者

1999 年 9 月于人大静园

目　录

第1章

房地产市场营销导论

本章内容提要

营销无所不在，那么什么是市场营销和房地产市场营销？营销哲学和企业经营观念是如何演进的？房地产市场营销与其他产品的市场营销有何不同？企业如何实施房地产市场营销，其内容和程序是怎样的？房地产市场营销的发展趋势又是怎样的？这些问题将在本章得到阐述。

1.1 什么是市场营销

市场是社会分工和商品交换的必然产物。作为现代国民经济细胞与市场主体的营销问题和市场营销学是在经济不断发展、竞争日益加剧、市场逐渐从卖方市场演变成为买方市场的大背景下逐渐产生和发展起来。21世纪的人类社会，市场营销无处不在，营销的主体已从早期的经营企业扩展为包含企业、非营利组织、政府、个人在内的各种主体，市场营销的对象也从产品和服务扩展为产品、服务、体验、地域、事件、信息等。“企业能否盈利，往往取决于其营销能力”①。因此，市场营销的重要性无可争议，一个称职的营销者首先要理解什么是市场营销，营销的对象和主体是什么，市场营销的运作过程如何。

1.1.1 市场营销的概念

市场营销（marketing）不等于市场，它有其自身独立的含义。“市场营销”的概念是

① ［美］菲利普·科特勒：《营销管理》，1页，北京，中国人民大学出版社，2010。

从工商企业的市场营销活动和实践中概括出来的。市场营销是发现和满足人类和社会需要的活动，营销主体在满足顾客需要的同时获得利润和利益。美国营销学会对营销所下的定义是：营销是组织的一项职能，是为消费者创造、传播、传递价值和管理顾客关系，为组织和利益相关者带来利益的一系列过程。即营销是关于企业如何发现、创造和交付价值以满足一定目标市场的需求，同时获取利润的学科。所以，营销学用来辨识未被满足的需要，定义、量度目标市场的规模和利润潜力，找到最适合企业进入的市场细分和适合该细分的市场供给品。在最广泛的意义上，营销者希望的是激起人们对某些提议的响应，这种响应并不一定只限于"买"或"卖"。营销包括了使目标大众对某些产品、服务、思想或其他事务产生预期反响所采取的一系列行动。营销的核心活动是产品开发、研究、沟通、分销、定价以及服务等。

理解市场营销主要从以下三个方面进行：

1. 市场营销是一种以顾客需求管理为本质内容的经营理念

市场营销是企业经营管理的一项重要职能，"市场营销"的概念是从工商企业的市场营销活动和实践中概括出来的。其基本思想是以客户为中心，企业的经营活动自始至终要围绕服务顾客、满足客户需求展开。因此，市场营销管理的实质是需求管理。企业在开展市场营销的过程中，一般要设定一个在目标市场上预期要实现的交易水平，然而，实际需求水平可能低于、等于或高于这个预期的需求水平。市场营销经理的任务就是致力于影响这些需求的水平、时机和构成。根据需求水平、时间和性质的不同，可归纳出八种不同的需求状况（见表1—1）。市场营销是一个面向市场经济的企业所需具备的基本经营理念，缺乏这种理念的企业在市场中将难免遭遇生存危机。

表1—1　　需求的不同状况及其管理策略

需求类型	特征	营销管理对策和任务
负需求	绝大多数人对某个产品感到厌恶，甚至愿意出钱回避它的一种需求状况。	改变市场营销——分析市场不喜欢产品的原因，通过产品重新设计、降价和积极促销来改变市场的信念和态度，将负需求转变为正需求。
无需求	目标市场对产品毫无兴趣或漠不关心的一种需求状况。	刺激市场营销——通过大力促销及其他市场营销措施，努力将产品所能提供的利益与人的自然需要和兴趣联系起来。
潜在需求	消费者对市场商品和服务有消费需求而无购买力，或虽有购买力但并不急于购买的一种需求状况。	开发市场营销——开展市场营销研究和潜在市场范围的测量，开发有效的物品和服务，将潜在需求变为现实需求。
下降需求	市场对一个或几个产品的需求呈下降趋势的一种需求状况。	重振市场营销——分析需求衰退原因，开拓新目标市场，改进产品或采用更有效的沟通手段来更新刺激需求，使老产品开始新的生命周期，并通过创造性的产品再营销来扭转需求下降的趋势。
不规则需求	某些物品或服务的市场需求在一年不同季节，或一周不同日子，甚至一天不同时间上下波动很大的一种需求状况。	协调市场营销——通过灵活定价、大力促销及其他刺激手段来改变需求的时间模式，使物品或服务的市场供给与需求在时间上协调一致。

续前表

需求类型	特征	营销管理对策和任务
充分需求	某种物品或服务的目前需求水平和时间等于预期的需求水平和时间的一种需求状况。	维持市场营销——努力保持产品质量，经常测量消费者满意程度，通过降低成本来保持合理价格，并激励推销人员和经销商大力推销，千方百计维持目前需求水平。
过量需求	某种物品或服务的市场需求超过了企业所能供给或所愿供给的水平的一种需求状况。	降低市场营销——通过提价、合理分销产品、减少服务和促销等措施暂时或永久地降低市场需求水平，或者设法降低盈利较少的市场的需求水平。
有害需求	市场对某些有害物品或服务的需求。	反市场营销——劝说喜欢有害产品或服务的消费者放弃这种爱好和需求，大力宣传有害产品或服务的严重危害性，大幅度提高价格，以及停止生产供应等。

2. 市场营销是一种战略管理活动

企业的基本经营目标是实现生存、获利和发展，市场营销是实现企业经营目标的一种管理活动，从企业角度讲，市场营销的职能就是保证客户和消费者成为企业的中心环节，使市场营销成为企业战略的一部分，因此，市场营销是企业的一种战略管理活动。企业的战略可以分为总体战略和职能战略。市场营销战略属于职能战略范畴，而且是企业职能战略的核心，是实现企业总体战略的途径和手段。在某种意义上讲，谈论市场营销应该为企业做些什么，就是在谈论企业该持有什么样的最终目标和战略目的。

3. 市场营销是一个贯穿企业经营全过程的系统行为

市场营销是一个贯穿企业经营全过程的系统行为，即企业要实现自己的经营目标，就必须了解客户的需求，要了解客户的需求就必须进行市场调研，而市场调研正是市场营销的起始工作；在对市场进行了分析、了解了顾客需求之后，需要对市场进行细分，选择目标市场，也就是市场营销中的定位工作；在明确了市场定位之后，需要针对目标客户群设计产品或服务，这是市场营销中产品策略的重要内容；此后便是企业选择销售渠道、进行宣传推广等，最后达成顾客购买这种产品或服务的结果，从而实现企业的经营目标。可见，市场营销贯穿在企业的整个经营过程之中。

1.1.2 市场营销的核心概念

正如上文所讲，市场营销是企业的一种职能，是贯穿企业经营全过程的系统行为，要掌握市场营销的运作过程，就需要了解以下营销核心概念：

1. 需要、欲望和需求

需要指人类的基本需求。例如，人为了生存，需要食物、空气、水、衣服和住所。另外，人们对消遣、教育和娱乐也有强烈需要。当被引向特定的、可能满足需要的物体时，需要就变成了欲望。经济学中的需要是指欲望，是指对某种物品的渴望。需求是指对特定产品的有购买能力的欲望。如别墅是很多人的住宅梦想，但并不是每个居民都有能力购买别墅。企业不仅要知道有多少人对其开发的产品有欲望，更重要的是知道有多少人真正愿意并有能力购买。

2. 目标市场、定位和细分

企业不可能满足每位消费者的需求。这一方面是因为消费者有着各不相同的需求，另一方面，企业也不可能什么都生产以满足顾客的需要。因此，企业的市场营销人员首先需要细分市场。他们依据购买者在人口统计、心理和行为方面的差异，将可能需要类似产品和服务组合的消费者区分成若干群体；然后判定哪些市场具有最大的机会，即寻找目标市场；之后则向选定的目标市场提供产品和服务。企业通过这种供应向消费者传递了某种核心价值和利益，企业的产品就被定位在了消费者的心目中。

3. 顾客价值和满意

在现代市场营销观念指导下，企业应致力于顾客服务和顾客满意。而顾客满意并非人们所想象的"只要价格低，则万事大吉"。事实上，消费者在选择卖主时，价格只是考虑因素之一，消费者真正看重的是"顾客让渡价值"。顾客让渡价值是指顾客总价值与顾客总成本之间的差额，顾客总价值是指顾客购买某一产品与服务所期望获得的一组利益，包括产品价值、服务价值、人员价值和形象价值等。顾客总成本是指顾客为购买某一产品所耗费的时间、精神、体力以及所支付的货币资金等。因此，顾客总成本包括货币成本、时间成本、精神成本和体力成本等。基本上，价值可看作质量、服务和价格的组合。企业为战胜竞争对手，吸引更多的潜在顾客，就必须向顾客提供比竞争对手具有更多顾客让渡价值的产品。

价值是营销的核心。营销可以看作是对顾客价值的确认、创造、传播、传递和监控。如果顾客对产品的感知与其预期一致，顾客就会满意。

4. 营销渠道

营销者利用三种营销渠道将本企业的产品和服务传递到目标市场，即传播、分销和服务。传播渠道接受和传递来自消费者的信息，传统的传播渠道有报纸、杂志、广播、电视、电话、广告牌、传单等，这些多是单向传播，为弥补其不足，双向传播渠道（电子邮件、免费电话和企业博客）应运而生。分销渠道是营销者向消费者展示、销售和传递有形产品和服务的渠道，通常包括分销商、批发商、零售商和代理商。营销者还需利用服务渠道完成与潜在顾客的交易，这些渠道如仓储、物流、金融保险公司的相关业务。

5. 营销环境

市场营销活动不是在真空中进行的，它必然存在于某个特定的营销环境中。营销活动是一个综合体，它要受到诸多因素的制约，这些因素主要包括人口环境、经济环境、自然环境、科技环境、政治法律环境和社会文化环境等。

1.1.3 市场营销的主体、对象及其运作过程

传统市场营销学通常认为市场营销的主体就是以获取利润为目标的企业，市场营销的对象则是提供给顾客的产品和服务。但随着经济和技术以及社会的发展，市场营销的主体和对象都有了扩展。在亚洲国家尤其是中国，许多地方政府为促进当地经济增长而成为营销主体，营销其地域，包括文化、经济发展水平、人文和自然景观等等，以吸引旅游者、投资主体等。一些非营利组织和个人也逐渐成为营销主体。菲力普·科特勒在其《营销管理》一书中提出营销的对象有十种，分别是产品、服务、体验、事件、人物、地域、所有

权、组织、信息和理念，并且指出，营销者是努力从潜在顾客那里获得反应（注意、购买、选票、捐赠等）的人员。如果营销过程的双方都在积极寻求交换，那么双方都是营销者。

营销主体（主要是企业）实施营销的任务和过程是这样的。首先，需要根据其市场经验和核心能力识别潜在的长期机会，制定营销战略和机会，即确定未来一段时期内，企业的经营宗旨是什么。其次，为将营销战略转化为营销计划，企业的营销部门需评估市场潜力、预测需求，进行市场细分，选择那些自己能为顾客提供最好的服务的目标市场，并对营销费用、营销活动和资源配置做出基本决策，进行产品定位和产品定价决策。产品开发出来后，企业还需决定通过何种渠道、配合何种传播价值方式（广告、促销、事件和公共关系）向消费者将包含在产品和服务中的有形和无形价值准确地传递给目标市场。最后，要完成这些工作，企业必须要建立一个有能力实施营销计划的营销组织，控制营销活动总体局势，评估营销绩效并及时做出改进，应对实施过程中的意外事件。

1.1.4 企业经营观念和营销哲学的演变

企业的经营观念和营销哲学是企业具体采取何种营销活动的指挥棒，有什么样的企业经营观念和营销哲学，就会有什么样的营销行为。以下阐述经营观念的演变过程。

1. 生产和产品观念

20世纪20年代以前，在一些发达的资本主义国家中，机器制造业成长迅速，市场需求非常旺盛，企业面临的是供不应求的卖方市场，只要产品价格合理，消费者就会购买。企业的中心问题是扩大生产和降低成本，提高产品质量，生产物美价廉的商品。这时生产观念是指导企业进行经营活动的基本思想。企业完全不会也没有必要去考虑如何营销自己的产品，体现在企业的生产观念上表现为“我们能生产什么，就卖什么”。例如，美国的皮尔斯堡公司，自1869年成立之后的50多年中，主要目标就是发展生产，其口号是“本公司旨在制造面粉”。在生产观念的后期，企业开始重视产品的质量和性能。企业认为，消费者会欢迎物美价廉的产品，因此应为消费者提供这种产品并不断升级换代，这就是所谓的产品观念。实际上，产品观念只是生产观念的延伸，因为这些所谓的物美价廉的产品通常只是企业一厢情愿的想法，而缺乏对消费者心理和行为的调查研究。

2. 推销观念

20世纪30年代以后，由于科技进步、管理水平提高以及在前一阶段生产和产品观念的驱动下，产品的产量迅速增加，产品质量不断提高，导致逐渐形成了供过于求的买方市场。这时很多企业的观念就从原来的生产和产品观念向推销观念转化。因为企业认识到，要想在竞争中获胜，就必须卖掉自己生产的每一个产品；要想卖掉产品，就必须引起消费者的兴趣和欲望；要想引起这种欲望，企业就必须进行大量的推销活动。因此，此时企业考虑的问题不是如何大量生产、提高质量，而是如何去推销。推销观念成为指导企业进行经营活动的主导思想，表现为“我们卖什么，人们就买什么”。推销观念虽然强调了产品和销售环节，但仍然没有突破“以产定销”的范畴，消费者的需求和欲望仍然没有成为产品设计和生产的基础。

3. 市场营销观念

市场营销观念产生于20世纪50年代中期。第二次世界大战后，工业品和消费品的数量剧增，造成了生产相对过剩，随之导致了市场的激烈竞争。许多企业在竞争中逐渐意识到单靠传统的推销观念已经不能适应市场发展，它们开始注意消费者的需求和欲望，并开始研究他们的购买行为。市场营销观念认为，实现企业各项目标的关键，在于正确确定目标市场的需求和欲望，并且比竞争者更有效地创造、传递和传播顾客价值。市场营销观念与推销观念的主要区别在于：推销观念以卖方需求为中心，市场营销观念以买方需求为中心；推销观念是从卖方需求出发，考虑的是如何把现有产品变成现金，市场营销观念是考虑如何从顾客的需求出发，设计和制造合适的产品并通过合适的销售和促销手段将产品卖出，具体表现为"顾客需要什么，我们就生产什么、卖什么"等。

4. 社会营销观念

在市场营销观念得到西方工商界的广泛接受之后，人们开始对市场营销观念产生怀疑。主要原因在于：企业在采用市场营销观念追求利润最大化的过程中，往往会损害公众的利益。例如，非专家购买是消费市场的特点之一，而一些企业根据这一特点，运用各种手段制造购买动机，从消费者手中争取形成消费需求的主动权。因此，社会大众渐渐开始对市场营销观念产生怀疑，转而支持一种新的理念——社会营销观念。该观念的基本出发点是，以保证消费者满意及消费者与社会公众的长期福利作为企业的根本目的与责任。负责任的营销决策，不仅仅要考虑企业利益，更要考虑消费者愿望、消费者利益和社会福利。实际上，社会营销观念和市场营销观念并没有本质冲突。问题在于一个企业是否把自己的短期行为和长期利益结合起来。一个以市场营销观念为指导思想的企业，在满足本企业目标市场需求的同时，应该考虑到企业的长期利益目标和竞争战略，在决策时要考虑用户利益和社会利益，这样企业才能长盛不衰。

5. 全面营销观念①

全面营销（holistic marketing）被认为是21世纪的更完善、更有力的营销方式。全面营销是一种基于对营销项目、过程和活动的广泛性和互相依赖性的认识，发展、设计和运用营销项目、过程和活动的观念。全面营销认为，营销应贯穿于"事情的各个方面"（涉及整合营销、关系营销、内部营销和社会责任营销四个方面），往往需要一种广泛的整合的视角。因此，全面营销旨在使企业理解营销活动的范围和复杂性，并使企业与之相适应。图1—1概括地描述了刻画全面营销特征的四个宽泛性主题：整合营销、关系营销、内部营销和社会责任营销。

（1）整合营销。整合营销是以整合企业内外部资源为手段，重组再造企业的经营行为，充分调动一切积极因素，以实现企业目标的全面、一致化的营销。对于整合营销的研究，20世纪50年代的麦卡锡提出了4PS（即产品、价格、渠道和促进）营销组合理论。1990年，美国企业营销专家罗伯特·劳特伯恩教授提出了4CS营销组合理论，4C即消费者的欲望和需求（consumer wants and needs）、消费者获取满足的成本（cost）、消费者购买的方便性（convenience）、企业与消费者的有效沟通（communications）。1990年，唐·舒尔茨从传播的视角提出了整合营销传播理论。2006年，菲利普·科特勒提出了由供给组合（产品、服务、价格）、促销组合、分销渠道、目标顾客组成的营销组合模式，认为

① 参见［美］菲利普·科特勒：《营销管理》，19～23页。

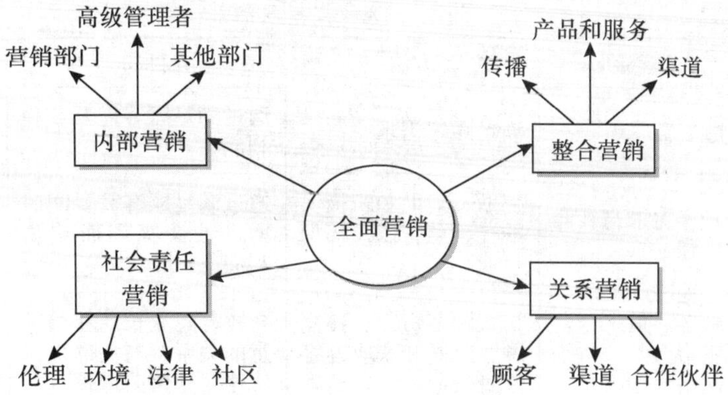

图 1—1　全面营销的维度

在设计和执行任何一种营销活动时，营销者要同时考虑所有其他活动。企业应整合自己的系统进行需求管理、资源管理和网络管理。

（2）关系营销。与所有直接或间接影响企业营销活动成败的人士、组织建立深入、持久的关系，日益成为营销的主要目标。1985 年，巴巴拉・本德・杰克逊提出关系营销的概念，认为："关系营销是企业与关键成员（顾客、供应商、分销商）建立长期满意的关系，以保持长期的业务和绩效的活动过程。"随后，学者们从不同角度对利益相关的"关系成员"进行了研究，提出了多重关系。如科特勒认为关系营销的四个关键伙伴是顾客、员工、营销伙伴（渠道、供应商、分销商、经销商和代理商）以及金融界人士（股东、投资人、分析师）。关系营销的最终成果是营销网络，由企业和所有与公司利益攸关者（包括顾客、员工、供应商、分销商、零售商、广告代理人、大学科学家及其他人）所形成的互惠互利的业务伙伴关系网络。

（3）内部营销。精明的营销者意识到，内部营销与外部营销同样重要，甚至更为重要。1981 年，伦纳德・L・贝瑞将内部营销定义为："内部营销是指将雇员当做顾客，将工作当做产品，在满足内部顾客需要的同时实现组织目标。"即内部营销的目的是"激励雇员，并且使其具有顾客导向观念"。内部营销不仅要将员工个体当做顾客，而且要考虑高层管理者及其与其他职能部门之间的协调。

（4）社会责任营销。营销不仅仅要从微观角度注重消费者利益、企业利益，而且要从宏观角度注重社会利益，注重企业的社会责任。在营销中要遵守法律法规，注重营销道德，注重对生态环境的保护，注重为所在社区的发展作出贡献。

以上五种经营观念，其经营导向、方法、目的、策略均各不相同，如表 1—2 所示。

表 1—2　　经营观念对比表

经营观念	经营导向	方法	目的	策略
生产和产品观念	生产、改进产品	提高生产效率，改进产品质量	通过销售获得利润	等客上门
推销观念	产品	推销及促销	通过销售获得利润	加强人员推销和广告宣传

续前表

经营观念	经营导向	方法	目的	策略
市场营销观念	顾客需求	满足顾客需求	通过满足顾客需要获得利润	加强营销，组合策略
社会营销观念	顾客需求与社会责任	赞助、捐助和积极实践社会慈善以及环保事业	通过满足顾客需要同时增进社会福利而获得利润	加强品牌塑造，树立企业社会责任形象
全面营销观念	顾客、员工、营销伙伴、营销网络	扩大顾客份额、建立顾客忠诚和获取顾客终身价值	与顾客建立长期互相满意的关系，与关键合作伙伴共同繁荣增长	需求管理、资源管理和网络管理

1.2 房地产市场营销概述

1.2.1 房地产及房地产市场

1. 房地产的概念及特征

在我国，所谓房地产，是指土地、建筑物及固着在土地、建筑物上不可分离的部分及附着于其上的各种权益（权利）的总和。房地产具有以下特征：

（1）不可移动性。房地产最重要的一个特性是其位置的固定性或不可移动性。每一宗土地都有其固定的位置，不可移动，这一特性使土地利用形态受到位置的严格限制，只能就地开发和利用，从而无法实现房地产产品的跨区域流通。因此，位置对房地产投资具有重要意义。所谓“房地产的价值就在于其位置”就说明了这一点。房地产的位置有自然地理位置与社会经济地理位置之别。房地产的自然地理位置通常固定不变，但其社会经济地理位置却经常在变动。这种变动可以由以下原因引起：1）城市规划的制定或修改；2）交通建设的发展或改变；3）其他建设的发展等。当房地产的位置由劣变优时，其价格会上升；反之，价格会下跌。因此，房地产投资者应重视对房地产所处位置的研究，尤其应重视对社会经济地理位置现状和发展变化的研究，进而预测区位变化对该房地产近期或远期的价值影响。

（2）长期使用性。土地的利用价值永不会消失，这种特性称为不可毁灭性或恒久性。土地的这种特性，可为其占有者带来永续不断的收益。建筑物一经建成，其耐用年限通常可达数十年甚至上百年。因此，作为一种商品，房地产具有长期使用性或具有较高的耐用性。房地产可为人类提供较长一段时间的房屋服务流量，满足消费者对房屋的消费需求。但值得注意的是，我国房地产的长期使用性受到了有限期的土地使用权的制约。根据我国现行的土地使用制度，公司、企业、其他组织和个人通过政府出让方式取得的土地使用权，具有一定的使用期限。国家规定的土地使用权一次出让最高年限因土地用途不同而不同：居住用地 70 年；工业用地 50 年；教育、科技、文化、卫生、体育用地 50 年；商业、旅游、娱乐用地 40 年；综合用地或者其他用地 50 年。

(3) 适应性（附加收益性）。房地产本身并不能产生收入，房地产的收益是在使用过程中产生的。房地产投资者可以在合法前提下调整房地产的使用功能，使之既适合房地产特征又能增加房地产投资的收益。例如，为了满足写字楼的租客对工作中短时休息场所的需要，可以增加一个小酒吧；公寓的住户希望能有洗衣服务，投资者可以通过增加自动洗衣房，提供出租洗衣设备来满足住户的这一要求。房地产的这个特性被称为适应性或附加收益性。按照房地产使用者的意愿及时调整房地产的使用功能，可以极大地增加对租客的吸引力。对房地产投资者来说，如果其投资的房地产适应性很差，则意味着他面临着较大的投资风险。例如，功能单一、设计独特的餐馆物业，其适应性就很差。想花不太多的费用就改变其用途或调整其使用功能几乎是不可能的。在这种情况下，万一租客破产，投资者则必须进行很高的投资才能使其适应新租客的要求。所以，房地产投资一般很重视其适应性的特点。

(4) 异质性。市场上不可能有两宗完全相同的房地产。一宗土地由于受区位和周围环境的影响不可能与另一宗土地完全相同；纵使两处的建筑物一模一样，但由于其坐落的位置不同，周围环境也不相同，这两宗房地产实质上也是不相同的。因此，出现同一房地产的大量供给是不可能的。同时也应注意到，业主和使用者也不希望他所拥有或承租的房地产与附近的某一房地产雷同。因为具有特色的房地产，特别是某一城市的标志性建筑，对扩大业主和租客的知名度，增强其在公众中的信誉，有着重要作用。

总之，每一宗房地产在房地产市场中的地位和价值不可能完全一样。从这个意义上来讲，固定位置上的房地产不可能像一般商品那样通过重复生产来满足消费者对同一产品的需求。房地产商品一旦交易成功，就意味着别的需求者只能另寻他途。异质性说明房地产市场交易的空间和时间都受到限制。

(5) 资本和消费品的二重性。房地产不仅是人类最基本的生产要素，也是最基本的生活资料。在市场经济中，房地产是一种商品，也是人们最重视、最珍惜、最具体的财产。房地产既是一种消费品，也是一项有价资产。房地产作为一项重要资产在一国总财富中一般占有很大比重。根据有关资料统计，美国不动产价值约占其总财富的73.2%，其中土地占23.2%，建筑物占50%，属于其他财富的仅占26.8%。因此，当人们购买一宗房地产消费品时，也是在进行一项投资。

(6) 易受政策影响性。在任何国家和地区，对房地产的使用、支配都会受到某些限制。房地产受政府法令和政策的限制和影响有两种主要情况：一是政府基于公共利益，可限制某些房地产的使用，如城市规划对土地用途、建筑容积率、建筑覆盖率、建筑高度和绿地率等的规定；二是政府为满足社会公共利益的需要，可以对任何房地产实行强制征用或收买。房地产易受政策影响的特性还表现为，由于房地产不可移动，也不可隐藏，所以逃避不了未来政策制度变化的影响。这一点既说明了投资房地产的风险性，也说明了政府制定长远的房地产政策的重要性。

(7) 相互影响性和深受周围社区环境影响性。一宗房地产与其周围房地产会相互影响。房地产的价格不仅与其本身的用途等有直接的关系，而且往往还取决于其周围其他房地产的状况。例如，在一幢住宅楼旁边兴建一座工厂，可导致该住宅楼的价值下降；反之，如在其旁边兴建一个绿化公园，可使其价格上升。房地产深受周围社区环境的影响，不能脱离周围的社区环境而单独存在。政府在道路、公园、博物馆等公共设施方面的投资，能显著地提高附近房地产的价值。例如，我国香港东区隧道的建设，使附近的太古城等地段的房地产价值成倍增长。从过去的经验来看，那些能准确预测政府大型公共设施的投资建设并在其附近预先投资的房地产开发商，都获得了巨大的经济效益；反之，周围社区环境的衰退，必然降低房地产的价值。

2. 房地产市场的概念及特征

房地产市场是房地产交易双方就某宗特定房地产的交易价格达成一致并进行房地产商品交易的领域。房地产市场的核心功能是形成房地产市场交易价格。一个完善而灵活的房地产市场必须具备以下条件：(1) 有稳定、明确及长远的房地产政策；(2) 有完善的法制基础，使房地产开发、房地产交易和房地产管理均有法可依；(3) 有统一、简明、灵活有效的现代化管理制度；(4) 有完善的房地产市场运作体系。

房地产市场具有如下特征：

(1) 房地产市场是房地产权益的交易市场。由于房地产的不可移动性，房地产交易流通的对象实际上是附着在每一宗具体房地产上的权益（或权利），而不是物业本身。这种权益可以是所有权（包括占有权、使用权、收益权和处分权），也可以是部分所有权或其他权益（权利）。这种权益一般有明确的界定，因而具有排他性。这些权益或单独交易，或联合在一起交易，在房地产市场上就表现为不同类型、不同性质的交易行为。房地产交易只有完成了权益转移手续才可告完结。由于房地产市场的特殊性，加之其交易数额巨大，各国均制定了相应法规来规范房地产权益交易，以实现对房地产交易的管理。

(2) 房地产市场是区域性市场。由于房地产的不可移动性，房地产市场的区域性极强。不同国家、不同城市甚至一个城市内部的不同地区之间，房地产的市场条件、供求关系、价格水平都会大相径庭。人们不可能将一个地方的房地产搬到另一个地方，只能在其所在地区使用，产地和消费地合一。由于房地产市场的区域性特点，房地产开发商在从事某一地区的房地产开发经营业务时，必须充分了解当地政治、经济、社会、文化、法律等各方面的情况。

(3) 房地产市场是不完全竞争市场。一个完全竞争的市场必须具备三个条件：1) 商品同质，可以互相替代；2) 某一商品的卖主和买主人数众多，且随时自由进出市场；3) 信息充分，传播畅通。但房地产市场不具备上述三个条件。由于房地产商品是异质的，或者说是唯一的，所以，某一房地产的卖主和买主都不可能是众多的。一项房地产只有一个卖主，其他任何人都不可能提供同样的房地产。买主欲购这项房地产就只有面对这个卖主，而没有其他选择。同样，房地产卖主的选择也是十分有限的，某一项房地产往往只适应少数几个买主的要求。在房地产市场上，买主和卖主的机会都不是均等的，两者都没有充分的选择权，因而，个别卖主或买主对房地产交易价格往往会起很大作用。房地产市场是一个专业性很强的复杂市场，人们进行房地产交易时应求助于专业人士和专业机构。这些专业人士通常是律师、房地产估价师、房地产营销人员及掌握建筑工程和房地产税收知识的专业人员。聘请专业人士需要支付费用，专业人士需花费一定时间来完成所接受的任务，这些都会降低房地产市场转手交易的频率。房地产是高价商品，房地产的权属转移必须按法定的程序履行各项手续，除房地产产权人的变更外，还有相关的权利、义务、责任和利益等经济关系的转移行为。为了保护有关当事人的利益，各国政府都立法管理房地产买卖及租赁活动或行为。同时，为保护市场的有效供给，抑制不合理的市场需求，国家需要采取强有力的干预措施，通过规划、价格、税收等宏观管理手段，引导和调控市场。因此，房地产交易活动在某些环节是受到政府严格限制的，房地产市场是受国家严格控制的不完全开放的市场（见表 1—3）。

表 1—3　　完全竞争市场与房地产市场的比较

比较项目	完全竞争市场	房地产市场
买卖双方数量	众多	极少
市场主体产品知识化程度与交易难易	知识化程度高，交易简单、容易	知识化程度参差不齐，交易难
产品间的可替代性	可以替代	不可替代
产品移动性	可移动	不可移动
购买规模和频率	小而高	大而低
政府干预	少	多
价格变动	明朗	不清晰

（4）房地产市场信息不充分。股票证券市场是信息最充分的市场，在这个市场上，商品（股票证券）明码标价，变化即知，交易公开进行，而缺乏信息是房地产市场的又一特征。许多房地产交易和定价是私下进行的，这在很大程度上取决于交易当事人的相互关系，因此，这种成交价往往不能反映成交房地产的真实价值。由于房地产交易信息不易获得，因而房地产市场不易形成竞争性的市场结构。

（5）房地产市场具有周期性。房地产业和国民经济其他产业一样也具有周期性，其变化的基本规律也是繁荣——调整——衰退——复苏——繁荣。房地产市场繁荣时空置率低，租金/售价提高，开复工面积增加，销售面积、土地出让面积也增加，市场供应不断加大，市场需求增加，房地产企业利润率也提高。但由于房地产开发周期较长，随着市场需求的降低和市场供应的不断增加，将产生供过于求的状况，空置率将增加，从而导致租金/价格下降，开发面积减少，市场逐渐进入调整期和衰退期。随着开发量的减少和价格的下调，当产品的供给大大地小于需求时，需求将被刺激起来，吸引许多投资者（投机者）及大众消费者入市，吸纳消化市场供应，房地产市场调整结束，开始进入复苏期和繁荣期。根据国际和我国的实践，一般而言，房地产市场的周期为7～10年，日本约为 10 年，我国内地为 6～8 年，我国台湾地区为 7 年。当然，房地产市场的周期性与国民经济的周期性有着密切的关系，国民经济的发展决定着房地产市场的大势。因此，房地产投资者应把握好国民经济的大势，了解房地产市场的周期，从而更好地把握房地产市场的走向。判断周期变化的主要指标有：空置率、租金/售价、开复工面积、销售面积、土地出让面积等。

（6）房地产市场具有高风险性。一方面，一个房地产项目所需投入的资金往往是几千万甚至上亿元，投入金额巨大；另一方面，房地产生产周期长，连续巨额的资金投入在未来几年后才能开始得到回报，如果用于租赁，资金的回收期就更长，如果遇到市场不景气，物业难以脱手，则很难在短期内退出市场。此外，如前所述，房地产比较容易受国家和地区政策等外部条件的影响，特别是在我国，由于房地产市场在国民经济中扮演着至关重要的角色，更容易受到政府政策等因素的影响。因此可以说，房地产市场是一个风险比较大的市场。

1.2.2　房地产市场营销的特征

房地产市场营销是指房地产开发商在竞争的市场环境下，按照市场形势变化的要求而组织和管理企业的一系列活动，直至在市场上完成商品房的销售、取得效益、达到目标的经营过程。房地产市场营销是房地产经营中的一个重要环节。它包括市场调研、市场细分、目标市场选择、市场定位、营销策略制定与执行等多方面的内容。

由于房地产的特性，房地产市场营销和普通商品的营销相比，有以下特征：

1. 房地产市场营销是全程营销

房地产市场营销不单单是房地产开发的一个重要环节，其重要性已上升到具有战略地位的全程营销，因此房地产市场营销具有长期性和复杂性。房地产市场营销贯穿房地产开发的四大流程。前期项目策划（选地、选时、选人、市调）阶段是营销的分析市场机会、细分市场、选择目标市场行为；品牌策划、品质策划阶段是进行房地产产品定位行为；项目的销售与推广阶段，包括卖场包装、销售道具设计与制作、广告设定、推盘节奏设计、价格策略等，是通过营销组合策略实现产品和服务向消费者传递价值的行为。房地产产品的生产周期通常都长达2～3年，在这么长的时间里，企业开发的产品很难保证仍与消费者的需求相一致，因此房地产开发尤其需要全程营销来影响消费者住房产品需求的水平、时机和构成。不但如此，全程营销还牵涉众多部门，涉及多个领域以及复杂的法律关系，需要很多专业人员参与。这些因素共同决定了房地产市场营销是比一个一般商品营销更为长期和复杂的过程。

2. 营销对象的独特性

房地产产品的经济特征决定了房地产市场营销对象的独特性。在房地产市场上，由于区位、设计等因素的差异导致几乎没有两种完全相同的产品，这与一般的工业产品具有显著的差别。一方面，它导致了房地产市场营销具有全新性。首先，消费者的购买具有全新性；其次，营销人员的营销也具有全新性。另一方面，房地产产品的固定性也决定了其在营销中不可能像一般商品一样通过直接运输与消费者见面，或者可以带到不同的市场进行交易。因此，对一般商品营销非常重要的运输和仓储等物流系统对房地产市场营销就没有意义，而中介渠道对房地产市场营销来说则显得特别重要。

3. 营销实施的协同性

房地产市场营销是一门综合的学问和艺术，任何一家企业都无法单独完成整个营销过程。房地产市场营销需要“多兵种协同作战”，它是企业间的协同经营而不是个人之间的合作。房地产市场营销需要市场调研机构、建筑设计机构、建筑施工机构、政府部门、物业管理机构等部门的参与；房地产市场营销涉及各种各样的专业知识，如城市规划、建筑施工、经济学、管理学、心理学、社会学、美学、气象学等等。因此，试图仅凭房地产开发企业自身的力量去完成房地产市场营销的全过程是不现实的，也不符合社会分工专业化、利用比较优势提高效率的经济学原理。目前，我国比较大型的房地产项目通常都会聘请专业的房地产市场营销顾问和代理机构协助开展这方面的工作。

4. 消费者行为的理智性

房地产市场营销和一般商品营销相比的另一个显著特点就是房地产市场营销面对的消费者绝大部分都是较为理智的。因为对大部分购房用于自住的消费者而言，房子可能是一生之中最大的一笔消费，所以购买时比较理性，在购买时会进行比较详细的信息收集并对拟购买的房子进行仔细的评价权衡。这一点决定了房地产市场营销在很大程度上要依靠产品自身去获得消费者的青睐，同时也要求企业做各种宣传准备，大量投入广告，并耐心说明和讲解，这样才能促成交易。

5. 房地产市场营销要以人为本

房地产产品不仅满足人们的居住功能要求，还拥有许多附加价值。除了产品的功能性属性外，它还承载了人们的各种希望和寄托，所以房地产产品需反映人们的文化理念和生活梦想。这使得房地产产品的营销具有很明显的人文关怀特色。

1.2.3 房地产市场营销的内容和流程

1. 一般性市场营销的内容和流程

市场营销的目的是通过探求消费者的需要及企业满足这些需要的能力，来协助企业实现其战略目标。在市场营销过程中，目标消费者居于中心地位。企业识别总体市场，将其划分为较小的细分市场，选择最有开发价值的目标市场，并集中力量满足和服务于这些目标市场。企业设计由其控制的四大要素（产品、价格、渠道和促销）所组成的市场营销组合。为找到和实施最好的营销组合，企业要进行市场营销分析、计划、实施和控制。通过这些活动，企业观察并应变于市场营销环境。

一般性市场营销的流程可以概括为以下几个阶段：

（1）分析市场机会。

为了在竞争激烈的市场中获胜，企业必须以顾客为中心，从竞争对手处赢得顾客，并通过提供更大的价值来留住顾客。但是在满足顾客之前，企业必须先了解顾客的需求和欲望。因此，市场营销要求仔细地分析市场机会。分析市场机会要进行以下工作：进行营销调研，分析宏观环境、消费者市场和竞争对手、选择目标市场。

1）进行营销调研。营销调研是现代营销不可缺少的工具，通过营销调研可以估计购买者的各种需要和购买行为，估计市场规模。一般可以通过二手资料和直接调查获得的一手资料进行分析。

2）分析宏观环境、消费者市场和竞争对手。企业需要了解进行市场营销的宏观环境，包括人文、经济、政治、技术、社会等各方面环境。因为这些环境能够影响市场潜在需求量和企业市场营销努力的效果。此外，企业还需要了解消费者市场，企业需要知道：有多少家庭在购买、谁在购买、为什么购买？顾客注意何种产品特色、接受何种水平的价位？与此同时，企业还需要密切注意识别和监视竞争者，预测对手的可能行动并决定如何及时正确应对。

3）选择目标市场。一旦企业找到了营销机会，就可以准备选择目标市场。现代营销实践要求在选择目标市场时，首先要把市场划分为若干主要的细分市场并对这些市场进行评价，然后，选择和瞄准企业能为之提供最好产品和服务的若干目标市场。

（2）开发营销战略。

1）进行市场定位。在选择目标市场之后，企业需要制定目标市场的差异化和定位战略。所谓定位是指为使产品在消费者心目中相对于竞争产品而言占据清晰、独特和理想的位置而进行的安排。企业设计的定位必须使它们的产品有别于竞争品牌，并取得在目标市场中的最大战略优势。

2）进行产品设计。一旦企业做出了市场定位的决策，就必须进行产品设计、开发和推入市场的工作。新产品在开发的每个阶段应运用不同的决策和控制手段。

（3）计划营销方案。

营销战略必须转化为营销方案。营销经理在制定营销方案时要考虑两个方面的问题：营销费用决策及营销组合决策。

1）确定营销费用。首先，企业必须确定要达到其营销目标所需要的营销支出水平。公司习惯于按销售额的比率制定营销预算。其次，企业还必须对营销组合中的各种工具进行预算分配，如产品、价格、地点和促销。

2）确定营销组合。营销组合是现代营销的主要概念之一。所谓营销组合是指企业为了在目标市场制造它想要的效果而混合采用的一组可控制的战术营销手段。营销组合包括企业为影响顾客对其产品的需求而做的任何事情，可分为四组变量（被称为4P），即产品（product）、价格（price）、分销（place）和促销（promotion）。产品是指企业向目标市场提供的“商品和服务”的结合体；价格是指顾客为获得产品而必须支付的金额；分销是指企业为使产品到达目标消费者手中而进行的活动；促销是指传递产品优点并说服目标顾客购买该产品的活动。有效的营销方案应把所有的营销组合因素融入一个协调的计划之中，这一协调的计划通过向消费者提供价值来实现企业的市场营销目标。营销组合构成企业的战术工具箱，可以帮助企业在目标市场确立强有力的市场定位。

（4）管理营销执行。

营销过程的最后一个环节是组织营销资源以执行和控制营销计划。

1）营销计划执行，指为实现战略营销目标而把营销计划转变为营销行动的过程。企业必须设定执行营销计划的营销组织。2）反馈和控制。在实施营销计划的过程中，可能会出现许多意外和受挫的情况，因此企业要有一整套反馈和控制程序。反馈包括估计市场营销战略和计划的成果，并采取正确的行动以保证实现目标。控制包括年度计划控制、营利能力控制以及战略控制三个方面。

（5）后营销阶段。

销售过程结束之后并不意味着营销就结束了。市场营销是以客户为中心的，因此，在销售过程结束之后必须进行以留住客户并扩展市场为目的的包括售后服务等在内的营销活动，也就是通常所说的后营销阶段。

2. 房地产市场营销的内容和流程

按全面营销的要求，当代房地产市场营销的内容除了要围绕满足和适应消费者的需求外，还要注重建立和维护房地产开发商与相关合作伙伴的稳定、持续关系，注重企业内部员工价值观和服务客户意识的营销和管理，同时还需要关注项目开发和营销对提升社区周边环境和人文价值的作用。因此，总的说来，房地产市场营销的内容包括以下几个方面：

（1）房地产市场营销宏观环境研究。房地产企业的生存发展是以适应房地产市场环境为前提的，对房地产企业来说，市场环境大多是不可控制因素，房地产企业的生产与营销活动必须与之相协调和适应。尽管企业在市场活动中拥有充分的自主权，但它的经营活动受到社会法律环境的约束，受到行业管理和准则的规定与制约，而社会经济、文化的发展也对房地产企业生产经营有制约和影响作用。因此，进行房地产市场营销必须率先了解和熟悉当地的房地产市场宏观营销环境。房地产市场营销环境的内容包括项目所在城市的经济社会法律状况分析，全国及项目所在地房地产政策和行业管理规定分析，项目所在地的房地产市场发展现状与走势分析等。

（2）房地产消费者研究。营销的中心是顾客需求，房地产产品的异质性以及价值量大等特征更加决定了房地产产品的开发必须进行充分的房地产消费者研究。研究区域消费者的有关房地产产品的消费习惯、偏好、购买力水平，以及今后一段时期内，区域购房者的需求变化趋势等，从而为企业进行房地产市场细分和定位打下坚实的基础。需求分析是从客户角度对产品进行的一种审视，把握需求特征是企业不断创新的动力和源泉。

（3）房地产市场营销竞争者研究。知己还得知彼，市场竞争对于房地产企业制定市场营销策略有着重要的影响，因此，企业在制定各种重要的市场营销决策之前，必须认真调查和研究竞争者可能做出的种种反应，并时刻注意竞争者的各种动向。竞争者研究应主要侧重于各竞争企业包括潜在竞争者的实力和管理优劣势、竞争者产品和服务的优缺点分析、竞争者营销手法分析及其未来各项活动的走向估计。

（4）房地产关系营销。房地产产品的生命周期长达几十年甚至百年，除了投资购买以外，老顾客再次购买的比例很小。因此，传统房地产企业关心的是每一次交易的利润最大化，对于保持顾客不太重视，交易完成后就将顾客扔掉。但随着房地产市场竞争日趋激烈，企业必须抛弃此种营销短视的做法，由以交易为中心转向以关系为中心，努力与顾客保持长期、双向、稳定的友好关系。房地产价值量大、购买次数少、需谨慎决策的特点决定了对产品和服务满意的老顾客倾向于向其周围的朋友和亲人推荐其购买的产品及其开发商，因此利用老顾客满意所引起的推荐和示范购买效应实施关系营销，可带来可观的收益，尤其是滚动式开发的项目，从一期项目到最后一期有可能会跨越若干年，这时注重与购房者的长期关系营销就更加重要。

房地产市场营销不仅要善于顾客关系管理，还要精通渠道和合作伙伴关系管理。这是由于房地产价值链涉及动拆迁、规划设计、建筑施工、房屋装潢、建材生产与采购、园艺绿化、房屋销售、中介咨询等众多领域，出于降低交易费用、分散风险、建立新的经济增长点等动机，房地产公司必须与房地产开发过程相关的个人、组织，如政府、金融机构、社团组织、其他房地产开发商以及内部员工建立和保持并发展关系，以实现双赢的目的。

（5）房地产企业内部营销研究。房地产企业内部营销是指企业针对员工构成的内部市场，开展一系列积极的营销式的协同活动，激励员工，使他们的工作体现顾客导向。内部营销是成功的外部营销的前提，能消除各部门之间的冲突，实现顾客导向和跨职能的协同整合。其直接目的就是通过内部营销使所有的员工、管理者、部门的工作都是以市场为导向，都是“为顾客服务”。只有使这种观念在企业内部深入人心，达到通过此共识来指导员工行动，这样的企业才能算是一个“以顾客为中心”的现代市场营销企业，才是建立了市场导向型企业文化的企业。

（6）房地产项目的营销策略组合。房地产市场营销者的任务是设计营销活动，落实整合营销计划，为顾客创造、传播和传递价值。营销活动的形式多种多样。房地产市场营销组合策略指企业根据目标市场需要，综合运用各种可控的营销因素，将市场营销的 4P 策略——产品策略、价格策略、营销渠道策略、促销策略与房地产市场的特点和需求相结合，从而很好地实现企业的营销目标。四大策略的组合关系到营销活动的成败：1）四大策略的优良组合所发挥的整体效果大于各个策略单独发挥的效果之和。2）任何一个策略的使用不当将会导致营销活动的失败。

我国房地产项目市场营销的流程一般包括六个阶段：（1）进行房地产项目市场调研（包括宏观环境、消费者行为和竞争者调研）；（2）选择细分市场进行市场定位（包括市场细分和目标市场选择）；（3）在定位指导下进行产品和服务的设计；（4）制定销售渠道、宣传推广等营销策略；（5）项目的销售执行与策略调整；（6）销售之后的后营销。

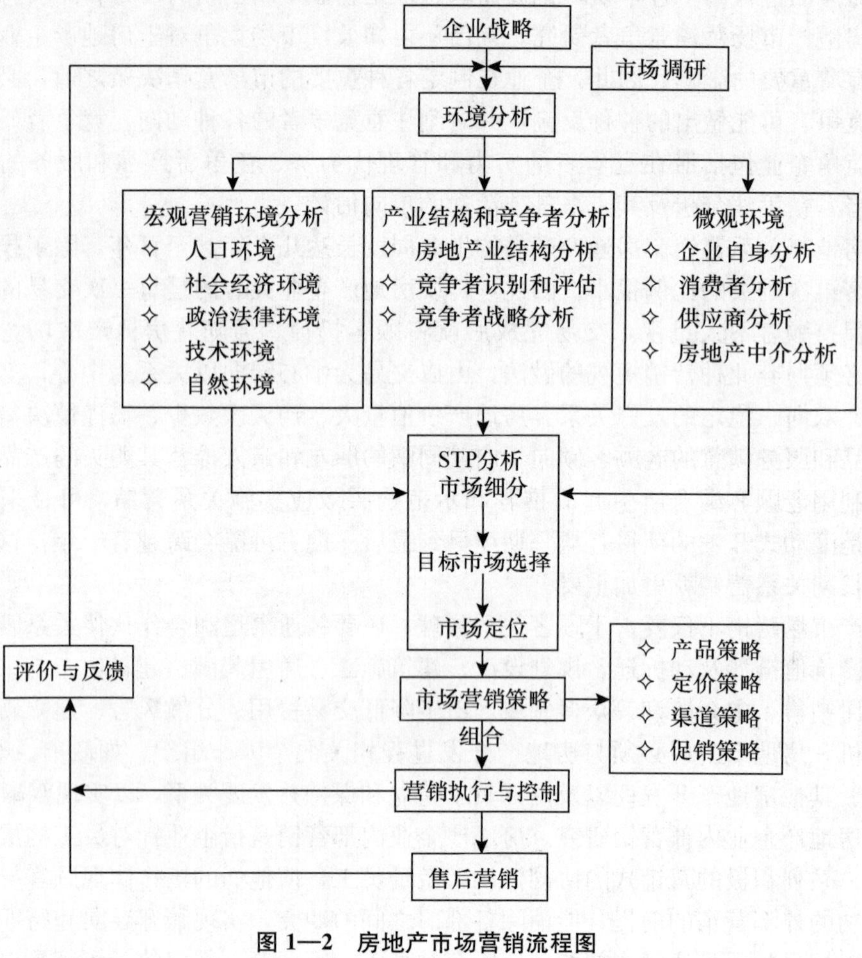

图 1—2　房地产市场营销流程图

1.3　中国房地产市场营销的阶段发展特征及趋势[①]

本节将总结我国房地产市场营销的阶段发展特征，并根据发达国家目前房地产市场营销的特征，探讨我国房地产市场营销的发展趋势。

1.3.1　中国房地产市场营销的阶段发展特征

我国房地产市场起步比较晚。以房地产市场中最主要的组成部分——住宅市场为例，1988 年以前，土地供给、住宅建设都是国家控制，城市居民的住房都是单位分配，完全不存在房地产市场的概念。1988 年 2 月 25 日，国务院发布了《国务院关于印发在全国城镇分期分批推行住房制度改革实施方案的通知》，开始推行住房制度改革。该通知提出："调整产业结构，开放房地产市场，发展房地产金融和房地产业，把包括住房在内的房地产开发、建设、经营、服务纳入整个社会主义有计划的商品经济大循环。"但是此后的 10 年间，住房改革的进展不大，北京直到 1996 年左右才开始出现市场化运作的地产项目。1998 年，国务院再次发布了《国务院关于进一步深化城镇住房制度改革加快住房建设的通知》，全国开始取消福利分房，推行货币化分房，此后房地产市场才进入到大规模的市场化开发阶段。尽管我国各地房地产市场的发展历程并不十分一致，但如深圳、广州、北京和上海等目前房地产市场比较成熟的地区都陆续经历了比较类似的发展阶段。下面我们将主要结合这几个城市的发展情况进行论述。和其他商品市场营销的发展历程类似，我们可以把我国房地产市场营销的发展划分为四个阶段——零营销阶段、营销萌芽阶段、推销阶段、整体全面营销阶段。

1. 零营销阶段

从建国初期到 20 世纪 80 年代末 90 年代初，是我国房地产市场的零营销阶段。这段时期不存在所谓的房地产市场的概念，房地产市场规模很小，完全没有成型，而且是绝对的卖方市场，供给远远满足不了需求，几乎不存在营销的概念。

2. 营销萌芽阶段

20 世纪 90 年代初到 1998 年，取消福利分房的时期可以称为我国房地产市场营销的萌芽阶段。如在《中国日报》上像发通知一样发布广告的外销房，1995 年在北京进行大量广告宣传的万通新世界广场，等等。

3. 推销阶段

1998 年之后，全国房地产市场真正开始市场化运作，房地产市场营销也逐渐开始进入推销阶段。早期的推销，基本以简单告知为主，手段也基本上是在报纸上打广告，告诉购房者哪里有房卖，价格是多少等。后期的推销，开始逐步升级，具体体现在两方面：一方面，推销的手法逐渐多样化，出现了房展会、网络营销、样板间、户外路牌和电台广告等多种营销途径，而且这些新兴营销手段所占的市场份额也越来越大。另一方面，概念炒

---

① 参见叶剑平、孙晓岚：《房地产营销》，2 版，24～28 页，北京，首都经济贸易大学出版社，2006。

作越来越多。开发商为了销售自己的楼盘，利用越来越多的方法用各种概念炒作自己的项目，典型的例子就是各地普遍出现的“欧陆风情”、“中产阶级”等概念。以北京现代城为例，该项目首次突破了单一的报纸广告手段，通过房展会等方式全面推广项目，就广告自身而言，也开始创造SOHO的概念来整合广告，同时还采用各种公关手段（如开发商在房地产业之外的场合露面，甚至涉足电影界）对项目营销进行推广。

4. 整体全面营销阶段

2003年以后，房地产市场营销陆续开始进入整体全面营销阶段。其体现为开发商越来越重视前期营销，而且采用比较多的整合营销，如对项目的资源进行整合，对项目的技术进行整合等。该阶段由于市场竞争的日益激烈和消费者的日趋成熟，消费者越来越关注产品自身，因此营销活动开始在房地产开发的早期介入。开发商越来越重视早期对市场的调研分析、项目的市场定位以及项目自身的品质，而不再是简单地在开发完房地产产品之后才开始找销售代理考虑销售的事情。在此要强调的一点是，这四个阶段之间并没有明显的时间界限，而是一个逐渐演化的过程。目前，北京的房地产市场营销正处在由推销后期阶段向全过程营销阶段的转变过程中，有些开发商过渡得快，有些开发商过渡得慢，还有一些仍停留在推销阶段。尽管全国各城市的房地产市场营销所处的阶段不尽相同，但可以说基本上都在先后经历着类似的营销阶段的演变。

1.3.2 发达国家房地产市场营销的特征

发达国家目前的房地产市场营销具有以下特征：

1. 以二手房交易为主

目前发达国家已经过了城市化的高峰阶段，如美国于20世纪20年代就已经有50%的人口居住在城市里，因此新建住宅量很小，新建项目主要是工业项目和各大城市中的写字楼项目。房地产交易主要以二手房交易为主，一般较少用促销手段。如在美国完全看不到像我国这样铺天盖地的楼盘广告，营销主要是根据单个产品自身的特点进行。

2. 房地产经纪制度完善

与市场交易以二手房交易为主的特点相呼应，发达国家房地产市场营销的主要参与者之一就是各种各样推销不同物业的房地产经纪人。可以说，在发达国家，房地产市场营销在某种程度上就是对存量住宅的一个推销过程，因此经纪人在市场中的媒介作用至关重要。在发达国家，如英国、美国，房地产经纪业都非常发达，而且有比较完善的经纪人执业资格审核和认证制度，同时还成立了专门的房地产经纪人协会。

3. 信息化程度高

发达国家房地产营销的市场化程度非常高。下面以美国的MLS系统为例进行说明。MLS（multiple listing service）是源于美国房地产行业的专业术语，也称“多重上市服务”。其核心是通过特定的软件技术和网络手段，使加入该系统的各个独立中介商的所有房源信息形成一个统一的互通体系。想要租买房屋的客户只需在房地产机构或中介商的计算机终端上输入所要租买房屋的特征，就可以查出所有符合条件的房产，并可以通过电子地图查看所选房屋的实际位置，通过网上播放的实地录像“考察”房产的外观、环境及房内格局是否符合自己的喜好。如果该房地产机构或中介商的房源不够丰富，客户还可以通过MLS系统，在加入该系统的所有公司的数据库中查找有关房源。若能成交，则参与交易过程中的各家公司按一定的比例分成。针对此种经营方式，目前在美国各大州之间都成立有MLS协会，在欧美等地区的其他发达国家也颇为流行。此种经营模式的最大优势在于，不论客户最终在哪里找到如意的房子，参与这一过程的每一个中介商都可以从中分得利益，不会因为房源不足而错失一个客户，不会因为渠道不畅而无人光顾；对于租购客户，则可以增加更多的选择机会，可谓是一举多得。

1.3.3 我国房地产市场营销的发展趋势

对比我国房地产市场营销的发展历史和发达国家房地产市场营销的特征来看，我国房地产市场营销的发展将呈现以下趋势：

1. 从推销阶段向全过程营销发展

调整营销模式，建立全程营销机制。房地产全程营销策划是从项目用地的初始阶段就导入策划营销的科学方法，结合房地产行业的运作流程，逐步实施。各开发商核心能力的侧重点不同，房地产市场营销组织形式也可以有其独特性。但是，基本的框架应该大同小异。以客户导向型全过程营销理念为指导，营销机构应强化策划和销售部门的客户服务和反馈功能。策划部门应该是楼盘相关信息的收集者和楼盘市场创造性思维产生的组织者。通过吸引客户深度的前期参与和策划，可以使项目的市场推广自然而然地变得容易。当然，在整个项目策划过程中，不排除专业人士对客户进行适当的引导，从而把买卖双方可能的分歧解决在前。目前，不少开发公司纷纷成立客户俱乐部，经常性地与客户沟通项目进展、公司状况，组织客户深入项目策划，与客户形成互动的有效联结。一些开发公司专门成立了客户服务中心，设投诉接待和售后服务等职能。

2. 营销主体的专业化分工细化

目前我国的营销主体仍然以开发商为主，有的大型开发企业兼具咨询策划、市场调研、建筑设计、销售推广、物业管理等机构的职能。但是在这样的企业架构下，一方面，人员的视野多局限于一家开发商，局限于自己开发的项目；另一方面，开发企业中承担各不同职能的部门之间存在利益关系，在协调这种关系的过程中，可能会对项目造成不利影响。专业分工也是整个经济社会发展的趋势，市场营销环节的专业化分工会带来人员专业化水平的提高，而且实践中这种专业化的分工正在进行当中，越来越多的开发企业选择顾问公司、代理公司就是证明。作为房地产行业旗舰企业的万科，在2005年开始全面推行与顾问公司、代理公司的合作，并在各地尝试与之结成稳定的战略合作伙伴关系。

3. 信息化发展催生房地产网络营销

随着网络时代的来临，我国的房地产市场营销也越来越走向信息化。传统房地产市场营销将楼盘信息通过报纸、电视、电台等传统媒体向消费者传播，是一种直线的单向传递。随着互联网技术的发展，诞生了一种新型的房地产网络营销模式，即房地产项目结合楼盘的特点，利用网络技术通过对采购平台、广告平台、销售平台、信息平台、交流平台以及管理平台的架设，分别与供应商、目标消费群、业主等群体发生相互的信息交流，其信息流向是双向的。与传统营销相比，它强调互动式的信息交流。消费者可以通过网络主动查询分散在各处的、感兴趣的房地产的价格、地理位置、品牌，目前甚至可以通过三维立体虚拟楼盘，查看房产小区内部环境和套型内部的户型布局。消费者还可通过互动式系统咨询项目和产品信息，实现双向沟通和交流，大大提高了营销过程中的消费者的地位。

4. 强化品牌战略

随着房地产逐渐进入品牌竞争时代，房地产市场的竞争已从价格竞争、概念竞争转而进入品牌竞争阶段，房地产开发商更注重对品牌的培养与宣传。因此，房地产市场营销策划者应注重对品牌的不断强化，输出品牌核心价值，进行统一品牌之下的分品牌战略；同时广告意识要超前，推广手段的整合性要强，要利用一切可以利用的传播资源强化产品的品牌。

关键术语

房地产　　市场营销　　顾客价值和满意　　营销观念　　全程营销

复习思考题

1. 什么是市场营销？市场营销的核心概念包括哪些要素？
2. 市场营销的内涵是什么？市场营销学的发展有哪几个时期？
3. 房地产市场营销的独特性体现在什么地方？
4. 房地产市场营销一般经过几个流程？
5. 如何实现对房地产市场营销的控制？

第2章

房地产市场营销环境分析

本章内容提要

市场营销活动并不是在真空中进行的，企业及其供应商、营销中介、顾客、竞争者和公众，均处于一个机会和威胁并存的宏观环境中。相应地，这些机会和威胁诱发了企业不断革新的力量，引导了企业不断向前发展的趋势。优秀的企业能从不同角度全面地看待这些变化，将这些变化看成是业务发展或转变的新机遇。然而很多企业并没有具备这种意识，它们忽视或抵制这些变化。营销活动是一个综合体，它要受到诸多因素的制约，这些因素主要包括人口统计环境、经济环境、政策环境、行政管理环境、技术环境等。本章将对房地产市场营销环境进行深入分析。房地产市场营销者除了关注这些变量外，还应关注这些变量之间的相互作用，因为它们会导致新机会和威胁的出现。

2.1 人口统计环境

人是市场的主体，研究我国各个城市、地区的人口规模与增长率，人口的年龄结构、受教育程度、家庭结构以及人口的迁移等，对房地产开发的定位有明显的指导意义。下面我们将详细讨论我国人口统计环境的主要特征与趋势及其对房地产开发的影响。

2.1.1 人口总量与人口增长

地区人口总量决定了对房地产的需求上限。但人口总量的增长并不意味着住房市场的增长，除非这些市场具有充足的购买力。试想，如果一个地区的居民家庭收入水平普遍还不高，而与此同时该地区的人口增长速度较快，则家庭收入中的很大一部分要用于食品等最基本的需求方面的支出，从而影响居民家庭住房消费支付能力的提升或延缓居民家庭住房条件改善的需求。换句话说，地区人口的过快增长，有可能导致该地区的恩格尔系数上升（恩格尔系数为居民食品支出占总支出的比例）、住房消费支付能力降低或延缓对住房消费的需求。

由于我国实行严格的计划生育政策，人口增长速度日益下降，据国家统计局数据，2001—2008年我国的人口增长率连年递减，且从2003年起低于0.6%，到2008年为止，我国人口年增长率已经下降到0.51%，甚至在上海、北京等特大城市出现了负增长，不至于出现因人口过快增长而导致恩格尔系数上升的情形。相反，我国居民消费的恩格尔系数一直在下降，这意味着，随着我国居民收入水平的进一步提高，居民的住房支付能力在逐步上升，住房更新换代的欲望也越来越强烈。

2.1.2 人口的年龄结构

人口的年龄结构对房地产需求有两个方面的影响：

一方面，区域人口结构的变化导致需求主体年龄结构的变化，进而引致对住房产品在面积、户型、配套设施等方面的需求变化。人口可以细分为6个年龄组：学前儿童、学龄儿童、青少年、25～39岁的青年人、40～59岁的中年人和60岁以上的老年人。对营销者而言，人口比重最大的年龄组构造了房地产市场营销的环境。按照国际通行标准，60岁以上为老年人；老年人占人口比例达到10%以上即进入老龄社会。根据这一标准，我国在20世纪末的1999年开始迈入老龄社会行列。尤其需要注意的是，人口老龄化的现象已在我国各大中城市越来越突出，这导致对“银发公寓”的巨大需求。2005年“中国老龄事业发展‘十一五’规划（2006—2010年）高层论坛”透露：“十一五”期间是中国全面建设小康社会的关键时期，全国60岁及以上老年人口将从2005年的1.47亿增加到2010年的1.74亿。按照我国人口统计数据①，到2008年底，我国老年人口已逾1.86亿，占总人口比重由2005的11.3%增加到2008年的13.9%，年均增长率高达8.9%。按照这样的增长速度发展下去，再过30年，中国每四个人中就将有一个60岁以上的老人。那时，我们会碰到前所未有的挑战。关于住宅的需求，据调查，我国城市老年人的住房面积低于人均水平，相当比重的老年人没有单独的住房。为了安度晚年，老年人存在改善住房的愿望。在旧城区改造或单位出售职工住房时，老年人具有在当地居住时间久、工龄长、级别高等优势，购买住房能够得到较多的政策照顾，加上物价不断上涨，老年人亟须把多年的积蓄变为可保值增值的不动产，也便于留传给后代。在这种情况下，老年人往往在子女或亲属的帮助下购买房屋。不少人认为，老年人因受收入水平的限制，实现愿望的可能性不会很高，这当然是值得考虑的一面；但另一方面，老年人绝大多数都有子女，子女为了改变父母的生活，减轻自己的负担，也往往愿意出钱帮助老年人购买住房。

另一方面，区分不同年龄结构的支付能力与人口比例，对住宅开发定位也有明显的指导作用。处于不同年龄段的人，如30岁与40岁比较，对住房的支付能力明显不同，其对住房面积、房型等方面的偏好也往往不同。30岁左右年龄段的人，面临结婚等方面的压

① 参见《中国统计年鉴2009·人口篇》，北京，中国统计出版社，2009。

力，又无力支付高额的房价，因此对住房往往只要求一室一厅即可，在付款方式上也偏好分期付款，或者他们会选择租房；而 40 岁左右年龄段的人则不同，他们此时往往事业有成，收入也不错，因此在住房上追求舒适宽敞。

2.1.3　家庭规模与结构

住房消费具有家庭性，住宅是以家庭为生活单位，长期供人们使用的建筑物，是家庭必需的消费资料，是家庭生活的物质载体和家庭的物质外壳，与家庭生活密切相关。住宅消费的主体是家庭而非个人，因此家庭规模与结构是影响和决定住宅规模与结构的直接因素，住宅套型的变化和发展要适应于家庭规模与结构的变化和发展，这是住房消费行为的一般规律。受经济的、社会的、政策的、人口的、道德的以及心理的多种因素影响，现代社会的家庭结构发生迅速裂变，家庭规模趋于小型化。在美国、加拿大等发达国家，户均规模为 3 人左右。我国第六次人口普查数据表明，2010 年，全国平均每个家庭户的人口为 3.10 人，比 2000 年第五次全国人口普查的 3.44 人减少 0.34 人[①]，而且这种缩小的趋势还将持续下去。在人口总量不变的条件下，家庭规模小型化的必然结果是户数的增加，从六口之家变成三口之家，总户数将增加一倍。由于住宅消费的家庭性，家庭户数的增加必然引起对住宅需求的增加，家庭规模小型化和户数的增加孕育着大量的市场机会。

另外，当代社会人口家庭结构变化的另一个趋势是出现了越来越多的非传统家庭，如单身独居者、同性或异性同居者、单亲家庭、没有孩子的已婚夫妇和空巢家庭等。每一类群体均有一套独特的需求和购买习惯，房地产市场营销者必须仔细研究其需求特征。如属于 SSWD（单身、分居、寡居、离婚）的人需要小型公寓；某些单身人士也有很强的购买力，与生活在大家庭中的人相比，愿意在自己身上花费更多。我国家庭结构变化的总体趋势可以概括为：以核心家庭（夫妇与未婚子女组成的家庭）为主要形式，丁克家庭（夫妇自愿不育的家庭）和单亲家庭（父母分居组成的家庭）的比重将有所上升，空巢家庭（老年人不与后代一起生活的家庭）日趋增多。因此，考虑家庭规模趋向小型化，并结合人民生活水平不断提高的趋势，在住房规划时选择以二室二厅为主的套型，适当配置一室一厅、二室一厅和三室一厅的住房，可取得良好的社会经济效益。

2.1.4　人口的地理迁移

导致人口迁移的因素有很多，如战争动乱、政治事件等不正常情况，也有城市化发展等正常情况。一般说来，某地区人口的大量迁出往往意味着该地区需求的锐减；而地区人口的大量迁入则往往导致该地区需求总量的上升，包括对房地产的需求。

◆ 案例 2—1 ◆

香港回归祖国对香港房地产市场的影响

1984 年，中英两国签署联合声明，明确香港主权将于 1997 年 7 月 1 日由中华人民共

① 参见《中国人口与就业统计年鉴 2010》，北京，中国统计出版社，2010。

和国收回。这一重大历史事件对香港房地产市场有着深远的影响。因一开始对香港前途不看好，香港陆续有大量居民移民到澳大利亚、英国、加拿大、新加坡和美国等国家，给迁入国带来了住房和教育需要的增长，也使香港房地产市场低速徘徊。但随着回归日期的一天天接近，人们对香港的未来一步步看好，移出的香港居民陆续回香港定居，香港房地产市场也日见升温，在回归前夕可谓是升到高点，并辐射到周边的深圳房地产市场，使沉寂多时的深圳房地产市场也火暴起来。

◆ 案例 2—2 ◆

外来流动人口的住宅需求

我国目前处在城市化加速发展的过程中，大量人口由农村涌入城市，由内地涌向沿海发达地区，有些城市常住人口与流动人口的比例高达1∶1。根据2009年国家统计局发布的报告显示，到2008年我国城市数量已经达到655个，城市化水平将达到45.68%，也就是说将有近4亿农业人口流入城市，流动人口的增加将给城市住宅市场带来另一片商机。外来流动人口的增加导致非家庭住户迅速增加，这些住户中的一人户需要较小的公寓房间，暂时同居的两人户需要较便宜的或租赁的住房，而三人和三人以上的集体住户则需要较大的住房或集体公寓。但目前外来人口除了住单位的集体宿舍、住基建工地、租商品房外，有一小部分人则四处随意栖身，还有相当一部分人零散租用私宅。这种状况引起许多社会问题。在这种情况下，房地产开发商可以适应打工族的需求，不失时机地为他们建造集体公寓、单身公寓和小型套房，这样既有利于流动人口生活和学习的集中管理，又有利于计划生育工作的开展。而且此类公寓也可迎合社会上单身人口增多的需求。开发商可以与城市政府合作，取得优惠条件来开发面向打工族的住宅（如北京的外来人公寓），同时房地产开发商可以与那些没有为员工提供住所的企业联系和合作，定向为它们开发职工集体宿舍或公寓，帮助企业职工租房或购房。

2.2 经济环境

经济体系的内在结构包括这样一些因素，如经济增长方式、产业结构演进、城市化进程、经济体制等，这些因素在很大程度上影响着房地产市场的周期波动，影响房地产市场的需求结构。

2.2.1 经济增长方式

1. 经济增长方式的划分

根据马克思的再生产理论，按照再生产方式的不同，经济增长方式可划分为外延式扩大再生产和内涵式扩大再生产，或划分为粗放型与集约型。前者主要依靠投资规模的扩大实现增长，因而对土地、厂房、仓库等物业需求很大；后者主要依靠挖潜改造、调整存量（如联合、收购、兼并等）和提高科技含量提高效益，因而对空间需求的变化不是很大。

根据经典的生产函数理论，经济增长的生产要素可划分为资本、劳动力和技术三种，因而经济增长方式可划分为资本密集型、劳动力密集型和技术密集型。劳动力密集型主要依靠大量的熟练工人；资本密集型要求以发达的金融市场为基础，并投入大规模的资金和资源；技术密集型对科研开发力量要求较高。

随着一个国家或地区经济的发展，尤其是伴随着产业结构的变化和升级，经济增长方式也将发生转变，而且由于受资源约束的影响，一般是由粗放型转向集约型，由劳动力密集型转向资本密集型，进而向技术密集型转化。这种转变过程有时是缓慢发生的，但在其他外界因素的作用下，一般是在政府主导力量的影响下，有时也会发生较快的转变。

2. 经济增长方式对房地产市场的影响

显然，经济增长方式的转变对各类房地产市场都会产生很大影响，尤其是经济转型时期常常伴随着房地产性质的转移，引致各类房地产市场此起彼伏。如我国沿海地区在改革开放初期大量发展的劳动力密集型企业，随着沿海地区经济的高速发展和经济增长方式的转变，一方面劳动力成本和生产成本逐渐提高，另一方面企业效率过低而难以适应不断增长的要求，因而数量和效益不断下降，从而极大减少了对厂房物业的需求。与此同时，随着城市功能的扩大和城区的扩展，许多工业区的土地使用性质被改变了，转变为住宅用地和商业办公用地，形成工业物业市场与其他物业市场相反的走势。

如果这种经济增长方式的转变是在较短时期内发生的，它对房地产市场和房地产周期波动的影响效果会比较显著。如果这种转变是在较长时期内缓慢发生的，则它会对房地产市场的需求结构和供给结构产生深刻的影响，进而对房地产市场波动的成因和性质产生根本性的影响，这种影响一般是通过产业结构的变化对房地产市场波动的作用表现出来的。

专　论

房地产业与国民经济的相互关系

房地产业是国民经济的重要组成部分，房地产业与其他产业广泛的前后向联系使其与整个国民经济的发展有着密切的联系。国民经济的增长一方面会扩大对不同类型的房地产的需求，另一方面又从资金、物质和技术上为房地产业的发展创造了条件；而房地产市场的活跃又带动相关产业的发展，进一步促进了国民经济的增长。

西方经济学的研究表明，房地产业的波动是宏观经济波动的导引。美国历史上历次经济危机均与房地产的大幅波动或危机有直接关系。每次危机也都详细解释了房地产业在从经济繁荣阶段转向经济危机阶段中的传导作用和放大经济不确定性与虚拟性弊端的具体过程。从表 2—1 中可以看出美国房地产业的经济周期与宏观经济周期的关系。

表 2—1　　美国房地产业的经济周期与宏观经济周期的关系

土地价值波峰	周期长度（年）	建筑业波峰	周期长度（年）	经济衰退	周期长度（年）
1818 年				1819 年	
1836 年	18	1836 年		1837 年	18
1854 年	18	1856 年	20	1857 年	20
1872 年	18	1871 年	15	1873 年	16
1890 年	18	1892 年	21	1893 年	20
1907 年	17	1909 年	17	1918 年	25
1925 年	18	1925 年	16	1929 年	11
1973 年	48	1972 年	47	1973 年	44
1979 年	6	1978 年	6	1980 年	7
1989 年	10	1986 年	8	1990 年	10
2005 年	16	2005 年	19	2008 年	18

（1）国民经济发展对房地产业的作用和影响。

房地产业的发展离不开国民经济其他部门为之提供产品、市场和服务。当国民经济其他部门发展受阻时，房地产业的过快发展将导致商品房的结构性过剩。因而，宏观经济的运行状况直接制约着房地产市场的景气状况，这种制约作用体现在房地产业的需求和供给两个方面。

第一，宏观经济运行状况决定着房地产的供给成本。

土地开发和建设成本是构成房地产供给成本的两大因素，而它们都受到宏观经济运行状况的制约。土地开发成本（不包括受让土地使用权的成本）受两方面因素的影响，一是市政基础设施建设成本，如大市政管线、城市交通和道路的建设成本，这些都与材料和人工费用有关；二是拆迁成本，包括拆迁补偿费用和拆迁房的建设成本，其中拆迁房的建设成本也与材料和人工费用有关。建设成本更是直接取决于建筑材料、装饰材料、设备和人工费用的高低。而建筑材料的价格波动取决于宏观经济运行的变化，当经济由低谷进入扩张阶段时，建材价格会随之上涨；当经济由高峰进入收缩阶段时，建材价格会随总体物价水平的下跌而下跌。这样，房地产供给成本随宏观经济运行状况的变化而变化。

从资金成本角度看，贷款利率直接影响到房地产的供给成本。而利率的变化通常意味着国家调节宏观经济运行措施的变化。为促进经济复苏，政府通常会降低利率，从而降低了开发商的资金成本；为防止经济过热，政府通常会提高利率，从而提高了房地产供给成本。

第二，宏观经济运行状况决定了房地产的有效需求。

房地产市场有效需求受到消费者（包括单位集团和个人）的实际购买力的限制，所以房屋销售情况好坏取决于消费者的购买能力。当消费者的购买能力由强变弱时，市场对房屋的有效需求就会减少；相反，当消费者的购买能力由弱变强时，房屋的有效需求就会增加。而消费者的购买能力同样取决于宏观经济的运行情况。当宏观经济处于扩张阶段时，国民收入增加，人均收入会相应增加，消费者的购买能力就会随之增强；反之亦然。因此，房地产市场的有效需求水平是随着宏观经济运行状况的变化而变化的。

此外，供给成本也会影响到需求水平。当建材价格和利率上涨时，房屋开发成本增高，开发商为了获取较高投资收益，势必提高房屋的售价，而过高的房价会导致需求的下降；反之，如果建材价格下跌，利率下调，开发商就有余地向下调整售价，从而扩大房地产的有效需求。

因此，房地产业的发展不能偏离国民经济的整体发展轨道，否则就会面临旺极而衰的境地。日本就是典型的例子。第二次世界大战后，日本地价一直呈上扬态势，但 20 世纪 80 年代后超常发展，土地价格上涨远远超过国民生产总值的增长，导致资金投向倾斜、产业结构畸形，造成国民经济发展的不平衡。而泡沫经济破灭的结果，也使得日本房地产业极为受挫，至今未恢复元气。

（2）房地产业在宏观经济中的作用。

房地产业是国民经济的支柱产业——建筑业的主要上游产业，房地产业的发展直接促进了支柱产业——建筑业的发展，因而又带动了钢铁、水泥、玻璃等 50 多个相关行业的发展。房地产业与整个国民经济具有很高的关联度，对其他行业辐射面广，在宏观经济运行中具有很强的乘数效应，因此，它能够也应该是国民经济发展的增长点。除了房地产业的直接效应外，人们对物业功能质量和环境质量持续不断的追求和更新，也创造和促进了新的消费市场的发展。如北京市住建委（原房改办）曾组织有关人员对某小区新入住居民的消费情况进行调查，结果表明，购买安居房入住的居民，平均每户投入消费 3.072 万元，其中每户新住房装修花费 1.384 万元，购置家具花费 0.938 万元，安装空调、电话花费 0.53 万元，购置家用电器花费 0.22 万元。而按市场价购买商品房的居民平均每户投入消费达到 8.958 万元。按北京市每年新竣工住宅约 12 万套，以安居房居民的消费水平测算，每年因改善居住条件而带动的消费总额可达到 36.86 亿元以上。

此外，房地产业的发展增加了许多新的工作岗位。房地产业的发展直接带动了房地产开发业的发展，也带动了房地产经纪机构、物业管理机构等需要大量工作岗位的劳动密集型组织的发展，并带动了房地产咨询评估业、房地产金融业、房地产法律业的发展和工作岗位的增加。

由于房地产业在宏观经济中的重要作用，房地产业的兴衰对宏观经济状况也有深远的影响。例如在美国，由于房地产业在经济中居于支配地位，它的景气状况能够直接影响经济周期的走势（见表 2—1）。

在我国，目前房地产业已经经历了相当一段时间的发展，根据 2008 年国家统计局提供的数据，我国房地产业产值占我国国民生产总值（GDP）的比重已经超过 5%，这表明，房地产业在我国国民经济中已经起到了支柱产业的作用，在经济周期中的作用也越来越显著。房地产业的乘数效应及其对国民经济的带动作用越来越成为多方的共识，住宅产业作为经济新的增长点已作为一项基本经济政策得到确认。随着我国经济的发展，房地产业对宏观经济周期的影响也会越来越显著。

（3）房地产业与金融业的相互关系。

房地产业与金融业有着密切的联系。房地产的生产、流通、消费过程除具有一般商品货币运动的共同特征外，还具有其独有的特点，具体表现为：资金投入量大、运动过程复杂、周转时间长、风险高、增值能力强。基于这些特点，现代房地产业大量以土地房屋抵押贷款方式扩大投资开发规模，占用了大量资金，从而使房地产金融在整个金融体系中占有重要位置。房地产业与金融业这种非常紧密的关系，对房地产业的发展起到了很大的推动作用。金融业不仅为房地产开发投资提供了信贷支持，扩大了房地产业的供给能力，同时也为房地产的消费使用提供了按揭支持，提高了房地产业的有效需求水平，因而全面渗透到房地产业的运行过程当中。但金融业在发挥对房地产业的促进和推动作用的同时，也使得房地产市场的金融体系本身的稳定兴衰极大地影响着现代宏观经济的核心——金融体系的稳定性。如果房地产贷款规模超出了经济发展水平和金融系统的承受能力，金融系统融资过于向房地产业倾斜，一旦房地产业不景气，地产无人问津，房屋销售滞碍，许多房地产开发商破产，大量资金沉淀无法偿还，就会连带一大批贷款银行和其他贷款机构倒闭，严重时会破坏整个金融体系的稳定性，造成灾难性的后果。

2007 年发生于美国的次贷危机是证明房地产业与金融业这种“唇齿关系”的最为悲怆的例证。次级抵押贷款是指一些贷款机构向信用程度较差和收入不高的借款人提供的贷款，这种贷款的利率通常比一般抵押贷款高出 2～3 个百分点。美国的次级抵押贷款大多是前几年住房市场高度繁荣时贷出的。在住房市场降温后，房价下跌和利率上升使很多次级抵押贷款市场的借款人无法按期偿还借款，不少次级抵押贷款机构因此陷入严重的财务困难，甚至破产。我们在此列举出相关数据便可一目了然。2006 年美国发放的次贷达到 6 000 亿美元，占当年美国市场发放房贷总额的 21%，到 2006 年底，美国未偿还的次贷额达到 1.5 万亿美元，占全美未偿还房贷总额的 15%。起因于房地产市场的次贷危机，进而向股市渗透，危机发生后，全球主要股市每个交易日股价下降 2%成为家常便饭。在此之后，次贷危机演变为一场殃及全球的金融危机，造成了全球性的信贷紧缩，各国央行被迫入市救市。

2.2.2 产业结构演进

纵观世界经济发展的历史，同时也是产业结构不断升级优化的演进史，国民经济的运行是在经济体系一定的内在结构特别是产业结构的基础上进行的，因而产业结构的演进也对国民经济周期的波动特征具有规定性。不同时期的产业结构特征，决定着一定时期内国民经济周期波动的基本状态特征。房地产业是国民经济整体的一部分，它的发展和周期波动也受到国民经济周期波动的制约和影响。因此，产业结构的演进既决定了房地产周期波动的基本状态特征，也决定了房地产项目开发的市场景气状态和需求结构。例如，在战后日本经济高速发展过程中，地价出现的三次猛涨就紧密伴随着产业结构的变化，即以工业用地价格带头的第一次土地价格猛涨、以住宅用地为主的地价上涨和以第三产业用地为主的地价上涨。地价上涨与工业化和产业结构演进的方向基本是一致的。

不同的产业结构，是由不同的经济发展阶段决定的。从世界上工业发达国家所走过的历程来看，工业化以来的经济发展阶段大体可划分为四个阶段。第一个阶段：工业化初期，大约为 19 世纪初期到 19 世纪后期；第二个阶段：工业化中期，大约为 19 世纪后期到 20 世纪 30 年代；第三个阶段：工业化后期，大约为 20 世纪中期；第四个阶段：后工业化时期，大约为 20 世纪后期。在不同的经济发展阶段，由于产业结构的特征不同，房地产市场波动的基本状态特征也不尽相同。

（1）工业化初期产业结构特点与房地产市场特征。在工业化初期，工业革命导致了产业结构的重大变化，铁路、交通运输革命和冶金技术的进步，使制造业的比重上升，在整个国民经济中起到决定性作用，制造业内部则以轻工业为主。服务部门开始增加，而农业主体部门的地位和比重下降，但仍占据一定地位。制造业的发展，带动了城市人口的增长，人口开始向大城市集中，城市围绕旧城扩大，并出现了中心城市，房地产业也开始了初步发展的阶段。由于工业化初期制造业发展迅速，对工业用地的需求剧增，所以工业用地的价格涨幅较其他类型用地要大。

（2）工业化中期产业结构特点与房地产市场特征。在工业化中期，由于电力、汽车和化学工业的技术创新的推动，制造业在产业结构中占据了主要地位，重工业成为这一时期国民经济发展的主导产业。同时服务业的比重也开始稳步加大，而农业比重已变得很小。产业结构的这一特点，在房地产市场上表现为对工业用地的需求剧增，工业用地价格也大幅上涨。如日本在 20 世纪 50 年代至 60 年代中期，由于重型、大型产业的高速发展，造成对工业用地的需求剧增，出现了供不应求的状况。1959—1962 年，日本全国各类用途土地价格的平均上涨率为 32.1%，而工业用地价格的平均上涨率达 37.7%，相比之下，位于大城市工业中心地带的地价上涨更多，六大城市（东京、名古屋、大阪、神户、横滨、札幌）的各类用途土地价格平均上涨率为 46.4%，工业用地价格的平均上涨率则为 55.6%。

（3）工业化后期产业结构特点与房地产市场特征。二次大战后，伴随着战后的经济恢复与第三次科技革命，西方发达国家进入工业化后期。这一时期，产业结构变动的特点与工业化初期和中期不同，突出表现在第二、第三产业的变动上。以美国为例，这一时期美国产业结构变动的特点是：第一产业比重继续下降；第二产业比重开始缓慢下降，电子、家用电器等新兴产业逐步代替重、化工业成为国民经济发展的主导产业；第三产业比重超过第二产业，内部构成也有重大变化，一直占据首位的商业的比重开始下降，金融业（包括保险业）和房地产业，特别是高技术水平的新兴服务业所占比重逐步上升。由于第三产业的长足发展，使得房地产业的规模越来越大，在国民经济中的地位和受国民经济的影响程度也越来越高，房地产业成为国民经济的支柱产业。而且，由于房地产业与金融业的联系日益紧密，房地产市场波动受金融市场波动的影响日趋严重。同时，对房地产的需求结构也相应发生了变化。一方面，国民收入水平的稳步提高造就了对住宅物业的大量需求；另一方面，第三产业尤其是金融服务业的发达造就了对办公用房等较具投机性物业的大量需求，这加重了房地产市场波动的幅度。

（4）后工业化时期产业结构特点与房地产市场特征。从 20 世纪 70 年代起，西方发达国家开始进入后工业化社会，这一时期产业结构变动的特点突出表现在第三产业及其内部结构的变化上。这一变化可以从表 2—2 所示的二战后美国第三产业四个部门增加值占 GNP 比重的变化中清楚地显示出来。

表 2—2　　**美国第三产业内部结构的变化**（%）

年份	第三产业全部	商业	金融业	服务业	政府
1947	46.1	18.8	10.1	8.6	8.6
1950	45.9	17.9	11.2	8.4	8.4

续前表

年份	第三产业全部	商业	金融业	服务业	政府
1960	51.2	16.6	14.1	10.0	10.5
1970	56.0	16.6	14.4	11.8	13.2
1980	56.3	16.1	14.7	13.7	11.8
1992	66.4	15.8	18.4	19.6	12.6

从表 2—2 中可以看出，到 1992 年服务业在第三产业中的比重已上升至第一位，而在 20 世纪 80 年代初期还一直占据首位的商业的比重已下降至第三位。这一时期美国产业结构变动的特点是：第一产业早已处于无足轻重的地位；第二产业比重明显下降，但微电子、新材料、新能源等高新技术产业迅速发展；第三产业比重明显上升，而且其内部结构发生了更为深刻的变化，特别是信息革命的重大影响，带动了整个国民经济产业结构的优化和升级。产业结构的这种变化对经济周期波动具有重大而深远的影响，同时也使房地产市场波动产生了微妙的变化。一方面，由于经济体系内在结构的优化和升级，经济体系的内在稳定性增强，经济波动和不动产市场波动的振幅都趋向缩小；另一方面，在这种情况下，一些外生冲击因素的作用就格外显著起来，如石油危机、海湾战争等的冲击，使房地产市场的波动受外生因素的影响变大。另外，随着信息技术的日益发达，市场信息传递速度加快，加剧了金融市场波动的频率和幅度，同样也影响了房地产市场的波动。

就我国的情况来看，我国已经处于工业化中期的后半阶段①，工业经济快速发展，总体实力不断提高，工业在国民经济中的主导地位进一步增强。2003—2006 年，工业生产的增速在 11.5%至 12.8%之间波动，工业沿着经济增长周期的上升轨道稳健前行。但由于我国房地产市场的形成只是 20 世纪 90 年代的事（地区性的市场产生于 20 世纪 80 年代末），因而在初期受产业结构变化的影响较小，更多地表现为产业成长初期的剧烈波动性。但从 20 世纪 90 年代中期以来，随着我国第三产业的发展和产业成熟度的提高，房地产市场的波动已越来越受产业结构演进的影响。比如，随着我国房地产市场的启动和发育，工业用地必然而且已经大量进入市场，从而导致这些土地的价格出现补偿性的上涨。而这一现象在我国工业化初期是不会存在的，因为那时候我国的产业结构以重工业为主，而这些行业的企业土地大都是以非市场化的方式（行政划拨）取得的，因而工业用地的价格并未上涨。

2.2.3 城市化进程

城市化进程包含了两大变革：一是城市生活方式的兴起，即城市化的过程；二是城市生活方式向全国范围的辐射和扩散，即郊区化的过程。这两大变革的影响相互交织，尤其是当郊区化的过程已经全面展开的时候，城市化的过程还在继续进行当中，这种状况部分地模糊了人们对城市化过程意义的充分认识。有学者研究指出，在城市化漫长的历史发展过程中，存在着城市化进程的长波趋势，即农村——城市化——逆城市化的发展过程，西

---

① 参见陈佳贵等：《中国工业化进程报告——1995—2005 年中国省域工业化水平评价与研究》，北京，社会科学文献出版社，2007。

方发达国家正在经历从城市化到逆城市化的过程。如美国自工业革命以来，城市人口一直呈增长态势，城市人口占全国人口的比例一直在提高；但到了20世纪70年代达到顶峰后，城市人口比例开始下降，而农村人口比例开始上升。尽管这一转变过程是非常缓慢的，但它对房地产业的发展具有很重要的意义。城市化进程的影响因素包括人口增长、城市基础设施建设和交通运输业的发展，而城市化进程对地价上涨和房地产业的发展具有强烈持久的作用，也影响到各类房地产的长期趋势，进而影响各类房地产市场波动的特征。

就我国现阶段城市化进程来看，大城市集聚作用越发明显，主要体现为区域人口向一线和二线城市快速集聚，特别是高收入者和精英阶层向一线城市移动。再加上这些城市在配套的公共服务、基础设施建设等方面较周边地区有显著优势，使得一线城市的房价普遍畸高。而二线城市由于成为地方人口、经济的中心，房地产需求也稳步提升。这些效应相互叠加，将会产生新的房地产业投资热点。

2.2.4 经济体制

房地产业的活动是在经济体系一定的内在结构基础上运行的。我们已从经济增长方式、产业结构演进、城市化进程这三个角度考察了对房地产市场波动的影响，现在再从经济体系的另外一个重要的内在结构——体制结构的角度来考察对房地产市场波动基本状态特征的影响。

改革开放以后，我国开始向社会主义市场经济体制过渡，经济主体开始多元化。这种体制既为经济运行注入了原有计划经济体制下所没有的活力，又为改善政府的宏观调控创造了基础性的体制条件。从对经济周期波动影响的角度来说，社会主义市场经济体制与由政府宏观调控的资本主义市场经济体制相比，相同之处在于，都是在市场经济的基础上，中央政府通过一系列参数因素对经济运行进行间接调控；不同之处在于，在社会主义市场经济体制下，中央政府这一行为主体要比在由政府宏观调控的资本主义市场经济体制下所起的作用更大。对于一些经济活动，中央政府会更多地动用一些必要的直接调控手段作为辅助方法，以更好地保证国民经济的顺利运行。在我国正处于由计划经济向社会主义市场经济体制过渡的时期内，在房地产业发展时期较短、市场化程度较低的历史背景下，政府运用直接行政干预手段来调节房地产市场的运行，对于避免出现房地产市场波动的大幅震荡，保证房地产业的稳定成长是十分必要的。但随着我国社会主义市场经济体制的逐步建立和完善以及房地产业的进一步发展，可以预见，我国政府将更多地运用间接的宏观调控手段来减缓房地产市场波动的幅度，以促进房地产业的顺利运行和发展。

2.2.5 通货膨胀率

在经济发展过程中，通货膨胀与通货紧缩的交替变化，必然会周期性地影响房地产投资的预期回报率，从而影响房地产市场的周期波动。在较发达或成熟的房地产市场，一般来说长期租金都是直接与通货膨胀率挂钩的，通货膨胀率的上升会直接导致名义租金的上升；短期名义租金除受供求关系影响外，总体上也受通货膨胀率的影响，因而，通货膨胀率的变化与房地产租金波动趋势是十分紧密的。同时，通货膨胀率也会影响到房地产售价的走势，但与租金相比，售价受通货膨胀率的影响稍弱。例如，对中国香港1976—1994年间通货膨胀率与中小型住宅的租金波动率的相关分析表明，二者的相关系数达到0.8203（见图2—1），表现出很强的正相关性，同期通货膨胀率与住宅售价波动率的相关系数也达到了0.7461。这样，通货膨胀率通过租金与售价的变化正向影响了投资回报率。

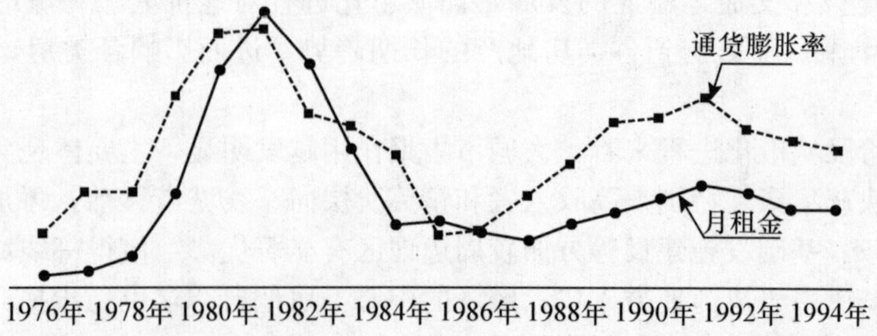

图2—1 1976—1994年中国香港通货膨胀率与中小型住宅租金波动的关系

另一方面，通货膨胀率的变化直接导致建设成本、经营成本和利率的变化，从而反向影响了投资回报率。尤其是按揭利率的变化，与通货膨胀率的变化更为密切，基本上是同步的（见图2—2）。

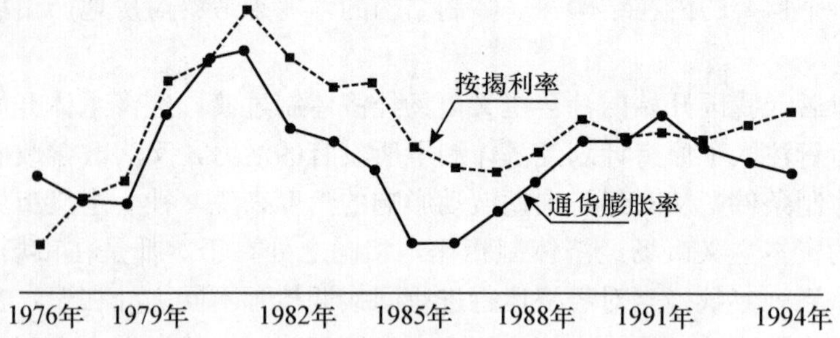

图2—2 1976—1994年中国香港通货膨胀率与按揭利率的关系

2.2.6 家庭收入支出结构

营销者通常将家庭收入结构分为五种类型：（1）很低的收入；（2）大部分人是低收入；（3）两极分化；（4）存在低、中、高不同的收入；（5）大部分人是中等收入。家庭的收入结构不同，房地产市场的需求特征和特定住宅产品的有效购买力也就不同。如我国自改革开放以来，经历三十多年的高速经济增长，人民收入也有所增长，但家庭收入却呈现两极分化状态，据悉，我国目前的贫富差距已超过国际警戒线。因此，这就不难解释为什么我国的高端住房市场一直很旺销了。2006年5月国家颁布“70—90”政策①以前，房地产开发商提供的住房产品多为大户型、大面积、精装修的高档住宅，就是由两极分化导致的，高收入群体的住房购买力很高，房地产开发的利润很高。

① “70—90政策”：从2006年6月1日起，各大城市新开工项目中，套型建筑面积小于90平方米的房屋比重不得少于70%。

在一定的收入水平下，家庭支出结构对家庭住房消费能力和意愿有很大的影响。一般说来，家庭支出包括以下几部分：(1) 保障性支出（必然消费）部分。用于最起码的衣、食、住、行、教育及各项保险消费。(2) 社会人支出部分。用以适当提高衣、食、住、行及教育的消费水平，使之与本人的身份及社会潮流相适应。(3) 自由支出部分。用于奢侈消费及社会消费。(4) 发展基金支出部分。用于个人投机投资及创业投资。总体来说，我国居民的储蓄率较高，再加上收入的增长，保障性支出在收入结构中的比例越来越少，而改善性、社会性以及投资性支出的比例则呈现逐渐增长的态势。由于当前阶段投资渠道的有限性，我国大多数家庭趋向于把发展基金投资于房地产产品，以获取相对稳定且比较高的收益。

此外，居民的收入预期对住房消费意愿也有相当大的影响，我们将在“房地产消费者分析”一章中继续分析。

2.3　政策环境

政策环境指房地产开发所面临的政策和制度环境。一般说来，与房地产有关的政策和制度主要有：财政政策、货币政策、产业政策、区域发展政策土地政策、住房政策、户籍制度等。

2.3.1　财政政策

财政政策包括财政收入政策和财政支出政策。财政收入政策主要是通过税率的调整来调节国家、企业和个人收入的分配关系。财政支出政策主要是确定国家预算支出的总量和支出结构。在财政支出政策方面，政府作为房地产市场的参与者，以自身的支出总量和结构影响房地产市场的总量和结构，主要包括：(1) 土地一级市场的供应者（地价、区位、容积率）：调节土地供应的总量、结构与节奏；(2) 保障性住宅（经济适用房）的开发者：控制经济适用住宅建设规模；(3) 房地产市场上的购买者：购买办公用房、住宅；(4) 城市基础设施建设者：进行市政公用设施、交通设施等的建设。

在财政收入政策方面，政府作为房地产市场的监督者，通过税率的调节，影响市场参与者的总量和结构，进而调节房地产市场的结构和供求状况。除与房地产直接相关的税种外，国外还特别注重从需求角度设置税率，调节房地产市场的运行。例如，为了帮助房地产业从 1974—1975 年的衰退中复苏，美国国会制定了刺激个人购买房地产的特别税率。即凡在 1975 年 3 月前购买新完工或未完工住宅的任何个人，其个人所得税均可按购买房价的 5%给予优惠，最多不超过 2 000 美元。2001 年，我国政府宣布取消 47 项房地产税收。在这一政策的刺激下，全国各地房地产开发进入一个新的高潮期。时至 2010 年，由于房价自 2003 年以来的持续上涨，中央政府则考虑试图通过开征房地产税调控房地产市场。一是为抑制投资性需要来平衡房价上涨趋势；二是为地方政府开辟稳定的税源；三是试图以此来抑制贫富差距的进一步拉大。2011 年，国家税务总局在上海和重庆两个城市推行了房产税试点。

2.3.2 货币政策

货币政策是指中央银行通过调整贴现率、调整法定准备金和公开市场业务等手段，来调节货币供给。对房地产市场的调节主要是利用利率工具，以控制商业银行对房地产业的信贷投向和信贷规模指标。

1. 货币信用对房地产市场的影响

对经济周期和危机的历史分析表明，在经济波动过程中，波动必然在信用领域突出地表现出来。由于房地产投资对货币信用的依赖程度很大，房地产市场的景气状况必然会表现为对货币信用的需求程度，货币信用对房地产市场的波动具有至关重要的影响。当房地产供给大量增加以至过剩，房屋的空置率提高时，房屋的积压必然表现为投资者偿还债务的困难，对货币信用的需求会迫切地增加。随着货币需求大大超过货币供给，货币变得异常稀缺；同时，房地产市场的不景气使得房地产金融市场的违约率大大提高，从而进一步恶化了债权债务关系。结果，货币信用进一步加深了房地产市场的波动。

以 20 世纪 80 年代中国香港房地产市场与货币信用的关系为例。从图 2—3 中可以看出，金融机构对房地产业的贷款的波动与房地产市场的波动相当吻合，但次序上要比房地产市场的波动落后，这说明金融机构对房地产市场景气状况的反应是滞后和被动式的。

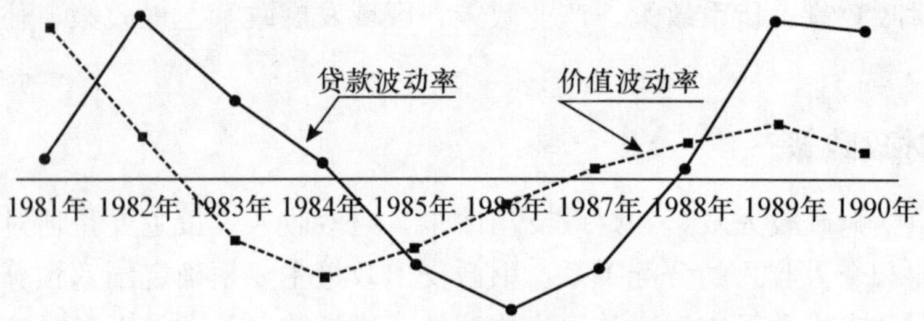

图 2—3　中国香港房地产转让价值与贷款波动

2. 利率对房地产市场的影响

货币信用在房地产周期波动中的表现及其对周期运动的影响，主要是通过利率变化实现的。利率的升高或降低不仅是货币供给不均衡的一种反映，更重要的是，它的变化会影响房地产的投资需求和消费需求，因此利率是货币信用影响房地产市场波动的中间环节。从市场经济国家的历史上看，利率本身也具有周期性波动的特征，这与商业和信贷扩张活动的变化有关。一般地说，在商业扩张和银根紧缩时期，利率较高；而在经济萧条停滞和货币贷款需求下降时期，利率又会急速下降。与长期利率相比，短期利率的波动常常是巨大而富有突变性的。

利率对房地产市场的直接影响分为供给和需求两方面。供给方面是影响开发商的财务费用，财务杠杆作用使得利率对开发成本的影响巨大；需求方面主要是影响按揭利率和按揭比例。

在供给方面，开发商融资成本的高低和借贷资金的取得与资金市场息息相关，通常当资金市场资金宽松时，利率下降，开发商融资较易，融资成本较低，房地产的价格较低，从而促进房地产的供给和市场的繁荣；反之，在资金市场银根趋紧时，利率上升，则开发商利息负担沉重，开发成本居高不下，对房地产市场不利。这个特性也为政府干预房地产市场提供了机会，政府可借助货币政策的调整影响房地产市场中短期的景气状况。

在需求方面，相对于其他商品，价值高昂是房地产产品的重要特征之一，昂贵的价格使得许多人无法进入房地产市场。就住宅而言，大部分得以进入住宅市场的购屋者，必须依赖长期的负债以取得住房。这就牵涉到两个问题，亦即长期融资的取得与长期融资的成本。因此，房地产需求深受融资成本高低与房地产抵押借款取得的难易程度的影响。利率高则加大银行按揭成本，从而抑制了房地产的需求；反之，利率降低则会促进人们的投资意愿，加大房地产的投资需求和使用需求。

另外，如果一国货币实现了资本项目下的可兑换，则国内外资金利率的差异会造成资金的流进流出，因此对货币供应量产生影响，从而影响房地产市场的景气状况。

根据上述分析，利率变动与房地产市场波动一般呈反方向变化。如果用空置率的变化表示房地产市场的走势，则利率变动应与空置率的变化趋势较一致。当然，此时的利率应是市场化的反映实际资金成本的利率，而非管制状态的利率。

利率的变化直接影响房地产的投资回报。假定房地产经营者投资购买一物业并将物业出租从而收取租金以获取利益，我们可以用投资回报率来表示经营者获取利益的大小，在这种情况下，投资回报率可以用租金收益率来表示，用公式可以写为：

$$\delta=R/H_0$$

式中，δ 为租金收益率；R 为全年租金收入（如租金是按日收取的，应折算为年底的终值）；H_0 为物业的年初市价。

很明显，R/H_0 值越高，说明经营者的投资回报率越高，这种方式的投资也越具有吸引力。然而，投资物业收取租金只是一个具有资金的投资者为了获取投资回报的一种方式，投资者也可以通过其他投资方式获取投资回报。比如，投资股票以获取股息，存入银行以获取利息等。应该注意的是，存入银行以获取利息的方式基本上是一种无风险的投资，而其他方式的投资不确定因素很多。因此，如果银行利率高过租金收益率，很少有投资者会感兴趣投资在物业上，或者说租金收益率要大于银行利息率才有可能吸引资金投资在物业上。

因此，假设一年后物业的市价为 H_1，物业一年后的投资总收益应大于利息收入 H_i，这样可以写为：

$$R+H_1-H_0>H_i$$

令　$i=H_i/H_0$，即银行利率，

则有　$R/H_0>i-(H_1-H_0)/H_0$，

令　$h=(H_1-H_0)/H_0$，为楼价升价幅度（升值率），

则有　$R/H_0>i-h$

即有　$\delta>i-h$

式中，δ 为租金收益率；i 为银行利率；h 为楼价升值率。

例如，当 R/H_0 为 9%，楼价升幅为 3%时，若银行利率为 10%，则 $R/H_0>i-h$，此时房地产市场对资金具有吸引力；而若银行利率为 16%，$R/H_0<i-h$，此时房地产市场

对资金就不具有吸引力。

再以中国香港物业市场为例，1981 年，尽管当时通货膨胀率高达 15%，但银行优惠利率却高达 20%，香港楼市下泻，整个物业市场萧条。1983 年 10 月，香港政府实施联系汇率，这样港元利率的走势随着美元利率而变化，政府对利率的控制权减弱，银行利率偏低，通货膨胀率相对较高，这助长了香港房地产市场的兴旺和发展。比如 1991 年，尽管香港通货膨胀率达到 13%，优惠利率却只有 9.5%，使 20 世纪 90 年代初香港物业市场十分兴旺。

但是，目前我国房地产市场的景气状况受利率因素的影响还比较小。从需求角度，由于我国房地产抵押贷款开展时间较晚，外币形式的按揭仅有几年的历史，人民币形式的按揭才开始不久，而且房地产抵押贷款的比例（按揭比率）较低，按揭的信贷额较小，因而按揭对房地产需求的影响较小。再者，我国的按揭利率一般是参考政府规定的贷款利率决定的，不能完全反映房地产市场的利率水平。从供给角度，我国房地产开发企业的自有资金比率虽然较低，但一方面依靠楼花预售收入，另一方面依靠大量外资的投入，因而实行宏观调控后信贷资金来源有限，资金成本受利率的影响较小。当然，所有货币形式的建设资金成本必定都是由利率决定的，但政府货币政策的时间效率会有所不同。从这个角度讲，目前政府货币政策对我国房地产市场周期波动的作用还很有限。

3. 汇率对房地产市场的影响

汇率的变化对经常项目的收支状况影响极大，因而会对货币供应量产生影响。而经常项目的收支状况也是房地产市场的主要影响因素之一。汇率下降会促进出口，当出口持续畅旺并产生贸易顺差时，所赚取的外汇兑换成国内货币后，就造成货币供给量增加，进而使得利率下降而有利于房地产投资；反之，当存在巨额贸易逆差时，会因利率的上扬而不利于房地产投资。从这一角度讲，汇率下降会促进房地产市场的繁荣，但汇率下降产生效应需要一定的作用周期。

与此同时，汇率的变化直接影响着境外资金对本国房地产的投资需求，进而影响房地产市场的变化。对境外投资者而言，汇率的变动直接影响到其以本国货币为单位的投资收益率。若汇率下跌，则境外投资者的投资率也相应下降，从而减少对房地产的投资；反之亦然。目前世界各国的汇率制度一般分为浮动汇率制和联系汇率制两种。浮动汇率制下的汇率波动对各国的海外投资者均存在风险；在联系汇率制下（一般与美元挂钩），对以美元为单位的海外投资者来说，就少了汇率波动的风险。

汇率的影响有时还表现为国际性金融冲击对房地产市场的影响。国际性金融冲击包括汇率变动、国际股市变动、国际资本流动等突发性的重大变动，通过一个国家（或地区）的金融市场状况和投资需求等环节，影响其经济的周期波动，从而影响有时甚至是直接冲击房地产市场。如 1997 年东南亚金融危机中，香港金融管理当局为了“狙击”国际投机者对香港联系汇率制的冲击，一夜之间将银行利率提高 300%，虽然使国际投机者在汇率上遭到重创，但也使得股市和房地产市场大幅下滑。

我国目前还未实行资本项目下的可兑换，但政府的汇率政策也会受国际环境的影响。目前我国房地产开发投资中，外资已占较大比重。如果汇率发生变化，必定会对这部分外资的投资效果和未来的投资取向产生非常大的影响，从而影响我国房地产投资和房地产市场的周期波动。

2.3.3 产业政策

政府以制定计划和产业投资指引目录及其他行政干预手段来影响房地产周期波动。在房地产业发展初期，产业政策对市场的波动具有至关重要的影响。政府调节房地产业的产业政策工具包括：房地产产品供应结构管制、政策性资金控制、上市政策、外资投向指引等。

例如，1993 年为了抑制国内通货膨胀，中央采取了宏观经济调控政策，紧缩银根，并严格限制房地产贷款，结果导致了大量的房地产项目施工停顿。由于房地产项目需要相当长的时间和资金来完成，金融紧缩使房地产失去了银行信贷的有力支持，开发商先期投入的资金无法收回，资金缺乏，楼宇无法按时完工，有的被迫缓建、停建，从而使大量高层住宅楼盘积压。以深圳房地产业为例，1993 年宏观调控，深圳房地产市场首当其冲，被列为重点调控对象，高层住宅积压额逾百亿元，已完工的住宅单位中有 200 万平方米空置待销，整体空置率达 10%，而在建的高层住宅数目依然庞大，不少于 200 栋，建筑面积达 400 万平方米。同时，花园别墅也大量空置，甚至有价无市。再如，为了解决前些年我国房地产供给市场的结构性矛盾，我国自 2006 年开始规定，限制直至取消别墅用地，增加普通住宅尤其是保障性住房用地的供应，并正式提出“70—90”政策以增加普通商品住宅的供应。2009 年末，国家发改委还表示将用全国土地出让金净收益的 10%来兴建保障性住房。

2.3.4 区域发展政策

同在一个国家，同在一个宏观经济环境下，各地区的经济发展和房地产消费并不是完全一致的。政府往往通过对不同地区的经济发展给予优惠政策，如经济特区政策、沿海经济发展战略、沿江经济带发展战略、地方和部门审批权限等，刺激某些地区超前、超速发展。这对各个地区的房地产市场的发展也必然产生巨大影响。

正因为经济的区域性差异存在，各国投资商在考察一个国家及地区的经济环境时往往倾向于采用区域经济研究的方式来选择最合适的投资区位。如德国西门子公司在中国投资建设生产基地，就曾对长江三角洲经济圈、粤港澳经济圈、华南经济圈、华北经济圈等的区域经济互动情势进行专题研究，最后确认只有在上海投资才能确保其电器产品最快、最大规模地融进中国市场。

考察经济的区域性发展可以从以下几个方面入手：(1) 地区或城市的港口、保税区、开发区建设及相关的经济政策对相邻地区产生的影响；(2) 一个地区或城市的行业发育对国内其他地区产生的经贸互动影响；(3) 相邻地区间社会平均商业利润的差异可能带来的资本及创业机会的流动。

◆ 案例 2—3 ◆

房地产的区域性

由于各地发展历史的差异和其他众多的原因，各地的经济发展水平亦存在着一定的差别。与之相应的，各类物业的市场容量及市场发育水平也会存在明显的不同。自 1993 年宏观调控以后，海南、惠州、北海、胶东等地的房地产市场在短时间内就表现为一片萧条景象，但上海、广州等地因其市场承受力较强，房地产开发热继续维持了相当长的时间，直到 1995 年才出现明显的供过于求，但没有出现十分剧烈的大起大落。

2.3.5 土地政策

我国土地实行国家所有和集体所有，房地产开发商和个人只能取得有限期的国有土地使用权。土地政策对房地产开发的影响主要可从以下两个方面来分析：

1. 土地供给政策

目前我国土地供给实行“双轨制”，即对公共设施用地、基本建设用地、军事用地等实行划拨用地政策，对商品房开发用地一般实行土地出让政策。土地供给政策的松紧和供地节奏的快慢，将直接影响房地产开发用地的取得。我国目前城市土地实施统一储备、统一出让制度，使得地方政府垄断了土地一级市场，开发商获取土地只能通过一个口子。这种政府“全面统一储备，一个口子供地”的方式，无形之中推高了地价，导致土地溢价严重，使开发商拿地成本大幅上升，对一些资金规模较小的中小开发商产生了挤出效应。

另外，政府为了稳定市场结构会阶段性调整某类土地的供给政策。如鉴于城市土地资源的日益稀缺和普通住宅的缺乏，我国政府近年来已经取消别墅用地的供应。

2. 土地出让方式

在土地出让方式上政府可以采用协议、招标和公开拍卖三种方式，采用不同的方式可以给土地投资者带来不同的成本。例如，政府以协议方式出让土地使用权时，没有引入竞争机制，这种方式由于缺乏公开性和平等竞争，受人为因素影响较多，出让方和受让方的灵活性都较大，土地的出让价格一般来说都较市场地价低。由于缺乏公开性和公平性，受让方可能以后会被要求补偿地价，这就对房地产开发构成了巨大风险。招标方式引进了竞争机制，综合考虑规划、地价、投资者的资信情况等多种因素，在评标时既考虑投标者的报价，同时还对投标规划设计方案和企业的资信情况进行综合评价。对投标者来说，中标的可能性带有很大的不确定性，失去中标的机会较大，这就意味着投标者会面临着在准备投标中的所有时间和资金无偿丢失的风险。而公开拍卖方式充分引进了竞争机制，排除了许多主观因素，政府不仅要事先公布竞争土地的位置、面积、用途、土地使用年限及付款方式、付款时间，还要事先制定好规划设计方案并公布其要点，如建筑密度、容积率、建筑层数及建筑总面积、绿化率等，以便竞投者进行投资决策分析。但是由于土地一旦进入竞拍现场程序后，其唯一的规则是价高者得，因此，公开拍卖方式极易过分推高地价，近些年频频出现的“地王”现象足以说明问题。

2.3.6 住房政策

住房制度改革主要是指国家和政府在住房方面的投资政策和住房分配政策的改变，这将对房地产开发商的利益有着很大的影响。比如，2010 年的中央经济工作会议对有关房地产业发展的表述中，重点强调“要加快推进住房保障体系建设”，并首次提出将“逐步形成符合国情的保障性住房体系和商品房体系”。这也就意味着，保障性住房与商品房并行的住房政策已渐渐浮出水面。

其实，随着近年来商品房与保障房“双轨制”的住房体系构架日益清晰，以及全国范围内保障房建设力度的不断加大、建设速度的不断加快，房地产开发商也开始主动适应政策变化趋势。一些开发商在已占有的商品房市场之外，已经开始主动参与保障房建设。按照这样的形势推测，在“十二五”期间，会有一批房地产企业将大规模参与地方的保障房建设。这是因为，与商品房建设相比，开发商参与保障房建设风险较小、利润率稳定、资金回收有保障，且容易获得信贷支持。另外，不少开发商在一、二线城市商品房市场的份额已经接近饱和，随着保障房建设的重要性和紧迫性的日趋显现，相对更大的保障房市场空间成为开发商新的业务竞争点和利润增长点。但不可忽视的是，也有一些开发商由于不看好投资建设保障房，已表示将退出房地产中低端开发市场，转而投资商业地产和高端住宅市场。这都是房地产开发商根据住房政策的变动，结合自身实力相机行动的具体表现。

2.3.7 户籍制度

户籍制度对房地产市场有着局部的影响。自改革开放以来，全国各地在户籍制度方面都进行了一定程度的改革，如深圳规定外地人在深圳连续工作满五年就可以申请深圳户口；广州规定外地人迁入广州必须交纳万余元的城市增容费；珠海则欢迎高学历的人进入该城市工作，政府除无偿解决其户口外，还有住房方面的政策性照顾；更多的地方则规定，原农村户口的居民，只要交一定的费用，就可以转为城市户口。

在2009年底召开的中央经济工作会议上，中央政府已经明确提出，“积极稳妥推进城镇化，放宽中小城市和城镇户籍限制”。户籍制度的变革对于房地产业的长期稳定发展影响深远。上述政策制度打破了城乡间户籍不能流动，农村人力资源难以自由流动以支持城市经济发展的瓶颈。鉴于我国城市化正处于强劲发展趋势中，户籍制度的重大突破势必在较长时期内，持续提升农业人口对城市和城镇的住宅需求，支持房地产业在较长时期内保持快速增长。特别地，这将极大地促进二、三线城市的基础建设及地产投资。未来城镇化的迅猛发展将进一步拉动房地产业及其上下游产业的快速发展，对于业务重点在二、三线城市的房地产开发商而言，无疑将开启更广阔的发展空间。例如，政策刚刚出台不久，珠海华发实业股份有限公司就经公开竞投以24.746亿元获得南宁市278.97亩的一块地，显示了上市公司进军二、三线城市的迫切心情。

2.4 行业管理环境

目标投资地政府的行业管理水平和管理能力的考察是房地产投资开发环境分析的重要组成部分。主要考察内容包括：城市规划控制的水平、房地产业的行业管理方式、房地产税费、房地产项目的环境影响评价、房地产项目的节能控制等。

2.4.1 城市规划控制的水平

城市规划管理对房地产开发的影响主要体现在以下两个方面：

1. 城市规划管理决定未来房地产开发的价值和最有效利用的程度

城市规划要根据各类用地的社会需求量，研究城市景观、区位条件、环境要求，处理好各项建设内容之间的关系，以及各类用地邻里关系，按“地尽其力，优地优用”的要求确定合理的城市用地数量结构、用地功能布局、各地块开发顺序和开发强度及建筑用地技术规范，从而决定了未来城市各区位房地产开发的价值和最有效利用的程度。

2. 城市规划管理是政府调控土地供给的手段

各级政府代理国家垄断控制和管理城市土地，具有法规作用的城市规划及规划管理对地价产生决定性作用。我国城市可利用的土地资源紧张，土地供给弹性很小，而我国城市化及城市建设的快速发展，对城市土地的需求日益增长，因此，政府要通过控制地价来调节土地供给。城市规划及规划管理要根据城市建设需求，提出管理好每年的城市增量用地投放及存量土地的建议，并落实开发建设程序。

◆ 案例 2—4 ◆

城市规划影响房地产市场发展

众所周知，在城市规划管理比较好的张家港市及江阴市，房地产开发一直处于比较平稳的状态。超前而科学的规划、有效的规模控制、严格的规划管理，使这两个城市的房地产开发避免了盲目的、一窝蜂的现象，本着配套一片、开发一片、管理一片的原则，这里的小区住宅市场基本上没有出现供大于求的情况，所有楼盘的预售成绩都很好。与此形成对比的是，不少城市的土地批出规模严重失控，房地产市场管理混乱，造成地皮炒卖现象严重，商品房供应量过大，市场价格起落过剧，给开发商们带来了很大的风险。地方政府规划管理不当的主要表现有：(1) 土地供应失控，地方政府越权批地；(2) 规划落后于建设，先有建设项目，后有相应的规划；(3) 规划不全面，只重建设规划，不重功能规划；(4) 配套不及时，有的新城区根本没有相应的交通建设计划；(5) 只有平面规划，没有开发进程规划，出让土地无规划；(6) 规划不科学，将住宅小区安排在严重污染的工业区旁；(7) 市场管理混乱，各职能部门职权不明确，造成手续繁杂，重复收费；(8) 规划执行不严格，常常以罚代管，集资房、宅基地房只要接受罚款就能转变为商品房。

2.4.2 房地产业的行业管理方式

在任何一个国家和地区，政府的行业管理水平如何，都是投资商们比较在乎的。但这一点在中国的各个地区及各大城市却是参差不齐的。在有的城市，房地产企业可以在一个窗口办理所有的手续，而有的城市则是多头管理，工作效率低下，任何一方“神仙”没有拜到就办不成事。行业管理的水平不仅影响企业办事效率及成本，更事关能否实现公平竞争。因而，在产生投资意向前充分收集当地政府有关行业管理方面的材料，了解当地行业管理的现状，是完全必要的。

2.4.3 房地产税费

政府向房地产业征收的税费有多少项？总额有多少？这在全国不同的城市都不太一

样。在个别情况比较理想的城市，对房地产开发项目，除了国家明确规定必须征收的税收及土地使用费用以外，不再征收其他费用，则房地产开发商的负担是比较轻的。但也有一些城市，由于多头管理或政府收费管理不力，对房地产开发企业的收费多如牛毛，几乎每办一道手续就有一次收费，甚至多重收费，使房地产开发的总成本大大提高。这种现象多年来一直是房地产界的一块心病。

任何投资都必须考虑成本及收益。在投资考察时是必须把各种税费所带来的成本因素考虑进去的。近年来各地房地产开发商在市场供大于求的情况下仍不肯降价，造成有价无市的僵局，很大程度是由过高的税费负担引起的。在众多的房地产税费中，直接由买房者承担的只有交易契税，其他绝大部分税费都由开发商承担。在国内的房地产行业，税费在房地产开发成本中所占的比例相当高，在北京、上海、广州、深圳等大城市，税费所占比重都在 40%以上，个别城市甚至有超过 50%的现象。这给不少开发商造成了很大的负担。2010 年后，中国房地产市场进入调整期，房地产普遍出现供过于求的现象，开发商要把楼盘销售出去，一个通常的途径是降价。但由于税费带来的成本上升，降价意味着无利可图甚至亏本，故而大部分开发商不肯主动降价。

税费的降低对开发商收益的影响是直接的。房地产的价格主要是由市场供求关系来决定，而收益的多少取决于成本的高低。税费的降低一方面使开发商有更大的可能获得利润；另一方面也使部分开发商有更多的余地和决心可以主动让利，从而加快房地产市场营销的过程。在房地产项目的可行性研究中，必须调查清楚房地产税费的实际数额，不能大概地估计。根据笔者的经验，由于税费额是经常变化的，其中相当一部分费用是隐形的，如果不调查清楚，估计出来的数额与实际的数额就会有很大的差别。房地产开发对成本极其敏感，在可行性研究阶段，1%的成本误差都有可能使亏本的项目当做有利可图的项目上马。

2.4.4　房地产项目的环境影响评价

我国将建设项目纳入环境影响评价制度管理主要是从“工业建设项目（污染类）”开始的，然后逐步扩大到生态方面的建设项目，而对房地产类建设项目一直没有统一的环境管理模式。直至 1998 年《建设项目环境保护管理条例》颁布后，国家环境保护总局才在 1999 年制定的《建设项目环境保护分类管理名录（试行）》中，明确将房地产开发项目纳入建设项目环境影响评价范围，并根据房地产类建设项目的占地面积或建设面积对其实行分类管理。2001 年国家环境保护总局根据“试行名录”在全国的执行情况和有关部门的反馈意见，重新修订了《建设项目环境保护分类管理名录》(第 1 批)。目前，我国对房地产类建设项目的环境管理均是按照“第 1 名录”的规定进行分类管理的，即建筑面积 5 万平方米（含）以上应编制环境影响报告书，建筑面积 5 000 平方米（含）到 50 000 平方米的应编制环境影响报告表，建筑面积 5 000 平方米以下的编制环境影响登记表。自此，我国将“房地产项目开发时必须进行环境影响评价”以及“遵循何样的评价原则”以法律的形式确立下来，这也体现出我国政府对于房地产项目开发过程中环境因子影响的重视程度。

随着我国城镇化进程的加快及城乡一体化程度的不断深化，人们对于生活的基本要求也不断提高。推动房地产业现代化步伐，提高住宅质量，改善人居环境，成为城镇居民的基本需求。那么，在房地产项目开发过程中，严格遵循我国政府制定的法律法规，切实根据《环境影响评价导则》(1993）对房产环境进行科学、量化、综合的评价就成为不可缺少的要件。一个评价因子的遗漏，或者是评价因子选取的不科学，都有极大可能导致错误的房地产项目投资决策，这不仅会为房地产开发商造成资产损失，而且会为业主造成现实的生活损失。

建筑工程与环境保护息息相关。为了实施可持续发展战略，预防因规划和建设项目实施而对环境造成不良影响，促进经济、社会和环境的和谐发展，国务院在《建设项目环境保护管理条例》已有规定的基础上，于 2002 年 10 月 28 日又发布了《中华人民共和国环境影响评价法》，进一步以法律的形式确定了建设工程项目环境影响评价制度。

2.4.5 房地产项目的节能控制

随着低碳经济和可持续发展理念的推广，建筑节能已经成为房地产业越来越重要的行业管理任务之一。新建建筑的节能达标与否已经成为建筑行业管理的主要目标，与此相对应，一些房地产开发商已经出于成本和营销策略的原因及时地把这一前沿理念和技术要求巧妙地融合起来，开始把项目的节能控制因素作为一个经济因素予以考量，将“低碳住宅”和“绿色住宅”作为一个差异性很强的产品概念进行宣传和营销。这既符合国家宏观层面“科学可持续发展”基本方略的要求，也符合房地产业未来的发展趋势。

1. 建筑节能的含义

所谓节能，是指加强用能管理，采取技术上可行、经济上合理以及环境和社会可以承受的措施，从能源生产到消费的各个环节，降低消耗、减少损失和污染物排放、制止浪费，有效、合理地利用能源。建筑节能，在发达国家最初为减少建筑中能量的散失，我国现在则普遍称为“提高建筑中的能源利用率”，是指通过采取合理的建筑设计和选用符合节能要求的墙体材料、屋面隔热材料、门窗、空调等措施，使所建造的房屋与没有采取节能措施的房屋相比，在保证相同的室内热舒适环境的条件下，可以提高电能利用效率，减少建筑能耗。

为推进全社会节约能源，提高能源利用效率和经济效益，保护环境，我国于 1997 年 11 月 1 日发布了《中华人民共和国节约能源法》，并于 2007 年 10 月 28 日通过修订，2008 年 4 月 1 日起实施，规定了节能管理、合理使用与节约能源、节能技术进步、节约能源的激励措施及法律责任等内容。为了加强民用建筑节能管理，降低民用建筑使用过程中的能源消耗，提高能源利用效率，2008 年 7 月 23 日国务院第 18 次常务会议通过了《民用建筑节能条例》。条例所称的民用建筑节能，是指在保证民用建筑使用功能和室内热环境质量的前提下，降低其使用过程中能源消耗的活动。《民用建筑节能条例》对民用建筑（包括居住建筑、国家机关办公建筑和商业、服务业、教育、卫生等其他公共建筑）使用过程中降低能源消耗的活动进行调整，同时明确了民用建筑节能的主管部门，并对新建建筑节能、既有建筑节能、建筑用能系统运行节能做出了规定。为了推动公共机构节能，提高公共机构能源利用效率，发挥公共机构在全社会节能中的表率作用，2008 年 7 月 23 日国务院第 18 次常务会议通过了《公共机构节能条例》。

2. 建设项目节能的规定

新建民用建筑应当严格执行建筑节能标准要求，民用建筑工程扩建和改建时，应对原建筑进行节能改造。建设单位应当按照建筑节能政策标准和要求委托工程项目的设计。施工图设计文件审查机构应当按照民用建筑节能强制性标准对施工图设计文件进行审查；经审查不符合民用建筑节能强制性标准的，不得颁发施工许可证。建设单位不得以任何理由要求设计单位、施工单位擅自修改经审查合格的节能设计文件，降低建筑节能标准。

建设单位组织竣工验收，应当对民用建筑是否符合民用建筑节能强制性标准进行查验；对不符合民用建筑节能强制性标准的，不得出具竣工验收合格报告。

3. 目前主要的节能技术和产品

全球气候变化以及低碳发展理念，使得越来越多的人在选择住宅时也越发关注房产的节能减排功能。比如，建筑围护结构节能技术的使用有效地改变了户内外的热传导，使得在特定地域的居民可以在不使用空调、暖气的情况下，依然能够体会“冬暖夏凉”的生活，这样就既为居民节约了用电、电器消费成本，又减少了传统调温设备的负外部性影响。除此之外，新兴的太阳能一体化建筑理念、空调新风技术、各种辐射型采暖空调末端装置节能技术等都拓展了房地产节能控制理念的边界，也同时开拓了崭新的房地产市场营销策略。

当前，国家鼓励发展下列建筑技术和产品①：

（1）新型节能墙体和屋面的保温、隔热技术与材料；

（2）节能门窗的保温隔热和密闭技术；

（3）集中供暖和热、电、冷联产技术；

（4）供热采暖系统温度调控和分户计量技术与装置；

（5）太阳能、地热等可再生能源的应用技术及设备；

（6）建筑照明节能技术与产品；

（7）空调制冷节能技术与产品；

（8）其他技术成熟、效果显著的节能技术及节能管理技术。

2.5 技术环境

技术进步是经济增长的主要动力，技术进步通过提高劳动生产率和资源利用效率，从而引发产业结构的变化，影响经济周期的波动，也影响房地产市场的波动。在美国，新一轮技术革命，尤其是信息技术革命的迅猛发展，对房地产业产生了巨大而深远的影响。信息技术的进步改变了人们在经济和社会活动中的关系及互相联系的方式。因此，建筑的建造方式、设计形式、处理方式、相互关系将会因为满足人们在社会活动和经济活动中对于使用空间的新需求而被赋予新的特色。

---

① 参见全国二级建造师职业资格考试用书编委会编写：《建设工程法规及相关知识》，97 页，北京，中国建筑工业出版社，2007。

2.5.1 信息技术改变了房地产的传统概念

当今社会，随着信息技术、通信技术和数据传输技术的发展，各行各业所能接触到的场地和场所范围大大地扩展了。因而，最新信息技术的发展为人们关于区域和空间的定义引入了全新的概念，也为人与建筑之间的关系设计出了新的模式。例如，在区域与场所的新概念中，实际的建筑将越来越多地被虚拟空间（virtual space）代替。购物将是在虚拟购物中心而不是在商场里，任何地点都可以作为办公地点，无形的建筑空间将代替实际的建筑空间。这些新概念和新模式将会对经济活动中的区域范围与位置地点产生极为重要的影响。更长远地看，甚至物业的基本功能也变得越来越模糊，需要重新定义。

2.5.2 信息技术改变了房地产开发活动的过程

专家认为，新一轮科学技术革命所引致的经济效益将来自通信技术手段的革新、消除任务冗余和专家系统模拟工作流程等能力的增强，实现通过网络连接和综合利用所有企业内部信息，亦即企业组织中的现有知识和专业技能，以达到充分利用企业内所有资源，并将此应用于为客户的服务之中的目标。据此，信息技术的发展，将改变房地产开发活动，引发对不同地理区域、不同场地和场所的需求。

1. 影响房地产业的资本流动量

随着计算机在房地产业的应用，尤其是在涉及预测投资回报之类问题上发挥的巨大作用，房地产业的资本流动量明显地被计算机技术所影响。因为投资者已经变得愿意相信通过计算机技术所作出的针对房地产复杂的开发情况的可信的、权威性的财务预测，信息技术的影响已超越了单纯的计算功能，转变为向投资者提供投资预测的方法和工具，从而具备了处理信息本身的决策分析功能。同时，房地产信贷工作也将因计算机技术的进步而自动化、流程化。信息技术已经成为设计投资产品、安排特定融资结构、监管证券、汇报财务业绩以及联系、服务大量投资者的基础。

2. 提高房地产项目的分析与评估手段

通过信息技术，可以得到方便的、经济的、现成的市场数据，包括人口统计、需求统计和租售对比分析等信息。信息技术的进步使得我们可以进行大量的数据分析，进行复杂的统计测试，更可减少这些统计计算工作的成本支出。信息技术的进步使得住宅评估的大部分过程都能够自动进行。比如通过在地理信息系统中指定时间期限和项目周边范围半径，便可得到可供比较的交易情况，连同使用加权综合回归分析，在一个小时之内就可得出评估报告和适度的风险值。另外，信息技术还可针对不同的地理环境、广泛的地理位置、复杂多样的项目类型进行评价和业务分析。

3. 影响房地产的投资价值与决策

信息技术的进步改变了社会与场地和场所的关系，影响了某些项目的相对价值。越来越多的企业谈论通过虚拟空间和虚拟市场中的虚拟组织开展工作，这些关于市场和空间的新观念汇集起来，就对房地产业产生了潜在的影响。一些物业，特别是建在中心商业区的办公建筑和主要的商业街现已贬值，而且，当信息变得更重要时，有形的房地产必然因不再被如此重视而贬值。例如，世界最大的通信公司 AT&T 20 世纪 80 年代中期在曼哈顿建造了一幢宏伟的花岗岩办公大楼。不久，这家公司认识到其实际上应属于信息行业，为了表明其前卫、革新的信息技术公司的形象，AT&T 放弃了许多旧式企业模式的排场，甚至卖掉了这个花费巨资建造的办公大楼。因此，根据信息技术中关于空间区域的新概念，房地产投资决策的传统信条"第一是地段、第二是地段、第三还是地段"也将会被"第一是信息、第二是交通、第三是地段"的信条所代替。

4. 影响房地产的交易规模与交易过程

信息技术的发展改变了旧有的房地产交易模式，从而对房地产交易产生更大的影响。信息技术扩展了房地产交易的信息来源和详细程度，可以帮助人们更有效地筛取和选择物业，尤其是在住宅领域。信息技术可以提供经常性的市场信息和指定项目的详细资料，人们可以通过 CD-ROM 浏览物业的位置和周边环境的图像，而且，信息技术使交易过程流水化，比如可以帮助完成复杂而冗长的交易文件的制作。由于信息技术尤其是互联网的发展，公开了房地产交易的过程，从而也加剧了房地产服务业的竞争，改变了房地产经纪行业的结构，使之逐步向小型专业化公司和大型企业两极化方面发展。大企业依靠提供全面服务、高效的交易过程以及利用技术和规模向客户提供方便来增值，小企业则依靠提供特别的服务。例如，全美房地产经纪人协会 70%的成员加入了大型经纪公司，同时也有半数以上公司的经纪人不足五名，而中型规模的公司逐渐减少，这种状况还将持续下去。

信息技术也改变了房地产市场营销的方式和内容。比如当前，"虚拟的体验营销"正逐渐成为一种非常重要的营销模式。伴随着信息技术的广泛应用，"客户体验"在房地产业逐渐付诸实践，并因此大大提高了客户满意度。该模式是通过建立"客户体验信息系统"实现的。一方面，信息系统可以非常完整准确地记录客户到访、认筹、认购、签约、按揭、入伙、参加会员活动、投诉等一系列活动，完整的客户资料以及相关的房屋健康档案为高效快捷地服务客户提供了可能；另一方面，信息系统可以规范客户服务管理流程，通过准确记录每一单投诉以及每单投诉的接收、处理情况，不仅客户投诉的类型可以被更为细致地分类，投诉处理的全过程也得到很好的监控，这对于实现对投诉问题的追踪问责、提高客服人员问题处理的规范性均可起到极大促进作用。

另外，房地产项目还可以采用"网络营销"的方式扩展虚拟空间的营销策略。比如，在门户网站、专业网站以及自建网站上，构建起"三维虚拟看房系统"，并利用它提供全方位的项目信息。此类虚拟系统凭借其较强的动态三维表现力和实时的查询功能，可以全方位地展示建筑物空间及功能，更方便、快捷地传播楼盘产品信息，使目标受众产生强烈的参与兴趣，项目策划者的诉求更易获得他人认同。总之，像这样的新概念和新模式在信息时代不胜枚举。

其他影响因素还包括一些自然和非自然因素，其中交通运输方式的变革对房地产业的影响最大。我们以轨道交通为例。随着当代社会生活节奏的加快，城市居民置业时对于交通区位有了越来越强的依赖性。特别是轨道交通正在成为大城市或特大城市中大量出现的一种交通方式，随之也成为影响城市居民购房取向的重要因素。一般而言，在距轨道交通站点 2.2km 的圆周范围内，楼盘价格是随着距离轨道交通站点的距离的增加而降低的。而这种变化趋势同时也受到区位因素的影响，在城市中心、CBD 地区，因为交通设施完善，交通方式选择的余地大，故而其周边房地产价格受到轨道交通因素影响的弹性较小，而在城市副中心地、近郊地区，由于交通设施不完善，交通运输方式单一，容易产生“地铁效应”，即所住居民对于轨道交通有着极大的依赖性，故而轨道交通的存在与否对于周边房地产的价格影响存在较高敏感度。

2.5.3 与建筑有关的技术革新拓展了房地产市场营销边界

21世纪的置业主顾将会把更多的精力放在房屋使用时的舒适度和享受性上，与此同时，政府也将节能减排、土地资源的集约利用、房屋使用的环保低耗作为行业管理的硬性要求。日新月异的建筑节能技术革新为未来人类的生活模式得以实现提供了可能性，同样也为房地产项目开发提出了更高的要求，拓展了房地产市场营销的边界。

◆ 案例 2—5 ◆

空调新风技术对室内空气品质的影响

近年来，随着空调通风系统的应用日益广泛和人民生活水平的提高，室内空气品质越来越受到人们的重视。为了维持优良的室内空气品质，很多外国专家都开始研究如何创造健康建筑，避免病态建筑的产生。影响室内空气品质的因素很多，向室内通入新风是最有效的消除室内空气污染、保持室内空气品质的方法。目前国内外暖通空调领域已将研发空调新风技术以保持室内良好的空气品质作为主攻方向之一，各个空调厂家也纷纷研制出各自的新风处理产品。

运用新风技术达到净化室内空气目的的基本原理是，室外空气先经过滤除尘，继而通过加热或冷却滤后空气以达到所需参数。其中，新风过滤对维护室内空气品质极为重要。一般空调系统应设置两级过滤，第一级过滤采用效率为30%的粗效过滤器，第二级过滤采用效率为65%～85%的中效过滤器。需要特别指出的是，新风处理技术除了要着重考虑室内空气的净化效用之外，还必须考虑对室外气体污染物的过滤和吸附，为新风质量达标提供双重保障。

另外，在新风机组内增加一个由紫外线灯管组成的杀菌器，可以杀死细菌，减少污染，而且成本和费用较低。根据人体卫生要求，在每平方米的空间，负氧离子的含量应不小于400个，否则人就会感觉不适。新风机组内部设有负氧离子发生器，从而对消除污染物也有明显的效果。

通过上述案例，我们不难看出，新科技在房地产项目开发中的研发与应用带来了许多崭新的建筑产品。这不仅创造了新的供给，更会带来更多的需求。于是，这就使得房地产开发商在进行产品营销时必须跟上新技术的发展脚步和新产品更新换代的速度，进而订立与市场变化节奏相匹配的营销策略，在营销内容中加入与新技术变革有关的新建筑产品信号，从而能够更好地找到顾客源，为顾客提供与时俱进的服务，满足观念变化迅速的顾客群体“日新月异”的需求。

另外，除了以上介绍的空调新风技术以外，与建筑有关的新技术还有很多，比如，墙体保温技术、门窗保温技术、屋顶与地面保温技术、供热管道节能技术、空调水系统节能技术以及与之相配套的节能效果经济分析技术、能耗分析技术、建筑节能评价标准和指标体系等等，都是新科技手段实际运用在建筑业、房地产业的客观体现。敏锐地认识到这些技术革新将会带来建筑新产品的市场机关，进而正视它们在新时期房地产营销中的重要作用，将会是日前以及未来房地产市场营销环境分析中至关重要的一环。

关键术语

人口统计环境　　经济环境　　政策环境　　行业管理环境　　技术环境

复习思考题

1. 我国正在经历快速城市化、人口老龄化时期，试分析城市化和人口老龄化带来的人口结构变化对我国房地产市场营销的影响。

2. 经济增长方式和产业结构演进如何影响市场营销环境？结合当前中国经济社会特点予以分析。

3. 与建筑有关的技术革新如何影响企业的房地产市场营销内容和策略?

4. 以我国政府调控房地产价格的政策演变为例，试分析说明政策环境如何影响房地产企业的市场营销。

第3章

房地产产业结构和竞争分析

本章内容提要

菲利普·科特勒认为，市场营销走过了以企业为中心、以顾客需求为中心的阶段，现在已经进入以竞争为中心的新阶段。[①] 对于处于激烈竞争中的企业来说，竞争者的策略变化可能改变双方的竞争位势，对企业的经营活动具有非常大的影响力。随着房地产市场竞争的日趋激烈和房地产业的理性化发展，房地产产业结构日益复杂，这使房地产企业对品牌形象、服务水平和顾客关系等重要营销战略的要求进一步提高。本章将提供房地产产业结构和竞争分析的基本思路和方法，主要内容主要包括房地产产业结构分析、房地产战略集团划分以及竞争对手分析，然后提出不同类型开发商的市场竞争战略，最后，我们将平衡顾客导向和竞争导向这两种基本的市场营销哲学。

3.1 房地产产业结构分析

一般地，产业被定义为一组提供同一种产品或可以相互替代的一类产品的企业的集合，如汽车产业、石油产业、医药产业等等。房地产是房产和地产的合称，所以房地产业，顾名思义，是一个和房屋、土地相关的产业，是一个包括土地开发，房屋建设、维修、管理，土地使用权的有偿出让、转让，房屋所有权的买卖、租赁，房地产的抵押贷款以及由此形成的房地产市场在内的综合性产业。其中开发和经营是房地产业的主体。

---

① 参见［美］菲利普·科特勒：《营销管理》，13版，上海，格致出版社，2009。

具体来讲，房地产业包括：（1）国有土地使用权的出让；（2）房地产的开发与再开发：征用土地、拆迁安置、委托规划设计、对旧城区的开发与再开发；（3）房地产经营：土地使用权的转让、出租、抵押以及房屋的买卖、抵押等经济活动；（4）房地产中介服务：房地产咨询中介、房地产评估中介、房地产代理中介；（5）物业管理：对房屋公用设备进行养护维修并为使用者提供安全、卫生、优美的环境；（6）房地产的调控与管理：建立房地产市场、资金市场、技术市场、劳务市场、信息市场，制定合理的房地产价格体系，建立健全房地产法规，实现国家对房地产市场的宏观调控。

目前在中国，房地产业内部分化为房地产开发业、房地产中介服务业和物业管理三大类。房地产开发业主要从事土地开发和物业开发。房地产中介服务业主要针对房地产流通而提供中介服务，主要分为房地产估价业和房地产经纪业，房地产咨询并没有成为稳定且独立的专业化行业。房地产估价业为房地产交易、房地产资产管理、土地征用、房屋动拆迁等提供价格评定的经济鉴证类服务；房地产经纪业为房地产交易者提供代理、居间服务。物业管理针对房地产的使用过程提供建筑和设备以及绿化的维护、安保、保洁等服务。

经济学家绘制了一个如图 3—1 所示的框架来分析产业的动态，从本质上讲，产业分析起始于需求和供给基本条件分析，这些条件决定了产业结构，产业结构对企业行为产生强烈的影响，如产品开发、定价、广告、投资等。企业行为在很大程度上决定了市场绩效，如效率、技术进步、盈利性和就业等。本节将重点探讨决定房地产产业结构的主要因素，此外还将简要介绍房地产产业竞争的规模以及识别企业竞争者的方法。研究房地产产业结构，有利于房地产企业更好地定位，有利于把握房地产业在国民经济体系中的作用。①

3.1.1　决定房地产产业结构的主要因素

房地产业与其他产业相比，有很大的不同，它具有自己特有的结构特征，认真分析决定这些结构特征的主要因素，有利于我们把握房地产业竞争的基本规律。

1. 开发商的数量以及商品房的差异程度

描述一个产业的起点是确定卖主（开发商）的数量以及产品（商品房）的差异性。正是这些因素决定了五种基本的产业结构类型，即完全垄断、完全寡头垄断、差别寡头垄断、垄断竞争和完全竞争，如图 3—2 所示。

在房地产市场上，某一地区的卖主由众多规模各异的开发商组成，各家开发商开发的商品房也因为地理位置、房屋类型和档次的不同而具有很大的差异性。这使得房地产业处于垄断竞争和差别寡头垄断之间的位置。房地产市场上存在着激烈的竞争，但这种竞争又具有不完全性。

2. 中介代理商和房地产经纪人的数量

房地产交易具有单宗、交易金额巨大的特点，交易过程也特别复杂，所需专业知识广泛。一般房地产交易大都寻找经纪代理人的帮助，因此中介代理商数量的多少反映了房地产市场的活跃程度，也在一定程度上影响了开发商对于代理商的议价能力。

---

① 参见张虹、黄硕等：《基于产业群划分法的我国房地产产业定位》，载《中国房地产》，2010（9）。

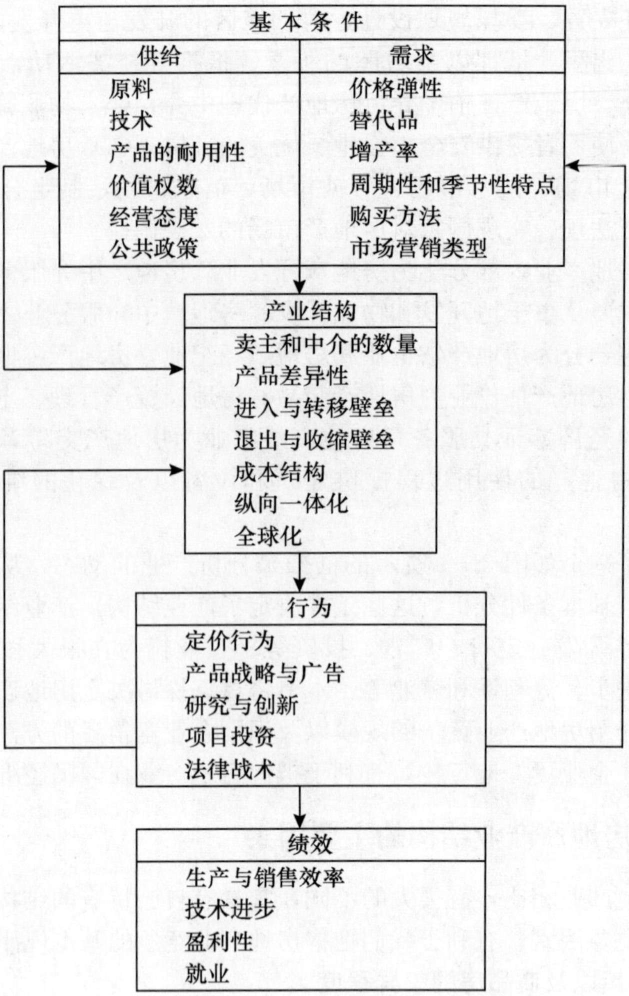

图 3—1　产业结构分析模式

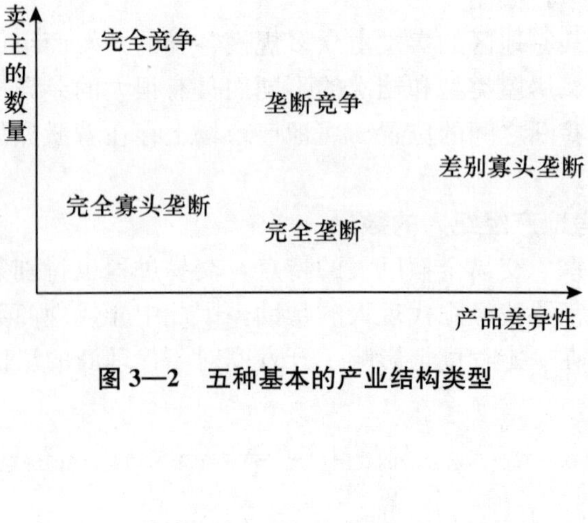

图 3—2　五种基本的产业结构类型

3. 进入壁垒和转移壁垒

最理想的情况是企业可以自由进入具有利润吸引力的产业。众多企业的进入会使供给增加，价格下降，最终使得利润下降到正常回报率的水平。自由进入可以防止现有企业长期获得超额利润。但房地产业并不是一个可以自由进入的行业，主要的壁垒有以下五种：

(1) 土地的天然垄断。城市可供开发的土地的面积是有限的，把存量土地转换为增量也需要较长的时间成本和资本，这成为房地产业最大的进入壁垒。没有可供开发的土地，任何企业都不可能成功地进入房地产业。

(2) 资本需求。投资房地产业需要大量的资金。开发商购买土地、建筑房屋以及进行广告促销都离不开巨大的资金投入，一些开发项目动辄上亿，这使得缺乏实力而又没有良好信用的企业很难进入房地产业，分享该行业丰厚的利润回报。

(3) 经验曲线。在某些产业，产品的单位成本会因为管理层和工人的经验积累而下降，如图3—3所示。开发一个房地产项目是一项十分复杂的工程，现有企业由于开发经验丰富，其单位商品房的成本往往较低。而新进入企业则由于缺乏经验而不得不“交学费”，这使得许多意欲进入房地产业的企业望而却步。

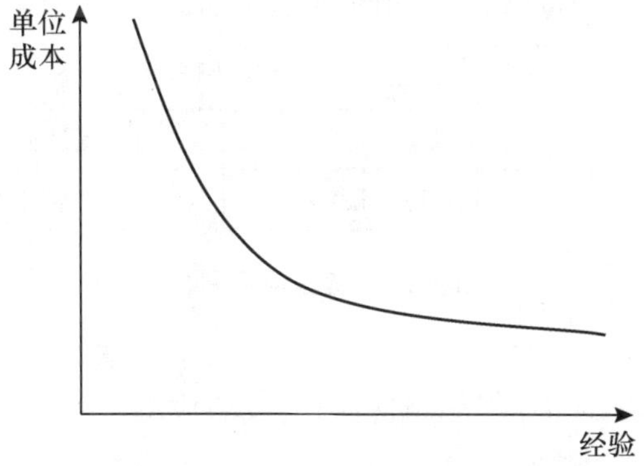

图3—3 经验曲线

(4) 规模经济。规模经济表现为在一定时期内产品的单位成本随着产量的增加而降低，它与经验曲线有着相似的效果。在房地产市场上，大的开发项目往往由于规模经济而在竞争中处于优势地位，当大开发商由于开发大项目或众多中小项目而享受规模经济的好处时，中小开发商就面临着被淘汰的危险。

(5) 政府干预。由于房地产业的过分繁荣会引起泡沫经济，政府有时候会限制某一地区房地产开发企业的数量，这无疑增加了房地产业的进入难度。

此外，房地产业的进入壁垒还包括纵向整合成本优势、产品差异性、转换成本、配售渠道等。正是这些壁垒限制了房地产市场上开发商的数量，保护了现有开发商的利润率水平。

即使一家企业成功地进入了房地产业的某一个细分市场，但当它要进入更具吸引力的另一个细分市场时，还会有其他壁垒阻碍企业的转移，这就是转移壁垒。例如，一家开发内销房的企业要想进入外销商品房市场，它必须获得外销许可证；一家开发普通居民住宅的企业希望进入利润率更诱人的高档别墅市场，它必须掌握高档别墅不同于普通住宅的销售技巧。

4. 退出壁垒和收缩壁垒

较为理想的情况是企业能自由地退出利润较低的产业，但退出企业常常面临退出壁垒：如何履行对顾客、债权人和职工所承担的法律和道义上的义务，政府限制，由于过于专业化和设备陈旧而造成资产残值低下，缺乏可供选择的新机会，高度的纵向相关，感情障碍等。房地产企业也面临着类似的退出壁垒，如物业管理工作的后续性、已购买而未开发土地转让价格太低、高层管理人员对房地产业的留恋等等。由于受退出壁垒的影响，很多企业只要能赚回全部可变成本和部分固定成本就会坚持在房地产业经营下去。这类企业的存在削减了所有企业的利润，因此，希望在房地产业长期经营下去的企业应该帮助这类企业减少退出壁垒，如买下意欲退出者的资产，承接物业管理工作等。有些企业不想完全退出房地产业，而只是暂时缩小经营规模，有实力的企业也应该帮助它们消除收缩壁垒。

退出壁垒与进入壁垒是完全不同的概念，但它们共同构成了产业分析的两个重要因素。退出壁垒与进入壁垒通常是相互关联的，如规模经济、专用资产、专有技术等，它们往往是一个问题的两个方面。不论是对房地产企业还是其他产业的企业，这两种壁垒都会强烈影响着企业的盈利性和风险程度，如图 3—4 所示。

		退出壁垒	
		低	高
进入壁垒	低	回报低、稳定	回报低且有风险
进入壁垒	高	回报高、稳定	回报高且有风险

图 3—4 壁垒与盈利性

5. 成本结构

每个企业都有推动其实现大部分战略行为的战略成本。例如，汽车制造需要高额的装配和原配成本；而玩具制造业则要求较高的分销和广告成本。房地产业的成本结构与其他产业截然不同，以北京市现行的商品房成本构成为例，其成本主要由以下三部分组成：

（1）土地开发费。包括征地补偿费、拆迁安置费、七通一平费、勘察设计费、拆迁征地管理费、土地出让金等，约占商品房成本构成的 30%～35%。

（2）房屋建安工程费。包括房屋建筑安装费、附属工程费、室外工程费等，约占成本构成的 30%～35%。

（3）各类配套设施建设费以及各种税费。包括公共建筑配套工程费、开发区内公共福利设施建设费、环卫绿化费、政府机关的各种税费等，约占总开发成本的 25%～35%。

可见，土地开发费成为商品房战略成本的重要组成部分，这是商品房成本结构的显著特征。

6. 纵向一体化

在房地产业里，实行向前或者向后一体化的企业往往处于优势地位，纵向一体化有利于降低成本并更好地控制企业的增值流。此外，实行一体化的企业还能在其所经营的不同细分市场中控制成本和价格，获得税收方面的好处。对房地产企业来说，一体化的产业链如图 3—5 所示。无法实行一体化的企业则处于不利的地位。

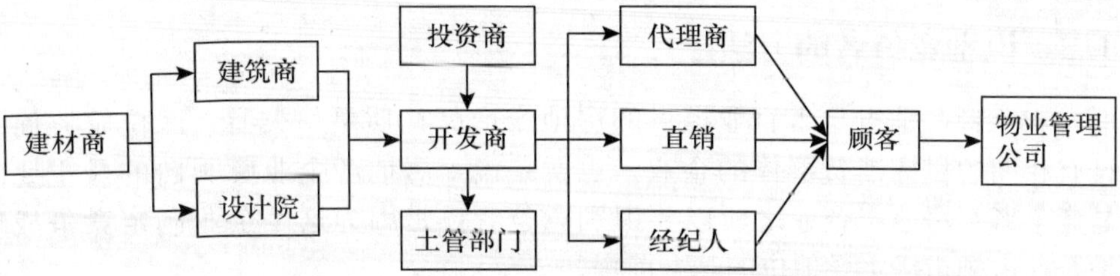

图 3—5　房地产业的纵向一体化

7. 全球化

经济全球化正成为席卷世界的浪潮，房地产业也不可避免地卷入其中。外资进入中国房地产市场大概有四种渠道[①]：一是直接设立外资房地产投资公司或参股境内房地产开发企业；二是间接投资，购买房地产开发企业的债券或外资房地产中介公司以包销的方式批量买入楼盘，再进行商业性销售；三是外资银行对房地产开发企业和个人发放贷款；四是非居民外汇流入，结汇购买房产。但总体来说，外资对我国房地产市场的冲击是相当有限的，其原因主要有政策保护、土地的天然垄断、地方居住文化差异以及管理和投资上的风险等。但从长远来看，国内房地产企业应该积极采用先进的建筑材料和技术，引进国外成熟的项目开发经验和商品房促销经验，提高自身竞争能力，逐渐向国际惯例靠拢。

3.1.2　房地产市场竞争的不完全性

有市场的地方必然存在着市场竞争，房地产市场作为一种特殊的商品市场，当然也存在竞争。但由于房地产产品的特殊性，导致房地产市场竞争的没有一般市场竞争那么广泛、自由和激烈。房地产市场竞争的不完全性是由多种因素造成的。

（1）由于城市土地的有限性和不可再生性、土地经济供给的稀缺性以及土地所有权的垄断性，房地产市场上的土地在一定时间、一定地域内是有限的，从而导致房地产市场的垄断性增强，市场供给主体之间竞争不充分、不广泛。

（2）由于房地产产品自身的固定性，在不同地域之间难以形成统一的市场竞争。一般地，无论房地产产品的卖方还是买方，都只能在特定的地域开展竞争，市场竞争的范围受到了很大的限制。

（3）由于房地产产品自身的差异性较大，房地产交易都是个别成交的，每幢房地产产品都有各自的特点，在市场上不能互相替代，因而也不会形成统一的竞争，这使得房地产市场的竞争范围受到进一步的限制。

（4）由于房地产交易额巨大，房屋使用期长，一般居民并不经常参与房地产交易活动。因此，房地产市场上需求主体数量是有限的，这也使得房地产市场竞争的广泛性受到了很大的限制。

（5）由于房地产业对国民经济的特殊重要性，因而政府对房地产市场有强烈的干预性，这必然极大地限制房地产交易自由竞争的范围和程度。

① 参见中国人民银行房地产金融分析小组：《2004 中国房地产金融报告》，见中国人民银行网站，2005。

3.1.3 识别竞争者的方法

房地产竞争者，是指与本企业提供的房地产产品在质量、类型、区位等方面基本相似，并且有相同的目标消费群体的企业，也就是说，房地产企业要明白的最主要的问题是：谁是竞争者？房地产企业之所以要识别竞争者，是因为这是企业制定竞争战略的基础，也是企业占领市场主导地位的基本前提。

对一家企业而言，识别竞争者表面上看是一件极其容易的事情，韩国的三星公司知道LG是其主要竞争者，日本的索尼公司知道松下公司是其主要竞争者，同样，万科公司也知道华远公司等是其主要竞争者之一。但一家企业的实际和潜在竞争者的范围是十分广泛的，企业必须避免“竞争者近视症”。通常，一家企业被潜在的竞争者消灭的可能性要比现有的竞争者大得多。我们可以根据产品的替代程度来区分四种不同水平的竞争。

1. 品牌竞争

一家企业可以将竞争者看作是以相近价格向同一群顾客销售不同品牌的同种产品的其他企业。

如在家用空调市场中，格力空调、大金空调、海尔空调、三菱空调等厂家之间的关系就是品牌竞争者的关系；在房地产市场中，万科、碧桂园、中信地产、招商地产、远洋地产之间也互为品牌竞争者。

2. 行业竞争

一家企业可以较广泛地将生产同种产品或同类产品的企业看作其竞争对手。例如，富力地产可以将北京市场上的所有房地产开发企业看作其竞争者。

3. 形式竞争

一家企业甚至可以更广泛地把所有提供相同产品和服务的企业都看成它的竞争者。这样，一家房地产开发企业甚至可以将能够提供住房服务的房屋出租者以及提供长期住房服务的饭店看作其竞争者。

4. 一般竞争

一家企业还可以进一步把所有为争取顾客群的货币收入而竞争的企业看作其竞争者。这样，房地产企业还可以将汽车制造商、高档皮衣制造商、海外旅行社看作其竞争者。

总的来说，我们可以从两个角度来识别竞争者，首先是市场角度的识别，主要工具是产品—市场竞争形势图。假设某一城市A、B、C、D四家房地产开发企业，其产品—市场竞争形势如图3—6所示。

产品细分	豪华别墅	A			
	高档公寓	A，B	B，D		
	普通公寓		B，C，D	B，C，D	B，C
	安居住房			B，D	B
顾客细分		外企驻华代表 留学归国人员	机关干部 外企中方职员	中上收入阶层 私营企业老板	中低收入阶层 其他高薪人员

图3—6 产品—市场竞争形势图

由图3—6中可以看出，A企业侧重于为高收入阶层提供高档住宅房；B企业实力雄厚，在多个产品细分市场上为不同顾客提供住房服务；C企业专注于开发普通公寓，以满足不同收入阶层的需求；而D企业则侧重于为中上等收入阶层的顾客提供相应档次的住房服务。该图还反映出，属于中高档层次的公寓住房是市场青睐的重点，但竞争也相对激烈；豪华别墅需求有限，竞争也相对平缓；而满足广大市民需要的安居住房，则可能由于缺乏利润吸引力而存在供给不足的状况。

但对于房地产行业来说，仅用上面的产品—市场竞争形势图来描述房地产市场竞争是不够的。因为房地产的区域性特别强，其位置固定不可移动，所以企业产品之间的竞争在很大程度上表现为同一区域内类似楼盘之间的竞争。至于区域范围的大小要视推出的项目楼盘性质而定，不一而足。

其次是行业角度的识别，可通过波特竞争五力分析模型[①]（five force model）实现（见图3—7）。五力分析模型是迈克尔·波特（Michael Porter）于20世纪80年代初提出的，对企业战略制定产生了全球性的深远影响。五力分析模型用于竞争战略的分析，可以有效地分析客户的竞争环境。

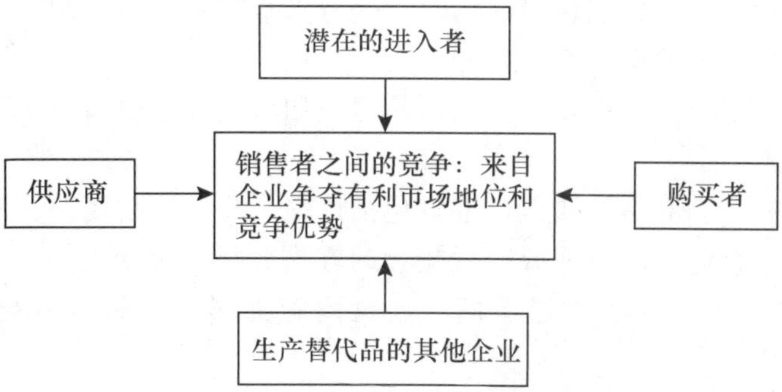

图3—7　波特竞争五力分析模型

五力分析模型将大量不同的因素汇集在一个简便的模型中，以此分析一个行业的基本竞争态势。五力分析模型确定了竞争的五种主要来源，即供应商和购买者的议价能力、潜在进入者的威胁、替代品的威胁，以及来自目前在同一行业的公司间的竞争。一种可行战略的提出首先应该包括确认并评价这五种力量，不同力量的特性和重要性因行业和公司的不同而变化。

3.2　房地产战略集团的划分

在第一节里，我们将房地产企业作为一个整体，分析了其结构特征，揭示了房地产不同于其他产业的竞争规律，从而解释了房地产的利润高于其他产业的原因——竞争的不完全性。那么，在房地产业内部，为什么有的企业总是保持着比其他企业高的利润呢？这与

① 参见［美］迈克尔·波特：《竞争战略》，北京，华夏出版社，2005。

各企业的战略选择有何关系？在本节里，我们将通过划分战略集团的方法分析房地产业内部的结构特征，解释企业的战略选择与利润之间的关系。

3.2.1 房地产企业的战略选择

企业在产业内部竞争，其战略选择有各种不同的类型。目前在我国，房地产企业的战略选择可以通过如下几个方面体现出来：

（1）专业化程度。企业将其力量集中于某一产品、目标顾客群或所服务的地区市场的程度。

（2）品牌知名度。企业主要依靠品牌知名度而不是价格或其他度量进行竞争的程度。目前，我国房地产企业已经越来越重视品牌知名度的建立。比如万科集团就是通过清晰准确的定位——建筑无限生活，持续一致的品牌策略——专注大众住宅开发，精益求精的房屋质量——万科在各地开发的楼盘屡屡获得“建设部建筑设计一等奖”、“中国建筑工程鲁班奖”、“全国城市物业管理优秀示范小区（大厦）”等各项荣誉，在行业中树立了领先地位，获得了极高的品牌知名度。

（3）推动或拉动。企业在销售商品房时，是寻求直接在最终用户中建立品牌知名度拉动销售，还是支持配销渠道推动销售？

（4）销售方式。企业是出售还是出租商品房？如果出售，由自己销售还是通过代理商销售？

（5）商品房质量。商品房的质量标准，包括选料、户型、耐用性、性能等指标。

（6）纵向整合。企业采取向前或向后整合的方式来整合所产生的增值效果，包括企业是否控制了配销渠道，是否能对建筑商、建材商施加影响，是否有自己的物业管理部门等。

（7）成本状况。企业的成本结构是否合理？企业出售的商品房是否具有成本优势？

（8）价格策略。指企业的商品房在市场中的相对需求状况。价格是一个与其他变量关系密切的变量，如财务、成本及商品房质量等。但价格是一个必须认真对待的战略性变量。

（9）与母公司的关系。企业可能属于某个高度多样化经营的公司的一个业务单位，或是纵向产业链中的一个环节，抑或某外国公司的一个分公司等。与母公司的关系的性质将直接影响该房地产企业的管理目标、可得到的资源以及分担的成本和职能工作等。

（10）与当地政府的关系。对房地产企业而言，与当地城市建设规划部门、土地管理部门等政府职能部门的关系对企业经营十分重要。

对一家企业而言，将这些主要的战略选择进行不同层次的细致分析，就可以勾勒出企业经营状况的整体轮廓。

3.2.2 房地产业内部结构分析

（1）产业内部结构分析的第一步是确认所有主要竞争对手的战略选择，其中心工作就是划分产业内部的战略集团。所谓战略集团，是指某一产业中在某一战略选择方面采用相同或相似战略的各个企业的集合。如果产业中所有的企业基本上采用相同的战略，则该产业就只有一个战略集团；如果每一家企业的战略都不同，则每家企业都是一个战略集团。一般来说，某一个地区的房地产业会存在多个不同的战略集团。

划分战略集团所依据的战略选择标准各不相同，不同的产业、不同的时期有不同的划分依据。目前，划分我国房地产业战略集团的战略选择标准主要有如下几种：专业化程度、品牌知名度、与政府的关系、纵向整合程度等。图 3—8 以专业化为纵轴，以纵向整合为横轴划分出某一地区房地产业的战略集团分布图。

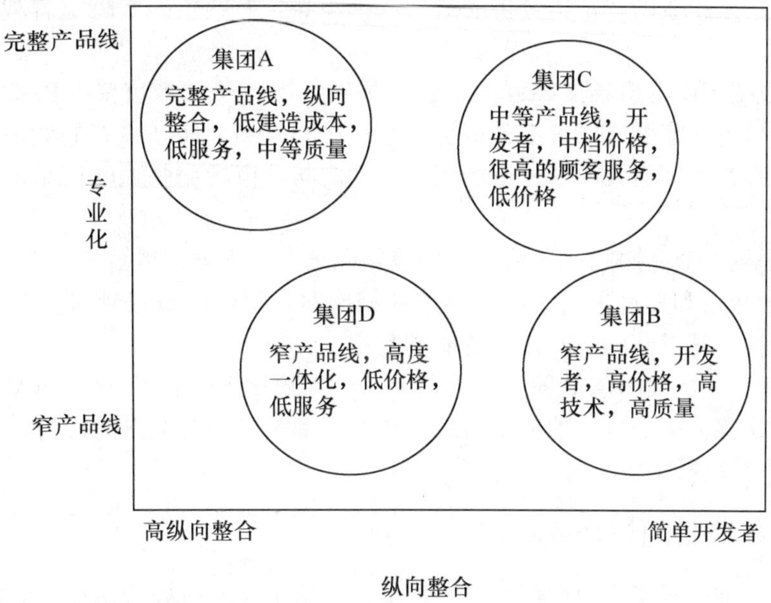

图 3—8　战略集团的分布图

战略集团分布图是一种简单的分析工具，它是介于产业整体与独立的公司之间的一种中间参照系。纸平面的二维性显然限制了坐标轴的数目，这就意味着在进行产业内部结构分析时要选择特别重要的战略方面来构成坐标轴。

战略集团的形成有各种不同的原因，如企业最初的优势和劣势、加入产业的时间以及企业的历史等，战略集团一旦形成，同一集团内的企业除了它们的广义战略外，还有许多非常相似的地方：集团内的企业趋向于寻求相似的市场份额；对外部事件及产业内部竞争行动作出相似的反应；如果经理层的执行能力不相上下，它们的利润水平也基本相同。

（2）划分了战略集团之后，产业内部结构分析的第二步是评估形成每个战略集团的转移壁垒的高低与组成。通常，进入壁垒被视为阻止新企业加入房地产业的产业结构特征，主要的进入壁垒包括土地的天然垄断、资本需求、经验曲线、规模经济、政府干预等。进入壁垒不仅抵抗了产业外的入侵，保护了整个房地产业内部企业的利润，同时也提供了产业内从一个战略集团向另一个战略集团进行战略性转移的壁垒。转移壁垒的存在，是产业内部一些企业可以长期获得高于其他企业的利润水平的首要原因之一。如果没有转移壁垒，某些企业的成功战略就会被其他企业迅速模仿，这样，除了企业之间执行这一战略的经营能力上的差异之外，所有企业的利润率都会趋于相等。而且，转移壁垒所形成的战略优势不会被其他企业依靠简单的改善经营管理水平所突破。

（3）产业内部结构分析的第三步是估计每个战略集团相对于供应方（建筑商、建材商、设计院）和购买方（顾客、代理商、经纪人）的砍价实力。毋庸置疑的是，实力雄厚、规模巨大的开发商组成的战略集团在与供应方砍价时居于有利地位，而中小型开发商组成的战略集团在砍价时处于不利地位。砍价实力上的差别，直接影响了不同战略集团之间的利润水平。

（4）房地产业内部的战略集团不止一个，集团之间必然会存在着竞争。分析各个集团之间的竞争水平是产业内部结构分析的最后一个步骤。有四个因素决定着战略集团之间竞争的激烈程度。

1）各个战略集团的市场交叠程度，它是影响集团竞争的最重要的因素。如果集团之间在争夺同一目标顾客群或同一细分市场，它们之间必然会展开激烈的竞争。相反，当各个集团把目标盯在差别很大的细分市场上，它们之间的市场交叠程度很小，竞争就要缓和得多。

2）集团提供的商品房的差异性。这种差异性越大，竞争就越缓和。

3）集团的数目和相对规模。在其他条件相同时，集团的数目越多且各自的规模（市场份额）越相近，其战略的不对称性越能激起竞争。

4）各集团之间的战略离散度，即战略差距。集团之间的战略差距越大，越容易爆发激烈的小规模摩擦。因为过大的战略差距导致彼此都难以理解对方的行为，不可避免地会发生错误的竞争反应。

3.2.3 战略集团与企业利润

我们已经详细分析了产业内部的结构特征，知道了企业所处战略集团的不同、转移壁垒的高低、砍价实力的大小、集团之间的竞争都会影响单个企业的利润水平。至此，我们已经将决定企业利润水平的因素从产业层次深入到了战略集团的层次。实际上，在战略集团内部，即单个企业层次，还有若干因素影响着企业的利润水平。

由已经阐述的概念可知，房地产企业利润水平的主要决定因素如下：

（1）共同的产业特征。房地产业共同的产业特征除了本章第一节所阐述的开发商的数量以及商品房的差异程度、中介代理商和房地产经纪人的数量、进入壁垒和转移壁垒、退出壁垒和收缩壁垒、成本结构、纵向一体化、全球化等因素外，还包括商品房的需求增长率、技术水平、全国整体政治经济环境等各项因素。

（2）战略集团的特征。包括保护战略集团利益的移动壁垒的高低、企业所在集团的砍价实力、企业所在集团与其他集团之间的竞争激烈程度等因素。

（3）企业在其战略集团中的地位。包括战略集团内部竞争的激烈程度、企业在集团中的相对规模、企业加入集团的代价、企业经理层执行既定战略的能力等因素。

以下我们主要阐述单个企业层次上影响房地产企业利润水平的因素。

（1）集团内部竞争的激烈程度，它与集团之间的竞争有相似的决定因素。集团内部的竞争同样会损害企业的利润水平。

（2）从结构观点上看，并非所有奉行同样战略的企业处境都相同，一家房地产企业的结构地位可能受到它在战略集团中的相对规模的影响。如果存在足够大的规模和高度的纵向整合（如能对建材商、代理商、建筑商、物业管理部门等施加足够的影响），经验也较为丰富，则单位商品房的成本随着企业在集团中所占有的市场份额的增加而降低，而规模较小的企业在成本上必然处于劣势地位，其利润潜力也较小。

（3）企业在战略集团中所处的地位还取决于它加入集团所付出的代价。企业所拥有的技术和资源可能赋予它相对于集团内其他企业的优势或劣势。这种技术和资源可能来自企业在其他产业中的地位，也可能来自企业在房地产业其他战略集团中的成功经验。例如，一家大型建筑公司加入房地产业所付出的代价将比一家饮料公司小得多，因为建筑公司所拥有的资源都是房地产经营所必需的，这降低了公司的进入壁垒，提高了它的盈利能力。

（4）进入某一集团的代价也受企业进入时机的影响。每当宏观经济看好，重大房地产政策出台，或者房地产业的结构调整的时候，都是进入房地产业的大好时机。进入时机的不同可能严重影响不同企业的利润水平，甚至关系到企业的生死存亡。

（5）分析企业在某一战略集团中所处的地位的最后一个因素是企业贯彻执行各种战略的能力。即使上述所有条件完全相同，也不是所有奉行同样战略的企业（即处于同一战略集团的企业）必然获得相同的利润。某些房地产企业在组织与经营管理、以同等预算开发广告立题创意、以相同经费进行户型设计等方面有突出的能力，这些能力并非前面所讨论的移动壁垒或其他因素所产生的结构性优势，但它可能成为相对稳定的竞争优势。企业执行战略选择的能力很强，将使其利润高于同一战略集团内的其他企业。

上述一系列因素共同决定了各房地产企业的利润前景，同时也决定了它们的市场占有率前景。如果一家企业处于较好的战略集团中，并在该集团中处于强有力的地位，则该企业的获利前景最好，市场占有率也会不断上升。相反，如果企业所处的战略集团在房地产业处于劣势地位，企业在该集团中的地位也很脆弱，则它很难获得较高的利润水平。

3.3 竞争对手分析

完成了企业内部结构分析之后，房地产企业接下来应该对其所有主要竞争对手进行单个分析，在此基础上制定企业自己的竞争营销策略。竞争对手分析的主要内容有竞争对手目标分析、优势与劣势分析、现行战略分析、假设分析四个方面，此外，我们还应该了解竞争对手针对企业行为的反应模式。只有进行深入细致的竞争对手分析，才能制定出行之有效的市场营销战略方案，保证企业在激烈的市场竞争中立于不败之地。

3.3.1 确定竞争对手的目标

识别出企业的主要竞争对手之后，我们必须探讨每个竞争对手在市场上追求的目标是什么，什么因素驱动竞争对手的行为。

一般的假设认为，竞争对手努力追求利润最大化。即使在这个问题上，各家房地产企业对长期利润和短期利润的重视程度也不一样。另外，有些企业以满足而不是最大化作为指导思想，即使它们可以通过其他战略和努力实现更大的利润，它们也只是满足于现实既定的利润水平。

另一种假设认为竞争对手追求一组目标。我们需要分析竞争对手对目前盈利状况、市场占有率、现金流量、工程质量、服务领先水平等目标的重视程度。了解竞争对手的加权目标组合，我们就可以了解竞争对手对目前的财务状况是否感到满意，它们对各种类型的竞争会做出何种反应等。例如，一个追求成本领先地位的竞争对手对于企业在工程建设方面的技术突破所作出的反应远比对企业增加广告预算作出的反应强烈得多。

竞争对手的目标是由多种因素决定的，包括其规模、与母公司的关系、历史背景、高层经理的经历和目前的经济状况等。如果一家房地产企业只是某个大公司的一个业务单位，应了解其经营目的是为了实现业务多元化还是赚钱，或是为总公司抽取资金提供方便。另外，规模大、实力强的房地产企业往往强调长期利润的最大化；而一些小型房地产企业则不得不关注资金周转的问题。宏观经济看好的时候，房价会上升，企业倾向于低促销力度、保持一定的价格水平出售商品房，对利润的期望往往较高；而当宏观经济状况困难的时候，企业倾向于保本销售，以期尽快收回资金。以上各种因素都会对竞争对手的目标产生影响。

竞争对手的历史背景是分析其目标的指南。与近期经营状况相比，竞争对手在可记忆的过去里有优异的财务指标和市场占有率指标，则它几乎注定了要为重新获得过去的经营业绩而奋斗。过去失败的记忆以及由此带来的不愿在某一领域进一步采取行动的心理障碍可能持续相当长的时间，使竞争对手不大可能卷土重来。竞争对手过去在哪些方面表现出众，是推出新户型，还是营销技巧创新？在这些方面，竞争对手再一次发动进攻或对挑衅事件进行反击时将会非常自信。

判断竞争对手目标的另一个关键因素是高层管理人员的经历。高层管理人员的职业背景是判别其经营方向、对行业的认识以及相应目标的关键。有财务背景的高层管理人员常常强调财务控制而对项目投资采取谨慎保守的态度；有工程建筑背景的高层管理人员喜欢采用新材料，降低商品房的成本；有营销背景的高层管理人员则倾向于开发新户型并进行营销组合创新。高层管理人员背景的另一个重要方面是他们曾经工作过的产业和公司以及该产业所特有的竞争规则和战略方法。过去曾在其他行业中使用过的行之有效的方法会被高层管理人员带到房地产业中来，尽管也许它并不适用于房地产业。了解高层管理人员公开发表的言论和文章、他们的技术背景、他们的业余活动等，都能从中获得有关竞争对手目标的线索。

3.3.2 评估竞争对手的优势和劣势

要评估竞争对手的优势和劣势，首先要收集有关竞争对手的信息，并加以整理、比较、分析，最后得出竞争对手优、劣势的结论。实事求是地评估竞争对手的实力是必不可少的，这种实力决定了它发起进攻或反击行动的能力以及处理房地产业中诸事件的能力。我们可以通过分析竞争对手在各个领域的优势和劣势来评估其竞争实力。表 3—1 给出了观察竞争对手在每个关键业务领域中的优势和劣势的概括性框架。

除了利用表 3—1 中的各项因素对竞争对手的优势和劣势进行评估之外，企业还应该认真分析竞争对手的核心能力、成长潜力、快速反应能力、适应变化能力、持久力等各个方面的情况。

表 3—1 **评估竞争对手的优势和劣势**

产品
- 每个细分市场中，客服眼中商品房的地位，商品房系列的宽度和深度
- 代理商/配销渠道
- 渠道的覆盖面和质量
- 为配销渠道服务的能力

营销与销售
- 营销组合诸方面要素的技能水平
- 市场调查与项目开发的技能
- 销售队伍的培训及其技能

运作
- 开发成本状况——规模经济型、经验曲线等
- 设施与设备的先进性
- 设施与设备的灵活性
- 专有技术和专利成本优势
- 开发能力扩充、质量控制、设备安装等方面的技能
- 工程所在地，包括当地劳动力和运输的成本
- 劳动力状况
- 建筑材料的来源和成本
- 土地的获取

研究和工程能力
- 工程设计
- 企业内部研究和项目开发
- 设计人员的创造性
- 与外部研究和工程技术的接触

总成本
- 相对总成本
- 与其他业务单位分担的成本和活动
- 竞争对手的成本状况

财务实力
- 现金流
- 短期和长期借贷能力
- 在可预见的未来获得新增权益资本的能力
- 财务管理能力

组织
- 组织中价值观的统一性和目标的明确性
- 对组织的近期要求所带来的负担
- 组织安排与战略的一致性

综合管理能力
- 总经理的领导素质和激励能力
- 协调各个职能部门或集团间关系的能力
- 管理阶层的年龄、所受培训及职业技能
- 管理深度
- 管理的灵活性和适应性

企业业务组合
- 企业在财务和其他资源方面对房地产业提供支持的能力
- 企业补充或加强业务单位的能力

其他
- 政府部门的优惠政策及获取途径
- 人员流动性

3.3.3 识别竞争对手的现行战略

竞争对手分析的第三步是识别竞争对手的现行战略。划分房地产业的战略集团是识别竞争对手现行战略的有效方法之一。一般而言，处于同一战略集团中的企业，有着基本相同的战略选择。值得注意的是，竞争战略可能是显性的，也可能是隐性的，企业应该在复杂的环境中尽可能完整地识别出竞争对手的各种战略选择。

识别竞争战略的另一种有效的方法是绘制竞争战略轮盘，如图 3—9 所示。竞争战略轮盘将竞争战略的各个关键方面用一个简单统一的图形表示出来。轮轴处是竞争对手的总目标，即竞争对手对竞争的认识及其特定的经济与非经济目标的集合，条幅处是用以达到这些目标的主要经营方针。在轮盘的每一栏目下，应该根据房地产业的特点以及竞争对手的状况详细分析该职能范围内的主要经营方针。这些方针一旦具体化，就可以完整而清晰地得出竞争对手的整体战略选择状况。

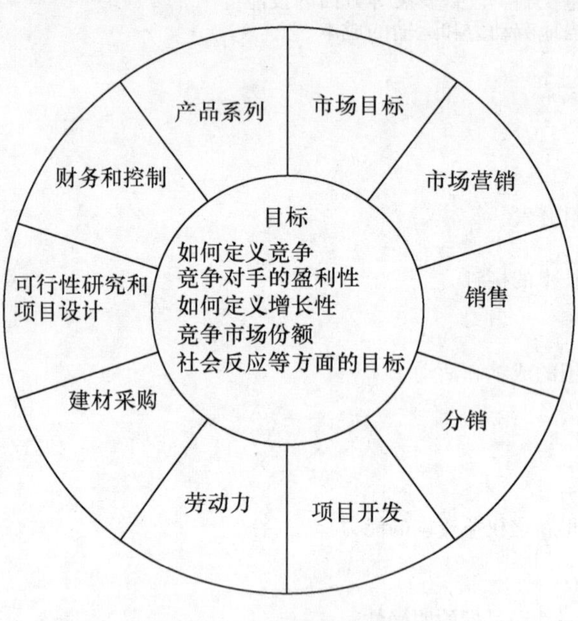

图 3—9　竞争战略轮盘

3.3.4 辨别竞争对手的假设

竞争对手分析的最后一个步骤是辨别主要竞争对手的假设条件。这类假设有两大类：一是竞争对手对自己的假设；二是竞争对手对房地产业及产业中的非开发产业的假设。假设分析既是分析竞争对手必不可少的步骤，也是企业寻找机会击败竞争对手的良方。

每个企业都对自身的情况有所假设。例如，它可能把自己看成是社会上的知名公司、产业领袖、低成本生产者、具有最优秀的销售队伍的企业等等，这些假设将会影响到竞争对手的行动方式和对事物的反应方式。比如，如果竞争对手视自己为低成本生产者，它可能会以更大的降幅来惩罚某一降价发起者。

竞争对手关于自身和产业的假设可能正确，也可能不正确。不正确的假设可以造就令人感兴趣的战略契机。假如，某竞争对手相信自己的产品拥有最高的客户忠诚度，而其实并非如此，则刺激性降价可能是企业抢占市场的好方法。这个竞争对手可能因为相信客户忠诚度而拒绝作出相应的降价。但当竞争对手发现自己已经丢失了一大片市场时，它可能才会认识到自己的假设是错误的。

对各种类型的假设的检验能够发现竞争对手管理上的偏见和盲点。竞争对手的偏见和盲点可能是根本看不见事情的重要性、没有正确认识它们，或者可能只是慢慢地才认识到。无论如何，它为企业提供了发起进攻的有利时机。

对一个竞争对手进行上述四个方面的分析还不足以说明它可能采取的行动以及对诸如削价、加强促销或开发新户型所作出的反应，每个企业都有其独特的经营哲学、固定的企业文化和某些起主导作用的信念，企业只有深入分析既定竞争对手的思维体系，才可能预测竞争对手可能采取的行动。竞争对手常见的反应模式有如下四种：

（1）从容不迫型竞争者。有些竞争者对既定竞争行动的反应不迅速也不强烈。它们可能相信其客户是忠于自己的，相信自己的业务迟早会取得好成绩，因而对竞争行动反应迟钝；或者可能是缺乏作出必要反应所需的资金。企业务必要弄清楚竞争对手从容不迫的原因。

（2）选择型竞争者。竞争对手可能只是对某些类型的攻击行为作出反应，而对其他攻击行为反应迟钝。竞争对手可能对降价作出强烈反应，以表明降价发起人是枉然的；但它可能对广告费用的增加不作任何反应，认为这些并不构成威胁。了解主要竞争对手在哪些方面作出反应，可为企业采取最为可靠的攻击方案提供线索。

（3）凶猛型竞争者。这类企业对其领域内的任何攻击行为都会作出迅速而强烈的反击行动。凶猛型竞争者意在向其他企业表明最好不要向自己发动进攻，因为防卫者将战斗到底。

（4）随机型竞争者。有些竞争者并不表露可预知的反应模式，它们在特定的场合中可能会作出反应，也可能不会，其反击行为是随机的。无论是根据财务、历史或其他情况，都无法预见其反应模式。

竞争对手的反应模式会受到行业的竞争均衡的影响。对于房地产业而言，决定竞争均衡的竞争变量很多，如土地的垄断性、房屋的差异性、市场的交叉性等等，因而房地产业的竞争者的反应模式总的来说以从容不迫型为主，该产业内很少爆发猛烈的竞争。

3.4　不同类型开发商的市场竞争战略

房地产市场中房地产开发商的角色是不同的，所以房地产开发商首先得对自己在市场中的角色进行定位，然后运用市场发展战略和基本竞争战略，形成独特的市场竞争战略。菲利普·科特勒在《营销管理》一书中根据企业在目标市场扮演的角色把企业分为四类：市场领先者、市场挑战者、市场跟随者、市场利基者。他指出，假设市场由以上四类企业构成，那么，市场领先者占有 40%的市场；市场挑战者占有 30%的市场；市场追随者占有 20%的市场，它希望维持市场现状，保有自己的份额；剩下的 10%的市场由市场利基者占有，它们服务于大企业没有涉及的小细分市场。[①] 中国房地产市场中开发商的集中程度虽然没有如此高，但同样存在这四种类型的房地产开发商，各种类型的房地产开发商因其角色不同，选择的市场竞争战略也大不相同。

3.4.1 市场领先者的竞争战略

房地产市场领先者是指在房地产市场上占有率最高的企业。一般说来，它在价格变动、新楼盘开发、分销渠道的宽度和促销力量等方面处于主宰地位，为同业者所公认。它是市场竞争的先导者，也是其他企业挑战、效仿或回避的对象，如万科公司、保利地产等，它们的领先地位是在竞争中自然形成的，但不是固定不变的。

市场领先者如果没有获得法定的垄断地位，必然会面临竞争者的无情挑战。市场领先者为了维护自己的优势，保住自己的领先地位，通常可采取以下三种战略：

1. 扩大市场需求总量

当一种产品的市场需求总量扩大时，受益最大的是主导企业，这是因为市场领先者的市场占有率最高，所以新增市场需求的相当部分属于该企业。一般来说，领先开发商可以通过扩大经营区域范围即开拓新市场的方式来达到扩大需求的目的。如很多一线城市的领先开发商在市场趋于饱和、无新地块可开发的情况下纷纷转战二线城市，开拓新市场。

2. 捍卫市场占有率

菲利普·科特勒在其《营销管理》一书中曾引用了《孙子兵法》的论述："故善战者，求之于势，不求于人"[②]。即善战者不是依靠对手不进攻，而是靠自己具有不可被攻破的实力。因此，市场领先者保护自己领地的最好方式就是创新产品、提高服务水平、畅通分销渠道和降低成本等，真正处于该行业的领先地位。如广州碧桂园就靠自己不断的产品和服务创新，捍卫自己的市场份额。1999年，当市场上大部分产品还是以毛坯房发售的时候，广州碧桂园首推全现楼带豪华装修的花园洋房，社区配套、园林绿化同期交付，3 000套洋房别墅在一个月内被抢购一空；2002年，凤凰城凭借"白领也可以住别墅"这一营销理念，掀起了别墅抢购的风潮。

市场领先者如果不发动进攻，就必须严守阵地。防御者的防御措施如何，反应速度快慢，后果不大一样。有几种防御战略可供市场领先者选择：

（1）阵地防御。就是在现有阵地周围建立防线。这是一种静态的防御，是防御的基本形式。但是，如果将所有力量都投入这种防御，最后很可能导致失败。单纯采用消极的静态防御，只保卫了自己目前的市场和产品，是一种"市场营销近视症"。

（2）侧翼防御。是指市场领先者除保卫自己的阵地外，还应建立某些辅助性的基地作为防御阵地，或必要时作为反攻基地。特别是注意保卫自己较弱的侧翼，防止对手乘虚而入。例如，20世纪70年代美国几大汽车公司就因没有注意侧翼防御，遭到日本小型汽车公司的无情进攻，失去了大片阵地。房地产开发同样如此，如有些企业主要是做中端市场，但为了防御或在必要时反击，有时也会进入高端住宅市场。

---

① 参见［美］菲利普·科特勒：《营销管理》，295页。

② ［美］菲利普·科特勒：《营销管理》，13版。

(3) 以攻为守。这是一种“先发制人”式的防御，即在竞争者尚未进攻之前，先主动攻击它。这种战略主张预防胜于治疗，事半功倍。具体做法是，当竞争者的市场占有率达到某一危险的高度时，就对它发动攻击；或者是对市场上的所有竞争者全面攻击，使人人自危，如日本精工表把它的两千多个款式的手表分销到世界各地，造成全方位的威胁。再如 2009 年以来，由于受美国金融危机的影响，国内很多房地产开发商的资金链开始出现问题，市场降价预期明显。这时候万科率先发动降价攻势，快速销售，快速周转，抢夺市场份额。万科 2010 年以来公布的数据显示，政策出台后万科的销售均价相比政策前已下降约 15%，但此代价为万科迎来了更高的市场占有率。2010 年 5 月万科在 14 个重点城市市场占有率为 6.8%，较 2009 年全年的 3.5%大幅提高，2010 年 6 月前三周的市场占有率更是进一步提升至 8.2%。

(4) 反击防御。当市场领先者遭到对手发动降价或促销攻势，或改进产品、占领市场阵地等进攻时，不能只是被动应战，应主动反攻进攻者的主要市场阵地。可实行正面反攻、侧翼反攻，或发动钳形攻势，以切断进攻者的后路。当市场领先者在它的“本土”上遭到攻击时，一种很有效的方法是也进攻攻击者的主要领地，以迫使其撤回部分力量守卫其“本土”，这叫做“围魏救赵”。如北京的某些领先开发商在受到外地如沪深两地的开发商进入攻击时，最好的反击就是去它们的领地反击。

(5) 收缩防御。在所有市场阵地上全面防御有时会得不偿失，在这种情况下，最好是实行战略收缩，即放弃某些疲软的市场阵地，把力量集中用到主要的市场阵地上去。

3. 提高市场占有率

设法提高市场占有率，也是增加收益、保持领先地位的一个重要途径。美国的一项研究表明，市场占有率是与投资收益率有关的最重要的变量之一。市场占有率越高，投资收益率越大。因此，许多企业在某个市场上的市场占有率达不到第一或第二位，便撤出该市场。

但是，也有些研究者对上述观点提出不同意见。对某些行业的研究发现，除了市场领先者以外，有些市场占有率低的企业，依靠物美价廉和专业化经营，也能获得很高的收益，只有那些规模不大不小的企业收益最低，因为它们既不能获得规模经济效益，也不能获得专业化竞争的优势。另一项研究表明，各企业的销售利润与销售额的关系呈 V 形曲线，即不是在任何情况下市场占有率的提高都意味着收益率的增长，这还要取决于为提高市场占有率所采取的市场营销战略是什么。为提高市场占有率所付出的代价，有时会高于它所获得的收益。因此，企业提高市场占有率时应考虑以下两个方面：

第一，为提高市场占有率所付出的成本。当市场占有率已达到一定水平时，再要求进一步的提高就要付出很大代价，结果可能得不偿失。

第二，有些市场营销手段对提高市场占有率很有效，却不一定能增加收益。只有在以下两种情况下市场占有率才同收益率成正比：一是单位成本随市场占有率的提高没有变化；二是在提供优质产品时，销售价格的提高大大超过为提高质量所投入的成本。

3.4.2　市场挑战者的竞争战略

市场挑战者，是指那些在房地产市场上处于次要地位（第二、第三甚至更低地位）但有一定能力对领先者和其他企业采取进攻行为的房地产开发商。处于市场次要地位的企业可采取两种战略：一是争取市场领先地位，向竞争者挑战，即市场挑战者；二是安于次要地位，在“共处”的状态下求得尽可能多的收益，即市场跟随者。每个处于市场次要地位的企业，都要根据自己的实力和环境提供的机会与风险，决定自己的竞争战略是“挑战”还是“跟随”。市场挑战者如果要向市场领先者和其他竞争者挑战，首先必须确定自己的战略目标和挑战对象，然后还要选择适当的进攻战略。

1. 界定战略目标和挑战对象

战略目标同挑战对象密切相关，对不同的对象有不同的目标和策略。一般来说，挑战者有三种对象可以选择：

（1）市场领先者。攻击市场领先者的风险很大，然而吸引力也很大。挑战者需仔细调查研究领先企业的弱点和失误：有哪些未满足的需求，有哪些顾客不满意的地方。找到市场领先者的弱点和失误，就可作为自己进攻的目标。

（2）与自己实力相当者。挑战者对那些与自己势均力敌的企业，可选择其中经营不善发生亏损者作为进攻对象，设法夺取它们的市场阵地。

（3）小型企业。对一些小型企业中经营不善、财务困难者，可夺取它们的顾客，甚至兼并或收购这些企业。2010 年以来随着银根的逐步紧缩，一大批小型房地产开发商因为资金问题而难以拿地。双重的压力，将使其难以继续经营，这时候市场挑战者就可以适时兼并小企业，壮大自己的实力，扩大市场份额。

2. 选择进攻战略

在确定战略目标和挑战对象之后，挑战者还需要考虑采取什么进攻战略。

（1）正面进攻。是指集中攻击对手的强项而不是弱点，如在产品开发、定价、广告等方面较量。正面进攻的胜负取决于谁的力量更强。因此，若无在相应项目上优于对手的资源和能力，就不宜采取此策略。

（2）侧翼进攻。是指选择对手之弱点或“缺口”，以己之长，攻彼之短。如进攻偏僻地区市场或某个细分市场，有时这些地区市场几乎没有竞争者的推销力量，或这些细分市场并未被竞争者明确意识到，因此是最容易取得攻击胜利的薄弱之处。

（3）包围进攻。是指看准敌方一块阵地后，从前后左右几条战线同时进攻，迫使其全面防守。如产品包围战，就是针对竞争者的产品，推出质量、风格、特点各异的数十种同类产品，以此淹没对手的产品，最后夺取市场。

（4）迂回进攻。是一种间接进攻策略。它不是进攻竞争者现有的市场或地盘，相反，对这些市场采取回避态度，绕过竞争者，或是开发新产品去满足未被任何竞争者满足的市场；或是开展多角化经营，进入与竞争者不相关的行业；或是寻找新的、未被竞争者列入经营区域的地区市场。

（5）游击式进攻。游击战在军事上是以小胜大、以弱胜强的有效战略，在市场营销上也不例外。其典型做法是向竞争者的不同领域或不同部位发动小规模、时断时续的攻击，骚扰对手，使之不得安宁，疲于应付，最终逐渐被削弱和瓦解。

3.4.3 市场追随者的竞争战略

市场追随者不像领先者那样有很高的市场占有率，也不像挑战者那样具有市场进攻性。对于市场份额大大小于市场领先者的追随者来说，它们不会以击败或者威胁领先者为目标，而会选择依附领先者。在房地产市场中，如果没有足够的把握挑战领先者，做市场追随者也是不错的选择。中国房地产市场的大多数开发商即为此种类型。

市场追随者有以下三种战略类型：

1. 紧紧追随——克隆

紧紧追随是指在尽可能多的细分市场和营销组合中模仿市场领先者的做法，类似于克隆市场领先者的产品。领先者盖花园洋房，它也盖；领先者精装修，它也推精装修产品。市场追随者宜采取避免直接发生冲突的做法，使市场领先者的既有利益不受妨碍或威胁。比如，在产品功能上，市场追随者可以和市场领先者一致，但在品牌声望上，却和市场领先者保持一定的差距。

2. 保持一段距离的追随——模仿

市场追随者总是和市场领先者保持一定的距离，如在产品的质量水平、功能、性价比、促销力度、广告密度以及分销网点的密度等方面，都不使市场领先者和挑战者觉得市场追随者有侵入的态势或表示。市场领先者往往很乐意有这种追随者存在，以对市场造成一定的影响力。采取这种策略的市场追随者一般靠兼并更小的企业来获得增长。

3. 有选择改造型的追随——改造

市场追随者采取在某些方面紧跟市场领先者，并对其进行“自身特色化”改造的做法。这类开发商要么在不同的区域模仿领先者，要么在同区域内对产品进行改造和改善后进行销售。这类企业具有创新能力，但是它在整体实力不如对方的时候，需要采用完全避免直接冲突的做法，以便使企业有时间悉心培养自己的市场和竞争实力，可望在以后成长为市场挑战者。

3.4.4　市场利基者的竞争战略

房地产业中的市场利基者，是指规模小、实力弱、市场占有率小的中小型企业，它们专注于被大企业忽略的某些细小市场，通过专业化经营在大企业的夹缝中求得生存和发展。上海亲和源股份有限公司就是我国房地产市场的典型利基者，该企业抓住了我国人口老龄化程度加剧，养老需求日益多样化的社会发展背景，顺应社会发展及市场经济的规律，专门开发建设以实现健康、快乐的老年新生活为目标的，与上海国际大都市相匹配的中高档的养老社区。其定位为高端老年住宅市场，产品为满足高端老年人的高标准全配置的公寓楼和生态型的户外环境，为老年人提供安全舒适的居住和活动空间，包括专业的护理医院和颐养院，功能齐全的健康会所、配餐中心、老年大学，宽敞的图书馆、文体活动室，舒适的茶憩栈、咖啡厅，标准的门球场、迷你高尔夫球场……

一个好的市场利基者应具有以下特征：一是有足够的市场潜量和购买力；二是利润有增长的潜力；三是主要竞争者对此并无兴趣；四是企业具备占据该补缺基点所必要的能力和资源；五是企业所建立起来的市场信誉足以抵御竞争者的冲击。

房地产市场利基者竞争战略的核心，应该是在寻找具有开发价值的“缝隙”市场的条件下，实施专业化经营，提供特殊产品和专门服务，以此获得较高的附加利润。通过差异化进而实现专业化，是一个不错的选择，具体包括产品差异化、项目差异化以及区域差异化。①

1. 产品差异化：精品战略之路

产品附加值决定企业利润。我国的房地产市场在经过政策的洗礼后，房地产开发的各项成本，尤其是土地成本开始飙升。纯粹的地产开发已经在政府和市场的双重博弈下变得利润微薄了，收益的大头只能从房产市场中来挖掘。因此，中小房地产开发企业要通过走精品战略之路，来提高企业的竞争力，提高产品的美誉度和知名度，从而提高产品的附加值。

2. 项目差异化：确定适合自己的房地产开发项目

房地产作为一种商品，和其他商品一样，都要面临市场的选择，也就是消费者的选择，再加上目前抢滩房地产市场的企业越来越多，谁都想在激烈的竞争中分得一杯羹。于是，对于中小型房地产企业而言，注重对市场和消费者需求的研究，通过对市场进行细分，确定产品将来可能面向的消费对象，从而确保自己开发的房产能够在市场中立于不败之地，显得更为重要。

3. 区域差异化：定位上以进入二、三、四级城市为主

经过多年的发展，一线城市的房地产竞争环境愈来愈激烈和残酷。随着实力的不断增加，一些大型企业以及实力外资企业，已经携资向中国内地中部及西部省会一级城市挺进。2007 年，大量全国性地产公司甚至香港地产巨头密集抢滩成都、济南等二线城市；2010 年，很多二线城市迎来了新一轮的外来企业抢滩高峰期。如据 2010 年 11 月 26 日《华西都市报》报道：据不完全统计，在 2010 年，既有世茂地产、远洋地产、招商地产、香港置地、万通地产等上市企业，也有朗诗地产、伊泰置业等在其企业总部周围省市叱咤风云的地方大佬，以及四川本省五粮液、东方希望、长虹等跨行业巨头入驻成都。另外星河湾等企业，据传也已悄然入蓉。这意味着，在 2009 年销售金额排行榜全国榜单上的企业，目前除了绿城、世纪金源、金地、福建融侨四家企业外，其余的全部都已进入成都，占 20 强总量的 80%。

在这种环境下，中小型房地产企业可以选择转战周边的二、三、四级中小城市，这样做的好处有五个：

（1）避开与大型房地产企业同城竞争，寻求新的适合自己的发展空间，通过空间的转换来取得竞争优势。

（2）在这些经济欠发达的地区，由于其地价、房价总体较低，存在相当大的上升空间，中小型房地产企业可以获得较高的投资回报率。

（3）与那些经济欠发达的地区相比，经济较发达地区的开发企业在企业文化、技术水平及资金实力上都具有明显的优势。

（4）可充分利用当地的优惠政策，解决资金和拿地上的难题。

（5）通过在当地寻求合作伙伴，搞好和当地政府及相关企业的关系，取得政策上的支持。在对市场进行充分细分的基础上，选择适合自己资金实力和技术专长的市场进入。比如一些中小城市里的旧危房改造、烂尾楼处置及废弃地改造等项目，只要选择得当，仍然

---

① 参见刘卫卫：《宏观调控背景下中小型房地产企业发展之路》，载《上海房地》，2008（11）。

可以得到良好的发展机会。

3.5　顾客导向与竞争导向的平衡

在本章里，我们强调了密切关注竞争对手的重要性，并给出了竞争对手分析的一系列框架性方法。然而，在传统的市场营销教科书里，营销战略的制定是以顾客分析为中心的。这两种营销导向有什么区别呢？

3.5.1　以竞争对手为中心的企业

这种企业在制定营销战略时以竞争导向为主，企业的营销活动基本上由竞争者的行为所支配。这类房地产企业追踪每个市场上竞争对手的举动和市场份额，按下列方式行事：

（1）形势。

1）竞争对手 A 将在某区域市场上压垮我们；

2）竞争对手 B 正在扩大其在某区域的开发量，并影响我们的销售；

3）竞争对手 C 已在某市削价，并且我们已经失去了 3 个百分点的市场份额；

4）竞争对手 D 引入了一种新的物业管理项目，我们正在失去客户。

（2）反应。

1）我们将撤出某区域，因为我们无力打胜这场争夺战；

2）我们将在某区域增加广告投入；

3）我们将在某市采取相应的削价策略；

4）我们将加强物业管理工作。

目前，这种形式的战略规划有其有利的方面，也有其不利的因素。从积极方面来看，企业制定竞争对手导向的营销战略，有利于其营销人员保持警惕，注意发挥自身的优势并回避企业的弱点，关注竞争对手的优势和劣势。从消极的方面来看，企业表现出过多的反应模式，而不是制定和贯彻一项始终如一的顾客导向战略，它基于竞争对手的行为来决定自己的行为，而没有自己固定的行动目标。由于企业过多地依靠竞争对手的行为决定自己的营销战略，所以它不知何处才是终结。

3.5.2　以顾客为中心的企业

这种企业在制定营销战略时以顾客导向为主，企业的营销活动基本上围绕顾客需求展开，而很少关注竞争者的行为。这类房地产企业按下列方式行事：

（1）形势。

1）整个房地产市场每年增加 4%；

2）对物业管理服务敏感的住宅市场每年增长 8%；

3）容易成交的顾客市场也在增长，但这些顾客和任何开发商的关系都不密切；

4）越来越多的顾客对 24 小时购房热线感兴趣，而行业内仍无人提供这种服务。

（2）反应。

1）我们将集中力量进行整体市场研究，满足增长较快且利润丰厚的高档住宅市场的需求；

2）我们将把广告主题由过去的强调房屋质量改为强调物业管理；

3）我们将避免降价或妥协，因为我们不需要这类顾客；

4）我们将安装 24 小时购房热线。

显然，以顾客为中心的企业能更好地识别新的市场机会，并确立具有长远意义的营销战略方案。它体现了企业作为市场领袖的行为风范，而不是被竞争者牵着鼻子走。通过监测顾客需求，在资源和目标允许的条件下，企业就能决定什么样的顾客群体才是最重要的服务对象。

实际上，目前的房地产企业必须同时注意顾客和竞争对手两个方面，图 3—10 显示了企业几种不同的营销导向理念，即产品导向、顾客导向、竞争导向和市场导向。一般情况下，房地产企业根据市场发展的不同阶段选定营销导向。

		以顾客为中心 否	以顾客为中心 是
以竞争对手为中心	否	产品导向	顾客导向
	是	竞争导向	市场导向

图 3—10　不同的营销导向

在第一阶段，企业既不重视顾客也不重视竞争对手，而以产品导向为主。多数房地产企业认为只要商品房的地理位置好、建筑质量可靠且价格公道，就一定能够顺利销售出去。在短缺经济条件下，商品房供不应求，奉行这种营销理念的企业能够取得一时的成功。但随着房地产业由卖方市场向买方市场转变，竞争加剧，这种营销理念越来越难以适应企业经营的需要。

在第二阶段，房地产企业开始重视顾客需求，懂得了只有按照顾客需求开发的物业才真正有销路。一些大型房地产企业进行了深入细致的需求分析，调整自己的项目开发思路，取得了极大的成功。同时，一些中小型开发商也根据顾客需求的差别找到了合适的市场细分。

到了第三阶段，由于新的竞争者不断加入，几乎在每个细分市场上从事房地产经营的企业都遇到了竞争对手。各个细分市场上的竞争对手都按照顾客需求开发物业，需求的差异性不断弱化，企业不得不关注竞争对手的行动，转而以竞争为导向制定营销战略。同时，竞争的白热化使各个企业的利润都减少了，企业的营销活动主要围绕竞争对手展开，顾客需求反而受到了忽视。

最后，一部分实力较强的企业清醒过来，最终认识到顾客需求和竞争对手不可偏废，忽视任何一方都是不对的，从而提出了市场导向的新营销理念。顾客和竞争对手是市场上不可分割的两部分，企业在市场上从事房地产经营活动，必然同时关注两方面的因素。只有在顾客导向和竞争导向之间取得平衡，才能成为房地产市场上的赢家。

关键术语

规模经济 产品差异性 成本结构 纵向一体化 五力分析模型 竞争战略轮盘 从容不迫型竞争者 选择型竞争者 凶猛型竞争者 随机型竞争者

复习思考题

1. 如果你作为一个房地产业新兴公司的领导者，你如何与从事同类房地产产品开发的领先者竞争市场？是针对其优势展开正面进攻，还是采取侧翼进攻模式？试从对竞争对手的分析、竞争战略的选择等方面思考，列举详细方案或例子支撑你的观点。

2. 分析你所熟悉的区域的房地产市场，根据企业扮演的四种不同角色——领先者、挑战者、追随者、利基者，对该市场上的各房地产企业进行分类。

3. 你如何描述竞争的本质？房地产市场竞争有什么区别于其他行业竞争的独特特点？在问题 2 中你所提及的房地产企业遵循了本章所述的原则吗？

第4章

房地产消费者分析

本章内容提要

由于房地产产品生产的单件性和长周期性，使消费者的消费行为研究变得极为重要。因为消费者变现的高参与度和理性化，也要求产品在开始设计阶段就要关注消费者的需求，研究消费者的偏好和购买行为的规律。成功的房地产市场营销需要企业与顾客紧密联系，全面营销导向意味着应全方位理解消费者，包括了解目标消费者的行为模式、购买决策过程，理解影响消费者购买行为的因素，以及在不同的房地产细分市场上，消费者的购买行为会出现怎样的变化。这些研究将有助于确保将合适的住房产品以适当的方式和价格提供给合适的消费者，为改进或引入新产品或服务、定价、设计渠道、制作信息和开发其他市场营销活动提供线索。

4.1 消费者行为模式和购买决策过程

4.1.1 消费者行为模式

市场营销经理们要了解市场，就要知道关于市场的下列问题的答案：

哪些人构成了市场？　购买者
他们购买什么商品？　购买对象
他们为什么要购买这些新产品？　购买目的
谁参与了购买过程？　购买组织
他们以什么方式购买商品？　购买行动

他们什么时候购买商品？　购买时间

他们在哪里购买商品？　购买地点

了解消费者的起点是如图 4—1 所示的刺激—反应模式。市场营销刺激与其他刺激进入购买者的意识后，购买者的特征和决策过程导致了购买决策。市场营销人员的任务就是要了解在出现外部刺激后到作出购买决策前，购买者意识中所发生的情况。我们要回答的问题是：购买者的特征（包括文化特征、社会特征、个人特征和心理特征）是如何影响购买行为的？

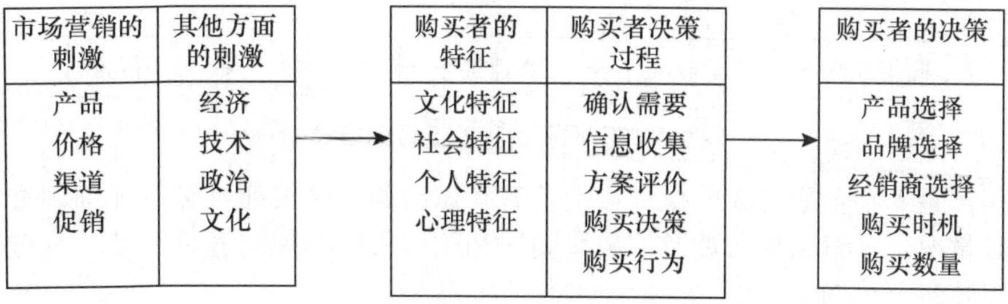

图 4—1　购买者行为模式

4.1.2　购买决策过程

市场营销人员在了解消费者的行为模式的基础上，需要重点理解消费者实际的购买决策过程。另外，市场营销人员还必须确认是谁在作出购买决策、决策的类型、购买的步骤等。

1. 购买角色

对购买决策有影响的五类角色为：（1）影响者：其观点或建议对决策有影响的人；（2）决策者：对购买决策的某个方面（包括是否买、买什么、如何买、何处买）做出决定的人；（3）购买者：实际购买的人；（4）使用者：消费或使用产品（服务）的人；（5）控制者：控制购买信息的人。扮演这些角色的可以是一个人，例如有足够经济实力和充足信息的单身购房者，他可能不需要任何其他人的干预和影响就能独立决策、购买并使用。但是这种情况在房地产市场中是极少数的，由于房地产商品具有大宗商品、价格高昂、耐久性和差异性等特点，一宗房地产产品或服务的消费往往涉及所有家庭成员，或多个利益主体。例如，一个三口之家决定购买一套新住宅，父母和孩子都是购买决策的影响者，只是父母的意见可能占主要地位，而如果孩子年龄较大，那么他的意见也会有重要的影响。购房的决策者和购买者往往是夫妻两个人，住房消费影响的是全家人的生活，且消费金额巨大，需要夫妻二人共同决策并共同支付。住宅的实际使用者无疑为一家三口。如果该家庭通过房地产中介商购买住宅，那么房地产中介机构在这里就扮演着极其重要的控制者的角色，它们为消费者提供与住房有关的所有信息，因此可以轻易地控制该家庭所能获得的关于住宅购买的市场信息和卖家的信息。

企业要确认出这些角色，因为这些角色对产品的设计、广告词的确定及促销预算的分配都有影响。

2. 购买行为的类型

根据购买者的参与程度与品牌间的差异程度，可以确定出四种类型的消费购买行为，即复杂的购买行为、寻求平衡的购买行为、习惯性购买行为及寻求变化的购买行为。毫无疑问，房地产消费行为需要消费者的高度参与，属于复杂的购买行为。

3. 购买决策过程的各阶段

一般购买过程中消费者会经历五个阶段：确认需要、信息收集、方案评价、购买决策与购买行为（见图4—2），显然购买过程早在实际购买前就已开始，而在购买后很久还会有影响。

图4—2　购买过程的五阶段模式

购买房产是一项金额巨大的投资，消费者在做出购房决策前，必然详细调查欲购房产项目的详细情况，了解购房所涉及的法律问题和购房所应办理的各种手续。一般地，购房要经过如下流程（见图4—3）：

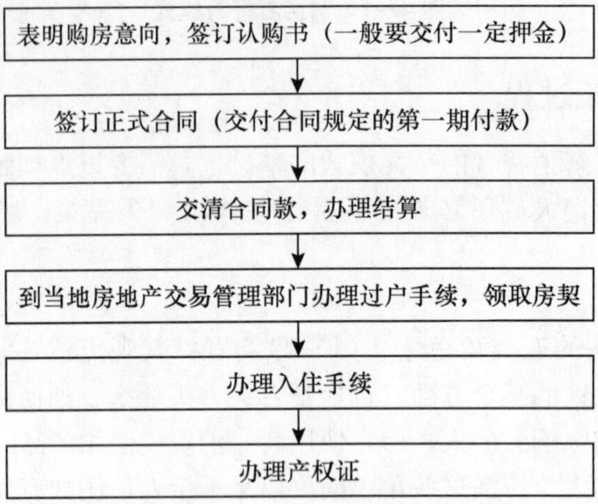

图4—3　购房手续流程

（1）确认需要。购买过程始于顾客认识到问题或需要之时。内部或外部刺激都有可能触发需要。某一内部改善住房的需要上升到一定程度时就会成为驱动力；对于一个有购买力的家庭来讲，外在的刺激如楼盘信息的电视广告或朋友的推荐可产生投资性购房。因此，营销者应向消费者收集信息以确认会产生某一特定需要（如购买首套住房、投资性住房）的环境。

购房者在购买房屋时，还必须根据自身家庭的储蓄、可获得的各类贷款以及向亲友借款等因素，来估算自己的实际购买能力，最终确定所要购买的房屋类型、面积和价位意向。购房者在制定购房预算时可以从以下几个方面入手：1）估算家庭可动用资金；2）考虑欲购房屋的面积；3）调查有关物业管理的各项支出；4）衡量家庭偿还贷款的能力；5）确定购房时的税费支出；6）准备必要的咨询费用。

（2）收集购房信息。被唤起需要的消费者倾向于搜寻更多的信息。购房者可以从以下几种渠道获得购房信息：1）媒体广告，包括报纸杂志上的广告、广播电视广告和招贴广告等；2）亲友介绍；3）开发商或代理商邮寄、发送的宣传品；4）售楼书；5）现场广告牌；6）现场展示样板房；7）房地产交易展示会；8）直接与房地产市场营销人员进行交流；9）其他途径，包括在房地产交易所、咨询公司、互联网等处查询关于房地产交易的各种资料。

（3）查询商品房的合法性。房地产开发商在销售商品房时就具备“五证”，即《国有土地使用证》、《建设用地许可证》、《建设工程施工许可证》、《商品房预售许可证》、《商品房销售许可证》。

（4）进行实地调查。购房者根据所收集的购房信息，看中了某一处房屋后，一定要对欲购房屋进行实地调查，眼见为实。购房者在观看、考察房屋时，务必全面仔细。在查看房屋的内部时，要对房屋的建筑面积、使用面积的大小，房屋的建筑质量，装修标准、装修质量，房屋的附属设备是否完善，房间的隔音效果如何，天花板、墙壁、地面、门窗是否有损坏，内部设计是否合理等方面进行仔细考察。对房屋外部进行查看时，要注意房屋的位置、朝向、外观造型、楼梯、电梯、走廊等情况。另外，还要对户外景观、周边环境、交通条件以及各种公共配套设施的设置等情况进行了解。在实地调查过程中，对于无法调查的情况，或在某些方面存在的疑问，购房者还可以直接向现场的售楼人员询问，真正做到心中有数。

（5）评价开发商和其产品，签订房屋买卖合同。消费者通过考察产品自身和提供者的各种信息，进行评价，最终选择一家开发商签订合同。

（6）办理房屋产权过户登记。购房手续的最后一关是办理房屋产权过户登记，领取房屋及土地的产权证明，至此购房全过程结束。

4.2 住宅消费偏好的主要影响因素①

依照美国市场营销大师菲利普·科特勒的划分办法，影响消费者购买行为的主要因素有文化因素、社会因素、个人因素和心理因素四大类。

4.2.1 文化因素（cultural factors）

建筑不是冰冷的钢筋混凝土，建筑具有深刻的社会文化内涵，建筑不应是单调苍白的垃圾。事实上，文化因素对房地产消费者行为有着最广泛而深远的影响。这些影响可以从四个方面进行认识。

1. 文化

文化是人类欲望和行为最基本的决定因素。儿童在成长过程中通过家庭和其他主要社会机构获得基本的价值、观念、喜好和行为。社会文化对消费者的消费观念和消费习惯具有根深蒂固的影响。例如，西方发达国家提前消费的观念非常普遍，对“信用”的概念具

---

① 参见［美］加里·阿姆斯特朗、菲利普·科特勒：《营销学导论》，7版，101～130页，北京，中国人民大学出版社，2006。

有高度依赖性，大部分居民的住房消费以二手房交易和租赁住房为主。相反，在中国的文化背景下，居民消费观念比较保守，贷款购房的消费模式也是经过了二十余年才发展到今天较为普遍的地步，但居民在购房观念上仍以“自有新房”为主导，认为拥有一套自己的住房是立足于社会的必要条件，并且不大愿意购置旧房自住。

2. 亚文化

每种文化都由更小的亚文化组成，亚文化为其成员带来更明确的认同感和集体感。亚文化包括民族、宗教、种族和地域。许多亚文化构成了重要的细分市场，而市场营销人员可以根据他们的需要设计产品并制定市场营销计划。例如，风水对南方人比对北方人重要得多，尤其是在广东、福建、海南等地几乎都讲究风水。中国香港、马来西亚和新加坡的企业依靠风水选择办公地点以求得好财运。广东人买房都忌讳数字4，因为与“死”谐音。上海因中西文化交流碰撞而在房地产建设上体现出大量的古典或现代的欧美式风格。

3. 流行文化①

这种文化具有非常强的阶段性、暂时性特征，它是一种在某一时间段内被大众接受的文化或被认为是应当的、受欢迎的东西。流行文化对消费者的观念、行为会产生很大的影响，它可能是一时性的，也可能在流行过后对原有文化留下了恒久的影响，从而促使人们消费观念的逐渐演变。房地产开发同样会受到地方流行文化的强烈影响，迎合潮流甚至引领潮流的房地产产品会获得销售成功，而违背流行文化的房地产产品则往往受人冷落。同样的一种流行文化还具有周期性，比如地中海建筑风格盛行一时，随即让位给中式古典山水风格，过一段时间可能又流行起来。所以，开发商需要对市场上流行元素的特点和发展趋势保持敏锐的直觉，在营销时做到提前准备和随机应变。

4. 社会阶层

事实上所有社会都存在着社会等级。社会等级有点类似于印度传统的种姓制度，不同种姓的成员都有不同的社会角色，而且是不能改变排列的、具有相对同质性和持久性的群体，每一阶层成员都具有类似的价值观、兴趣和行为。社会阶层有以下特点：（1）一个社会阶层中两个人的行为要比两个不同社会阶层中人的行为更为相近；（2）人们以所处的社会阶层来判断自己在社会中的地位；（3）某人所处的社会阶层是由职业、收入、财产、教育和价值取向等多种变量而不是由其中的单一变量决定的；（4）个人能够改变自己所处的社会阶层，但这种改变的幅度随各社会层次森严程度的不同而有所差异。不同社会阶层对住宅产品的功能等级、装饰装修的风格和标准有不同需求，开发商应围绕目标阶层客户需求设计住宅产品。

4.2.2 社会因素（social factors）

消费者的购买行为同样也受到诸如参照群体、家庭和社会角色与地位等一系列社会因素的影响。

1. 参照群体

个人的行为会受到各种群体的影响。个人所属的，并对其有直接影响的群体称为成员群体（membership groups）。其中有些是主要群体，即与个人有经常持续的相互影响的群

---

① 参见张原、苏萱：《房地产营销》，110～111页，北京，机械工业出版社，2006。

体，如家庭、朋友、邻居和同事等。主要群体一般是非正式的。个人同时也归属于次要群体，即比较正式的且非持续相互影响的群体，如宗教、职业或贸易协会等。

与之相对应，所谓参照群体，则是在个人态度或行为的形成过程中，对其起着直接或间接的比较作用或参照作用的群体。个人往往受到他并不属于其中的参照群体的影响。例如，一个渴望群体（an aspiration group）是个人希望能够成为其中一员的群体，比如一个收入水平中等、居住在拥挤的普通住宅小区中的工薪阶层的人，渴望成为收入丰厚、居住在环境优美舒适的高档住宅小区中的金领群体中的一员。参照群体会对消费者的态度、自我观念和行为产生强烈的影响，参照群体的特征其实是消费者内心需求的一种真实反映。努力发现目标消费者的参照群体并准确捕获参照群体的特征，将有助于营销者成功地激发并满足消费者的需要。

2. 家庭

消费者家庭成员是最具影响的主要成员群体。消费者生活中有两类家庭——婚前家庭和婚后家庭。婚前家庭包括双亲，每个人都是从父母那里获得信仰、政治与经济等方面的倾向以及个人抱负、自我价值和爱情等方面的意识。即使在消费者与他的双亲间的相互影响已经不大时，双亲对消费者购买行为的影响仍然很重要。对日常购买行为有更直接影响的是婚后家庭，包括配偶与子女，这是社会中最重要的消费者购买单位。市场营销人员对丈夫、妻子和子女在商品或服务购买中的角色和影响很感兴趣，这种角色和影响程度在不同的国家和不同的社会阶层是不一样的。因此，市场营销人员就得调查特定目标市场下的特定模式。例如，较为传统的中国家庭中，丈夫将工资交给妻子，由妻子来管理家里开支的情况是很普遍的。在住宅消费方面，由于消费的家庭平等性，因此购买决策往往由夫妻共同做出，但在消费的一些细节方面，如厨房、卧室灯，则往往由妻子的偏好决定。而女性由于对于房子的考察更为细致、周到，也更为挑剔，所以一般来说在房子细节的要求上要高于男性。相关调查发现，有时候一个漂亮的天窗、看得见风景的厨房或者足够宽敞的储物室，都会成为女性决定购房的理由。对于现代女性来说，从整体情况来看，她们购房时更为关注的主要还是房屋的细节和个性，无论是小区的景观设计和处理，还是房子的外观、户型、内部装修，都要符合她们对个性化的需求。据分析，女性在买房过程中，往往对社区环境、房屋功能和布局、配套、人性化以及价格更为敏感。

3. 社会角色与地位

个人一生中会从属于许多群体——家庭、俱乐部及各种组织，个人在各群体中的位置可由角色和地位来确定。每种角色都有相应的地位，每种角色都在某种程度上影响个体的购买行为。在住宅产品的选择上，人们通常选择那些能反映和表达他们在社会中角色和实际或期望的地位的住宅小区及其产品。房地产营销者须注意自己开发的楼盘及其住宅产品所代表的潜在地位象征，并将其准确地传达给目标客户。

4.2.3　个人因素（personal factors）

消费者的购买决策也受到个人特征的影响，特别是年龄与人生阶段、职业、经济状况、生活方式、个性与自我观念等等。

1. 年龄与人生阶段

消费者对房地产产品和服务的选择会随着不同的年龄和人生阶段而变化。最常用的分析消费者需求随人生阶段变化而变化的理论是家庭生命周期（family life cycle）理论。消费者尤其是核心家庭的住房消费需求通常呈现租房——小户型住宅——改善性住房或投资性住房——配套齐全的小户型老年住宅的阶段性特征。

2. 职业

一个人的职业影响其对房地产产品和服务的消费。例如，工作强度较高和节奏较快的职业如企业销售经理、律师合伙人、项目管理者等，偏向选择提供较多日常服务、周边商服较完善、尽可能便利以节省时间成本的住所（如酒店式公寓）。而工作时间较规范、节奏较稳定的职业如“朝九晚五”的政府部门职员，或有固定节假日的教师等，会偏向选择社区环境较生活化、有较宽敞的绿化庭院、邻里关系容易相处但不要求全面的生活服务的住宅小区，这也是市场上最为普遍的一种住宅类型。

3. 经济状况

个人的经济状况对产品选择的影响很大。经济状况包括用于消费的收入（收入水平、收入的稳定性和花费的时间）、储蓄与资产（包括流动资金的比例）、债务、借贷能力以及对消费与储蓄的态度等。

4. 生活方式

生活方式就是在人的活动、兴趣和意见①上表现出的生活模式，即使亚文化、社会阶层和职业相同的人，他们的生活方式也可能不同。营销者应竭力寻找其产品与不同生活方式群体之间的关系。

◆ 案例 4—1 ◆

E 时代的 SOHO 生活方式

随着现代科技及互联网技术的发展，人本身的就业方式发生变化，自由职业者显著增多，在家办公（small office and home office，SOHO），成为都市人一种相当时髦的生活方式。SOHO 的优点显而易见，省去了朝九晚五的奔波之苦，不再为“办公室政治”殚精竭虑，最重要的是不必再看谁的脸色行事，自由自在。潘石屹的“SOHO 中国”瞅准了这种新生活方式引致的需求，适时准确地推出了“现代城”、“建外 SOHO”等精品楼盘，取得了成功。显然，SOHO 正成为一种不可阻挡的社会潮流和 E 时代经济生活中的一个显著特征，营销者必须敏锐地洞察这种新生活方式趋势。后来，最早提出“SOHO 中国”的潘石屹先生，又拓宽了“新 SOHO”概念。“新 SOHO”的含义是“自由的，无处不在的办公方式”，是对传统生活和工作方式的一种革命。因此，营销者对“新 SOHO”住宅产品和家居设计，也应该有与众不同的表现并设定独特的精神内涵。

① 即由 AIO 尺度测量的生活方式，即：(1) 活动（actives），如消费者的工作、业余消遣、休假、购物、体育、交友等活动；(2) 兴趣（interest），如消费者对家庭、服饰的流行式样、食品、娱乐等的兴趣；(3) 意见（opinion），如消费者对社会、政治、经济、产品、文化、教育、环境保护等问题的意见。

◆ 案例 4—2 ◆

备受年轻人推崇的 LOFT 居住生活方式

LOFT 在牛津词典中的解释是“在屋顶之下、存放东西的阁楼”。但现在所谓 LOFT 所指称的是那些“由旧工厂或旧仓库改造而成的，少有内墙隔断的高挑开敞空间”，这个含义诞生于纽约 SOHO 区。LOFT 的内涵是高大而敞开的空间，具有流动性、开发性、透明性、艺术性等特征。在 20 世纪 90 年代以后，LOFT 成为一种席卷全球的艺术时尚。如果说，LOFT 的诞生是源于贫困潦倒的艺术家们变废为宝，那么今天 LOFT 已经不再只是艺术家的专利，它慢慢地进入了更多人的生活视野，成为一种追求个性、向往自由的生活方式，成为一种理想的工作居住方式。象征先锋艺术和艺术家的生活与创作，LOFT 对花园洋房的传统居住观念提出了挑战，对现代城市有关工作、居住分区的概念提出挑战，它倡导工作和居住不必分离，可以发生在同一个大空间中，厂房和住宅之间出现了部分重叠。LOFT 公寓灵活性很强的空间使得人们可以随心所欲地创造自己梦想中的家、梦想中的生活，丝毫不会被已有的机构或构件所制约。而这正是追求自由、追求个性的年轻人特征，因此，各大城市的开发商都将年轻人作为 LOFT 公寓的目标客户。LOFT 公寓作为一种与以往平层、跃层、复式等常见的居室结构有很大差别的户型，作为直接承袭了“仓库”风格的建筑设计，在进入房地产市场之后，最直观的特点就是 5.5 左右甚至更高的挑高以及在户型上除了卫生间和厨房之外没有任何预设的安排。在其空荡荡的空间里，主人可以根据自己的喜好，随意地隔断出各种功能不同、风格各异的子空间。

5. 个性与自我观念

每个人都有影响其购买行为的独特个性。所谓个性是指个人独特的心理特征，这种心理特征使个人与其环境保持相对一致和持久的反应。个性通常可用自信心、控制欲、自主意识、顺从、交际性、防守性和适应性等特征来描述。在能够区分出不同的个性，并且能够确定个性同产品或品牌的选择之间存在很强的相关性的前提下，个性就可以成为分析消费者购买行为的很有用的变量。例如，时下盛行的国际青年旅舍就是针对爱好旅行、喜欢闯荡的年轻人的特点进行选址、装潢设计和提供服务的，在国际旅游房地产市场中拥有稳定而广泛的市场份额。

4.2.4 心理因素（psychological factors）

个人的购物选择还会受四种主要心理因素的影响——动机、感觉、学习以及信念与态度。

1. 动机

每个人在任何时刻都有许多需要，这些需要可被分为生理上的和心理上的需要。但大多数的需要不会强烈到驱使人立即采取行动的程度。需要只有强烈到一定程度时才会变为动机。所以，动机是强烈的能驱使人采取行动的需要。心理学家已经提出多种人类动机理论，最著名的三种——西格蒙德·弗洛伊德理论、弗雷德里克·赫茨伯格理论和亚伯拉罕·马斯洛理论，这些理论对消费者行为分析和市场营销各有不同的影响。

（1）弗洛伊德动机理论。弗洛伊德认为在人类行为形成过程中的真正心理因素大多是无意义的。人在成长和接受社会规范的过程中有很多欲望受到抑制。这些欲望既无法消除也无法完善地控制，它们会出现在梦境中，脱口而出，或出现在神经质的行为中。因此个人不可能真正了解自己的动机。

（2）赫茨伯格动机理论。赫茨伯格提出了动机的双因素理论，区分不满意因素和满意因素。例如，某住宅小区没有超市，就是一个不满意因素；但是有超市并不是影响决策的满意因素。小区绿化和完善的物业管理也许才是决定选择购买该小区住宅的满意因素。

赫茨伯格的动机理论实际上包含了两层含义：首先，开发商应该尽力完善小区各种基础配套设施等，以消除各种不满意因素——避免这些因素可能不会促进销售，但缺乏这些因素却会影响销售。其次，应重点调查消费者最关注的要素，投其所好地增加小区特色，提供各种满意因素。

（3）马斯洛动机理论。马斯洛试图解释在特定阶段人们受到特定需要驱使的原因。为什么有人要花费大量的时间和精力寻求安全感，而也有人追求赢得他人尊重？他的答案是人类的需要是层次化的。因此，这一理论又被称为马斯洛需求层次理论。他根据人们对需求的不同程度，把需要由低层次到高层次依次划分为生理需要、安全需要、社交需要、尊重需要和自我实现需要[①]。人们总是首先寻求对其最重要的需要的满足，在满足了当前最重要的需要后，这种需要就不再是目前的激励因素，人们即转向满足下一种重要的需要。

马斯洛的动机理论在房地产市场营销中运用得最为广泛，例如当前住房更新换代的需求就是在人们满足了最基本的要求后追求居家舒适的表现。该理论为分析消费者的购买动机、购买行为和促进商品销售提供了一个有效的方法。市场营销人员应不断发现消费者未被满足的需要，并根据消费者的不同需要层次制定营销策略，以刺激消费者亟须被满足的需要。由此，也决定了房地产企业应结合营销确立的目标市场进行开发，从而需要将房地产市场细分成不同层次和类别的子市场。关于市场细分的内容，将在本书第六章详加阐述。

2. 感觉

我们是通过知觉来感知事物的，即通过我们的五种感官：视觉、听觉、嗅觉、触觉和味觉。但每个人感知、组织和解释这种感觉信息的方式各不相同。感觉可以定义为：个人通过选择、组织并解释输入信息获得对世界有意义的描述的过程。感觉不但取决于身体的刺激，而且依赖于这一刺激同环境的关系及个人状况。人们会对相同事物产生不同的感觉，这是因为有三种感觉过程：选择性注意、选择性曲解及选择性记忆。

（1）选择性注意。人们可能比较注意与当前需要有关的刺激、他们所期盼的刺激和超出常规的刺激。选择性注意意味着市场营销人员必须尽力吸引消费者的注意。因为他们所要传递的信息不会被与其产品市场无关的大多数消费者所注意，即使是其目标市场上的消

---

① 生理需要（physiological needs）：人类为了生存而对衣、食、住提出的物质需要，是人类最低限度的基本需要。安全需要（safety needs）：人类为使个人的生命和财产得到安全保护而产生的需要。社交需要（social needs）：人们希望在人与人之间的联系中得到感情上的联络和获得知己的需要。尊重需要（esteem needs）：人们为使自己在社会交往和实践中能得到别人的尊重和好评，取得荣誉，从而增强自信心、进取精神的需要。自我实现需要（self-actualization needs）：人们为了体现和发挥自己的才能，实现自己的理想和抱负而不断努力和进取的需要。

费者也可能没有注意到他们的信息，除非这些信息在众多的刺激中与众不同。大规模高重复性的或创意独特的或反差性强的广告才能引起人们的注意。

(2) 选择性曲解。即使是消费者注意到的信息，也并不一定会产生预期的作用。每个人总是按自己现有的思维模式来接受信息。选择性曲解是指人们趋向于将所获得的信息与自己的意愿结合起来。人们一般是按自己先入为主的想法来解释信息的。

(3) 选择性记忆。人们往往会忘记大多数接触过的信息，他们只会记住那些符合自己的态度与信念的信息。

3. 学习

人们在实践中不断学习。学习是指经验所引起的个人行为的改变，而人类行为多半源于学习。学习理论认为，人类的学习是驱策力、诱因、反应及强化等相互作用的结果。对市场营销人员来说，学习理论的价值在于使他们可以通过把产品与强烈的驱策力联系起来，利用刺激性的诱因并提供正面强化等手段，来建立产品的需要。新企业可以通过诉求与竞争者相同的驱策力并提供相似的诱因环境来进入市场。因为消费者更可能将其忠诚从原品牌转向类似的品牌而不是相异的品牌（类推）。企业也可针对不同的驱策力来设计品牌的诉求，并提供强烈的诱因来诱导消费者转换品牌（辨别）。

4. 信念与态度

人们通过实践和学习获得了自己的信念与态度，而它们又反过来影响着人们的购买行为。信念是指人们对事物所持的描述性的思想。态度是指个人对某些事物或观念所持的正面或反面的认识上的评价、情感上的感受和行动上的倾向。态度可使人们对相似的事物有相当一致的行为。人们没有必要对每一事物都做出新的解释和反应。态度使人们节省了精力和脑力。因此，态度很难改变。若要改变一种态度，就需要在其他态度方面进行重大的调整。所以，公司最好使其产品迎合既有的态度，而不要企图改变人们的态度。当然，如果改变态度所花费的高昂的成本能得到补偿的话，则另当别论。

现在我们已经了解了影响消费者购买行为的许多因素。某人的购买选择是文化、社会、个人与心理等因素综合作用的结果。其中很多因素是市场营销人员所无法改变的，但是它们在确认那些可能对产品有兴趣的购买方面是很有帮助的。而市场营销人员可以影响的因素，则能辅助市场营销人员设计产品、制定产品价格、确定产品分销和促销的方式，以激发消费者的强烈反应。

4.3　房地产细分市场的购买行为影响因素

正如前节所述，房地产企业需要针对消费者的不同需要提供不同的房地产产品，因此需要进行房地产市场细分和目标市场定位。可见，不同的房地产子市场，影响消费者购买行为的因素也有所不同。由于房地产市场是典型的差异化市场，我们有必要针对不同类型的房地产子市场上的消费者，研究他们的购买行为分别受哪些主要因素的影响。根据房地产最常见的几种用途，我们将房地产市场划分为住宅市场、商业物业市场和工业物业市场三类，并分别详述各类市场上消费者购买行为的影响因素。

4.3.1 住宅购买行为影响因素

住宅的购买者一般是个人或家庭，他们的购买目的大部分是为了居住。即使是对出于投资目的的购买者而言，所投资住宅是否增值，也取决于所购住宅能否在将来有更好的适宜居住的属性，只有在将来更适宜居住，才能获得更高的收益。因此，就住宅开发来说，不论是普通住宅还是高档商品住宅、别墅，研究人们对居住的各方面、各层次的需要，是开发商在产品定位时必不可少的一个环节。

从消费过程来看，对个人或单个家庭而言，住宅购买涉及金额巨大，购买后影响程度和时间也最长，交易过程也特别复杂，因此影响住宅消费行为的因素也特别多，如家庭收入、家庭人数和结构、家庭成员的年龄和受教育程度、现有居住状况、居住地区、购买动机、购买倾向、交通、价格、房屋属性等等。而其中任一种因素都包括许多子因素，如现有居住状况就包括住宅的样式、类型、大小、隔间、设备、地点、外观、环境、折旧度、坚牢度、产权关系等多种因素。

为叙述方便，我们将所有影响住宅购买的因素分为两大类。一类是消费者自身因素，比如年龄、家庭人口结构、家庭收入、购买动机等等。这类因素与消费者自身的需要紧密关联，直接决定消费者的购买标的，是影响购买行为的最主要因素群。因为消费者按其自身的需要决定了购买标的以后，他们就会针对这个标的，去寻求有关的消息及信息。在这个阶段，由于是根据既定的购买标的进行信息收集，因此外来的消息会引起消费者选择性的注意，使他特别注意到某些信息，而忽略掉了另一些信息。另一类是外生因素，即除了消费者自身因素以外的其他因素。包括：交通便利程度，价格公平与否，房屋坚固程度，设计完善程度，资产增值速度，环境质量，及其他因素。这些因素当中，还包含许多次级因素，如风景、空气、噪音、邻里等。这些因素和个人的生活方式、生活态度、心理需要、购买动机等密切相关，也会使消费者在寻求有关的信息时，产生选择性的注意。例如，有些人更重视交通状况，有些人更重视小区环境质量，有些人则更重视房屋本身的各种要素属性等。

1. 消费者自身因素对住宅购买行为的影响

（1）年龄。年龄结构是消费者结构的一个重要方面。就购买力而言，可将年龄结构划分如下：26 岁以下阶段；27～35 岁阶段；36～55 岁阶段；56 岁以上阶段。

1）26 岁以下阶段。这一年龄段的居民可以说几乎没有住宅购买力。但这个年龄段中的 5～18 岁年龄段的居民尚在上学，属未成年人或刚成年人，父母必须对他们的教育、监护、安全等问题负责，因此他们对其父母的购买决策有很大影响。在北京，学区房的现象尤为明显，有学龄儿童或青少年的家庭为争购重点中小学学区内的住房而大费周章，邻近重点学校的房地产价格往往高出同类地产很多，消费者甚至需要动用人际关系，支付额外的高昂搜寻成本和时间成本。例如，北京世纪城住宅社区就是典型的学区房，海淀区万柳、苏州街片区的房地产也由于地处清华、北大等著名高校云集的地域中心而价格不菲。

2）27～35 岁阶段。这一年龄段的居民在经济能力上处于初步发展地位，与 36～55 岁年龄层的居民相比，购买力稍弱，但由于婚姻、生育等问题，家庭独立性强，购买的欲望强烈，可能占住房消费市场的 25％～33％。在一线城市如北京、上海、深圳等地房价节节攀升的行情下，此年龄段的消费者购房欲望更强烈，其中一个重要原因是不断上涨的房价预期。初出茅庐的年轻人在事业上虽刚刚起步，经济能力也较低，但如前所述，由于婚姻和生育对住房的需要以及房价上涨的预期，出现了新婚家庭举双方家庭上下两代的收入提前超能力消费的情况。因此，年轻人不仅自身会成为房地产市场上的消费者，还会极大地影响其父母的购房决策。

3）36～55岁阶段。这一年龄段的居民最具备经济能力，是具有最大购买力的阶层，其住房需求也很大，他们在整个住房市场上所占的比重也最大。这部分人的购房目的主要是住房的更新换代，由于家庭的发展、子女成长等需要而进行住房改善，往往由小面积住宅更换为大面积住宅，户型也向多室多厅发展。另外一种常见动机则是如前一年龄段分析中提到的，作为父母，要为子女成家立业而购买新婚住宅。

4）56岁以上阶段。这一年龄段的居民多半已拥有住房，且子女逐渐成年、独立谋生，原有的房子可能反而逐渐空下来，其自身对房屋的需求大减，但可能出于为子女购置房产的需要而购买新的住宅。然而总体而言，除了少数以经营房地产为目的或出于投资保值目的的人外，该群体对住宅的兴趣较小。

年龄结构对住房消费的影响，还表现在住房消费方式——租赁与购买的选择上。比如，年长者拥有自己的住房的比例较大，而年轻人租住房屋的比例相对较大。年龄的不同，对住房属性的要求可能也有所不同。不同年龄段的人在房屋本身的许多要素、属性方面，如外观、室内设计、房型、工程质量、水电设施、通风、采光、朝向等特征上要求不同，年轻人往往比年长者更注重室内设计的新颖独特，而年长者则更偏重住宅质量和房型设计的合理性。

（2）家庭人口结构。同济大学建筑系人居科学研究院于1995年对上海市开鲁六村的居住状态调查，曾针对不同人口结构的家庭的厅室比例意向进行过调查，结果显示，在一室一厅和假定三室一厅（该村无三室一厅）的情况下，居民一致偏好“大厅小室”。但在两室一厅、建筑面积60m^{2}以下时，不同家庭人口结构的住户的意向却大相径庭。中青年住户、小子女家庭和单中心家庭更倾向于“大厅小室”，而纯老年住户、大子女家庭和多中心家庭则更愿意选择“小厅大室”。

2008年西安市的一项住宅市场调查的结果则显示，有住房需求的家庭结构中，单身占绝对优势，达56.63%，其次为有18岁以下孩子的家庭，所占比重达16.24%，其他结构家庭比重较为平均。这是因为单身结构家庭由于婚姻压力急需购买住房；有18岁以下孩子的家庭，随着孩子的成长，会逐渐对住房面积、住房结构等方面产生新的要求。①

上述调查案例说明，无论在任何时期、任何城市，住户家庭人口结构对住房消费选择有相当程度的影响，而且这种影响会随着时间和地点的变化而不同。因此，开发商需要对房型、住房面积进行准确的市场定位，细致深入地对家庭人口结构进行调查统计和分析预测其变化趋向是必不可少的，不可盲目跟随潮流，“跟着感觉走”。

（3）家庭收入。家庭收入是影响住房消费最重要的因素。没有一定的家庭收入和家庭积累支持，住房消费不过是一句空话。但分析家庭收入对住房消费的影响，还应深入到家庭收入结构的划分、评估以及居民的收入预期对住房消费的影响中去。

---

① 参见任超、陈瑛、裴艳飞：《古城西安住宅消费市场满意度重要性与差异性分析》，载《人文地理》，2010（2）。

2010年南京市一项住宅消费调查结果如下[①]：1）单身期的家庭中，中高收入家庭为主要购买者，倾向于购买高质量、小户型的住宅，而中等偏低收入的单身者则倾向于与父母居住在一起或租赁住房；2）形成初期的家庭，收入越高，越倾向于选择大面积和低容积率的住宅，中等收入家庭比较务实，但对生活设施的完善程度和教育设施的质量普遍有较高要求，通达性也要求较好；3）发展期的家庭，已经实现了一定的积累，因此，高收入者对住宅的需求明显表现出对环境和居住舒适度的要求，对中大面积住宅的需求明显增大，投资倾向也较为明显，低收入家庭受收入约束对住宅的要求不高；4）空巢期的家庭对住宅需求较小，主要消费群是高收入阶层，以中小户型为主，目的在于投资，这多表现在具有一定教育程度的家庭。由此可以说明，收入水平对房屋消费选择具有显著影响，并且收入还制约着消费者的消费动机，与消费者的其他特征如教育水平、年龄阶段等有一定程度的相关性，从而间接地影响着消费者的购买行为。

此外，开发商还应对家庭的资产状况、不同职业家庭资产状况进行深入分析，以把握市场上稍纵即逝的机会。居民收入预期对住房消费的影响也不容小觑。由于目前个人购房方式以个人住房抵押贷款为主，分期付款是居民住房消费最普遍的消费模式，所以若消费者对未来收入预期缺乏信心，对贷款偿还能力缺乏信心，则会影响居民对购房总额的预算估计，进而影响消费者在预算约束下对住宅的购买选择。

（4）购买动机。购买房屋的动机对住房消费选择的影响因素可大致分为两类。一类是那些驱使人采取购买行为的因素，即“促因”，表现为“居住的基本需要不能满足”而引起的动机，例如没有自有住宅、现有住宅属性不佳等。另一类是那些吸引人去购买的因素，即“诱因”，表现为“改良性需要”而引起的动机，如居民期望拥有更高质量和更多服务的住宅。

促因和诱因是相互联系、彼此作用的。每一个因素往往带有驱使与吸引的双重力量。例如“现有住宅面积太小”，既是一个促因，也带有“更大的住宅更舒适”的吸引力。同样，“期望新式的住宅”既是一个诱因，也可以理解为“旧式房屋不舒适”的一种驱使。

2. 影响住宅购买行为的外生因素

除以上影响需求的消费者自身因素外，还有一些影响因素从性质上来看，与房屋本身的属性关系较为紧密，如交通、价格、设计、环境等。这些因素来自客观环境，与个人的生活方式、生活态度、心理需要、购买动机等消费者自身需求相对应，可以理解为住宅供给方面的影响因素。

（1）社会活动与服务的可达性。居住物业对城市社会经济生活的可接近性是消费者购买决策的一个重要参数，具体表现为住宅所在地与城市中心、商业服务区的距离及交通便捷程度。美国学者对人们各种社会生活活动的范围及可选择的交通工具做过较好的研究，有助于我们对房地产购买行为做出决策，也可供开发商在选择房地产开发地点时参考。城市生活各种理想可达性关系如图4—4所示。

家庭住房都要求对社会活动与服务具有一定的可达性。普通住宅的购买者一般要求住宅周边设有公交站点，公共交通路线方便；高档住宅消费者则更关注与居住场所连接的外

① 参见赵全胜：《基于消费行为特征的城市住宅市场需求结构研究》，载《中国高新技术企业》，2010（9）。

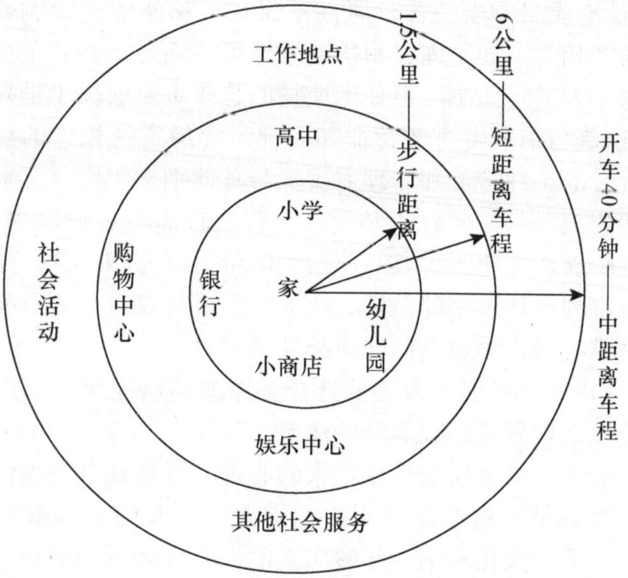

图 4—4 各种社会活动可达性关系图

部道路是否通畅，是否临近交通干线。

（2）区域环境因素。区域环境因素包罗万象，诸如风景、空气、噪音、邻里等都是环境的一部分，又如林木、花草、菜市场、百货公司、学校、公园、电影院、娱乐会所等各项设施也是环境的重要组成部分。各区域由于条件不同，如北京市海淀区的中关村科教氛围浓厚，东城区建国门地带商业、娱乐设施完备等，使得上述各项因素在消费者选择时构成了区域环境偏好。

在区域环境选择中，个人的观念、受教育程度、生理需要、购买动机、性别差异都可能会对环境选择造成影响。例如，个人的观念使每个人对住宅环境的选择采取不同的着眼点，同时个人的观念又受教育影响最深，因此，受教育程度是影响区域偏好的一个可能因素。购买动机的不同，会使某些与购买动机有关的环境因素，如区域发展状况、潜力等具有不同的重要性。例如，投资于房地产的人，其重视的是房屋增值潜力，个人对住宅区位的偏好并不重要；而购买别墅自住的消费者，其区位偏好则非常明显，往往更偏爱风景秀丽、交通便利的区域。

（3）住宅的物理属性。住房本身具有多种属性特点，包括外观、室内设计、房厅数、工程质量、水电设施、采光、通风、朝向等。这些房屋属性的相对重要性同样受个人年龄、受教育程度、购买动机、房型期望等因素影响，可能产生相当程度的变异。

1）住宅户型。影响户型偏好的因素与影响住房面积偏好的因素基本相同，首先是家庭收入，其次是家庭人数。住房面积大小在很大程度上决定了房厅数多少及其配比，也决定了房厅的面积大小及其比例。但也有许多消费者并不太计较面积的大小，影响其决定的主要是房厅数，这些人在购买房屋时，很可能先根据家庭人数决定购买几室几厅的房屋，再考虑面积问题。据有关调查显示，大面积住房的房厅数偏好集中于三室二厅和四室二厅两类房型。介于其间的四室一厅则较不受欢迎。

2）住宅质量。住宅质量方面的各种属性不仅在客观条件上影响购买者的选择，还与消费者的心理需要紧密相关。如坚固、耐用的属性可以满足消费者的安全感、依托感的需要；宽敞则可以解除个人的封闭感。但住宅质量的选择主要取决于消费者的收入水平。

3）室内设计。这是与消费者个性特征和心理需要最紧密相连的影响因素，最具有多样化的特点。而消费者的个性特征和心理需要又与其性别、年龄、受教育程度及社会经济地位等自身特点密切相关。例如年轻人和受教育程度较高者一般说来比较重视室内设计，这与年轻人追求个性彰显、文化人讲究品位情调的价值取向相一致。不同的社会地位和身份也会决定消费者对室内设计风格的偏好，政府官员讲究稳重大方，富商可能希望奢华显贵，外企白领偏好高雅时尚，学者则倾向质朴儒雅。

4）住宅类型。消费者会根据个人需要选择多层或高层建筑，或选择传统住宅、单身公寓、酒店式公寓或风景别墅等不同类型的住宅。

根据心理学家马斯洛的需求层次理论，人的心理需要是具有层次性的，某些需要是较其他需要更基本的，在满足了这些基本层次的需要后，人们会追求更高层次的需要的满足。因此，不同收入水平、文化水平、年龄层次的人，会有不同的心理需要，会重视不同的住宅属性。而住在不同类型住宅中的居民，由于当前住房的属性已经使其某层次的某些需要得到了满足，从而他们在寻求新的住宅满足更高层次的需要或同一层次的不同需要时，对住宅属性的要求也会不同。消费者会据此选择性地关注他们需要的房地产信息，这也是营销策划者在制定广告宣传计划时应深思熟虑之处。

3. 现房和期房选择的影响因素分析

期房预售是房地产开发销售的一大特色，开发商可以借预售房屋实现房地产滚动开发，消费者则可以通过预售方式买得增值潜力极大的房屋。但是，消费者购买期房需要承担很大的风险，因为最终建成的房屋可能与其本来偏好相去甚远，或者需要支付更高的价额，或是遭到意想之外的多种损失。由于市场上存在欺诈行为，消费者更会担心自己“房钱两空”。因此，消费者在做购买期房的决策时，总是慎之又慎，不会轻易成交买卖。因此，对开发商和代理商来说，了解消费者的担心和疑虑，是房产顺利销售的前提之一。

（1）期房风险分析。

具体而言，消费者所承担的房屋预售风险分为十个方面：1）产权不清；2）不能如期交房；3）偷工减料；4）实际外观与图样差距很大；5）缴款后开发商倒闭或携款潜逃；6）开发商要求追加款项；7）邻里素质水准参差不齐；8）附近地区越来越脏乱；9）亲友不喜欢那栋房子；10）亲友不喜欢小区地点。

对风险的担心，与个人的性格、经验、认知有关，因此可能因个人的性别、职业、受教育程度而异。另外，财力、购买动机、期望的房屋类型、偏好的地点，均可能影响到个人对风险的认识。但是，据调查，性别、职业对于人们对各种风险的相对担心度，并没有太大的影响；受教育程度、家庭收入也没有太大的影响；而购买动机则对于人们对风险的相对担心度有很明显的影响。大体来说，因各种促因而引发购买欲望的人，最担心的是偷工减料，这是因为这些人最重视房屋的坚固程度等质量问题。反过来，因各种诱因而想买房子的人，最担心的是产权不清，原因可能是这些因诱因想买的房屋，一般而言需付金额较大、增值潜力强，因产权不清而造成的损失因此较大。至于想投资房地产的人，因交房时间的快慢，影响到房屋的增值及转售，所以他们比较重视交房时间。

（2）消费者的信息需求。

对于预售房屋来说，消费者的选择完全依赖于所获得的信息。信息越多，消费者对房屋的了解也越多，承担的风险就相对较小。即使购买现房，住宅的信息对消费者而言也同样重要。消费者必须知道那个地区的房屋价位，了解该房屋的所有权归属状况、建造的年代、使用的状态等，这样才知道怎么选择，也才比较有把握地去断定交易是否可信、房屋是否值得购买。

但是信息是极为广泛的，一幢房屋的物理状况、地理位置、社会地位、法律状况、开发商信誉等等，都和这幢房子的交易有密切的关系。面对海量的信息，我们当然无法一一去调查清楚它们被需求的状况，而且，事实上，面对这么多信息，消费者能识别的也不会太多，只是某些特定信息是必要的，其他则较为次要。一般来说，消费者可能要求获得以下信息：开发商业绩、交房时间、三证号码、贷款金额、设计特点、交通状况、附近公共设施、环境状况、平面图、房厅数、室内图片、外观图片、建材种类、建筑方式、建筑师名字、房屋名称、建设公司名称、付款办法等。

据调查，上述信息中环境状况的信息需求者最多，其次是交通状况，再次是付款办法。受教育程度、购买动机对信息的需求也有相当程度的影响。在购买动机方面，因促因而买房的居民，对环境状况、交通状况、付款办法等方面的信息最为重视，但因诱因而买房的，情况就较为复杂了。例如，想拥有一幢度假别墅的人，远较其他人更需要知道外观图片、室内图片、环境状况、设计特点等。而想投资房地产的人，则有很大比例想知道开发商的业绩。

此外，可以通过消费者对相关信息的需求情况，判断消费者所担心的风险是什么，从而使广告更具针对性，让销售人员在工作中更有成效。例如，需要下列信息的人，最担心的可能是产权不清：付款办法、建设公司名称、建筑师名字、外观图片、室内图片、房厅数、平面图、设计特点、三证号码、交房时间、开发商业绩。这些信息之所以被需求，大体上是因为它们有助于降低产权上的风险。

（3）现房与期房的偏好比较。

我们可以按房屋开工与否，完工与否，距离完工的时间，以及现在是否有人住，将其分成五类：1）刚推出尚未开工的房子；2）已开工一年内可以盖好的房子；3）已开工半年内可以盖好的房子；4）已建成还没有人住过的房子；5）已经有人住的现成的房子。

对这五种类型的房屋的偏好情况调查显示，各种类型的房屋中以“已建成还没有人住过的房子”最受欢迎；第二偏好是“已开工半年内可以盖好的房子”；第三偏好是“刚推出尚未开工的房子”；以下依次为“已开工一年内可以盖好的房子”；“已经有人住的现成房子”。这一结果表明，现房未必就受欢迎，同样是现房，已有人住的最不受欢迎，而未有人住的，则最受欢迎，这也是住房二级市场上存在大量存量住房，而新建住房依然存在很大需求的原因之一。但是，一个奇特的现象是，消费者宁愿要“刚推出尚未开工的房子”，也不要“已开工一年内可以盖好的房子”。理由恐怕是，与其要等上一年，不如干脆买未来开工的房子，还可以有较多的选择机会，不必买人家选剩的。

此外，对房屋的类型，男女偏好不太一样。男性较女性能接受“刚推出尚未开工的房子”，而女性比男性更不喜欢“已有人住的现成的房子”。对期房与现房的偏好，还存在相当的受教育程度差别，受教育程度高的人比较而言最不喜欢的房子是“已经有人住的现成的房子”，而受教育程度低的人最不喜欢的则是“刚推出尚未开工的房子”。

据调查，在各种可能的期房偏好原因中，如可以在施工的时候加以监督、可以按自己的意愿做室内设计、可以分期付款、可以因看到房子慢慢盖好而充满乐趣、可以有较多的选择机会等等，以可以按自己的意愿做室内设计的影响力最大，其次为可以有较多的选择机会，再次为可以在施工的时候加以监督。另外，期房大多可以分期付款这一原因，对低收入者较为重要，对高收入者则不然。

4.3.2 商业物业购买行为影响因素

商业物业指用于办公、商业贸易活动、餐饮、娱乐、文体活动等的房地产。根据商业物业市场中各子市场的特性和消费者购买行为的特点，我们主要针对存在大量市场交易的两个子市场分析其消费者购买行为影响因素：写字楼（办公物业）市场和商贸物业（包括临街商店、购物中心、百货大厦等）市场。由于商业物业的经营特点和以盈利为最终目的，该市场的消费者常以租赁的方式进行消费，也有投资者购买大宗商业地产用于出租。介于不同的动机，影响写字楼和商贸物业购买的因素有各自的特点，因此，我们分类进行详细分析。

1. 写字楼购买行为影响因素

改革开放以来，随着城市商业中心圈、科技中心圈的发展，写字楼已成为房地产细分市场中举足轻重的一部分。影响写字楼购买行为的因素主要有下面六种：

（1）周围市政配套设施状况。写字楼作为日常办公场所，对其周围的市政配套设施有较高要求。如写字楼的对外道路交通是否便捷，是否有足够的停车位；写字楼附近是否有与办理商务紧密相关的机构和服务设施，如政府有关办事机构、银行、保险机构、邮政局、打字复印社、餐饮设施、宾馆、酒店等。

（2）配套设施设备的数量与质量。写字楼的电梯、卫生设施、空调设备、通信设备是否齐全有效，数量是否够，质量是否稳定，能否确保正常运行。这些配套设施设备的数量足够、质量合格对发挥写字楼的功能至关重要。

（3）写字楼的空间尺寸与布局。在空间尺寸上，除少数行业的特殊要求外，绝大多数的商贸公司都需要空间尺寸较大的写字间，以提高机构的工作效率。写字楼每楼层内最好无强制分隔，以利于各公司根据实际情况进行办公室的布局安排。写字楼楼层高度不宜过低，以免其中的工作人员有压迫感。层高不足往往会降低写字楼的价值。在布局上，写字楼前若有适当广场或绿地，写字楼外观和排列整齐美观，则投资价值往往十分理想。

（4）写字楼的社会形象。良好的社会形象对于写字楼的购买者和承租者来说，是重要的决策因素。因为这将有助于衬托和提高其社会地位，为其发展创造出更多的机会。

（5）物业管理服务。写字楼物业能否正常发挥其使用价值，与物业管理服务的水平高低有重大关系。物业管理工作做得好，等于创造一个良好的工作环境，有利于写字楼内各企业的正常营运，并帮助它们维持企业形象和提高企业的信誉。

（6）智能化水平。随着电子计算机技术的普及，现代化的办公环境越来越成为金融业、商业、服务业等写字楼用户的必要条件，用户对写字楼的智能化水平要求越来越高。写字楼的智能化水平包括办公自动化（OA）、通信自动化（CA）、设备自动化（BA）、防火自动化（FA）、保安自动化（SA）。

2. 商贸物业购买行为影响因素

（1）区位。商贸物业的消费者对于所购物业的区位最为关注。首先，商贸物业应处在或邻近城市中心商业区，或处在有商业发展潜力的地段，购置物业后进行经营活动往往容易获利。其次，消费者会注意商贸物业是否临近交通枢纽，即所谓“人潮带来钱潮”。所以，交通枢纽附近的商贸物业宜成为投资者较好的投资选择对象。最后，还需要考察一些重要的相关问题，例如，十字路口是人流汇聚之地，本是理想的投资位置，但如果在此兴建地下通道或立交桥，其投资价值就会明显不如以前。

（2）所处的总体商业环境。这具体包括：商业区内的人口密度、人口流量；商业区的范围及发展方向；商业区内消费者的收入水平及消费特性；营业范围及时间是否受到某种限制；商业区内的商业繁华程度，主要指商业区级别、商业服务业店铺总数（包括数目和面积）、营业类型及竞争情况、商业经营者的资历及开拓精神等。

（3）交通便捷程度。这是指顾客到达商业区的交通方便程度，包括对内和对外两个方面。对内交通便捷程度方面主要考察商业区内道路类型、道路宽度、路面状况、公共交通站点总数及密度、平均车流量等。对外交通便捷程度方面主要考察商贸物业与火车站、港口、长途汽车站等设施的空间距离和对外交通连接的方便程度等。

（4）建筑质量。从建筑质量上看，无论是购物中心还是商店，其设计风格式样应独特、新颖，具有外观上的吸引力；内部设备要先进、技术性能良好。例如，有两个不同的购物中心，从地段上看优劣相近，而且租户经营类别和经营能力类似，市场大小也差不多，只是一家的主营业楼有上下电梯，并且运转良好，而另一家的主营业楼没有电梯或电梯因性能不好经常停开。这两个购物中心的营业额就可能因上述差别而有较大差异，前者的营业额可能明显高于后者。内部设备不好的购物中心或商店必然在出租上存在困难，即使有人租用，租金也偏低。所以，选择好了地段，还必须注意建筑的质量，包括外观和内部设备等。

（5）店面的小环境。店面的小环境包括店面朝向、周边商铺情况、临街长度、采光、泊车条件和步行条件等。一般来说，商店店面宜朝向阳面，阳面店铺人流较多，单行道通常是右侧的营业状况不错。店铺预计经营的范围和种类应与周围店铺的经营范围和种类存在某种互补或不同。店铺临街长度应足够，采光应充分，停车与步行均要方便。

（6）店面自身的配置。具体应注意如下要点：店面以两面临街最佳，应兼顾进货与出货的方便性；店面在长、宽、高三个方向上最好有充足的发展余地，以利装潢之用；要有放置广告招牌的醒目位置；店面的展示面和临街面应较大，以便拥有较好的营业优势；店面前不应有任何障碍物，以免顾客出入不便。

4.3.3 工业物业购买行为影响因素

（1）工业建筑设计与质量。不同的工业生产有不同的工艺流程、设备、管道设施和环境卫生条件等方面的要求。相应地，工业建筑的平面布局、形体、结构形式、空间大小、立面设计和艺术处理等也各不相同。工业建筑的设计必须贯彻下列四条基本原则：1）满足生产工艺要求，包括流程、运输工具和运输方式、生产特点等的要求。2）根据生产工艺要求和材料、施工条件，选择适宜的结构条件。3）保证良好的生产环境。工业建筑要有良好的采光、照明、通风和噪声控制，对某些在温度、湿度、洁净度、防微振、防辐射等方面有特殊要求的车间，则要在建筑平面、结构等方面采取相应措施；同时要注意厂房内外整体环境的设计，包括色彩和绿化。4）合理布置存衣间、卫生间、餐室等生活用房和辅助用房。

（2）交通便捷程度。这是指工业物业所在地区的内外交通运输方便程度，即生产原材料运入以及生产成品运出的便捷程度。交通便捷程度可以从两个方面加以测度和衡量：一是对内情况，包括区域内道路类型、道路宽度、路面状况、道路面积、道路密度等；二是对外联系情况，包括工业区道路系统同骨干公路、高速公路、过境公路和铁路的连接状况，工业物业距火车站、港口以及其他交通枢纽的距离和上述设施的可利用程度等。

（3）基础设施完善程度。这是指为工业物业的基础设施配置以及设施的运行能力。基础设施包括动力能源、供水能力及保证率、排水设施及能力。工业的动力能源主要有煤、油、火电、水电、热能等。一般来说，基础设施条件好，保证率高，生产则不受影响，工业物业的使用效益可得到充分发挥。

（4）产业集聚规模。这是指工业区内工业企业数目多寡、行业类型以及企业规模的大小。现代化工业生产分工细、专业化强，许多生产部门需要相互协作。工业区内具有一定规模的生产技术体系，才能使置身其中的企业产生规模经济效益和集聚效益，减少不必要的生产成本和一些其他费用。产业的集聚规模可以用两个指标加以测度和衡量：一是工业区内的工业企业数目与行业结构；二是每一企业占地面积（或职工总数）及产品结构与产量。

（5）环境质量。环境主要指区域内的自然条件，环境质量参数主要包括：地质状况，土地承压力，地形和受到洪水淹没威胁的可能性，区域内水污染程度及大气、噪音污染程度等。一些工业产品的生产，对气象条件和环境质量要求较严格（如温度、湿度、粉尘等）。污染严重地区对许多工厂，特别是对生产现代化的高、精、尖产品的工厂，有明显的不利影响。

营销实战案例：消费者成功分析——新加坡雅诗阁集团（Ascott Group）酒店式公寓

1. 公司背景

新加坡雅诗阁集团是美国公司以外最大的酒店式公寓开发管理公司，隶属于亚洲最大的房地产上市公司之一凯德集团（Capitaland Group）。该集团在18个国家的43个城市拥有并经营17 000套酒店式公寓单元，曾获得过诸多世界性的大奖和荣誉，包括备享盛名的“2006年度世界旅游奖”。

2. 针对消费者需要的服务特色

该集团只提供一种产品——世界一流的公寓住宅，为住客打造“超越酒店、胜似家宅”的生活。为了满足消费者的不同需要，该集团在进行产品开发时，定位了三种品牌的酒店式公寓：雅诗阁居所、萨默塞特服务式居所、馨乐庭公寓酒店（见表4—1）。

表4—1 雅诗阁集团酒店式公寓的三个品牌

	雅诗阁居所	萨默塞特服务式居所	馨乐庭公寓酒店
目标人群	高级主管和行业领导人	寻求"工作—生活"平衡的主管及家人	想体验城市生活和当地居民生活方式的商务及休闲旅客
产品定位	居住环境高档奢华、提供高效率商务支援服务的顶级服务式寓所	服务式居所，提供温暖、时尚的家宅和娱乐设施，满足生活方式的各项活动，以及商务支援服务	提供弹性服务的都市居所
服务特点	住户能够充分放松和休整，处于最高境界的工作状态	住户能获得及时帮助，可以迅速适应城市，易于交友和分享家庭交往	允许住户从菜单上选择他们想要的服务，满足他们的生活方式和财务预算

这三种不同的品牌服务式公寓具备从单间到多间卧室的寓所，旨在满足住户的不同需要。绝大多数的住宅都地处理想的位置：位于市中心或靠近乡下的魅力景点。这为总裁、高管和经理们提供了靠近工作地点的便利，也让休闲的旅客易于融入当地的文化。比如，为了感受独特的文化，韩国首尔的萨默塞特皇宫（Somerset Palace）的时尚公寓就俯瞰着市中心商业区，靠近传统的迷人餐馆、咖啡馆和带拱廊的购物街。

雅诗阁集团努力"为住户提供一种有别于酒店、别有韵致的改变"。因此，每套服务式住宅单元房都备有额外的空间——设施完备的厨房、独立的用餐区域和宽敞的起居区域，具有酒店里通常找不到的家宅特点。酒店式公寓还修建了设施齐备的健身房、网球场和游泳池等满足人们生活方式的设施，使住户在远离家宅时还能继续自己的生活方式。

雅诗阁不仅仅为住户提供寻常的住所，还满足了客人所有的感官——从看到的、听到的、感觉到的、品尝到的，一直到呼吸到的。为了保障每一项规格都符合雅诗阁集团的标准，它的"产品加工和补给倡议书"为雅诗阁和萨默塞特规定并监控了这些标准和要求。它规定了家具、固定装置和设备的规格；当某种设施全力运转时，"设备质量检查"装置将确保所有设施每天的运转都能够达标，并通过严格的检查系统不断加以维护。

酒店式公寓的最大特点就在于全方位的住宅服务。雅诗阁集团最大的强项正在于此。雅诗阁将其称为"心件（heartware）体验"，它强调"发自内心的服务"和"付出额外的努力"。为了使每套公寓的服务都无可挑剔，每个员工都必须在雅诗阁培训所（TATI）参加培训计划。经过培训，员工能了解并记住客人的个人喜好。为了确使客人受到最个性化的关注，雅诗阁坚持在同一层楼雇用相同的女服务员与管理员，而不是采用轮岗的方式。雅诗阁还提供24小时的洗衣和家政服务。商务旅客还可以得到文秘和信差的服务。

基于对影响消费者住宅购买行为的诸多因素的成功分析和准确把握，雅诗阁集团针对不同消费者的需求特征而进行产品开发和市场营销，使其获得了巨大的成功，并且具有光明的市场前景。

资料来源：[美] 菲利普·科特勒：《反思：可持续营销——亚洲公司成功的战略、战术和执行力》，93～96页，北京，中国市场出版社，2008。

关键术语

刺激—反应模式　购买决策过程　参照群体　渴望群体　选择性注意　选择性曲解　选择性记忆　可达性　产业集聚

复习思考题

1. 针对不同年龄阶段的住房消费人群，你如何依据消费者的行为特征及影响其消费行为的因素制定住宅商品营销计划？

2. 请考察你所熟悉的某一地区的房地产市场，该市场上的消费者群体的主要特点是什么（如年龄、收入、个性特征等）？这对于你在该地区进行产品营销有何影响？你会对该地区的房地产产品做何选择？

3. 有些城市房屋建筑趋于西式风格，“欧洲田园风情”、“英伦古典格调”、“浪漫地中海情调”等词汇成为楼盘销售的亮点。而有些城市房地产市场则热衷中式传统古典风格，“徽式建筑”、“江南水乡”、“吊脚阁楼”等风格的房地产产品备受追捧。观察你所熟悉的房地产市场产品的流行趋势，思考某种特色的房地产产品营销成功的原因，分析这种潮流背后的影响因素。

第5章

房地产市场调查

本章内容提要

随着房地产市场由卖方市场向买方市场的转变，房地产市场竞争由价格竞争向非价格竞争发展，这使得对房地产市场营销信息的需要比过去任何时候都更为强烈。市场调查是获取市场信息最直接的手段，也是企业营销活动中必不可少的重要组成部分。实践证明，在十分复杂、激烈竞争的经营环境中，只有通过认真细致、有效的市场调查，才能制定出切实可行的营销战略，使企业立于不败之地。本章结合房地产市场的特点，讲解房地产市场调查的内容、方法、条件、程序，以及如何组建调查队伍，怎样收集和运用资料等内容。

5.1 房地产市场调查的内容

房地产市场调查，就是以房地产为特定的商品对象，对相关的市场信息进行系统的收集、整理、记录和分析，进而对房地产市场进行研究与预测。由于土地和房屋位置的固定性（不动产），房地产市场调查也烙有很深的地域特征。我们对房地产市场的切入，也习惯依据地域形态，由单个楼盘到区域市场，再由区域市场到宏观环境，然后再从宏观环境回到区域市场、单个楼盘，通过这样不断的循环往复来把握市场的脉搏。

5.1.1 房地产市场调查的重要性

我们知道，企业的生存环境是不断变化的，环境的变化既给企业带来发展的机遇，也带来生存的威胁。通过市场调查，企业能不断发现新的市场机会，规避市场风险。在美国，企业界人士就把“非创新，即死亡”当做自己的座右铭，以激励自己不断进取。根据马斯洛的需要层次理论，人们的需求也是不断改变的，刚开始人们对住房的要求是，能保证遮风、挡雨、睡觉、休息就可以了，然而随着生活水平的提高和经济条件的改善，人们对住房又提出了一些功能要求：厨房、卫生设备俱全，房间布局合理，朝向位置较好，等等。随着经济的发展，今天人们不仅追求住房功能的完善、居住条件的舒适，而且还着重考虑空间体系的利用，家庭住房的多功能性，家具、装修的和谐一体化等。以南京朗诗的国际街区为例，其所采用的恒温恒湿系统仅需极低的运行费用就可以让消费者拥有一个全年接近恒温、恒湿、恒氧的室内环境，达到了绿色、低碳、节能的目标。所以企业必须通过市场调查，了解消费者对住房的需求，以及对现有住房的意见，来寻找住房开发的最佳市场切入点，从而不断开拓市场，提高企业在市场上的占有率。

现代营销理论认为，企业在制定其产品策略、价格策略、营销渠道策略、促销策略时，必须在认真搞好市场调查的基础上进行。只有通过市场调查，才能了解消费者需要什么样的住房，需要多少住房，进而组织生产经营。

5.1.2　房地产市场调查的主要内容

房地产市场调查的内容主要包括以下几个方面：

1. 房地产市场环境调查

（1）政治法律环境调查。

1）国家、省、城市有关房地产开发经营的方针政策。如房改政策、开发区政策、房地产价格政策、房地产税收政策、房地产金融政策、土地制度和土地政策、人口政策和产业发展政策等。

2）有关房地产开发经营的法律规定。如《房地产开发经营管理条例》、《中华人民共和国房地产管理法》、《中华人民共和国土地管理法》。

3）有关国民经济社会发展计划、土地利用总体规划、城市建设规划和区域规划、城市发展战略等。

（2）经济环境调查。

1）国家、地区或城市的经济特性。

2）经济发展规模、趋势、速度和效益。

3）项目所在地区的经济结构、人口及其就业状况、就学条件、基础设施情况、地区内的重点开发区域、同类竞争物业的供给情况。

4）一般利率水平、获取贷款的可能性以及预期的通货膨胀率。

5）国民经济产业结构和主导产业。

6）居民收入水平、消费结构和消费水平。

7）项目所在地区的对外开放程度和国际经济合作的情况，对外贸易和外商投资的发展情况。

8）与特定房地产开发类型和开发地点相关的因素。

9）财政收支。

对于不同的物业类型，所需调查的经济环境内容有很大的不同，须结合具体项目情况展开有针对性的调查。

（3）社区环境调查。

社区环境直接影响着房地产产品的价格，这是房地产产品特有的属性。优良的社区环境，对发挥房地产产品的效能，提高其使用价值和经济效益具有重要作用。社区环境调查内容包括社区繁荣程度、购物条件、文化氛围、居民素质、交通和教育的便利、安全保障程度、卫生、空气和水源质量及景观等方面。

2. 房地产市场需求和消费行为调查

（1）消费者对某类房地产的总需求量及其饱和点、房地产市场需求发展趋势。

（2）房地产市场需求影响因素。如国家关于国民经济结构和房地产产业结构的调整和变化；消费者的构成、分布及消费需求的层次状况；消费者现实需求和潜在需求的情况；消费者的收入变化及其购买能力与投向。

（3）需求动机。如消费者的购买意向，影响消费者购买动机的因素，消费者购买动机的类型等。

（4）购买行为。如不同消费者的不同购买行为，消费者的购买模式，影响消费者购买行为的社会因素及心理因素等。

3. 房地产产品调查

（1）房地产市场现有产品的数量、质量、结构、性能、市场生命周期。

（2）现有房地产租售客户和业主对房地产的环境、功能、格局、售后服务的意见及对某种房地产产品的接受程度。

（3）新技术、新产品、新工艺、新材料的出现及其在房地产产品上的应用情况。

（4）本企业产品的销售潜力及市场占有率。

（5）建筑设计及施工企业的有关情况。

4. 房地产价格调查

（1）影响房地产价格变化的因素，特别是政府价格政策对房地产企业定价的影响。

（2）房地产市场供求情况的变化趋势。

（3）房地产产品价格需求弹性和供给弹性的大小。

（4）开发商各种不同的价格策略和定价方法对房地产租售量的影响。

（5）国际、国内相关房地产市场的价格。

（6）开发个案所在城市及街区房地产市场价格。

（7）价格变动后消费者和开发商的反应。

5. 房地产促销调查

（1）房地产广告的时空分布及广告效果测定。

（2）房地产广告媒体的使用情况。

（3）房地产广告预算与代理公司情况。

（4）人员促销的配备状况。

（5）各种公关活动对租售绩效的影响。

（6）各种营销推广活动的租售绩效。

6. 房地产营销渠道调查

（1）房地产营销渠道的选择、控制与调整情况。

（2）房地产市场营销方式的采用情况、发展趋势及其原因。

（3）租售代理商的数量、素质及其租售代理的情况。

（4）房地产租售客户对租售代理商的评价。

7. 房地产市场竞争情况调查

市场竞争对于房地产企业制定市场营销策略有着重要的影响。因此，企业在制定各种重要的市场营销决策之前，必须认真调查和研究竞争对手可能作出的种种反应，并时刻注意竞争者的各种动向。房地产市场竞争情况的调查内容主要包括：

（1）竞争者及潜在竞争者（以下统称竞争者）的实力和经营管理优劣势调查。

（2）对竞争者的商品房设计、室内布置、建材及附属设备选择、服务优缺点的调查与分析。

（3）对竞争者商品房价格的调查和定价情况的研究。

（4）对竞争者广告的监视和广告费用、广告策略的研究。

（5）对竞争者销售渠道使用情况的调查和分析。

（6）对未来竞争情况的分析与估计等。

（7）整个城市，尤其是同（类）街区同类型产品的供给量和在市场上的销售量，本企业和竞争者的市场占有率。

（8）竞争性新产品的投入时机和租售绩效及其发展动向。

5.2 调查方法与调查规模

5.2.1 调查方法

市场调查有许多方法，企业市场调查人员可根据具体情况选择不同的方法。市场调查方法可分为两大类，第一类按调查对象来划分，有全面普查、重点调查、随机抽样、非随机抽样等；第二类按调查方法来划分，有访问法、观察法、实验法。下面简要分析每一种调查方法的特征。

1. 按调查对象划分

（1）全面普查。全面普查是指对调查对象总体所包含的全部个体都进行调查。采用这种调查方式，可以获得非常全面的数据，能正确反映客观实际，效果明显。如果能对一个城市的人口、年龄、家庭结构、职业、收入分布情况进行系统调查了解，这对房地产开发将是十分有利的。但由于全面普查工作量很大，要耗费大量人力、物力、财力，调查周期较长，一般只在较小范围内采用。当然，有时可以借用国家权威机关普查结果，例如可以借用全国人口普查所得到的有关数据资料等。

◆ 案例 5—1 ◆

北京市房地产市场普查方案

1. 物业性质分类

可流通物业和不可流通物业。可流通物业被称为市场调查对象，是调查系统主要的关注对象。对于不可流通物业，随时关注它是否和怎样进入流通市场，例如期房预售、补交地价或增办产权后存量房销售、旧房包装进入租赁市场、非产权房进入交易市场冲击供求变化，甚至改变房屋用途，等等。

2. 物业类型分类

按收益经营的原理，可将房屋按惯例分为商业用房和居住用房两大类。商业用房以用途为调查单位，可细分为商场、写字楼、厂房及其他类物业（公路、桥梁、机场等其他可交易的房地产类别）。居住用房以住宅为单位，分为别墅、公寓、普通住宅。

3. 物业档次分类

每类物业根据实际情况又分为各种档次。如甲、乙、丙级物业或其他情况。如商业可分为大型商场、普通百货店、小型专营店、零售摊位等。这种细分的目的是为了准确了解同类物业的竞争和发展空间，便于说明客户需要的实际调查问题。

4. 物业区位分析

每类物业根据实际情况又分为各类区位，区位的划分便于进行更有力的市场调查分析。对北京市的物业区位有三类分区方法：一是将城区分为东南西北中，目前已经形成东部外商办公区、西部国家办公区、北部高档住宅区、南部迟开发区和中部旧城保护区的局势。二是按环线分类，这种分类方式是将交通放在首要地位，环线边上的物业在档次分类上会优先得分。可以分为二环内、二三环间、三四环间、四五环间、五环外、远郊等。三是按行政城区分类，即东城、西城、朝阳、海淀、丰台、石景山等各大区及远郊各区县。这是目前市场调查的常规分类方式，便于处理从政府统计部门得到的有关数据。

还有一些不常用的方法，如将所有物业标注以后，看物业所聚集的地点，分类分区，如公寓 1 区、写字楼 5 区等。或者根据全国通行的邮政编码分区，如 100052 区的标志性建筑用此号，其次是从 100052 至 199052 编号，这是写字楼的号，公寓则从 200052 至 299052 编号。这样的优点是便于对所有物业进行编号，编好后一看即知编号类别及物业地点等。或将内环地铁线的物业定为 0 区，这样以 0 区为“井口”在北京市地图上写一个大“井”字，如果东部为始，则东向为 1 区，东北、北、西北、西、西南、南、东南依次为 2 至 8 区，远郊区县则编为 9 区。每区再分为十类（物业类型），每类再进行编号，这样，每个物业都会有一个如同股票代码一般的编号。

5. 物业供应分析

分为现房和期房，关注的几个重点是：(1) 对国家计划的期房预建项目的关注和对在建项目工期进度的关注。(2) 历史供应量数据和未来供应量的变化方式。(3) 各类物业以具体单位或面积来论，而不是以楼盘总建筑面积来论。(4) 区分综合物业的不同功能，并关注它们功能上的变化。

6. 物业销售分析

对市场上可销售的物业进行处理，关注物业的租金变化和空置率变化。

7. 市场其他方面调查

如土地供给、地价变化、资金流向、金融政策、政府法令，甚至从业人员劳动力市场等，这些非常规、非主流的调查可根据调查系统的实际收益情况来进行。

（2）重点调查。重点调查是以总体中有代表性的单位或消费者作为调查对象，进而推断出一般结论。采用这种调查方式，由于被调查的对象数目不多，企业可以用较少的人力、物力、财力，在很短时期内完成。如调查高档住宅需求情况，可选择一些购买大户作为调查对象，往往这些大户对住宅的需求量和住宅功能要求占整个高档商品住宅需求的绝大多数，从而可以推断出整个市场对高档住宅的需求量。当然由于所选对象并非全部，调查结果难免有一定误差，市场调查人员应高度重视，特别是当外部环境产生较大变化时，所选择的重点对象可能不具有代表性了。例如，2011 年上海市对新购买的人均超过 60 平方米的住宅征收房产税，该政策的实施是否会对高档住宅市场的需求产生影响？要回答这一问题，房地产公司需重新选取调查对象进行调查，并对调查结果进行认真分析，只有这样的市场调查结果才能为企业制定策略提供有用的根据。

（3）随机抽样。随机抽样调查是在总体中随机任意抽取个体作为样本进行调查，根据样本推断出一定概率下总体的情况。随机抽样在市场调查中占有重要地位，在实际工作中应用很广泛。随机抽样最主要的特征是从母体中任意抽取样本，每一样本有相等的机会，即事件发生的概率是相等的，这样可以根据调查的样本空间的结果来推断母体的情况。随机抽样又可以分为三种：一是简单随机抽样，即整体中所有个体都有相等的机会被选作样本；二是分层随机抽样，即对总体按某种特征（如年龄、性别、职业等）分组（分层），然后从各组中随机抽取一定数量的样本；三是分群随机抽样，即将总体按一定特征分成若干群体，随机抽取各群体中的一部分作为样本。分群抽样与分层抽样是有区别的：分群抽样是将样本总体划分为若干不同群体，这些群体间的性质相同，然后将每个群体进行随机抽样，但每个群体内部存在性质不同的样本；而分层抽样是将样本总体划分为几大类，这几大类间是有差别的，而每一类则是由性质相同的样本构成的。

（4）非随机抽样。非随机抽样调查是指市场调查人员在选取样本时并不是随机选取，而是先确定某个标准，然后再选取样本。这样每个样本被选择的机会并不是相等的，非随机抽样也分为三种具体方法。

1）就便抽样。也称为随意抽样调查法，即市场调查人员在最方便的时间、地点任意选择样本，如在街头任意找一些行人询问其对某产品的看法和印象。这在商圈调查中是常用的方法。

2）判断抽样。即由市场调查人员根据自己的以往经验来判断由哪些个体来作为样本的一种方法。当样本数目不多，样本间的差异又较为明显时，采用此方法能起到一定效果。

3）配额抽样。即市场调查人员通过一些控制特征，将样本空间进行分类，然后由调查人员从各组中任意抽取一定数量的样本。例如，某商业地产公司需要调查消费者购买房屋的潜力，特别要了解中、低收入的消费者购房的欲望，以便使企业把握机遇，做好投资的准备，于是该公司根据收入与年龄将消费者进行分类，按收入分为 5 万元以下、5～10 万元、10～12 万元、12 万元以上四组，年龄根据中国国情划定为 27 岁以下、28～35 岁、36～55 岁、55 岁以上四组，调查人数为 300 人，在对每个标准分配不同比例后，得出每个类别的样本数，如表 5—1 所示。

表 5—1　不同年龄段收入情况

年龄 年收入	27 岁以下（15%）	28～35 岁（30%）	36～55 岁（30%）	55 岁以上（25%）	合计（100%）
5 万元以下（20%）	9	18	18	15	60
5～10 万元（40%）	18	36	36	30	120
10～12 万元（30%）	13	27	27	23	90
12 万元以上（10%）	5	9	9	7	30
合计（100%）	45	90	90	75	300

2. 按照调查方法划分

（1）访问法。这是最常用的市场调查方法。科学设计调查表、有效地运用个人访问技巧是此方法成功的关键。

1）设计调查表。调查表是本企业营销部门最关心、最想得到的重要信息来源之一，因此，要想搞好调查，就必须设计好调查表，要反映企业决策的思想。

设计调查表的步骤如下：

一是根据整个研究策划的目的，明确列出调查表所需收集的信息。例如对房地产企业来说，它需要得到拟投资地区的消费者购房兴趣、收入及其购房承受能力，还有消费者对住房的标准要求，等等。

二是按照所需收集的信息，写出一连串问题，并确定每个问题的类型。商业地产公司要想占领市场，既要了解目前该城市的人口分布、年龄情况、家庭结构、住房面积、消费者拥有房子的情况，又要了解居民的收入水平（基本工资、奖金收入，以及消费者购买生活必需品和一些耐用消费品以后随意可支配的货币有多少），消费者目前是否有存款，购房的兴趣、欲望，对住房的最低要求（设计方案、四周环境、建筑套型等）等，还要了解当地政府对房产的有关政策、银行金融系统对消费者购房的有关政策等。

三是按照问题的类型、难易程度选择题型（单选填充、多选填充、是非判断、多项选择题）并安排好询问问题的次序。

四是选择一些调查者作调查表的初步测试，请他们做题，然后通过召开座谈会或个别谈话征求意见。

五是按照测试结果，对调查表作必要修改，最后得出正式调查表。

设计调查表应注意以下事项：首先，问题要短。因为较长的问题容易使调查者混淆。其次，调查表上每一个问题只能包含一项内容。再次，问题中不要使用专门术语，比如容积率、框架结构、剪力墙结构、筒中筒结构等。一般消费者是搞不清楚这些专门术语的。

又次，问题答案不宜过多，问题的含义不要模棱两可，一个问题只代表一件事。最后，要注意问问题的方式。有时直接问问题并不见得是最好的，而采用间接方法反而会得到更好的答案。例如，最近某地产公司为了销售某一处楼盘商品房做了不少广告，调查员想了解这些广告的效果时，与其直接询问被调查者的看法如何，还不如用迂回方式去了解被调查者中有多少人知道该处房产的情况。

2）访问法的形式。调查表设计好之后，按照调查人员与被调查人员的接触方式不同，可将访问法划分为三种形式。

一是答卷法。调查人员将被调查人员集中在一起，要求每人答一份卷，并在规定时间内答完，这样被调查人员不能彼此交换意见，从而有利于个人意见的充分表达。

二是谈话法。市场调查人员与被调查人员进行面对面谈话，如召开座谈会，大家畅所欲言。然后还可针对重点调查对象进行个别谈话，深入调查。这种方法的最大特点是十分灵活，可以调查许多问题，包括一些看上去与事先准备好的问题不太相关的问题，可以弥补调查表所漏掉的一些重要问题，并且谈话气氛好，不受拘束。

三是电话调查。这种方法是市场调查人员借助电话来了解消费者意见的一种方法。如定期询问重点住户对房产的设计、设备、功能、环境、质量、服务的感觉如何，有什么想法，并请他们提出一些改进措施等。

案例 5—2

住房需求调查问卷

尊敬的先生/女士：

您好！

我是××公司的访问员，为更好地服务我市市民，建造最经济、最适合市民居住的房子，我们很需要您能够给我们提供此方面的意见，只要它能够真实地反映您的想法，对我们就是一个很大的帮助。调查资料所涉及的您的个人信息，我们将完全保密。多谢您在百忙之中抽出时间，对于您的帮助我们深表感谢！

访问员信息

姓名：	所属部门：
编号：	职位：
访问日期：	起止时间：

（一）住房现状

1. 您现在住房的户型是：

A. 一室一厅　B. 二室一厅　C. 三室一厅　D. 三室二厅

2. 您现在住房的面积是：

A. 70 平方米以下　B. 71～90 平方米　C. 91～110 平方米　D. 111～130 平方米

3. 您现在住房的来源是：

A. 商品房　B. 自租　C. 单位福利房　D. 经济适用房

E. 其他

(二) 住房需求

4. 您打算在最近多长时间内买房?(不买房，请直接跳至第九题)

A. 半年　B. 一年　C. 两年　D. 更久

5. 您若买房，购买的最主要原因是:

A. 结婚用房　B. 现有住房太小

C. 想有一套自己的房子　D. 现有住宅地址不好

E. 现有住宅结构不好　F. 现有住宅功能不全

G. 投资　H. 其他

6. 您若购买商品房，打算选什么户型?

A. 一室一厅　B. 二室一厅　C. 三室一厅　D. 三室二厅

E. 其他

7. 您若购买商品房，打算买多大面积(建筑面积):

A. 小于 60 平方米　B. 60～80 平方米　C. 80～90 平方米　D. 90～100 平方米

E. 100～120 平方米　F. 120 平方米以上

8. 您打算购买的住宅类型是:

A. 高层住宅　B. 小高层住宅

C. 多层住宅(有电梯)　D. 多层住宅(无电梯)

E. 其他

9. 您认为住宅最重要的条件是什么?(请只回答一项)

A. 质量　B. 宽敞程度　C. 舒适　D. 方便

E. 安静　F. 美观　G. 气派　H. 其他

10. 请您对住宅朝向选出您的偏好顺序(最喜欢，其次不喜欢):

A. 南北对流　B. 朝南　C. 朝北　D. 东西向

E. 朝西

11. 您希望小区有哪些配套设施?(可多选)

A. 运动场所　B. 健身器材　C. 诊所　D. 幼儿园

E. 超市　F. 美容　G. 休闲娱乐　H. 其他

12. 您希望物业服务的类型是:

A. 公共服务　B. 专门服务　C. 特约服务

13. 买房时，下列哪一项是您最注重的条件:

A. 单位价格　B. 内部格局　C. 物业管理　D. 交通便利

E. 付款方式　F. 小区绿化

G. 周边公共配套设施(学校、医院、超市等)

H. 小区周边人气

14. 你更希望哪些生活设施在小区周边?(可多选)

A. 学校　B. 百货超市　C. 银行　D. 酒店饭馆

E. 税务　F. 邮政　G. 电信

15. 您希望买的住房装修标准如何？
A. 全毛坯
B. 提供一般装修
C. 厨卫高档装修，其他毛坯
D. 开发商提供多种套餐供买家选择，另付装修费
E. 精装修
16. 您若买房，您的厨房打算放以下哪些电器？（可多选）
A. 洗碗机　B. 微波炉　C. 电冰箱　D. 洗衣机
E. 热水器
17. 您若购买商品房，卫生间是否要安装浴缸或洗衣机？
A. 同时安装浴缸和洗衣机　B. 只安装浴缸
C. 只安装洗衣机　D. 浴缸和洗衣机均不安装
18. 您理想的客厅是多大面积？
A. 10～15 平方米　B. 16～20 平方米　C. 21～25 平方米　D. 26～30 平方米
E. 30 平方米以上
19. 您理想的卧室是多大面积？
A. 8～10 平方米　B. 11～12 平方米　C. 13～14 平方米　D. 15 平方米以上
20. 您喜欢的阳台设计是：
A. 传统阳台　B. 落地玻璃阳台　C. 封闭式阳台　D. 其他
21. 您若购置商品房，所能承受的总价是：
A. 50 万元以下　B. 50～80 万元　C. 80～100 万元　D. 100～150 万元
E. 150～200 万元　F. 200 万元以上
22. 您所能承受的单价是：
A. 6 000 元/平方米以下　B. 6 000～10 000 元/平方米
C. 10 000～15 000 元/平方米　D. 15 000～20 000 元/平方米
E. 20 000 元以上/平方米
23. 您获得房产广告的来源主要是：
A. 电视广告　B. 城市信报　C. 收音机广播　D. 朋友介绍
E. 路边户外媒体　F. 互联网　G. 其他

最后，请问您几个关于您个人情况的问题，供资料分析使用，请您不要介意。
性别：（男　女）　年龄：
您家庭人口数量：
您和老人住在一起么？　是　否
您的文化程度：中专以下　中专　专科　大学　本科　硕士　博士　博士以上
请问您平均每月收入属于哪一类？
3 000 元以下　3 000～5 000 元　5 000～8 000 元　8 000～15 000 元　15 000 元以上
访问到此结束，再次感谢您的支持！

调查员记录（为调查者不可见）：

被调查者认真程度：很认真　比较认真　一般　随意敷衍

获得资料真实性：比较客观　一般　敷衍

(2) 观察法。是指调查人员不与被调查者正面接触，而是在旁边观察的方法。这样被调查者无压力，表现得自然，因此调查效果也较理想。

观察法有三种形式：

1）直接观察法。派人到现场对调查对象进行观察。例如，可派人到售楼处观察消费者选购房产的行为和要求，调查消费者对本公司的信赖程度。

2）实际痕迹测量法。调查人员不是亲自观察购买者的行为，而是观察行为发生后的痕迹。例如，要比较在不同报刊上刊登广告的效果，可在广告下面附上一个条子，请顾客剪下来寄回，根据这些回条，便可以知道在哪一家报刊上刊登广告的效果较好。

3）行为记录法。在取得被调查者同意之后，用一定的装置记录调查对象的某一行为。例如，在某些家庭电视机里装上一个监测器，可以记录电视机什么时候开，什么时候关，收看哪一个电视台，收看了多长时间等。这样可以帮助营销管理人员确定今后选择在哪一家电视台，在什么时间播广告效果最好。

调查人员采用观察法，主要是为了获得那些观察者不愿或不能提供的信息。有些购买者不愿透露他们某些方面的行为，通过观察法便可以较容易地了解到，但观察事物的表面现象，不能得到另外一些信息，如人们的感情、态度、行为动机等等，因此调查人员通常将观察法与其他方法组合起来使用。

(3) 实验法。实验法是指将调查范围缩小到一个比较小的规模上，进行试验后取得一定结果，然后再推断出总体可能的结果的方法。例如，调查广告效果时，可选定一些消费者作为调查对象，对他们进行广告宣传，然后根据他们接受的效果来改进广告词语、声像等。实验法是研究因果关系的一种重要方法。例如，研究广告对销售的影响，在其他因素不变的情况下，销售量增加就可以看成完全是广告的影响造成的。当然，市场情况受多种因素影响，在市场实验期间，消费者的偏好、竞争者的策略，都可能有所改变，从而影响实验的结果。虽然如此，实验法对于研究因果关系能提供访问法、观察法所不能提供的信息，运用范围较为广泛。

5.2.2 调查规模

作为一项了解消费者期望和购买行为的调查，其规模越大，结果也就越令人信服。但是由于人力、物力以及调查技术条件的限制，我们不得不从以下四个方面来考虑调查的规模：

1. 样本的数量

一般而言，一个调查样本越大越好，因为依据统计学上的大数定理，大样本可以降低误差。但是，大样本不可避免地要大量增加调查成本，而且在调查实务中，大样本也引进了额外的误差因素，诸如调查员的疲乏、统计上的错误、回收率难以控制等。

2. 样本涵盖面的广度

样本涵盖面与样本数是相依的，抽样涵盖面越广，所需样本数也越大，若样本数没有随之增大，则属于完全随机抽样法。如果采用分区域内随机抽样法，虽然在整体上样本具有代表性，但对于各抽样样本来说，仍然不具有代表性。

3. 问题涵盖面的广度

如果调查内容太少，挂一漏万，就会失去调查的本意；反之，如果尽量增加调查的内容，问卷太长，会使得被调查者失去耐心，降低整个调查的可信度。此外，极可能由于一部分被调查者拒绝合作，造成严重的抽样偏差。这两个方面都使得调查结果因量变引发了质变，使调查失去了意义。

4. 调查的深度

一般而言，深与广二者就犹如鱼和熊掌，是难以兼得的。越是深层的调查，所要求调查员的专业技术越多，所需时间越长，经费越高。

5.3 市场调查的程序

通过前两节的论述，我们已经知道了市场调查内容十分丰富，方法又多种多样。为了使市场调查工作顺利进行，并保证其质量，在进行市场调查时，应按一定程序来进行。通常有七个方面的市场调查程序，如图 5—1 所示。

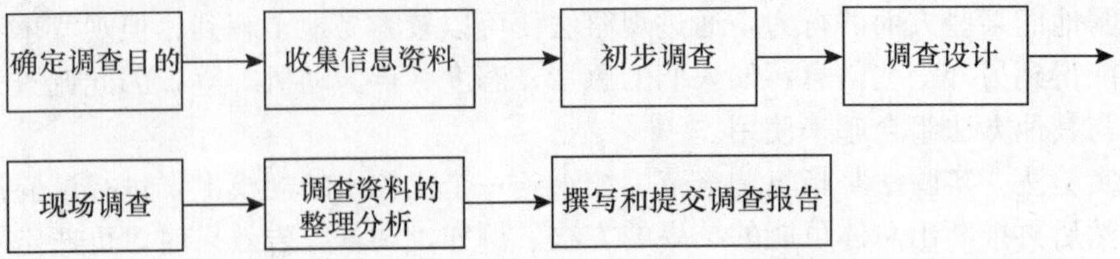

图 5—1　市场调查程序

5.3.1 确定调查目的

这是进行市场调查时应首先明确的问题。目的确定以后，市场调查就有了方向，不至于出现太大的过失。也就是说，调查人员应明确为什么要进行市场调查，通过调查要解决哪些问题，有关调查结果对于企业来说有什么作用。如果开始抓的问题不够准确，就会使以后一系列市场调查工作成为浪费，造成损失。一般来说，确定调查目的要有一个过程，很难一下子确定下来。根据调查目的的不同，可以采用探测性调查、描述性调查、因果性调查、预测性调查来确定。

（1）探测性调查。当企业对需要研究的问题和范围不明确，无法确定应该调查哪些内容时，可以采用探测性调查来找出症结所在，然后再作进一步研究。例如，某商业地产公司近几个月来销售额下降，公司一时弄不清楚是什么原因，是宏观经济形势不好所致，还是广告支出减少或是销售代理效率低造成的，抑或是消费者偏好转变的原因，等等。在这种情况下，可以采用探测性调查，从中介组织或者消费者那里收集资料，以便找出最有可能的原因。从此例可以看出：探测性调查只是收集一些有关资料，以确定问题所在。至于问题应如何解决，则有待于进一步调查研究。

（2）描述性调查。描述性调查只是从外部联系上找出各种相关因素，并不回答因果关系问题。例如，在销售过程中发现销售量和广告有关，并不说明何者为因，何者为果。也就是说，描述性调查旨在说明什么、何时、如何等问题，并不解释为何的问题。与探测性调查相比，描述性调查需要有一事先拟定的策划，需要确定收集的资料和收集资料的步骤，需要对某一专门问题给出答案。

（3）因果性调查。这种调查是要找出事情的原因和结果。例如，价格和销售之间的因果关系如何？广告与销售之间的因果关系如何？通常对于一个商业地产公司经营的业务范围来说，销售、成本、利润、市场占有量，皆为因变量。而自变量较为复杂，通常有两种情况，一类是企业本身可以加以控制的变量，又称内生变量，如价格、广告支出等；另一类是企业在市场环境中不能控制的变量，也称外生变量，如政府的法律、法规、政策的调整，竞争者的广告支出与价格让利等。因果关系研究的目的在于了解以上这些自变量对某一因变量（例如对成本）的关系。

（4）预测性调查。预测性调查是通过收集、分析、研究过去和现在的各种市场情报资料，运用数学方法，估计未来一定时期内市场对某种产品的需求量及其变化趋势。由于市场情况复杂多变，不易准确发现问题和提出问题。因此，在确定调查目的的阶段，可进行一些情况分析。例如，前面所述的商业地产公司发现最近的广告没有做好，造成消费者视线转移，为此便可做若干假设，如："消费者认为该公司房屋设计方案较差，不如其他商业地产公司的广告方案"，"售房的广告设计太一般"，"消费者认为该房屋的四周环境不够理想"，等等。拟定假设的主要目的是限制研究或调查的范围，以便使用今后收集到的资料来检验所作的假设是否成立。

5.3.2 收集信息资料

市场营销调查需要收集大量的信息资料，其中有些资料需要经常不断地收集，有些需要定期收集，大多数是需要时才进行收集。这可以参见本章第四节"资料收集与运用"中的叙述。

5.3.3 初步调查

初步调查的目的是了解产生问题的一些原因，通常有三个过程：

1. 研究收集的信息材料

（1）研究企业外部材料。从各种信息资料中，了解一些市场情况和竞争概况，从中了解目前市场上哪类房产最好销？其价格如何？当地消费者对房产有什么偏爱？

（2）分析企业内部资料。对公司的各种记录、函件、订货单、年度报表等内部资料进行分析，从而找出产生问题的原因的线索。

2. 与企业有关领导进行非正式谈话

从与这些领导人的谈话中，寻找市场占有率下降的原因，如市场营销经理可能认为房产价格订得太高；工程部经理可能认为设计并不十分合理，材料供应质量不高；材料部经理可能认为物价指数上涨太快，所划拨的经费不能支持全部采用进口或国内各种名牌材料；

等等。

3. 了解市场情况

市场是无情的，消费者对本公司所开发经营的房产的态度，就是反映企业市场营销水平的重要标志，也是初步调查的关键内容。如为了解消费者为什么不购买本公司开发的商品房，就需要对用户进行调查研究。

5.3.4 调查设计

根据信息资料收集以及初步调查的结果，可以提出调查的命题及实施的策划。比如，近期的地产业不太景气，资金积压过多，建造好的房子销售不畅，是什么原因造成的呢？经过分析先拟定问题产生的原因有两点：一点是国家宏观控制，银根收紧，消费者持币观望或者某些城市的限购政策抑制了消费；另一点是广告效果不大，没有引起消费者足够的兴趣，消费者储蓄待购。为了证实此命题的正确与否，决定采用重点调查法，并配合个人访问法和电话调查法来进行调查研究。在收集原始资料时，一般需要被调查者填写或回答各种调查表或问卷。调查表或问卷是整个调查工作的核心，其设计的好坏将直接影响调查结果。调查表及问卷的设计既要具有科学性，又要有艺术性，以利市场调查工作的条理化、规范化。一项房地产市场调查工作至少应设计以下四种调查表：

（1）当地房地产资源统计表，包括商业地产分布、面积、类型、单价、单位总价、开发程度、居住密度、交易状况和规模、使用期限、抵押保险、政策限制、竞争程度、发展远景、其他具体情况和调查日期等项目。

（2）房地产出租市场统计表，包括出租房地产的名称、所在地区、出租面积、租金水平，出租房的类型和等级，室内设备状况（暖气、煤气、电话、家用电器、厨卫设备），环境条件（影响房租市场的最大因素），具体房东记录，出租公司的资料和调查日期等项目。

（3）房地产出售统计表，包括已售和待售房地产的名称、地区、开发商、数量、结构类型、成交期、成交条件（预付款、贷款额和利率、偿还约束、其他附加条款等）、出售时的房龄和状况、客户资料和调查日期等项目。

（4）房地产个案市调分析表，包括案名、区位、投资公司、产品规划、推出日期、入伙日期、基地面积、建筑密度、土地使用年限、单位售价、付款方式、产品特色、销售策略、客源分析、媒体广告、调查日期等项目。

房地产市场调查中普遍采用抽样调查，即从被调查总体中选择部分样本进行调查，并用样本特性推断总体特性。在实地调查前，调查人员应该选择决定抽查的对象、方法和样本的大小。一旦明确下来，参加实施的调查人员必须严格按照抽样设计的要求进行工作，以保证调查质量。

5.3.5 现场调查

现场调查即按调查计划通过各种方式到调查现场获取原始资料和收集由他人整理过的二手资料。现场调查工作的好坏，直接影响到调查结果的正确性。为此，必须重视现场调查人员的选拔和培训工作，确保调查人员能按规定进度和方法取得所需资料。

5.3.6　调查资料的整理分析

这一步骤是将调查收集到的资料进行汇总整理、统计和分析。首先，要进行编辑整理，就是把零碎的、杂乱的、分散的资料加以筛选，去粗取精，去伪存真，以保证资料的系统性、完整性和可靠性。在资料编辑整理过程中，要检查调查资料的误差，剔除那些错误的资料；之后要对资料进行评定，以确保资料的真实与准确。其次，要进行分类编号，就是把调查资料编入适当的类别并编上号码，以便于查找、归档和使用。再次，要进行统计，将已经分类的资料进行统计计算，有系统地制成各种计算表、统计表、统计图。最后，对各项资料中的数据和事实进行比较分析，得出一些可以说明有关问题的统计数据，直至得出必要的结论。

5.3.7　撰写和提交调查报告

撰写和提交调查报告是房地产市场调查工作的最后一环。调查报告反映了调查工作的最终成果。要十分重视调查报告的撰写，并按时提交调查报告。撰写调查报告应做到：

（1）客观、真实、准确地反映调查成果；

（2）报告内容简明扼要，重点突出；

（3）文字精练，用语中肯；

（4）结论和建议表达清晰，可归纳为要点；

（5）报告后应附必要的图表和附件，以便阅读和使用；

（6）报告完整，印刷清楚美观。

在作出结论以后，市场营销调查部门必须提出若干建议方案，写出书面报告，提供给决策者。在撰写调查报告时，要指出所采用的调查方法、调查的目的、调查的对象、处理调查资料的方法及通过调查得出的结论，并据此提出一些合理建议。

以上房地产市场调查程序对房地产市场调查工作只具有一般性指导意义，在实际工作中，可视具体情况，科学合理地灵活安排调查工作的内容。

5.4　资料收集与运用

资料是作任何决策的基础，如果缺乏有效资料的支持，则所有决策都是主观臆断。由此可见资料的重要性。房地产开发商在决定土地开发区位、土地利用方式，或规划设计方向时，往往牵涉上亿元投资决策的成败，所以更需要依据正确、有效的资料。

5.4.1　资料获取途径

房地产市场调查资料的获取途径主要有以下八种：

（1）交易双方当事人。访问市场上曾经发生交易行为的买方或卖方，应着重查访成交标的物的位置、面积、交易价格、交易当时的状况和其他条件等。在访问中应尽量了解其交易进行时的状况，并从其提供的资料中尽可能导引出其他市场的交易线索。访问者可以询问交易当事人，为什么会接受与其当初的报价方案不同的成交结果，其所作决策是依据哪些理由。据此可掌握更多该地方的市场交易资料，并有助于了解交易内容有无其他附加条件。

（2）促成房地产交易行为的中介组织。房地产市场上的中介组织，具有促进交易行为的作用，在房地产市场上十分活跃。一般而言，它们不但参与许多交易行为，且对于地方市场具有相当程度的了解，经常提供资料给买卖双方参考，以促进交易成功。因此，市场调查人员可利用其提供的资料，增加市场调查的深度和广度。

（3）房地产公司公开推出的各种销售或出租广告。房地产公司公开推出销售或出租个案之前都会预先做好市场调查工作，因此其在报刊、售楼书、邮寄广告等各类广告中公开推出的销售或出租的报价具有很大参考价值。一个成功的租售个案更能代表市场的接受力，其代表性和参考价值更为肯定，这种资料可靠程度更高。但应注意其中的销售或租赁条件，如当事人双方的关系、付款方式、附属设备、折扣、销售或租赁标的物的状况等基本条件等。

（4）熟悉房地产市场的人士。如房地产估价师，可向其探询交易资料作为进一步查证的依据。这种查证方式较费工夫，但不失为有效的交易资料探寻方法。调查时忌讳仅以肤浅的见闻不加查证即作为依据，并须注意，如果地方人士提供与实际大有出入的地价与房地产交易价格资料，不仅不利于市场调查作业，反而会造成混淆事实的弊端。

（5）同业间资料的交流。房地产同业间若能秉持合作的态度，以经整理分析的二手资料进行交流，则大有裨益。但这种方式很难为开发商接受，因为他们往往会视这种交流与自己的业务有利害关系。只有在互惠互利的情况下房地产同业间的资料交流才能进行。

（6）准交易资料的收集。交易资料一般必须是买卖双方达成协议和发生房地产交易行为的资料。而所谓准交易资料，是当事人拟出售（购买）房地产的单方面意愿的报价资料，凡处于未成为供需双方一致意愿阶段的资料都称为“准交易资料”。地方市场上的准交易资料具有及时反映市场行情的功能，因为准交易行为者拟定价格必须预先到该地方市场了解交易情况，参考当时的成交价格后才能初步决定价格。这种价格与完成交易时的价格可能尚有差距存在，但是已能大致估出不动产市场的基本行情。如果能利用准交易资料配合环境因素的比较分析，并运用房地产专业知识进行研究判断，必能从中获得具有很高利用价值的信息。

（7）向房地产租售经办人员讨教，参加房地产交易展示会、展览会，了解各类信息、行情，索取有关资料。

（8）各类二手资料。主要包括：政府各类统计资料中有关房地产的数据和分析材料；与房地产业相关的银行、消费者协会、咨询机构以及新闻媒体所提供的资料；来自上级主管部门和行业管理机构、行业协调机构的资料；一些专业和非专业研究机构提供的相关资料，以及来自本企业各部门的数据材料。

5.4.2 基本资料的收集

资料可分为一手资料和二手资料两类。一手资料系为特定目的而直接收集的资料；二手资料则为公司内部或外部现成的资料。研究策划人员在考虑是否有必要耗用资源，进行一手资料收集前，应先评估是否有现成的二手资料可资利用，并尽可能优先利用二手资料，因为利用二手资料有成本低廉、容易取得的特点。

1. 一手资料和二手资料

一手资料的收集是依据特定目的，遵循完整的研究设计及调查设计，并通过调查执行、资料处理与分析，以得到所需的资料。这种资料收集方法在社会科学研究中经常使用。房地产开发商以往较依赖市场经验而不注重方法，但因土地资源有限，市场竞争日益激烈，某些一手资料（例如潜在客户购买力、选择区位评估因素、客户满意度、商业圈类型等）的使用性高、目的明确，若配合二手资料使用，可使开发商作出更正确的判断。

二手资料一般分为内部二手资料和外部二手资料。

（1）内部二手资料。一般人常常忽略公司内部资料的可贵性而未加以利用。例如，开发公司或代理公司每个项目方案的执行过程报告或分析报告，初期的土地购买评估报告，产品定位报告，销售检验报告，结案统计报告等，通常都是极有参考价值的资料。

（2）外部二手资料。外部二手资料的来源主要包括官方、学术单位、产业三大部分。

1）官方资料，以统计类居多。例如，定期性出版品，包括各县市统计要览、建设指标统计等；不定期出版的资料，包括各省、市、县政府调查制定的区域发展的城镇开发计划及土地开发计划等等。定期类统计资料可以购买或直接在政府统计网站上获取，不定期类统计资料常可以通过非正式渠道索取。

2）学术单位资料，以研究报告或论文居多。例如，各大学不动产研究中心（土地经济所）、建筑研究院、运输所等常对交通建设、市场、建筑规划、商业、新市镇社区开发、不动产投资、住宅等相关问题作系统性的研究。它们所作的前瞻性的课题很有参考价值。此类报告或论文可在大学图书馆参阅。

3）产业资料，以房地产市场资料居多。例如，由房地产业界提供的市场调查资料，常见的有中房指数的市场报告系列，兰德、戴德梁行等国际房地产顾问公司以及世联房地产等国内咨询公司的房地产咨询报告等，都是开发商可参考的资料。此外还有一些企业的内部刊物，如《万科周刊》等。

在各种资料的收集上，可依照各种资料的性质整理分析。如官方资料主要有经济状况统计，各项政策公告及政策法规执行的状况，建筑规划及各项统计；而在学术研究类的报告中，主要有各项政府重要计划的研究分析，及对当前政策制度或特定主题的研究讨论，比如经济适用住房政策的定位。产业资料及市场调查报告除供求状况外，还有项目的规划、价格、贷款及市场对各种产品的接受程度等。因此，在进行项目策划定位时须事先拟定资料收集的方式，理出一条脉络分明的定位逻辑，以达到事半功倍的效果。

2. 资料和数据的分类

（1）房地产行业法规资料。

目前已出台的房地产法律法规主要有《城市房地产管理法》、《土地管理法》、《城乡规划法》、《物权法》、《建筑法》等。此外，中央还根据调控的需要出台了一系列政策规定，各地也根据当地情况分别制定了地方性法规。这些都是市场调查人员应该收集的重要资料。

（2）规划资料。

各个国家对土地使用都有一定的规划及法规规范。我国对土地利用方面规划的主要内容如图5—2所示。

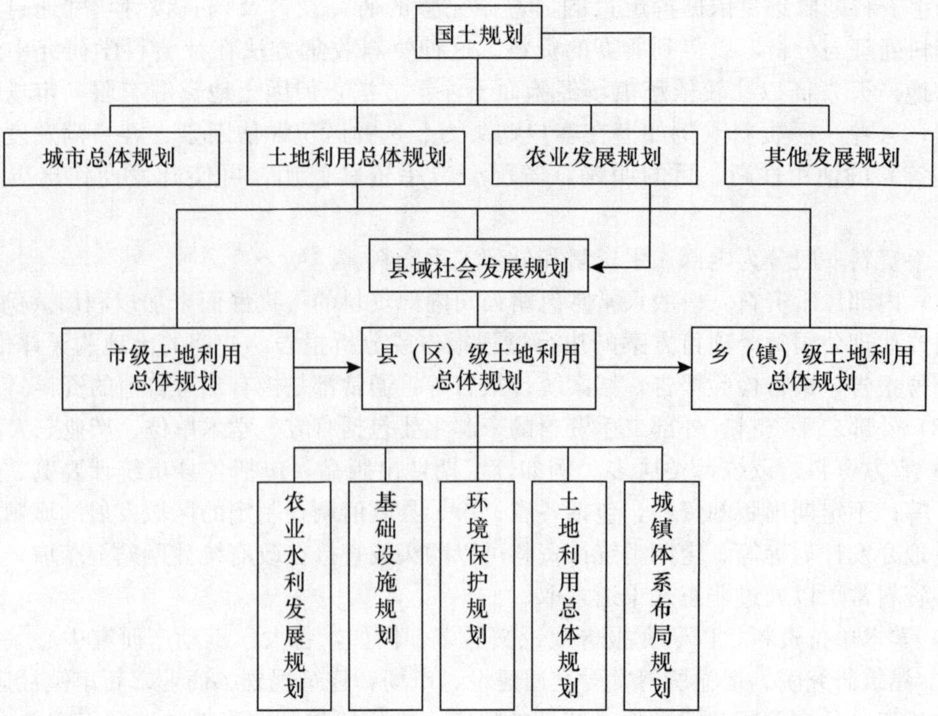

图5—2 相关规划关系示意图

此外，各地的城市发展规划、社会经济发展规划、住宅产业发展规划等都可能影响到土地的利用，需要在调查时予以关注。

（3）人文社会经济资料。

房地产业属于资本密集型行业，有带动相关行业发展的效果，但是国内普遍存在的现象却是许多开发商抢搭景气市场列车，一窝蜂地推出市场潮流的产品，致使国内市场到处充斥着不符合区域人文背景或经济发展程度的不动产产品。

1）人口增长率。区域内的人口及户数的增长，对当地不动产的供需有重要的影响。一般说来，人口增长率较高的区域，其不动产单价涨幅及销售量也较高。

2）职业或行业类别比例。区域居住人口从事的职业或行业，直接影响不动产产品的价格。高收入人士聚集的区域，其产品价格就高。而普通工薪阶层较密集的区域，其产品价格相比而言就要低多了。

3）产业结构。产业结构或行业类别比例是相辅相成的。区域的产业结构不断优化升级，第三产业比重增加，会造成该区域对金融、服务等产业的需求，不动产产品品质和性能也因而不同。

4）流动人口。区域内流动人口的多少及特性，对项目定位有绝对影响。一般而言，流动人潮多，商机自然产生，适合规划商业用途的空间。

除了以上几项因素外，区域内人口的年龄、受教育程度、家庭收入等都是进行不动产项目定位时可供参考的资料。人文社会经济资料收集的方法虽因资料种类不同而有差异，但大部分资料都可由二手资料获得。在运用这些二手资料时，最重要的是要以收集5～10年的长期资料为基础，这样才能掌握发展的趋势。

(4) 公共设施资料。

公共设施建设在城市发展过程中是非常重要的，所以必须根据各地区的人口、土地使用、交通运输等现状及未来发展趋势，由政府拟定公共设施的项目、位置与面积，以提高人民生活水平及确保良好的生活品质。因此，公共设施建设的多少及完善与否直接影响不动产的品质及价格。

公共设施资料包括公园、绿地、学校、广场、儿童游乐场、市场等的建设情况及规划。

(5) 交通运输资料。

在房地产市场中，交通运输状况关系到产品的价格、产品定位类型、区域商业繁荣程度等，所以对交通运输系统相关建设问题的了解是一个非常重要的内容。而在收集资料过程中，可区分两大信息的收集。

1) 交通运输系统的现状。交通运输系统可分为铁路运输系统与道路系统，分述如下：

铁路系统。铁路的能量一般都以路线运载能力作为主要的评估标准。路线容量受多种因素影响，其中包括轨道数、支线、行车制度、站场路线布置、客货输送方式及车辆调度、列车运输方式等。但在铁路发展过程中有两方面资料需要深入研究了解，一是铁路车站位置及出口的规划；二是交通运输能力，其中以货物运输能力及旅客运输能力最为重要。这些数据资料对商业圈的发展有着重要的影响。在收集资料时，可参考有关部门编印的地区运输统计资料，及各车站的人口流量统计资料等。

道路系统。城市的道路系统，依据道路功能与设计标准，可区分为高速公路及快速公路，主要道路及次要道路。以上道路系统的完善，对房地产开发都有正面影响。只有了解各项道路系统的交通量、道路服务品质等级等，才能掌握道路对项目定位的影响。

2) 交通运输规划。交通运输规划如地铁网线、城市轻轨等的建设，对车站位置周围的商圈有重大的影响，所以交通运输规划信息资料的收集是项目定位的一个关键所在。在资料取得过程中，有些资料可在城市规划详图中看出，但较重要的资料或研究计划，可从运输研究所、公路局、市政管委会等单位获得；另外，可向相关研究机构查询一些相关的研究报告，诸如车辆使用公路长度、公交车辆数等。

交通运输系统隐含许多与不动产息息相关的机会与问题，在进行资料收集之前，必须先确定所需交通运输系统资料的范围、内容以及时效，再选择经济、有效的收集方式，这样才能真正掌握基地的交通运输条件。

(6) 交通流量资料。

交通流量常能带来人口流量，使人口流量驻留地商业价值提升。交通流量因道路形态不同而有很大的差异，而道路形态也因使用车种、使用时间、使用目的而有不同的发展，因此道路形态与交通流量存在互为因果的关系。一般所指的交通流量资料包括机车流量、小客车流量、大客车流量、货车流量、双向人行道流量以及这些流量的路线及其可到达的区域。每一种不同类型的道路，其交通工具的种类、比率、流量以及大众运输工具的便利性，都会对道路沿线的商业发展造成不同的影响。

常见的交通流量资料的收集可由调查人员用计数器在道路旁测算，但因为车种、行人等内容都要调查，调查人员常常需要两三人以上，因此也可利用摄影机在基地两侧作定点定时拍摄，再根据录像带计算各种车辆的流量，这种方式较省钱省力，而且可以重复观察现场交通状况。

交通流量调查时段的选择应注意假日、非假日、上班前、下班后及一日中的特定时段的区分，分别调查取样，这样才能代表所有时段的交通流量状况。调查一般必须拟定：1）调查地点；2）调查日期；3）调查时间；4）调查时段；5）调查内容（车辆种类、方向、行人性别及年龄等）；6）调查表；7）调查结果分析方法等。

交通流量除影响商圈的发展外，从长期看也会改变城镇的发展条件，甚至影响城镇的兴衰。例如开辟新的道路，使车流改道进而使新道路旁的商圈兴起，使原有商圈或旧道路沿线的商店消沉没落；又如市区可能因道路狭窄，又无停车场或难以停车，而导致车辆及人潮望而却步，店铺无法生存。因此交通流量的多少，会影响商业的发展条件，我们在收集交通流量资料时，应掌握交通流量的主要内容，运用经济有效的方法，并区分流量的时段差异，这样才能收集到真正有助于项目定位的交通流量资料。

（7）房地产市场景气资料。

房地产市场景气究竟是指价格、销售率、总销售金额、销售速度，还是指交易量呢？一般人常因看到房价、销售率或总销售金额不及市场最热络的时候，就认为市场景气不好，但仔细想想，在有价无市的情况下，哪有景气可言？反过来看，即使房价普遍下跌，总销售金额也许未增加，但交易却十分热络，难道不表示市场景气好转吗？至于销售率及销售速度只是交易量的一个结果，所以房地产市场的景气衡量标准界定在交易量上是较客观的。

除了必须注意交易量外，也应该随时注意影响市场景气的因素。有资料表明，影响土地市场、现房市场、预售市场景气状况的主要因素如表 5—2 所示。

表 5—2　　影响市场景气因素比较表

项目影响因素	土地市场	现房市场	预售市场
1	金融政策	金融政策	金融政策
2	土地价格	房屋价格	房屋价格
3	预售市场销售率	家庭收入	流动资金多少
4	经济景气指标	通货膨胀率	经济景气指标
5	房屋价格	经济景气指标	通货膨胀率

由表 5—2 可看出金融政策是影响整个房地产市场景气的最重要因素。因此房地产开发商应多关心政府的金融政策。代表金融政策的主要指标有中长期放款利率、货币供给额年增长率及汇率。我们对金融政策指标与预售市场景气的关系分析如下：中长期放款利率趋稳时，第二年的预售市场即反映稳定水平。货币供给额年增长率是预售市场景气的同步、同向指标。汇率年增长率是预售市场景气的同步、反向指标。汇率当年年增长率大于 5%时，预售市场销售率呈反向变化。除应随时注意报道这些金融、经济指标资料外，还

应注重长期循环及各指标与销售率之间的关系。我国许多城市的房地产公司在 2009 年国际金融危机的影响下，大面积出现资金链断裂的情况印证了以上分析。

(8) 市场需求资料。

在土地资源逐渐减少且土地成本日渐高涨的情况下，有许多房地产开发商逐渐远离城市中心，而去较偏远的城乡接合部、郊县甚至乡镇发展。但是房地产产品区域特性极强，如何分析确定区域的需求呢？应该规划什么项目，住宅还是仓库？潜在客户在何处？这些都是使开发商困扰不已的问题。

一般来说，房地产需求是以区域内人口增长为最主要的支持力，再配合给地区的交通运输建设，进而形成房地产市场需求的最大可能量。人口逐年增长的区域，如年增长率在 2%以上，且持续 3～5 年为正增长的区域，其对住宅的需求一定增加。例如，北京市西北部上地信息产业基地，随着区域内人口大量迁入，该区域近年房地产需求量明显增大。此外，交通运输建设也是城市发展繁荣的动脉，尤其是轨道交通对沿线区域的发展和房地产价格的影响十分明显。通常，新建地铁站，尤其是地铁中转站，会使得人流量急剧上升，从而带动市场对商铺空间的需求，并由此推高商铺租金和售价。在世界上的其他众多大城市中，商铺空间往往和地铁站直接相通，从而充分刺激和迎合上班族的消费需求。同时，地铁线路的延伸和住宅开发之间也有着直接、密切的关联性。新地铁线路的建成，使居民出行更为方便，并可带动地价和房价的增长，增加资产长期增值的可能性。对于开发商和投资商而言，地铁线路延伸和房价上涨之间的这种正相关性，将使其在未来新建地铁地区积极主动拿地。

我们还可从某地区一年内不动产的投资金额与开工量、销售额与面积、同类产品平均销售率等资料，来了解该区域的房地产需求。一般而言，旧城区因可供建筑的地块稀少，且人口饱和，对房地产产品有较稳定的需求，销售率的表现也较平稳。新开发区域因可供开发的土地较多，房地产产品价格也较便宜，容易吸引投资者，或导致政策干预，需求可能不够强劲和稳定，销售率容易大起大落。

与此同时，换房需求的状况也应掌握。由高收入者将手中房屋转售给中低收入者的过滤现象，对大面积的住房市场需求有一定影响；此外还有某些特定的需求，如专为“银发族”设计的老人公寓、为单身贵族设计的套房住宅，以及用于休闲度假的度假别墅或套房等。这些市场需求随着社会变迁、老年人口增加以及独居或离婚人口增加而有一定的增长。另外，在区域特性明显的地区进行项目定位时，该区域内市场公开的个案的销售状况，也是研究市场需求的一个非常重要的依据。

房地产产品因区域性强，使得大多数开发商倾向于选定某些特定区域进行开发，而面对陌生的区域可能裹足不前。事实上，如能善于运用有效的方法收集市场需求资料，使开发商能在较短的时间掌握市场现状和发展潜力，则有助于减少开发区域的限制，并使项目产品定位更能符合市场的需求。

(9) 租金资料。

租金根据房屋种类、屋龄、外观、地段、环境等不同而有所不同。分述如下：

1) 住宅：住宅可分为普通住宅、公寓及别墅。须注意住宅产品应靠近学校、公园、市场；公寓若面临交通要道则可兼作办公室，其出租效益较高。

2）办公楼：办公楼区位必须具备交通顺畅、金融机构聚集、商业圈成熟、人潮持续等条件，这也是办公楼定位应参考的条件，一般根据路段、屋龄、外观等分为甲、乙、丙三级。

3）商店：商店的租金效益在各类房产中最高。越繁荣的街道，其两旁商店的租金越高，甚至带动其巷道内商店的租金也日益高涨，因此商店一定要注意其与商业圈发展的密切性。

租金支付方式的不同是造成租金计算方式不同的原因之一。就住宅而言，是否提供家具等设备（如电话、煤气、热水）及有无地下室，其租金就大不相同。以办公楼为例，有无附属设施（如停车位），其租金也相差很多。是否一次支付等额押金抵充每月支付的租金等，也是造成租金计价不同的原因。在了解上述租金差异的原因后，在收集租金资料时较能在不同条件中找出相对比较可靠的立足点。

一般收集租金资料的方式有下列三种：

1）以欲承租者名义进行调查，这样做较不易遭到拒绝。

2）可至欲调查区域内的中介公司查询同类产品的租金行情。

3）参考专业杂志的租金行情资料。

（10）商圈资料。

一般所谓的"商圈"，是指从事购买行为及选择到某处购物的顾客所分布的地区范围，在此商圈内所需考虑的条件包括家庭户数、人口特性、生活形态、消费行为等。针对商圈内的人口密度、消费能力，以及人潮、交通流量等，可将商圈区分为下列几种类型：

1）邻里中心型：半径大约为1千米，一般称为"生活商圈"。

2）大地区中心型：通常指公交路线可能延伸到达的地区，其覆盖面比生活商圈更广，一般称为"地域商圈"。

3）副城市中心型：通常指公交路线集结的地区，可以转换而形成交通辐射地区。

4）城市中心型：又可以称为中央商务区（CBD），其覆盖范围包括整个都市四周，车潮或人潮来自四面八方。

一般而言，商圈都没有二手资料可供参考，而由项目个案负责人按调研项目及预算，拟订调研计划，再派人以实地调研、访问或观测等方式完成，如商圈内居民生活形态或来商圈购物的商圈外居民消费形态调研、商圈内行业类别调研、商圈内车流量调研等。另外，可利用计数器或摄像机等工具以掌握相关数量及质量资料。下面举二例说明商圈资料如何收集。

案例5—3

商圈资料收集方法举例

商圈内行业类别调查方案

调查目的：了解商圈内行业分布及适合发展的行业

调查范围：依各项目性质而定

调查对象：调查范围内一楼及二楼以上经营商店的负责人或店员

调查方法：人员实地访查后填写问卷

调查项目：(1) 各行业店数比例；(2) 各行业平均面积规模；(3) 各店平均营业业绩；(4) 各店平均来店人数；(5) 各店平均利润率；(6) 各店开店年数等。

商圈内居民生活形态调查方案

调查目的：了解商圈内住户购买能力及消费形态

调查范围：一级商圈（约 500 米半径），二级商圈（约 1 000 米半径）

调查对象：上述商圈内 15～60 岁的居民

样本数：按调查预算决定，假设有效份数 500 份，一级商圈 350 份，二级商圈 150 份，男女各半

样本选择方法：根据各年龄层人口的比率抽样

抽样方法：根据调查范围内街道数平均分配样本数

调查项目：居民特性方面：(1) 人口特性；(2) 职业特性；(3) 住宅状况；(4) 经济状况；(5) 家庭状况；(6) 汽车持有率。消费形态特性方面：(1) 消费种类；(2) 消费频率；(3) 平均购物金额；(4) 利用的交通工具；(5) 消费地点。

对一个从事店铺经营开发的人来说，在现有的黄金商圈如北京西单找寻店址，只要付出相当代价，如挨家挨户地沿街“扫”一遍，一般是可以取得开店空间的。但如何能找到有发展潜力的地点，则是商圈资料收集重要也是较难的一环。在不同商圈，上述的各种调查项目如商圈的特性及可能适合的行业等资料就可能不同，因此商圈资料的收集有助于取得更有利的经营据点、确定更合理的经营方式，以及明确如何规划店铺或摊位，等等。

商圈的选择，绝不能全凭个人感觉作出判断，因为人往往会被自己的直觉所欺骗。而有些特定的行业或特殊的时段的需求，有季节性的变化，容易造成对商圈发展潜力评估的偏差。因此，必须借助正确的方法以充分掌握商圈资料。

(11) 项目基地现状资料。

不论是住宅、商业或工业用地，我们都可从下列几个方面掌握土地的开发条件：基地地理形势、基地地上物状况、邻地情况、基地道路及给排水状况、附近公共设施及交通状况。

土地位置所在地区的自然条件、社会条件及经济、政治等因素，共同构成土地所在区域的特性，进而影响不动产的价格。因此，在进行项目可行性分析时，必须深入掌握土地所在区域的特点及基地状况。表 5—3 为基地情况调查表，主要说明基地状况的各项内容，并可以据此确定收集资料所采用的方式。

表 5—3　　**基地情况调查表**

项目	内容
基地地理形势	方向、风向、地质、景观方向、地形、排水方向
基地地上物状况	地上物、特殊状况
邻地情况	基地与邻地情况、防火设施、邻地建筑、邻地地下室深度
基地道路及给排水状况	市级道路、主要出入道、基地给排水
附近公共设施及交通状况	公共设施（公园、学校、市场）、与基地的距离、基地的可及性

（12）销售资料。

俗话说："知己知彼，百战百胜。"一个预售项目是否能销售成功，依赖于其是否充分了解市场，避免劣势竞争，并能提供符合需求的产品及条件。而对市场了解的方式就是要掌握各竞争项目的销售状况资料，进而了解市场上产品的供需情形、销售成败的原因以及客源特征等等。

一般而言，楼书销售资料包括销售海报楼书及广告、销售现场资料及其他销售资料等。下面就对这三大类资料进行探讨。

1）销售海报楼书及广告。海报提供的重要信息是该项目的特点、地点及交通、平面规划配置及建材设备等。广告通常配合销售策略而制作，因此常能反映各预售项目主要诉求重点及对象。不论销售海报楼书还是广告，要直捣消费者的心坎，必须全力突出个案的特色，海报上的平面规划配置可以显现业主在不同基地条件及客观环境下塑造出的产品特色，也可观察面积大小及房型是否妥当，等等。

2）销售现场资料。销售现场是接触业务的第一线，客户反应的资料是最直接、最真实的资料。来人、来电及购买客户的区域分析、媒体分析、询问内容分析、购买或未购原因分析等，都是极有价值的参考资料。预订与购买现房的客户数量的比例、客户对价格认同的程度等，都可反映广告促销方向的正确性、定价及产品的适合性。另外，售价表也常能透露销售的状况，如报价与底价的差异、价差原则以及调价状况等。这些资料常需至现场观察、扮演客户，或由非正式渠道才能取得。

3）其他销售资料。专业杂志如《上海房地产市场报告》（半月刊）每月的房屋专讯等，都会定期披露市场上已公开或即将公开的项目个案的产品及销售情况。这类资料虽较易收集，但在运用时应查证其正确性，避免因被误导而导致决策偏差。

上述第一项资料可通过收集广告媒体信息或到工地现场佯装客户取得；第三项资料可由订购方式或到图书馆查阅获得；第二项资料最真实也最难索取，需要经常与各开发公司或代理公司的销售人员保持良好关系，或通过地区性的房地产市场联谊会或沙龙定期联谊，以了解某楼盘销售时的正式状况。

（13）竞争项目资料。

竞争项目所在的区域范围可大可小，视资料收集的目的而定。在同一区域内除了同类型产品是主要竞争项目外，其他类型不同的产品，因会吸引同区域内的客源，有时也需特别注意其发展方向。至于区域外的项目，即使是同类型的，也无须作为竞争项目深入了解。

在项目推出前及推出期间须掌握竞争项目个案状况及动态，这是房地产开发商、市场调查人员及策划人员不断成长的主要工具与渠道。由于必须深入了解竞争项目个案，所以除了要与各开发公司、代理公司的项目人员维持良好关系以探询资料外，还要定期追踪公开的项目个案的销售、广告等资料。

关于竞争项目个案需要收集的资料包括产品定位、房型组合、公共设施分摊方式、规划特色、定价方式、付款方式、销售技巧、销售状况等，有经验的房地产开发商若能掌握任何一项上述资料，其销售好坏大都能了然于心。

例如，从房型组合中各类型的户数所占比例，可以了解该项目的主力房型，同时也可推测该项目的主要销售对象。例如，若标准三房的比例较大，且该项目所在地区的市场区域性强，则客户七八成以上为区域内的自住或换房型客户；若产品为小面积套房，且该项目所在地区区位优势明显，则其诉求对象常为泛区域性的投资或投机客户。而从房间数的配置更可以看出该项目业主对产品的着力程度，故本企业相同面积的房地产产品可增加一室或一厅，从而增加产品竞争力。

项目规划设计的好坏常常能决定销售率的高低，设计上的创意也能异军突起创造高销售率。例如，市场销售率普遍不理想时，在总价引导下为了替消费者创造较多空间，常有楼层挑高的复式夹层的设计出现，在合法性、实用性多方兼顾的条件下，这种新房型因符合都市寸土寸金高房价的环境，故个个都创造高销售率，并且有相当的市场竞争力。又如，开放空间近年来成为许多楼盘的营销重点，但是对此种产品住户常反映一楼开放空间与非住房共享具有许多不便之处，于是有些项目楼盘就将业主设施部分设在楼上某一楼层，供业主使用，使私密性、安全性、公共性能兼顾。显然，此种设计有助于提高销售率。

定价方式也常常决定楼盘销售的顺畅与否，以及是否对其他楼盘构成威胁。定价一般分为垂直定价与平面定价，除楼层外，朝向、采光、私密性、景观、格局、楼距等都是考虑因素。开发商可将规划格局较差的部分定价较低，作为广告户先期销售，从而加快销售速度。

进行产品定位时，必须充分掌握竞争项目个案的相关资料，这从消极意义上讲可避免竞争，积极而言则可由竞争者的资料中发掘潜在的竞争优势、机会及创意，以塑造自身产品的特色及竞争优势。

5.4.3 资料的整理分析

从市场调查收集而来的资料及信息，还需要整理分析，而在整理资料时要注意以下几点：

（1）编号入档：用数字符号代表资料，使资料易于编入适当类别，分类处理、归档，以便日后取用和寻找。

（2）制表：将已分类的资料有系统地制成各种统计表格，以便分析或比较、查询和利用。

（3）分析和解释：因收集的绝大多数资料都是二手资料，所以为保证资料的可靠性必须再次查询，并针对所需的资料详细记录，如客户所在的区域、对面积大小的反应、楼层等，以便作进一步深入分析及正确解释。

资料整理分析完成之后要撰写调查报告，提供给决策层参考。报告必须简明扼要、条理分明，并且明显标示重点所在，以使决策者能在短期内就可掌握资料的意义和参考价值。

5.4.4 资料的补充与运用

1. 资料的补充

房地产业因区域性强、差异性大，因此资料的收集及统计相当困难。开发商在项目推出前的产品规划、设计、定位、定价时都需要充分的信息支持，在此状况下，有弹性且可变通的信息收集方法，对房地产开发商而言日益重要。下面是当资料不足时的几种补充方式，可供参考。

（1）同类产品价格平均比较法。同一区域内没有参考项目个案推出时，可扩大参考区域范围，取其同类产品平均价格作为参考价值，对将推出的项目个案的各项特性（地段、学校、景观、建材、规划等）给予适当的正负权数，如果权数加总为正数，则定价可比此同类产品的平均价格高；反之，在定价策略上要多多斟酌。

（2）地段比较法。在相同地段上没有预售项目可作参考时，可寻找同类型路段的价格参考，例如确定北京西单附近的公寓价格时可参考东单附近的公寓价格。

（3）回顾参考法。老城区项目少，甚至一两年内都无新项目推出，因此可以追溯到2～3年前的市场项目个案资料，参考其规划设计、环境、价格以推算新项目价格。

（4）旧房行情推算法。在估算旧房价格时，可以就当前同路段预售房屋行情打折，再视房屋新旧打折。装潢估算一般都先打五折，3年内折旧完毕。

（5）同业询问法。代理公司或开发公司的市场调查人员经常接触市场第一线，可就价格、规划、面积征求其对产品现状格局的意见，以求更符合市场需求。但必须注意的是，代理公司常常只是代理顺畅销售的产品，而房地产开发商则还须考虑其他因素，如造价、施工难度、合法性，以及是否能顺利交房等问题。

（6）广告征求法。项目未正式推出之前，可在工地设立展示橱窗，设立接待中心，或在报刊媒体登出欲推出产品的特性，以测试市场的反应。一般而言，这些方式可收集消费者对价格、面积、配置格局的初步反应，如有必要可对产品再作修正。

（7）问卷调查法。问卷可针对不同目的而设计，对区域性较强的项目，可在区域内设计对价格、面积偏好的问卷，并依客户层次、年龄、收入分析消费者的接受度。

在众多的比较参考方法中，用何种方法才是最好的印证或补充资料方式，应视基地环境条件及对产品定位的类型不确定的程度而定。例如，在新开发地区对大面积房屋或小面积房屋的接受性及吸纳量的研究，就需深入探讨，因可参考资料有限，更要善于运用方法补充不足的信息，这样才可确保产品在市场上的成功销售。

2. 资料的运用

（1）基地资料运用。

一个理想的住宅社区，对居住者而言必须具备安全、舒适、便利、美观等要点。在进行项目定位时应充分掌握基地的特性，并结合市场的需求，以规划具备竞争力的产品。因此，基地内外的生态、景观、排水、地质及环境影响评估等资料都对项目定位有举足轻重的影响。

一般来说，地区环境的好坏和是否能有充分发挥创意的空间影响产品定位的难易。例如，大面积基地开发时，建筑物的配置，不管是单元规划或是整体开发，都较易发挥趣味性、安全性和私密性，增加空间感和安宁性等，容易塑造产品的风格及特色。因此在大型社区开发过程中，住宅或商业用途的空间配置，包括邻里所涉及的区位关系、公共设施及交通条件等，以及住宅单元所涉及的房外空间配置、尺度、大小及性质等，都与基地社区所处的区位、环境条件、规划密度及公共设施机能等息息相关。

近年来城市土地价格飞速上涨，土地供给有限，人口和商业活动聚集于市中心，因此小基地高层化的发展成为当前都市景观。邻近变电所、公共厕所、污染、噪音、工厂、高架道路或桥梁旁的土地，其基地现状必然影响产品定位的重点及方向，但就产品定位形态而言，仍有克服的方法，以改善基地条件的先天缺点。如基地道路过窄，可以退缩建筑物，增加露台空间，减少对其冲击的压迫感。又如，高架桥或高流量的交通所造成的噪音，也可以用气密式双层窗处理，并退缩空地，将空地绿化以阻绝噪音与压迫感。因此，基地的外在条件如果把握准确，则可以发挥潜在的优点，或可以进一步通过产品定位而使缺点变优点。

（2）交通流量资料运用。

交通流量大小对不动产产品定位有极大的影响力。众所周知，交通流量大的地区必定是商业繁荣地区，但这些交通流量必须是容易停留的，或有相当的行人流量，才容易带来商机。如果交通流量大，但车流仅是通过，或行人流量缺乏，此种道路类似交通要道出口处，通常只能维持简易的餐饮店，其他商业则甚难生存。这里所探讨的交通流量，是指包括除了通过型以外的交通流量。交通流量大的地点，在产品定位上倾向于规划为商场、店面或办公楼，在运用交通流量资料时须注意下列事项：

1）流量大对商业的影响。行人多、流量大的地方，商家聚集的意向高。通常商业产品定位可粗分为两种：一种为全幢作商业使用，这种形态除非是立意特佳的百货公司，或由财团整体经营外，一般很难有成功的机会。有的商场地理位置不错，但产品定位时全以小面积持分方式出售，结果众多所有权人无法统一管理，导致商业机能一直无法发挥。另一种为 1～3 层或更多层作商业使用，楼上是办公房或公寓，如北京西单高登大厦与西单劝业场。采用此种定位应注意人车分道，以及住、商或住、办的门厅、出入口分离，以免其他用户受到商业干扰。

2）流量大对办公房的影响。流量大的街道区位，由于易产生多种服务性机构的集聚效应，因而公司开展信息、金融等活动的便利性强。同时各种商业业态及机构的高集聚性也有利于提高人们对驻此区域单位的认知度，因此，通常将流量大的街道的土地开发规划为建设高级办公楼。产品定位上常作大面积规划，一楼给金融机构或其他行业作营业或展示使用。

3）流量大对露台的影响。基地规划因受建筑红线限制，每一楼层常有退缩造成露台的，但因露台形状凹凸，模板难以统一，造成营建成本提高。因此露台的规划必须能兼顾容积率利用及销售可行性。一般而言，交通流量大的地点，露台不宜设在低楼层。

4）流量大对住宅产品的影响。流量大的街道，在政府规划交通发展计划时，常被列为主要高架快速道路的通过地点。但高架道路的修建，使住户不得不加装隔音板隔离车流量的噪音。

5）流量大适合设立商务旅馆及休闲俱乐部。近年来由于国内外的商务游客人数增加，对商务旅馆的需求不断提高。商务旅馆的坐落地点一般都是交通方便处，大多在高速公路、快速公路交流道附近。

交通流量大小对各种产品的影响各有不同，诸如交通流量大、客流集中的地方对商场的一楼、二楼有正面的影响，但对住宅的安静、舒适要求则有负面的影响，此时除要隔阻噪音外，在产品规划设计上也需考虑面积大小或格局的调整。如室内活动空间以面向临路为主，起居用的卧室则避免临路，以阻隔因交通流量大所带来的噪音。此外，各道路车辆流量与行业的经营生存有直接关系，在交通要道常形成商业鼎盛的商业街或某些特定行业活动。次要干道中，因车流较少，住宅适宜性较高，若能再配合基地退缩保留部分绿地，使车流噪音减低，则居住的适宜性可大大提高。

（3）运输系统资料运用。

完善的交通运输系统，可以节省乘客与货物的运输时间，增进交通安全与舒适性，提高沿线土地的使用价值，促进城市人口均衡分布发展，改善沿线居民的生活品质。房地产也随着运输系统的开拓完善而水涨船高，因此须善于运用运输系统资料，使房地产与交通脉络结合，创造最高的附加价值。

在运输系统中，大众运输系统所经的地区，从郊区到城市，包括已开发地区、开发中地区及尚未开发地区，所受的影响各有其特点。例如，众所皆知的车站，包括火车站、地铁站、公交转运站等对地区的商业圈发展潜力都具有很大影响力，因此，以车站为中心的房地产开发附加价值最高，也较容易成功。但在商业圈形成前后采取的投资策略，有着极大的差异。此外，因车站所处位置不尽相同，条件也互有差异，投资开发应因地因时制宜，所以车站的功能配置及建造方式、出口位置、人流聚集性及其转运功能（例如上班族群或居住的人潮）等，在商业机能上各有其经营开发的重点。车站的每日人口流量，影响到车站附近的商场定位，关系到设立商场的面积大小、行业的生存形态等等。例如，市区及郊区的车站，常有地域性与日常性的店铺；市中心的转运站，则常能吸引大型超市及综合商场；而周边郊区车站，仅适合设立满足当地居民消费要求的小型商店。所以运输系统资料的取得与应用对项目定位而言相当重要。

由于快速运输系统如高速公路、地铁的兴建，及汽车持有率的提高，使得人们的活动空间扩大，城乡距离因而缩短，因此城市交通运输系统完善与否影响投资获利性。如北京五、六环线及地铁新线路，带动沿线房地产的热络。由于早期受限于交通条件，北京郊区、郊县仅能开发面向当地市场需求的产品，如以多层住宅等产品为主。在郊区与城区的交通联络系统逐步完善后，其房地产市场的诉求范围就扩大了，吸引了大量城市客户，在产品定位上也可多样化，如可开发别墅等。对于使用分区不同的土地，其所需求的运输系统条件也可能不同，例如在住宅区临路的基地，如果所临道路是过道性质，因车流量大、人车混杂，不宜做大面积的住宅开发。商业区土地则须视基地环境的行业特性而定。工业区需注意与交通要道及港口的距离，以及产业对交通的依赖程度，如五金加工业大都偏好一层厂房，对交通系统的依赖程度较低；出口加工业因货柜车进出，对交通系统及对外交通道路依赖性高。所以，工业区在产品定位上须注意道路运输流量及可及性，这样才能吸引厂商设厂。

运输系统顺畅与否及其所联系的区域特性，对不动产项目定位有相当大的影响力。在进行定位时，须能针对基地范围掌握相关的运输系统资料，再结合基地本身的条件，从而能够真正规划出发挥地利的产品。

（4）公共设施资料运用。

公共设施建设在城市开发中扮演着相当重要的角色，其对不动产价值及市场的影响依公共设施类别及特性的不同而不同，所以在产品定位的过程中，需要注意基地附近的公共设施对所规划项目的影响。如对住宅类型的产品有正面影响的公共设施有学校、公园、儿童游乐场、车站、广场等，而相对地，如变电所、下水道等设施对不动产有较负面的影响。

在公共设施建设中，有些用地因尚未开发，并不知道用于何种用途或规划什么，因此需深入查询规划状况及开发计划，并了解该公共设施的确定位置范围及出入口，诸如车站、市场、停车场等的出入口。这些出入口对住宅的舒适性与秘密性有负面影响，但对店铺或商场却是有益的。因为商业性质的产品如办公楼、商场、店铺等，相当依赖于公共设施出入口所带来的人潮，所以项目基地在邻近相关的公共设施时，如项目本身规划的出入口能与车站、广场的出入口相呼应，则对产品价值或经营潜力的挖掘，都能达到事半功倍的效果。

当住宅性质的产品临近上述的公共设施时，则宜采用多元化的产品，如开发宜办宜住类型的套房。为消除因人潮出入所造成的吵闹与混杂，要避免开发大面积住宅。

公共设施根据对一般住宅类型产品的直接影响，大约可区分为两种类别：一是可带来正面效益的公共设施，如学校、公园、车站、广场等；二是可带来负面效益的公共设施，如变电所、大排水道、高架道路、车船场站等。设施的影响也可分为直接影响与间接影响，如公园、绿地、学校等的影响都为直接影响，商场、医院、机关等的影响为间接影响，后者对住宅产品较无强烈的影响效果。故在利用现有的公共设施时，要取其可塑造的特点加以发挥利用，如项目个案基地临近公园绿地、广场、儿童游憩场、学校操场，有广大的绿地及视野景观，在规划设计时，正面客厅、主卧室可取其景观视野，以利于诉求景观的优点，而房型格局则可借助地利优势，考虑中大面积的住宅。

但在临近负面影响较大的公共设施，如变电所、大排水道、高架道路、车船场站等（这些都是属于较吵闹、潜在危险性高且景观较差的公共设施）时，在项目策划、定位过程中除了减小面积，降低单价、总价，以减少因毗邻负面影响公共设施的对抗性外，规划设计时应避免与负面影响公共设施的正面视觉冲突，例如可采取面对面设计，以减少这些负面影响公共设施的冲击。

城市规划拟定公共设施用地，在产品定位时则需考虑周边环境的好坏，及既成的生活便利性状况，并注意公共设施发展方向及趋势，这样才能确保置地后产品定位不致发生始料未及的偏差，影响投资开发的利益。

(5) 商业圈资料运用。

根据商业圈形态大小不同，可将其分为邻里型、社区型、城市中心型三种。依照商业圈所在的地区，可将其分为设立于人潮稠密城市中心的都市中心型商业圈和设立于都市郊外的郊区型商业圈。

商业圈的土地条件，受大小环境、公共设施、交通、人口流动量、消费阶层、购买能力、消费形态乃至商业圈的活动时间等因素的影响。一般经营行业在决定开业地点时，从该地点过去的发展到现在的状况都必须纳入考虑范围，因为商业圈是因人聚集而产生的，而人的聚集也会因使用交通工具的不同而有所改变，故客户年龄、职业、收入等，关系到商业圈的发展潜力与商业空间的功能配置。从现有商业圈的行业种类即可大约看出端倪，一般零售业使用面积在 65 平方米左右，精品店则在 30 平方米左右；而展示型行业如家电、礼品、餐厅、古董等属大面积空间需求的行业，面积在 150 平方米以上。因此，在现有商业圈，可依行业聚集情况，规划合理的商店面积，这在带状商圈中最为明显。

而商场规划设计有通道大小、行业分区、楼层高差顺序、照明设备、招牌标示、适度的挑高或挑空等重点，但商场摊位能否经营成功，还要看其是否有特色，在规划上要考虑整体功能，如合理规划地下楼及二楼以上店面或商场的使用性，以增加商场使用楼层的面积。由于客人不易被吸引到二楼或地下楼，因此出入口走道的安排规划诉求要使二楼以上的商场再创价值。

商业土地条件在不同的场所和不同的商业圈，可能适合各种不同的行业。城市中心的黄金地段，对某些行业来说，并不是尽然适合。在商品定位上，若能掌握特定位置适合的用途及行业、人潮的活动频率、活动空间范围的扩张、商业圈的发展方向，则开发商几乎就确定了成功的机会。

（6）市场景气资料运用。

影响房地产市场景气状况的因素很多，包括政治、经济、社会、心理等诸多因素。我国内地房地产大约每四年至六年会出现一次景气循环，而每次景气高峰大约维持一年至一年半。这种景气或不景气、物价波动或平稳、政局变动、政府政策等影响市场的因素，都不是我们所能抗拒的。但在景气周期中，一些经济指标与房地产的互动关系会特别明显，如房地产开发投资额发展速度、开发资金来源速度、开发面积发展速度、年均从业人员发展速度、产品出厂价格指数、施工面积发展速度等。上述各项经济指标若发生变化，将带动房地产市场的变化，所以是房地产市场景气状况的先期指标。

通过观察房地产随市场变化而变化的方式，如付款方式、贷款比例、面积大小及规划设计、议价幅度、价格水平、建筑设备等，可察觉市场景气的波动。在这些适应市场变化的方式中，与景气有直接关联的是房屋面积小大的调整，景气好时房屋朝大面积方向发展；而在不景气时，因为投资者谨慎行事，不轻易将资金投入总价高的不动产，而开发商也不愿冒着市场风险，随意推出大面积或高总价的产品，为扩大目标客户群体，降低总价推出大众较能接受的中、小面积的产品成为应付不景气的市场需求的潮流。

基于投资报酬的考虑，在不景气时应规划快速回收的低楼层建筑，这不但可减少降价促销的风险，也可在短期内回收资金。一般而言，这类产品形态较不受景气状况的影响。另外也可考虑适合基本需求的大众产品，如中低楼层产品，或面积规划为 60 平方米左右的标准住宅产品，这些产品常能对抗市场不景气。

面对不同的市场状况，必须有不同的应对措施，正确地掌握经济指标，在投资信息上深入分析，避免一窝蜂地盲目规划相同的产品。不景气时还可创造出一些高附加值的产品，如具实用性的公共设施、阁楼及夹层、复式组合产品如摊位商场及套房等，以带动买气及创造行情。在市场景气时，商场规划可扩展至二、三楼及地下楼，以充分利用景气时机。

大量且同质的产品，大都出现在市场景气低迷的后期，结果是造成市场更加疲软，市场销售率明显萎缩。因此还需要作深入的市场调查研究，分析经济景气状况，探讨市场成功的个案，通过资料收集、分析、判断，找出市场间隙产品，进而掌握最佳的产品定位，这是面对景气市场潜力需求的最佳方式。

（7）销售资料运用。

任何一个营销策略，都不是无往而不胜、放之四海而皆准的，但“知己知彼，百战百胜”却是商场成功的不二法宝。因此，灵活运用销售资料，以达到知己知彼的目的，是项目策划人员不可或缺的能力。如果能对销售过程中所收集的资料加以适当的参考分析，找出可行、有效的信息用于产品定位，则一定会有助于增加市场制胜的机会。

在房地产市场营销过程中，客户资料的运用是最常见的，但懂得将销售资料巧妙地运用于产品定位的却不多。大多数企业因为资料记录或分类不够详细，或是不够完整，难以发掘资料的参考价值，或缺乏运用资料的有效方法。一般而言，最直接的销售资料大概可区分为两大类：一是来人、来电分析。来人、来电分析又可细分为区域分析、年龄分析、面积需求分析、用途分析、职业分析、购买动机分析、媒体分析七大项，这要根据项目个案的性质选择重要的因素深入分析。例如，如果产品无强烈的购买动机定位，则可从来人、来电的购买动机分析中，发掘市场对该项目的需求动机。在个案销售过程中，经过媒体广告诉求，根据来人、来电所留下的记录，可大概归纳出该项目个案的购买年龄层、需求面积大小及对产品的偏好，如楼层、建材设备、环境偏好等。因此，在归纳分析中，如面积大小需求就可能对该项目的产品定位具有参考价值。另外，根据参考项目已购客户的产品需求分析，可发掘目前的房型、外观造型、公共设施、建材设备等的需求情况，这些都是在有限的销售资料中可找到并可以应用的信息。

二是项目销售速度及销售情况分析，即产品反应分析。根据参考项目在销售过程中的销售顺序及速度，可发掘市场需求的量与质，也可以通过观察房屋单价与总价的互动关系，发现市场总价或单价的接受区间，从中看出不同面积的房屋的销售顺序，如果再经归纳统计，就可发现销售房屋面积大小的分布状态及滞销房型，该参考项目的需求状况就可清楚地显现出来。若与来人、来电再做比较分析，即可看出一般市场需求与实际购买需求的差距，从而可以预测产品走势是趋向自用需求市场，还是投资需求市场。

尽管我们可收集到许多销售资料，但能全部用于产品定位时参考的并不多，这反映出资料的价值不在于丰富，而在于运用得当。因此在运用时，首先要辨别资料的参考价值，再将销售资料应用于产品定位的过程，这样才能使定位结果不至于偏离市场需求。

营销实战案例：2006年青岛城阳房地产市场调查报告（节选）

1. 宏观环境描述

城阳区正在成为青岛北部商贸中心和青岛北部城市中心。

(1) 经济发展。

1) 2005年城阳区生产总值完成321.2亿元，同比增长23.6%；人均GDP达到8 494美元，增长26%；“三产”比例为4∶66∶30，城镇居民人均可支配收入达到13 021元，农民人均纯收入达到6 002元。

2) 城阳区的发展主要围绕城市中心区、青岛出口加工区、空港产业区和环海新材料工业区“四大板块”来展开；积极构筑青岛北部工业基地、外贸出口加工基地、高新技术产业基地“三大基地”。

3) 城阳民营经济发展迅速，继续实施择优扶强工程和创业小老板工程，2005年新增民营业户4 565户，累计达到1.8万户，新增注册资金13.3亿元，累计达到111.1亿元。

4) 城阳消费市场：营业中的青岛国货、太阳城商场、家佳源购物中心、喜盈门超市，在建的中联大润发、佳世客、利群、中韩国际小商品城等齐聚城阳中心区，显示出对当地消费力的信心。

5）正阳路已经成为青岛北部的金融一条街，工行、农行、招行、浦发展、光大银行、青岛国际银行等14家银行落户于此；2005年全区各金融机构存款余额达到1 290 907万元，比年初净增269 746万元，比上年同期增长30.06%；贷款余额达到1 094 139万元，比年初净增257 681万元，比上年同期增长32.11%。

6）始建于1985年、占地360亩的城阳蔬菜水产批发市场已经成为全国五大农副产品批发市场之一、全国四个“绿色样板市场”之一，共有1.6万个摊位，日成交量超过千万，全年成交额突破50亿元。2005年建成的山东国际农产品展示交易中心已成功举办青岛国际农博会，使农展中心成为国内外农产品生产商、采购商、中介商的展示、交易窗口和永不落幕的“一站式”绿色交易中心。

（2）地理交通。

1）城阳区辖城阳、流亭、夏庄、惜福镇、棘洪滩、上马、河套、红岛8个街道，230个行政村（居委会），截至2005年末，全区总户籍人口46.88万，外来人口30万。

2）城阳是胶东地区的航空枢纽：民航流亭国际机场坐落于城阳区，现已开通东京、汉城、巴林、新加坡、中国香港、中国澳门等直达国际航线13条，国内主要城市航线47条，国际国内航班平均每周800多个。

3）城阳是青岛的北大门：胶济铁路、环胶州湾高速公路、308国道、204国道、济青高速公路、烟青一级公路、青银高速公路贯穿其中，青岛汽车北站坐落区内，形成了极其便利的立体交通网络。

（3）人文特征。

1）城阳的主要节日活动为：城阳区市民节（每年6月9日）、城阳牡丹节、城阳区夏庄樱桃山会（每年5月）、城阳区红岛蛤蜊节（每年4月）等。

2）城阳与2个国家的2个城市建立友好城市关系：美国的加利福尼亚州莫塞德郡（1997年11月5日）、韩国的仁川广域市南洞区（2000年7月12日）。

3）城阳是韩国企业、韩国人在青岛的聚集地：2005年1—12月，城阳区新批准利用外资项目628个，合同利用外资116 874.23万美元；实际利用外资53 959万美元，同比增长17.5%；到账外资3.15亿美元。全区累计批准利用外资项目3 385个，合同利用外资65.93亿美元，实际利用外资31.3亿美元，资金到位率为47.5%。全区利用外资的一个主要特点是：韩国投资主体地位突出——1—12月共有23个国家和地区来城阳区投资，其中韩国投资企业502个，合同利用韩资78 789.4万美元，分别占总数的79.9%和67.4%。按投资国别分析，截至2005年，有44个国家和地区来城阳区投资。投资前五位的国家和地区分别是韩国、日本、中国香港、中国台湾和美国。其中韩国投资企业2 336个，合同利用外资35.8亿美元，实际利用外资18.1亿美元，分别占总数的69%、54.3%和57.8%。

2. 区域房地产市场分析

（1）城阳街道经济情况。

1）城阳街道是城阳区政府所在地，面积48.7平方公里，辖37个社区、1个行政村，人口10.5万，流动人口6余万。

2）城阳街道拥有喜盈门、特汽、青变、正进、佳元、亿路发、民生、开拓、世正、海都等近20个大型企业集团，限额以上企业总数达到183家，利税完成5.4亿元。其中，喜盈门集团、特汽集团、青变集团总体实力位居同行业三甲之列，荣获全省“百强民营企业”称号；正进、佳元、亿路发等水产品出口量占全省总量的75%以上。街道拥有“中国名牌”3个，“中国驰名商标”2个，省级名牌12个，市级以上名牌和著名商标总数达到42个。

3）近年来全街道共引进美、日、韩、中国台湾等十多个国家和地区的外资企业700余家，实际利用外资6.8亿美元。2005年新引进内外资项目136个，其中，投资过千万美元的外资项目6个，过5 000万元的内资项目12个，华忠环境科技、海利尔药业、海盈投资公司、世正服装、希望电器、嘉泽包装、绮丰环保等大项目相继开工建设或竣工投产。

4）同时城阳街道还引进了希尔景园、启阳两家星级酒店及怡情楼、海梦园、东古来、富竹园、家佳源、利群、大润发、首尔等一批特色餐饮和大型超市，世正爱丽安服饰、青岛国际服装城、喜盈门财富广场等一批现代服务业大项目相继开工建设。

（2）城阳房地产总量描述。

1）随着城阳区城市化进程的不断加快，以大型社区建设为核心的房地产业日趋活跃，不断走向成熟。2005年全区开发商品房173万平方米，预销售商品房76万平方米，销售总额达到11亿元。特别是旧村改造，打破了分散布点的开发模式，以村庄整合为重点的大型社区建设，成为城阳区房地产业发展的新亮点，2004年全区旧村改造面积达到108万平方米，投入资金总量达到6.48亿元。

2）以旧村改造为重点的农村城市化实现重大突破。2005年城阳街道启动了13个社区旧村改造，居民安置新区建设居民楼244幢、86万平方米，区域详规控制率达95%以上，城市化水平达到70%，新增绿化面积687余亩，城市环境综合整治列全区第一名。

（3）城阳房地产主要特征。

1）城阳板块拉动青岛市区北移。

目前岛城楼市，西海岸、浮山新区和以城阳为主的北部区域，是最受关注的三个板块。而在这三个板块中，城阳板块以良好的生态环境、深厚的历史渊源、优美的自然景观而成为居住的理想区域。青岛市内靠海的陆地面积有限，城市要发展，只能向北扩张。目前，对于北部的居住极限，多数青岛人能接受的是城阳。

2）城阳板块构筑地产金三角。

城阳区辖城阳、流亭、夏庄、惜福镇、棘洪滩、上马、河套、红岛8个街道，由于地理位置等因素，房地产的发展自然而然地分为了两部分：东部的城阳、流亭、夏庄、惜福镇房地产市场如火如荼，西部的棘洪滩、上马、河套、红岛的房地产市场波澜不惊。

东部的城阳、流亭、夏庄、惜福镇房地产市场又可以分为三大区域：以天泰·奥园、山水嘉园、水青木华等为主的南部区域；以加州枫景、喜盈门财富广场、瑞麟公馆、阳光丽苑等为主的城阳核心区域；以盛世景园、100福国际山庄、千禧国际村为主的东部惜福镇区域。这三个区域可以说是城阳板块的三个小板块——城阳板块金三角。而其中加州枫景所在的中心城区板块由于生活配套完备等因素，一直处于各个板块的领头羊位置。

总之，城阳地产开发项目相对集中于这三个区域：以便利型居住为主的城阳主城区板块；靠近崂山西麓，自然环境优美、宜于休闲度假的惜福镇板块；与李村接壤的夏庄南部板块。

3）房价叫板李沧，考验当地消费力。

目前城阳一部分住宅的单价已经突破5 000元，而离市区更近的李沧区还有不少4 000

元价位的楼盘，究其原因之一在于城阳的经济发展已经迅速独立起来，一定程度上不再依附于青岛市内，有一些楼盘基本上被本地客户（包括在城阳常驻的外籍人员）所消化。

但是由于新项目的不断涌现，小户型住宅稀缺，高房价导致了高的总房款，无形中加大了中低阶层的购房压力，导致项目销售周期的拉长。

4）城阳地产拉动青岛地产进入大盘时代。

随着市区可利用土地的稀缺，城阳板块地大物博的优势将青岛北部地产带入了大盘时代：天泰·奥园、盛世景园、100福国际山庄、千禧国际村、山水嘉园等几十万、上百万平方米的大盘相继面世。

5）城阳中央生活区（CLD）形成，同质化竞争激烈。

在城阳区政府以东、青威路以西的区域，老住宅、新建住宅鳞次栉比，加州枫景、水晶之都、馨盛苑、春阳花苑、弘通星座、瑞麟公馆等项目扎堆出现，一个成型的中央生活区呼之欲出。

6）韩国人、鲜族人置业蔚然成风。

3. 主要项目分析

城阳房地产市场主要分为夏庄南部板块、城阳主城区板块、惜福镇板块三个区域。

（1）夏庄南部板块。

地理位置：在李村与城阳接壤处。

在售楼盘：天泰·迦南美地、山水嘉园、水青木华等楼盘。

建筑形态：多层、小高层。

参考价格：多层精装修楼盘均价在每平方米5 000元以上。

区域分析：与其他两个区域相比，更接近市区，乘公交车十多分钟便可到达李村商圈。未来公共交通条件改善，大规模的近郊化居住人群有可能在这一区域出现。以运动为主题的天泰·奥园社区最先在这里扎根，社区重规划，景观、休闲自成一体。韩国人酷爱运动，大型的天泰运动工场颇受他们喜爱。

表5—4　　夏庄南部板块项目具体指标

项目	规模	建筑形式	位置	价格	户型	工程进度	装修	环境	区内
天泰·迦南美地	一期9.5万m^2	小高层	奥园西侧	5 080元/m^2起价	69～118m^2	2006年6月开售	精装修	十梅庵	运动工场、网球场
山水嘉园	25万m^2	多层、小高层、别墅	奥园南邻	4 650元/m^2起价	80～89m^2	一期准现房	精装修	十梅庵山景	水景园林
水青木华	17万m^2	多层	308国道与华仙路	4 130元/m^2起价	87～160m^2	准现房	菜单式装修	小河、四星级酒店	循环流动水景
崂山水岸绿洲	36万m^2	多层、小高层、别墅	夏庄、白沙河	3 100元/m^2起价	89～150m^2	2006年10月一期交房		崂山水库	

（2）城阳主城区板块。

地理位置：以城阳区政府为中心，向四周辐射，目前在售楼盘多集中在城区东部。

在售楼盘：瑞麟公馆、加州枫景、海棠苑、水晶之都等楼盘。

建筑形态：以多层、小高层为主。

参考价格：新开发楼盘毛坯房起价在每平方米 4 000 元以上，均价已超过 4 500 元。

区域分析：依托区政府周边的商业、餐饮、医院、学校等生活配套，居住便利。凭借城阳的经济实力，未来发展前景看好。区政府北面的盈园广场，以其独特的位置、园林景观，成为高档社区的标志。城阳区缺少高档写字楼，一些机构只得租赁盈园广场等高档社区住宅作为办公场所。高档楼盘的主力客户是韩国人、当地高收入者，市内四区居民一般不在此置业投资。

表 5—5　　城阳主城区项目具体指标

项目	规模	建筑形式	位置	价格	户型	工程进度	装修	环境	区内
瑞麟公馆	8 万 m^2	多层、小高层	春阳路东段	4 280/m^2 起价	99～159m^2		毛坯	实验二小	水景园林、网球场、名木
馨盛苑	3 万 m^2	多层、小高层	春城路南段	4 300/m^2 起价	90～130m^2	小高层准现房	毛坯	实验二小	
水晶之都	5 栋	小高层	春城路南段	3 620～4 900 元/m^2	89～130m^2	准现房	毛坯	实验二小	水晶主题园林
海棠苑	9 万余 m^2	多层	长城路南段	3 740 元/m^2 起价	98～148m^2	现房	毛坯	世纪公园	
阳光丽苑	5 万余 m^2	小高层	康城路北段	3 400 元/m^2 起价	150m^2	现房	装修	莱农	
加州枫景	9 万余 m^2	多层、小高层	明阳路东端	4 680 元/m^2 起价		多层主体完工	毛坯	实验二小	北美园林
亿路发阳光景园		多层、小高层	春阳路	三楼 5 000 元/m^2	余顶层 160m^2	现房	毛坯	莱农、大润发	地下车库
喜盈门财富广场		住宅部分小高层	国货对面	4 300 元/m^2 起价	120～164m^2	2006 年 8 月交房	毛坯	国货、喜盈门超市	商业、写字楼
青岛启阳国际	10 万 m^2	小高层	绣城路	3 800～4 700 元/m^2	130～190m^2	打地基	毛坯	自建四星级酒店	自建商场、博物馆
永合硕丰苑	12 万 m^2	多层	西元广场南		79～132m^2	现房		建材批发市场	
弘通星座		小高层	国城路	三层 4 100 元/m^2	147m^2	现房，已入住	毛坯	实验二小	
春阳广场		小高层	家佳源对面	3 860 元/m^2 起价	120～170m^2	现房	毛坯	家佳源	
特汽春城路项目	估计 10 万 m^2 体量，春城路南段								

其他旧村改造项目各村自建的住宅楼，以低价分配的形式，基本消化了本地普通村民的购房需求。

（3）惜福镇板块。

地理位置：崂山西麓，王沙路以东，靠近惜福镇政府。

在售楼盘：银盛泰·盛世家园二期、银盛泰·盛世景园、千禧国际村、100 福国际山庄等楼盘。

建筑形态：多层、小高层、高层、联排别墅。

参考价格：精装修房均价在每平方米 4 000 元以上。

区域分析：该区域不仅拥有崂山大生态环境的浸润，还有铁骑山、百福庵、通真宫等人文资源。距离城阳主城区 8 公里左右，可分享其商业、医院等城市配套。区域内，银盛泰·盛世家园一期网点已经启用，不久的将来，盛世系列三期项目网点全部交付，本区域将拥有 6 万平方米左右的商业配套，成为区域地产的重要支点。保护与开发这一区域的自然、人文资源同等重要，达到建筑与环境、历史的和谐统一，是整个区域地产的价值所在。

表 5—6　　惜福镇项目具体指标

项目	规模	建筑形式	位置	价格	户型	工程进度	装修	环境	区内
盛世家园二期	11.6 万 m^2	多层	惜福镇正阳东路北	4 000 元/m^2 左右	部分小户型	现房	精装修 1 000 元/m^2	镇中心幼儿园	网点
盛世景园	9.3 万 m^2	多层小高层	惜福镇正阳东路南	4 380 元/m^2 起价	65～180m^2	2006 年 10 月交付	精装修 1 000 元/m^2	30 亩沿河公园	会所
千禧国际村		多层、小高层、别墅	惜福镇东南	小高层 4 200 元/m^2 起价	100m^2 以上	一期现房	韩国精装修	山景	会所、高尔夫练习场
100 福国际山庄	1 060 亩	别墅	铁骑山下	135 万/套	260m^2	一期现房	毛坯	山、水库	会所

资料来源：《2006 年青岛城阳房地产市场调查报告》，见 http://www.21ask.com/htmls/v30759.html，2007-04-17。

关键术语

全面普查　随机抽样　非随机抽样　就便抽样　判断抽样　配额抽样
探测性调查　描述性调查　因果性调查　预测性调查　初级资料　次级资料

复习思考题

1. 选择你感兴趣的一种房地产产品，设计一套完整的房地产市场调查方案，包括：确定调查的目的和所要调查的主要内容，选择适当的调查方式，计划采用的资料整理分析方法等。

2. 选择你所在城市或地区的一个房地产项目（住宅、商业、工业项目均可），针对该项目的特点设计一次市场调查，以分析该项目的市场状况和消费者对该项目产品的评价，根据调查结果得出市场分析报告。

3. 房地产市场调查资料的获取途径有哪些？不同种类的资料的运用途径有哪些？

第 6 章

房地产市场细分和目标市场选择

本章内容提要

营销思想经历了由大规模营销（mass marketing）、产品差异性营销（product-variety marketing）向目标市场营销（target marketing）的演变。房地产营销也应该顺应这种进步。我们知道，即便是资金雄厚的房地产公司，也不可能对所有类型的客户提供满意的产品。房地产公司若想在竞争中立于不败之地，就必须对自己的服务对象、服务区域有明确的界定。这就要求房地产公司结合自身的优势，来确定自己最具竞争力的细分市场，即解决好“为谁的需要服务”的问题。本章将结合目标市场营销的有关理论探讨房地产市场细分和目标市场选择的有关内容。

STP 营销被认为是现代战略营销的核心，包括细分市场（segmenting）、选择目标市场（targeting）和产品定位（positioning）。但销售者并非一开始就持有这种营销战略的观点，这一思想的发展经历了三个阶段：大规模营销阶段、产品差异性营销阶段、目标市场营销阶段。

在大规模营销时期，销售者向顾客大量销售同一种模式的产品。这一时期，人们认为大规模营销便于降低成本和价格，从而能够创造更大的潜在市场。但社会经济发展到一定阶段之后，消费者越来越追求商品的多样化，这种大规模营销策略便不再适用。于是，销售者开始生产或开发具有不同特点、风格、质量、档次、规格的产品，以便向顾客提供多种选择，这样便进入了产品差异性营销阶段，即产品多样化营销阶段。产品多样化营销的观点认为：顾客有不同的喜好，而且随着时间的推移、社会的发展，其喜好也在变化，因而顾客也在寻求多样化产品。随着经济社会的进一步发展，生活方式不同的人希望通过不同的销售渠道来寻求不同的商品，并采取不同的交流方式，结果使大型的市场细分为数百个“微型市场”。此时，销售者先从整个市场中区分出主要的细分市场，在其中确定一个或几个目标，并制定产品开发计划和营销计划，使之适合每个选定的细分市场的需要，这就形成了基于市场细分的目标市场营销。究竟什么是市场细分和目标市场选择，如何进行市场细分和目标市场选择，我们先看一个典型案例。

◆ 案例 6—1 ◆

万豪酒店（Marriott）是与希尔顿、香格里拉等齐名的酒店巨子之一，通过市场细分来划分不同的消费群体并有针对性地提供产品是万豪的一贯做法，也是万豪酒店成长的动力和源泉。

万豪一直致力于寻找其不同品牌间的空白地带。如果调查显示某细分市场上有足够的目标顾客需要一些新的产品或服务特色，那么万豪就会将产品或服务进行提升以满足顾客新的需求；如果调查表明在某一细分目标顾客群中，许多人对一系列不同的特性有需求，万豪将会把这些人作为一个新的顾客群并开发出一个新的品牌。早期，万豪针对销售人员推出了 Fairfield，针对销售经理推出了 Courtyard，针对业务经理推出了 Marriott，针对公司高级经理人员推出了 Marriott Marquis。在不断的发展中，万豪进行了进一步的市场细分，推出了更多的旅馆品牌，这些品牌在产品设计、装修程度、价格定位等方面依据目标客户群的不同均有一定的差异。

资料来源：http://www.veryeast.cn/cms/Html/corp/dianzihuikan/diwuqi4/2006－6/29/0662923015096017.html。

由上面的案例可以看出，有效的目标市场营销要求营销者做到[①]：（1）依据需求和偏好的差异辨别和勾勒不同的购买者群体（市场细分）；（2）选择要进入的一个或多个细分市场（确立目标市场）；（3）对每个目标市场，建立和传播企业市场供应品的独特利益（市场定位）。我们知道，即便是资金雄厚的房地产公司，也不可能对所有类型的客户提供满意的产品。房地产公司若想在竞争中立于不败之地，就必须对自己的服务对象、服务区域有明确的界定。这就要求房地产公司结合自身的优势，来确定自己最具竞争力的细分市场，即解决好“为谁的需要服务”的问题。

6.1 房地产市场细分的概念和作用

在讨论房地产市场细分之前，我们有必要弄清楚市场营销人员经常讨论的有关概念，如潜在市场、有效市场、目标市场和渗透市场等。

6.1.1 市场的有关概念区分

（1）市场。市场就是某产品的实际购买者和潜在购买者的集合。市场的规模就是特定

① 参见［美］菲利普·科特勒：《营销管理》，200 页。

商品的购买者数。

(2) 潜在市场。潜在市场是指对特定商品有某种程度兴趣的购买者，如对一家住宅开发商来说，凡是对住宅有投资兴趣的人都构成了住宅项目的潜在市场。

(3) 有效市场。消费者只有兴趣还不足以确定市场，潜在购买者必须有足够的收入来购买这种产品，并且能够通过某种途径买到这种产品。因此，有效市场是指对特定商品具有兴趣、有足够的收入且具有一定的购买途径的消费者集合。

(4) 合格的有效市场。政府或其他机构可能会限制对特定群体销售某些商品，也就是说消费者对特定商品的消费可能要先取得资格。所以，对特定商品具有兴趣、有足够的收入、具有一定的购买途径并且合格的消费者集合才构成合格的有效市场。

(5) 目标市场。目标市场是企业决定追求的那部分合格的有效市场，它可能是全部的合格的有效市场，也可能是部分的合格的有效市场。

(6) 渗透市场。渗透市场是指已经购买了该产品的消费者集合，如某一预售盘的全体预售合同签约者。

6.1.2 房地产市场细分的概念

市场细分的概念是美国市场学家温德尔·史密斯（Wendell R. Smith）于1956年提出来的。它是第二次世界大战结束后，美国众多产品市场由卖方市场转化为买方市场这一新的市场形式下企业营销思想和营销战略的新发展，更是企业贯彻以消费者为中心的现代市场营销观念的必然产物。作为现代市场营销思想的一个突破，这一概念一经提出，很快受到学术界的重视和企业界的广泛应用，目前，市场细分已经成为现代市场营销学的重要理论之一。

所谓市场细分，就是从消费者需求的差异性出发，把消费者市场划分为具有类似性的若干不同的购买群体——子市场及亚市场，使企业可以从中认定目标市场的过程和策略。按照营销大师科特勒的形象比喻，进行目标营销，为不同细分市场制定不同产品和营销方案的企业采取的不是分散营销努力的方式（霰弹式），而是把营销努力集中在具有最大购买兴趣的买主身上（精确制导）。因此，市场细分就是指按照消费者的欲望与需求把一个总体市场划分成若干个具有共同特征的子市场的过程。

房地产市场细分，则是指人们在目标市场营销观念的指导下，依据消费者的需要、欲望、购买行为和购买习惯，将房地产市场整体（整体市场太大以致企业很难为之服务）分为若干具有相似欲望和需求的房地产消费者群的市场分类过程。如美国最大的房产商Pulte Homes公司将市场细分为11个，即首次置业者（年轻未婚者较多）、常年工作流动人士、单人工作丁克家庭、双人工作丁克家庭、有婴儿的夫妇、单亲家庭、成熟家庭、富足成熟家庭、空巢家庭、大龄单身贵族以及活跃长者等。[①]

房地产市场细分是房地产消费需求日益多样化在房地产企业营销策略上的反映。房地产市场细分渊源于房地产消费需求的异质性，主要依据是异质市场中需求一致的顾客群，实质就是在异质市场中求同质。市场细分的目标是为了聚合，即在需求不同的市场中把需

① 参见胥和生、沈蕙帼：《房地产策划》，上海，东华大学出版社，2006。

求相同的消费者聚合到一起。

房地产领域的市场细分在我国的发展并不久，随着人们生活水平的提高以及房地产业竞争的加剧，开发商需要更加敏锐地发现人们需求的变化，满足甚至引导人们的居住需求，把握市场空白，开发细分市场，只有这样才能避免和其他企业的正面竞争，在大浪淘沙中保持自己的市场和优势。

6.1.3 房地产市场细分的作用

在制定市场营销计划时，房地产企业的基本任务是发现和了解其目标市场，然后制定与执行有效的市场营销方案。房地产市场细分是房地产企业选择目标市场的前提与基础，其根本目的是为房地产企业实施有效的目标市场营销战略服务。房地产企业要在竞争中取得优势，就要识别自己能够有效服务的、极具吸引力的细分市场。

房地产市场细分具有如下作用：

第一，有利于房地产企业分析、发现新的市场机会。房地产市场是一个容量大、品种多、配套服务性强、需求多样化、存在着很多机会的市场。抓住一个新的市场机会，对房地产企业来说，就意味着开拓了一个新的经营业务领域，占据了更多的市场份额。从这个意义上说，只有不断发现和抓住新的市场机会，房地产企业才能在市场营销中“左右逢源”，呈现勃勃生机。市场细分是房地产企业不断发现新的市场机会的有效手段。在对房地产市场进行周密调查的基础上，企业应根据当时房地产市场的竞争状况，了解、分析各个不同的房地产消费者群的需求满足程度，搞清楚哪些类型的房地产需求已经满足，哪些未满足，哪些竞争力还较弱，从而发现值得开发的分市场或子市场。据此，房地产企业可制定最佳的市场营销战略，以提高自己在房地产市场中的占有率。

◆ 案例 6—2 ◆

随着生活品质的提高，很多家庭开始雇用保姆，然而出于私密性及减少成本的考虑，越来越多的家庭不愿意和保姆住在一起。针对这一新的不平衡关系，南京新城置业公司开创了南京首家保姆公寓——托乐嘉“保姆之家”，以“保姆不居家，工作 8 小时”为理念，为保姆提供居住服务，填补了市场空白。

资料来源：《探秘南京首家保姆公寓》，见 http://nanjing.soufun.com/house/2008-11-12/2216091.htm，2008-11-12。

第二，有利于房地产企业集中资源，提高竞争力，制定适当的营销组合策略，取得良好的经济效益。无论规模多大、实力多雄厚的房地产企业，其人力、物力和财力也总是有一定限度的，面对需求种类繁多的房地产市场，在同一时期，它不可能全都去开发、经营、管理。而通过市场细分，企业就能找到最适合自己的一项或几项经营业务，提高企业对市场的应变能力，从而把本企业的人、财、物相对集中地投入到这些业务中去，针对目标市场制定适当的营销组合策略，以取得最大的经济效益。如一些实力雄厚、资信程度高的房地产开发公司，曾通过市场细分选定在一定时期、一定区域集中力量开发经营高品位的写字楼、商场或银行大厦等标志性建筑，这样，企业既可获得丰厚的利润，又可借物业提高社会声望，扩大企业知名度和市场占有率，增强市场竞争能力，促进企业的发展和壮大。

第三，有利于中小房地产企业开发市场。中小房地产企业的人力、物力、财力和信息资源有限，在整体房地产市场和较大的分市场竞争中缺乏优势。如果这些中小企业善于发现一部分消费者未得到满足的需求，细分出一个与本企业的实力和优势相适应的小市场，推出相应的产品或服务，往往能获得较好的经济效益。

第四，有利于调整房地产企业的市场营销策略。房地产市场细分可以帮助房地产企业及时了解房地产消费者群的特殊需求及其变化，搞好准确合理的产品定位，并据此制定灵活有效的房地产市场营销策略。如根据目标市场的需要改良现有的房地产产品和开发新的房地产产品，使之适销对路。

6.1.4　有效市场细分的条件

房地产市场细分有许多方法，但并不是所有的市场细分都是有效的。比如，宾馆的入住者可以按照民族分为汉族、回族、蒙古族等，也可按其职业或年龄加以区分。但是这些细分显然与入住宾馆没有什么必然联系，因此这种细分是徒劳的。要使市场细分对房地产经营企业有效，则房地产市场细分应遵循以下五个基本原则：

1. 可衡量性

可衡量性是指各个细分市场的现实（或潜在）购买力和市场规模大小应是可以识别的、可以衡量的。也就是说，细分市场不仅边界清晰，而且能大致判断市场的大小。比如，需要购买可自由分隔和装修的毛坯房（清水房）的消费者群规模有多大，他们的购买力和地段选择怎样，这些情况都要有确切的实际调查资料来显示。如果能做到这一点，这个住宅的细分市场就符合可衡量性的原则，从而可实现有效的细分。而有些细分依据是很难衡量的，如购房用以保值或炫耀经济实力的分市场究竟有多大，就不易衡量。这种细分可作为定性分析的一部分，供房地产经营企业制定营销策略时参考。

2. 可进入性

可进入性是指房地产经营企业有可能进入所选定的细分市场的程度。这主要表现在三个方面：一是企业是否具有进入这些细分市场的条件；二是企业是否能够将产品推广到该市场的消费者面前；三是企业的产品是否能进入该市场。如果某物业管理公司发现需要它提供物业管理特色服务的消费者群分散在相距很远的多幢大楼里，而且他们在整幢大楼的住户中只占很小的比例，在这种情况下，该物业管理公司要进入这个市场几乎是不可能的。只有在这些消费者的居住区域相对集中并具有一定规模的条件下，该物业管理公司才能进入这个细分市场。

3. 可盈利性

可盈利性是指房地产经营企业所选定的细分市场的规模足以使本企业有利可图。一个细分市场应该是适合制定独立的市场营销计划的最小单位，并且具有相当的发展潜力。如果细分市场无利可图，也没有发展潜力，那么，这种细分市场是没有实际意义的，因为它违背了企业投资获利的宗旨。

4. 可行性

可行性是指房地产经营企业对自己所选择的细分市场，能否制定和实施相应有效的市场营销计划。企业可以将房地产总体市场细分为众多的分市场，但并不是所有的分市场都适合企业的经营能力。有的是由于技术上不能胜任，有的是由于企业受人员、资金和用地规模的限制，尚不足以同时为太多的房地产市场制定和实施个别的市场营销计划。总之，企业对市场的细分必须符合可行性的原则。

5. 稳定性

细分市场必须保持相对稳定，不宜经常变更，以保证房地产企业市场营销策略的一致性，使得企业能够在该细分市场上获得长期、稳定的经济利益。

真正的市场细分绝不以细分为目的，为细分而细分，而应该以发掘市场机会、增加企业利润为目的。同时需要指出的是，市场细分必须适度，并不是分得越细越好。因为过分的市场细分，会增加商品的规格和种类，会缩小细分市场的营销规模，并使房地产开发成本和营销成本增加，这样反而会降低企业营销绩效。

6.2 房地产市场细分依据

由于受地理环境、年龄、收入、文化程度、心理等因素的影响，消费者对房地产有不同的偏好，进而产生不同的购买习惯和购买行为。这些引起人们对房地产产品产生不同欲望和需要的参数，构成了细分房地产市场的依据。

6.2.1 房地产市场细分依据的确定

确定房地产市场细分依据时应注意以下问题：

(1) 根据房地产的社会经济用途，房地产市场可区分为住宅市场和生产营业用房地产市场。一般说来，住宅市场是面向家庭和居民的房地产市场；而生产营业用房地产市场则是为工厂、公司、商业、宾馆提供生产经营要素的房地产市场。由于这两类房地产市场中需求主体性质各异，所以应对它们的市场细分依据分别加以讨论。

(2) 房地产细分充分显示消费者对房地产周围环境的评价与偏好。房地产市场是不动产市场，由于不动产所固有的空间位置的不可移动性，就必然存在一个不动产所处的周围环境问题。而这种环境对房地产市场消费者非常重要。

(3) 房地产市场细分应注重消费者对房地产管理和服务的需求。房地产不仅是一种物，同时也是一种社会关系。体现在房地产上的这种社会关系具体包括经济关系、法律关系、邻里关系、社区关系等等。而且，房地产还具有使用期限长、财产或权利流转复杂、专业技术性强的特点。因此，消费者对房地产的现时需求，往往是与今后自己所拥有的那份房地产的权利保障性和使用（或处分）便利性联系起来考虑的。这就需要房地产企业提供优势的房地产管理和服务加以解决。

(4) 市场细分依据不是一成不变的。企业应根据市场的变化，树立动态概念。消费者的年龄、收入、家庭规模等会随着时间的推移而不断变化，他们的习惯与爱好也会随着年龄的增长和阅历的积累而有所变更。因此，按人口统计因素或心理因素细分市场，就要随时研究其变化，以便及时调整营销策略。即使是区域（地理）因素，也是不断变化的，城镇的大小、人口密度都会随着社会经济的发展而有所增减。因此，企业对房地产市场的细分要以变应变，适应市场发展的需要。

（5）在进行市场细分时，可以按照一个依据来细分市场，但在大多数情况下是把多种依据结合起来进行细分。目前市场细分研究主要有两个视角：一是消费者导向的市场细分，主要为理论界使用。该类研究重点是对消费者的需求和行为特征进行分类，主要以顾客总体特征为细分标准去对消费者分群，即从个体心理（包括感知、认识、动机、个性等）、社会文化环境以及决策过程三个不同侧面对消费者进行细分。二是产品导向的市场细分，主要为营销决策者使用。该类研究根据不同的营销决策目标（产品定位、定价、广告定位等），围绕某产品或品牌的特定消费情境对消费者进行细分，细分的变量包括对产品或品牌的态度、寻求的目标利益或需求偏好等。

6.2.2　住宅市场的细分依据

住宅市场的细分依据很多，凡是能够造成消费者住宅需求差异的因素都可以作为市场细分的依据。一般而言，可以把这些因素分为四类：区域（地理）因素、人口统计因素、消费者心理因素和消费者行为因素。

1. 区域（地理）因素

由于不同区域的消费者对住宅的需求存在差异，因此可以采用地理因素进行细分。区域因素就是指按照国别、地区、行政区划、城乡、地理环境特征等因素细分房地产市场，以确定企业意欲进入的细分市场。区域因素可以分为自然地理环境、经济地理环境以及人文地理环境三类。

自然地理环境，包括地形、地貌以及气候条件等。如由于气候的因素，我国北方的居民可能十分注重住宅的保温性能，而南方的居民则并不十分在意这个问题。

经济地理环境，如距离市中心的远近、交通便利程度等等。在我国房地产开发中，经常根据城市的规模（是大城市还是中小城市）、城市地理位置（是东部沿海城市还是中西部内陆城市）、城市的经济发展状况和文明程度等标准将我国城市划分为一线城市、二线城市、三线城市等。这种划分实际上就是根据市场需求层次的变化而进行的细分。就同一个城市而言，也存在一个区位的问题，是位于市中心还是位于郊区，是位于工业区还是位于居住区，是位于商业区还是位于教育区，所处的区位不同，消费者的需求也会有所不同。以北京市为例，由于区位的不同，同为小户型，客户却可能会有较大的差异。CBD 地理位置独特，周边商业设施发达，其小户型项目单价很高，客户以单身的白领一族、丁克一族或投资性客户为主。而中关村地区由于高校及科研单位较多，从业人员多为高科技人员以及商业配套的服务人员，居住客户也因此为高学历的人员，其中年轻人较多。这两类人群对住宅的属性要求就会有较大的差异。

人文地理环境，如居民素质、社会风气、文化教育、设施便利程度等等。在历史上，北京就存在“东富、西贵、南穷、北贱”的说法，同样质量的商品房，位于南部和北部就有很大区别。人文地理环境对需求差异的影响也是不可忽视的。

人们对房地产的需求爱好，实际上是对房地产及其周围环境进行综合评价和选择的结果。因此，在细分房地产市场时，应充分考虑到人们对房地产需求的环境评价与偏好。

站在同一个区域角度来看，住宅市场是一个区域性市场，但它的购买者并不局限于该房地产个案所在的区域，尽管其消费必然是在这个区域内完成的。按照简单的地理划分方法，可以将住宅的购买者划分为本城市的购买者和非本城市的购买者。非本城市的购买者又可分为：(1) 省内购买者；(2) 国内其他省购买者；(3) 境外购买者。境外购买者又有两种分类法：一是按国家（地区）可分为台湾人、香港人、东南亚人、日本人、美国人、其他国家（地区）人；二是按从事业务情况可分为已在国内有投资项目的境外人士、已在国内有贸易业务的境外人士、其他境外人士。来自不同区域的购买者，购买的目的可能不尽相同，对产品的偏好也可能存在较大差异，有必要进行市场细分，以提供不同的产品和服务，采取不同的营销模式。例如，同为别墅产品，万科 17 英里①针对的是城市新贵，而上海的佘山庄园则为外销产品，二者在开发之初所要考虑的问题就会有所差异。

2. 人口统计因素

人口统计因素通常包括以下方面：

(1) 年龄。不同年龄的消费者，对房地产的需求也有差异，如表 6—1 所示。

表 6—1　　年龄与房地产市场细分

年龄段	25～30 岁	31～40 岁	41～60 岁	60 岁以上
群体代表	刚工作	三口之家	私企老板、企事业单位中高层管理人员	空巢家庭
消费特征	新消费观念的带头人，爱好新颖、时尚、独特的产品	子女的抚养费用占据了较大一部分支出	产品的消费一定程度上考虑到对社会地位的影响	对老年人用品需求增加，如医疗保健，需要情感关怀
购房次数	首次购房	首次、二次	二次或以上	二次或以上
需求特征	交通便利、性价比高	方便上下班和子女上学、经济适用、多层或高层的中等户型	中心区高层或环境优美、配套设施齐全、低容积率的郊区中大户型	环境优美、小户型、市区近郊
购买动机	婚房，自住	自住	自住，投资	自住
经济实力	实力一般，部分为父母付首付	收入稳定，具有一定经济实力	事业有成	有一定积蓄，养老有保障

资料来源：蔡黔芬、刘富勤：《我国住宅房地产市场细分现状分析》，载《建筑经济》，2007 (5)。

我国已经进入老龄化阶段，老年人对住宅的位置、环境、物理属性有一些特殊的要求，并且部分老年人也具有较强的经济实力，是一个很有前景的细分市场。目前虽然有部分开发商关注到这部分市场，但是整体发展程度并不高。老年社区、老年公寓市场不应该被忽视，而且该市场对中小型开发商而言也是开拓新市场、赢得发展的良好契机。

① “万科 17 英里”为万科公司位于深圳市东部溪涌盐葵路南侧海岸的一个海景别墅项目。

(2) 收入。不同收入水平的家庭对住宅的需求数量和质量要求是不同的。家庭收入水平，一般分为高收入、中等收入和低收入三类。在住宅市场细分中，应调查和分析这三类收入水平相应的住宅需求特征，从而有针对性地开发适销对路的住宅，并制定符合实际的营销策略。当然，同时还应进一步调查分析各类收入水平中有支付能力的购买者占多大比重。因为有支付能力的购买者有时并不总是按同一比例增减的。同一收入水平上，各个家庭的住宅需求数量与质量要求会表现得很不相同。但一般说来，家庭的收入水平与其住宅需求（欲望）的演进趋向是相应的。随着人们收入水平的提高，住宅需求的类型也会从生存型向改善型乃至享受型发展。生存型的住宅需求追求的是一个以平方米指标为主的空间；改善型的住宅需求追求的是一个能满足多方面家居生活需要的室内环境；而享受型的住宅需求则是全方位追求一个居住宽敞、功能齐全分明、设备高档、装潢精美、外部环境优美、物业管理系统健全的“安居乐”境界。

案例6—3

富力地产一直以务实的精神在房地产界著称。富力认准中间阶层（主要是工薪族），由于这部分群体最重视交通的便利和配套设施的完善，因此与众多开发商在市郊“圈地”不同，富力集中在城区开发。考虑到工薪阶层的消费观，富力秉持“高性价比”的理念，更多提供户型紧凑、实用率大的中价大盘，产品品质、价格特点和客户需求高度统一，这为富力快速占领市场提供了基础。

资料来源：上海易居研究院：《最强大的公司怎么做房地产》，大连，大连理工大学出版社，2008。

(3) 家庭特征。家庭特征以家庭规模、家庭代际数以及家庭类型三个方面体现出来。

家庭规模主要指家庭人口数量的多少以及家庭组织范围的大小。我国家庭规模是随着社会经济的发展而不断变化的，社会经济发展程度越高，家庭规模就越小。调查显示，我国家庭每户平均人数由1982年的4.54人下降到2010年的3.10人。在人口总数不变的情况下，家庭规模缩小的结果就是家庭户数的增加，而住宅消费往往是以家庭为单位的，因此，家庭规模的缩小将直接导致对住宅单元需求的增加，但同时对住宅单元面积和房间数的要求也降低了。

家庭代际数是指家庭成员由几代人构成。按这种方法划分家庭，一般可分为三种类型，即：一代户，由单身家庭和夫妻家庭构成；二代户，由核心家庭构成；三代户及三代以上户，由主干家庭和联合家庭构成。

案例6—4

根据对武汉市某居民区及烟台、无锡三地抽样调查的资料，可以看出家庭代际数是以二代户为主，占60%～70%，三代户及一代户共占约30%，四代户及四代以上户所占比例甚小（见表6—2）。由于各个家庭由不同的代际人员组成，一般都要求分开居住，从而增加了对住宅的需求。

表 6—2　按代际数划分的中国家庭结构（%）

地区	一代户	二代户	三代户	四代户及四代以上户
武汉市某居民区	13.5	62	24.5	—
烟台市	14.24	70.22	15.26	0.28
无锡市	17.88	57.54	23.58	1

家庭类型是指家庭成员间的关系。根据家庭成员的血缘关系，一般可分为六种家庭类型：1）单身家庭，指独居者；2）夫妻家庭，由一对夫妻组成的家庭；3）核心家庭，由一对夫妻与其未婚子女组成的家庭；4）主干家庭，由两代以上的人而每代只有一对夫妻组成的家庭；5）联合家庭，由两代以上的人而同一代中又有两对以上夫妻组成的家庭；6）其他家庭，即上述五种类型家庭以外的其他家庭。

在不同类型的家庭中，由于家庭人口数量以及家庭代际数的不同，对住宅的居住面积、附属空间面积以及公共活动空间面积所占比重会有不同的需求。“丁克族”一度在大中城市的年轻人中流行，这部分年轻人崇尚潮流和自由，又没有孩子，偏好户型小但风格简约且时尚的住宅，且对区位的要求较高。“丁克族”的出现曾经引起南京等多个城市的小户型住宅热销。

需要注意的是，家庭类型可能是发展变化的。如对于夫妻家庭来说，当前似乎只需要有一间卧室的住宅就行，但是随着新生小孩的到来，这种短期平衡就会被打破。有了小孩之后，男女双方的父母可能需要来照看小孩，或是需要请保姆，由于住宅买卖的交易成本较高，因此夫妻家庭在购买时可能就会考虑到未来的需要而购买两室或是更多卧室的住宅。这就需要开发商在确定好细分市场后，更加灵活地分析细分市场客户的特点，使所提供的产品与目标客户需求吻合。

与家庭结构密切相关的另一个因素是城市的新婚人数，这是城市家庭结构变化和总量增减的重要砝码。北京市城区每年新婚人数 10 万对左右，这些新生户的居住动态对房地产市场影响很大，不可忽视。

◆ 案例 6—5 ◆

美国最大的房地产公司 Pulte Homes 最具优势的竞争力在于拥有完善的客户细分以及在此基础上的终身服务。Pulte Homes 的客户细分体现了很强的客户导向，Pulte Homes 发现影响客户需求的两个最关键因素为客户的生命周期以及客户的支付能力，即住房需求会随着人的不同生命阶段而变化，而区分的主要依据即是收入水平。Pulte Homes 因此开发了客户细分工具——生命周期与支付能力矩阵，将客户细分为 11 类：首次置业者（年轻未婚者较多）、常年工作流动人士、大龄单身贵族、活跃长者、单人工作丁克家庭、双人工作丁克家庭、有婴儿的夫妇、单亲家庭、成熟家庭、空巢家庭、富足成熟家庭。

在细分的基础上，Pulte Homes 通吃 11 类客户群，但对每一类客户群真正做到区别对待，了解每一个单一客户群偏好的房屋格局、功能、特征、社区功能等，有针对性地提供产品和服务。

资料来源：上海易居研究院：《最强大的公司怎么做房地产》。

3. 消费者心理因素

心理细分是以人们购买住宅的动机、生活方式以及个性等心理参数作为划分住宅消费群的基础。就某一个具体的住宅消费主体——家庭而言，尽管其组成人员对住宅需求的心理状态也许各不相同，但是它们会相互作用而融合成一个家庭需求心理倾向。

（1）购买动机。人们到市场上去购买住宅，并不全是为了满足自己的居住需要。人们或是为了保值增值、显示雄厚的经济实力或为满足其他需要而加入购房行列。总之，人们的购房动机是各种各样的。动机是指为了实现一定行动目标的理由，而不同的理由具体表现在对需求目标选择着眼点的差异上。自购自用住宅的购房者一般以多年的积蓄来购置物业，主要着眼于住宅的使用价值，因此往往希望质量可靠、品质上乘；投资型客户以出售或出租为主要目的，往往关注项目的升值潜力和迅速变现的可能性，注重交通的便利性；用以炫耀购买者经济实力的住宅也许是高档豪华的；而用作福利性解困安置的住宅一般是平面系数高的普通住宅。当前随着人们生活品质的提高，一些人逐渐厌倦了拥挤、喧嚣的城市生活，追求“5＋2”的生活方式，即五天生活在城区、两天生活在郊区或其他环境优美地方的“第二居所”，鉴于这类人群的购买动机，再加上这类人群往往拥有私家车，因此“第二居所”在距离上往往不是关键，但是在环境上却有较高的要求，应能够满足消费群体“离尘不离城”的愿望。

（2）生活方式。生活方式是指人们对消费、工作和娱乐的特定习惯及倾向性的方式。人们的生活方式影响了他们对各种住宅的兴趣，而他们所消费的住宅的状况也在一定程度上反映出他们的生活方式。现代年轻人越来越追求自由的生活方式，因此 Loft 这种源于废旧厂房的居住形式，因其空间的灵活性、开放性、透明性、流动性及艺术性等特征而大受年轻人的欢迎，当前很多开发商专门针对新兴阶层开发复式跃层的 Loft 产品。高端商务人员，尤其是跨国企业的高层管理人员往往工作忙碌，对物业的服务有较高的要求，传统的住宅很难满足，在这种情况下，酒店式公寓应运而生，为忙人、懒人以及旅游人士等提供酒店式的服务、公寓式的管理。

◆ 案例 6—6 ◆

2003 年，深圳“海归派”达到了较大规模，为此，《深圳特区报》推出“海归理想家园”活动——为深圳“海归”人士寻觅理想家园。由于这部分消费群体有海外经历，他们的生活方式和偏好可能与普通消费者有一些差异。“海归”们在选择家园时有什么不同的标准？有什么特殊的要求？有什么偏好的口味？有什么独到的品味？《深圳特区报》即是从这部分消费群体的生活方式出发，了解他们的安居梦想，使 2003 年成为深圳房地产史上的“海归年”。

资料来源：《报战·细分客户群营销》，见 http://nanjing.soufun.com/yuefen/zhuanti/bzlz/web22.htm。

无论从历史抑或社会的角度看，人们的生活方式与住宅需求确实存在着十分密切的匹配关系。可以这样说，住宅是人们生活物质的外壳，而人们对某种新型住宅的需求，往往体现了他们对改变现存生活方式的欲望，以及对某种更感兴趣的新的生活方式的追求。因此，住宅开发经营企业必须深入调查和把握人们生活方式的现状，科学预测其发展变化，这样才能在住宅市场上处于领先一步的地位。

一般从三个维度去衡量消费者的生活方式：活动（activities），如消费者的工作、业余消遣、运动、公共关系等；兴趣（interests），如消费者对家庭娱乐、家庭设备、色彩等的兴趣；意见（opinions），如消费者对社会、经济、文化、环境的意见。这种尺度又被称为 AIO 尺度。

（3）家庭个性。家庭个性主要指家庭在住宅的式样、装修、色彩、室内平面布局、邻里关系和区位环境等方面的心理偏好，其中突出反映在区位环境、户型及装修上。依据住宅需求的家庭个性参数，当前很多开发公司出售毛坯房，也称“清水房”，给家庭个性的实现和发挥留下了充分的可塑余地，很受一部分买家的青睐。

4. 消费者行为因素

行为依据是指人们对住宅的知识、态度、使用或反应。以行为依据为基础来划分住宅消费者群，称为住宅市场的行为细分。不少经营者相信行为依据是创建细分市场的最佳起点。

（1）使用时机。使用时机是指根据人们对住宅产生需要、购买或使用的时机加以区别。抓住消费者对住宅的使用时机，及时提供与需求相一致的各类住宅及管理服务，是企业开拓和占领新的住宅市场的有效策略。譬如，在大规模进行市政建设和旧城改造的情况下，动迁安置用房的供应会相当紧张，房地产企业可抓住这一时机，开辟动迁周转用房市场。

（2）追求利益。追求利益是指根据购买者对住宅所追求的不同利益而进行有效的市场细分。例如，同样是购买住宅，有的人追求购物方便的临街闹市地段，有的人注重视野开阔、赏心悦目的周围环境，有的人追求住房能商住两用，有的人对客厅和厨房的大小很在意，还有的人特别倾心于选择一套具有良好物业管理服务系统的住房。因此，如果住宅开发企业以追求利益来细分住宅市场，就必须让自己的产品突出某些最吸引人的特性，并分别做好广告宣传，以最大限度地吸引某个或若干个住宅消费者群。

（3）购前阶段。一般情况下，人们总是处在对某种住宅的购前阶段，如有的消费者不知道有这种住宅，有的已得到信息，有的感兴趣，有的想买，而有的正准备买。住宅开发企业应将处于不同购前阶段的消费者进行细分，然后采用适当的市场营销措施。例如，对于不知道本企业产品的消费者，要加强广告宣传，以引起他们的注意，最大限度地拓宽该类住宅的潜在市场；对于已经知道本企业产品或对本企业产品感兴趣的消费者，着重宣传本企业产品带给他们的利益；对于想买或准备买的消费者，则要告诉他们销售地点、联系人、销售服务项目以及购买者的资格规定；等等。

总之，住宅市场细分是一个以调查研究为基础的分析过程。住宅市场细分应循序渐进，每一次细分可以只取其中两个或几个参数作为分析依据。

6.2.3　生产营业用房地产市场的细分依据

生产营业用房地产市场是整个房地产市场的重要组成部分。这一市场的细分依据，与用来细分住宅市场的依据很不相同，因为消费者购买生产营业用房的目的不在于消费，而是把生产营业用房作为生产过程的要素，作为营业和生产场所。在这里，生产营业用房是成本，购买者投入这个成本的最终目的是要获取利润。生产营业用房地产市场的细分依据主要有最终用户和顾客规模等。

(1) 最终用户。所谓最终用户，是指最终使用生产营业用房的需求者。用最终用户参数来分析细分市场，房地产开发企业可以清楚地区分出一系列相关的市场需求者群。这些相关需求者群主要是加工制造业、商业、金融业、宾馆服务业、文化娱乐业等等。生产营业用房的这些最终用户对房地产开发企业所提供的产品及配套服务往往有不同的需求标准和利益诉求。开发企业为了占领市场，在客户中建立良好的信誉并争取优秀的营销业绩，就必须尽可能使最终用户的要求得到满足，并对不同类型的最终用户要相应地运用不同的市场营销组合策略。因此，房地产开发企业在以最终用户参数细分生产营业用房地产市场时，应将重点放在调查分析最终用户需求的层次和标准上。例如，星级宾馆对建筑物内部装潢的用料、工艺及施工质量的要求层次就要明显高于普通的旅馆，而五星级宾馆在这些方面的要求层次又要远远高于二星级宾馆。

◆ 案例 6—7 ◆

可以对北京市 CBD 区域写字楼市场进行细分。通常的写字楼可以按照相应标准分为甲、乙、丙三类，但是 CBD 区域写字楼和北京市其他区域相比，物业素质普遍比较高，绝大多数为甲级以上写字楼，因此不能采用甲、乙、丙这种通常的分类标准进行市场细分。可以根据租金水平、市场形象、客户特征等标准，将 CBD 区域写字楼市场分为三级——顶级、高级、普通高级，如表 6—3 所示。

表 6—3　　CBD 区域写字楼市场细分

类型	代表项目	租金	类型特征	客户特征
顶级	国贸、嘉里中心	50～55 美元/月/平方米	顶级水平，具有决定的地标性特点，培养期长，只租不售	类型：国际大型跨国企业 需求：国际商务区位，国际级物业形象
高级	京广中心、招商局大厦	35～40 美元/月/平方米	物业在北京的知名度很高，只租不售	类型：中外大型企业 需求：国际化商务区位，具有标志性的物业形象
普通高级	汉威大厦	20～30 美元/月/平方米	门槛相对较低，可以出售	类型：中外大型企业 需求：高档商务区位，具有昭示性的物业形象，相对实惠的租金

（2）顾客规模。顾客规模是指具体的最终用户对生产营业用房地产需求量的大小。根据顾客规模这个参数，通常可以把生产营业用房地产市场细分为大客户市场、中客户市场和小客户市场。在市场上，大客户一般较少，但其购买力大，而中、小客户多，但他们各自的购买力小。生产营业用房地产的购买或租赁能力集中在少数大的生产、商业企业。房地产开发企业可以与大客户直接挂钩建立经常性的业务信息联系，制定最具信誉和吸引力的营销策略。因为大客户能为房地产开发企业带来更高的经济效益和社会效益。对中、小客户，则一般可采用发布信息、广告、宣传、外勤推销等相应的营销策略。

在实践中，房地产开发企业可以同时使用若干细分依据，有层次地细分生产营业用房地产市场，并择优选取最能发挥自己特长、盈利大的目标市场。现对生产营业用房地产市场细分举例说明，如图6—1所示。

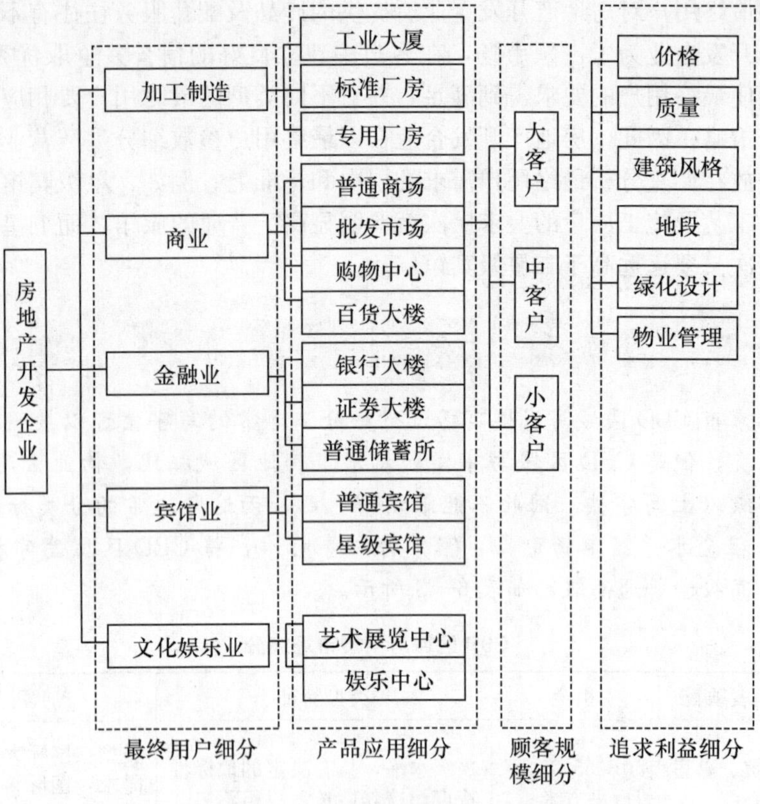

图6—1 生产营业用房地产市场细分

图6—1中房地产开发企业首先按照最终用户把生产营业用房地产市场细分为制造业、商业、金融业、宾馆业、文化娱乐业五个子市场，然后根据市场情况和本企业特点决定选择商业子市场作为目标市场；第二步，按产品应用依据把商业市场细分为普通商场、批发市场、购物中心和百货大楼四个子市场；第三步，按顾客规模依据把批发市场细分为大、中、小客户三个子市场，并选择大客户为目标市场。根据调查分析，大客户在追求利益上，特别重视批发市场的价格、质量、建筑风格、地段、绿化设计、物业管理，该企业满足大客户这些需要的动力又很强。因此，企业可把经过上述细分而确定的子市场作为自己

开发经营生产营业用房地产市场的目标市场。

6.3 房地产市场细分方法和程序

6.3.1 房地产市场细分的方法

根据房地产市场细分依据的组合，房地产市场细分的方法常用的有如下三种：

1. 单一因素法

单一因素法即只根据影响消费者需求的某一种因素进行市场细分。例如可以根据年龄、收入、职业、购房目的等作如表 6—4 所示的市场细分。

表 6—4　　单一因素法市场细分示例

市场细分依据	细分市场
年龄	26 岁以下、27～35 岁、36～55 岁、56 岁以上
收入	高收入者、中等收入者、低收入者
职业	工人、一般职员、管理人员、专业技术人员、高级管理人员、个体经营者、自由职业者
购房目的	改善居住条件和环境、结婚、赠送、购房入户、投资、投机

2. 综合因素法

综合因素法指根据影响消费者需求的两种以上因素进行市场细分。例如可以根据收入和年龄两个因素作如表 6—5 所示的市场细分。

表 6—5　　综合因素法市场细分示例

收入水平 / 年龄	低收入	中等收入	高收入
青年	年轻低收入者	年轻中等收入者	年轻高收入者
中年	中年低收入者	中年中等收入者	中年高收入者
老年	老年低收入者	老年中等收入者	老年高收入者

3. 系列因素法

系列因素法指根据房地产企业进行市场营销的需求，列出影响消费者需求的众多因素，然后再由粗而细进行细分，即市场细分因素之间是有先后顺序的。如某房地产经营企业这样进行市场细分：首先，依据区域（地理）参数细分，选定通州区大运河南长安街延长线南部进行开发。其次，按照消费者细分，选择在北京市 CBD 区域工作的年轻白领作为目标客户群。

6.3.2 房地产市场细分的程序

市场细分是房地产经营企业决定目标市场和设计市场营销组合的重要前提。参照美国学者伊·杰·麦卡锡的市场细分程序，结合房地产细分实例，可以得到一套逻辑性强、粗略直观且很有实用价值的房地产市场细分程序。

（1）根据需要选定产品市场范围。每一个企业都有自己的追求目标作为制定发展战略的依据，房地产经营企业也要考虑选定可能的产品市场范围。

房地产产品市场范围应由市场需求而不是商品特性来决定。例如，一家住宅租赁公司，打算在某大学周围建造一幢简朴的学生公寓。从商品特性，如房间大小、简朴程度等出发，公司可能认为这幢公寓是以学生为对象的。但是从市场需求的角度分析，便可看到许多并非学生的人也是潜在顾客，如外来打工的年轻人、在工作之余想继续“充电”的在职学生等。这就是说，公司不应该把这种普通学生公寓看成只是提供给学生居住的房子，而要在这种学生公寓的市场范围中加入有求知欲望的在职青年的那部分需求。

（2）列举潜在顾客的基本需求。选定市场范围以后，房地产经营企业的营销专家们就可以通过“头脑风暴法”，从地区参数、人口参数、消费行为和心理参数等几个方面，大致估算一下潜在的顾客对产品有哪些方面的需求。通过对所掌握情况的分析，为以后的深入分析提供有用的资料。例如，某住宅租赁公司可能会发现，人们希望学生公寓能满足的基本需求包括：遮风避雨，停放车辆，安全，经济，设计良好，方便工作、学习与生活，不受外来干扰，有足够的起居空间，简洁的内部装潢，方便的公寓管理和维护，并能提供相应的服务（如洗衣）等。

（3）分析潜在顾客的不同需求。完成以上工作后，接下来，该住宅租赁公司再依据人口参数作抽样调查，向不同的潜在顾客征询上述基本需求中的哪些方面对他们更为重要。比如，在校外租房住宿的大学生，可能认为最重要的需求是遮风避雨、经济、方便上课和学习等；在职人员希望是遮风避雨、出行方便、不受外来干扰、方面的公寓管理等；外来人员则希望没有特别的条件限制（如户口限制）、遮风避雨、出行方便、不受外来干扰等。这样就会有三个分市场出现。

（4）舍去潜在顾客的共同需求。公司需要舍去各分市场或各消费者群的共同需求。这些共同需求固然很重要，但只能作为设计市场营销组合的参考，而不能作为市场细分的基础。比如说，遮风避雨、安全方便的需求，几乎是每一个潜在顾客都希望的。对此，公司可以把它们作为产品决策的重要依据，但在市场细分时则要省去。

（5）为市场暂时取名。企业在舍去了各分市场的共同需求后，对剩下的那些特殊需求要作进一步分析，并结合各分市场的顾客特点，暂时定一个名称，以便在分析中形成一个简明、容易识别和容易表述的概念。此时，该住宅租赁公司根据小公寓市场各类顾客的基本情况，为各分市场分别取名（见图 6—2）。1）好动者——年轻未婚，活泼爱玩；2）老成者——年龄稍长，更成熟，收入与受教育程度更高，希望追求舒适与个性；3）新婚者——暂住，将来希望另找房子，因夫妻都有工作，所以房租负担不重；4）工作为主者——单身，希望住所离工作地点近，经济实惠；5）度假者——在市区有住房，希望节假日过一点郊外的生活；6）向往城市者——在乡间有住房，但希望靠近城市生活；7）家庭住户。

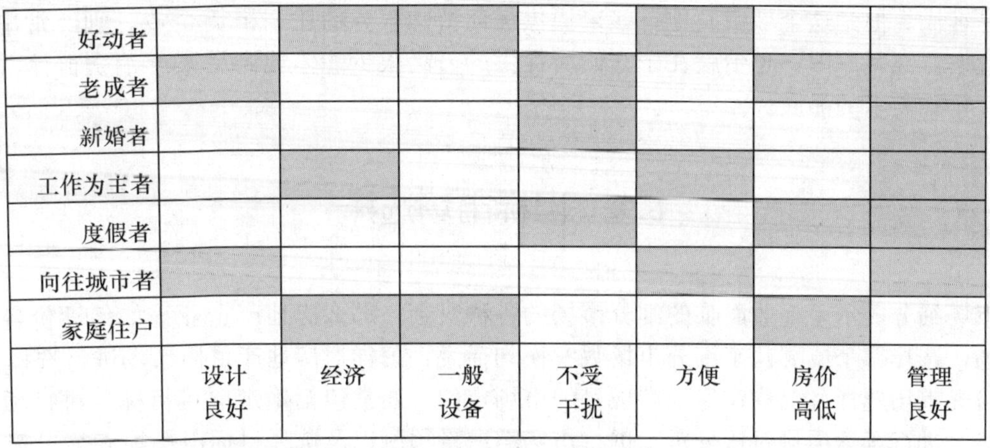

图 6—2　住宅市场细分

(6) 进一步认识各分市场的特点。公司还要对每一个分市场的顾客需求及其行为特征进行更深入的考察，看看对各分市场的特点掌握了哪些，还需要了解什么，这样做是为了进一步明确现有的分市场有无必要再作细分，或重新合并。例如，经过这一步骤发现，图 6—2 中的好动者与老成者的需求差异很大，应当分为两个市场。同样的公寓设计，也许能同时迎合这两类顾客，但对他们所作的广告宣传和人员促销的方式都可能不同。企业要善于发现这些差异，如果他们原来被归属于同一个细分市场，现在就要把他们区分开来。

(7) 测量各分市场的规模大小。通过前六个步骤的分析，基本确定了各分市场的类型。接下来，公司应把每个分市场同人口参数结合起来分析，以测量各分市场潜在顾客的数量。这是因为企业进行市场细分，是为了在适宜的市场范围内寻找获利最多的机会，而这取决于各分市场顾客的数量多少及其销售潜力。所以，在这里如果不引入分市场的人口参数是危险的。有时可以发现，某些分市场的顾客很少，致使误入这个分市场的公司其开发成本增加、产品积压，做亏本的买卖。

例如，如果把图 6—2 中的好动者同人口参数联系起来分析，可以发现他们大多是一些 18～22 岁的年轻人，然后公司可以从有关部门取得该地区详尽的人口资料，推算出好动者人口的比例，最后推算出好动者的数量。

(8) 选择目标市场，设计市场营销策略。通过分析可以发现有利可图的细分市场不止一个，企业为了有效利用有限的资源，必须对其盈利性进行排序，选择目标市场制定营销策略。

公司经过对公寓住宅市场细分之后，最后要考虑的问题就是如何决定本公司的目标市场战略，如何为目标市场提供最优的市场营销组合。公司在决策时，还要结合其他各种相关因素进行分析。图 6—2 中显示的各个细分市场顾客追求和排斥的项目，为公司提供了制定适宜的市场营销组合的基本依据。

美国得克萨斯州的达拉斯市，有一家房地产企业运用市场细分原理，成功地研制出一套市场营销策略，用以开发好动者公寓市场。这家企业针对好动者顾客的特点，在公寓的设计上，除了住房外，还提供游泳池、俱乐部、池畔舞场、绿草地等。为了维护产品的特色形象，公寓管理者坚持新婚房客必须尽早搬出，以便招来新的未婚好动者，结果这幢公寓总是客满。但是这个城市其他一些未提供任何特殊服务的住宅租赁企业，则经常出现较高空置率。究其原因，恐怕就在于它们所提供的公寓很少能体现满足某个消费群体（细分市场）特殊需求的品质。

6.4 目标市场选择

市场细分揭示了企业面临的细分市场的各种机会，那么房地产企业该如何评价各个细分市场，选择哪个或哪几个细分市场呢？换句话说，怎样对房地产目标市场进行选择呢？

目标市场选择，也称作房地产项目的市场定位，通常包括确定项目目标、进行项目本体分析、进行竞争项目对比分析、进行市场需求量预测以及选择目标市场等五个步骤。

6.4.1 确定项目目标

房地产营销的根本目的是为企业和项目的目标服务。因此，房地产项目在进行市场定位时，首先要明确项目目标。当然，项目是企业的项目，因此在确定项目目标时，必须首先考虑企业目前所处的发展阶段和未来的发展目标以及项目在企业中所处的位置。

1. 房地产企业的目标

房地产企业要确定自己的目标，一方面要考虑到企业的内部条件，另一方面要考虑包括市场发展情况和竞争者等因素在内的外部环境。

首先，要分析企业的内部条件。内部条件包括两个方面：企业目前的地位和企业各方面的能力。

对房地产企业的地位进行分析，首先要分析本企业在市场中是属于市场领先者、市场挑战者、市场追随者还是市场利基者，以便根据自己目前所处的市场地位制定合适的目标。市场领先者通常在价格变化、新产品引进、分销覆盖和促销强度上对其他公司起着领导作用，同时也是其他企业挑战、效仿或回避的对象。处于统治地位的公司想要保持第一的优势往往需要通过开发新产品、新用途、新用户等来扩大总市场规模，同时采取防御措施保持甚至扩大市场占有率。市场挑战者是在行业中占有第二、第三和以后位次并希望通过攻击市场领先者和其他竞争者以夺取更多的市场份额的企业。这类企业的目标往往在于扩大市场份额。采取的措施包括攻击市场领先者、与自己规模相同但业务不良或财力拮据的企业、本地区的小企业等，当信贷收紧时房地产企业间的并购即是典型例子。市场追随者是指在行业中占有第二、第三和以后位次且参与竞争但不扰乱市场局面的企业，它希望维持其市场份额和市场平稳运行。这类企业往往在产品、名字、包装等方面模仿（或作一定的修改）市场领先者。市场利基者的目标是小市场或大公司不感兴趣的市场，并通过提供专业化的服务，以避免与大公司竞争。利基者要比其他公司更清楚地了解客户的需求并提供更个性化的产品。

对房地产企业的能力进行分析，就是对房地产企业的组织性能、管理现状、资源状况和营销能力进行分析。通过对企业能力的分析，可以了解企业自身的优势和劣势，从而做到扬长避短，发挥优势。

其次，要调查分析企业所处的外部环境。外部环境可以分为两部分：一是目前房地产市场的发展情况；二是企业所面对的竞争者。分析房地产市场的发展情况，除了运用PEST[①]等方法分析市场的外部条件之外，还要分析市场目前的运行态势、消费者的需求及市场未来的发展趋势等内容。分析竞争者的情况，要分析竞争者的类型，竞争者是现有的竞争者还是新加入的竞争者；竞争者的目标是什么，竞争者采取什么样的战略和策略达到它们的目标；竞争者的竞争反应模式是怎样的等多方面内容。

房地产企业的目标可以按照其发展战略分为三类：

（1）密集型发展战略，即在现有业务范围内进一步寻找发展的机会。当房地产企业尚未完全开发目前市场潜在的产品和市场的营销机会时，往往采取该战略，以在现有业务范围内挖掘进一步的发展机会为主。其通常采取的手段包括市场渗透、市场开发、产品挖掘等。市场渗透是房地产企业利用现有产品扩大在现有市场的优势，采取的手段是提高现有产品的质量、降低产品价格、加强物业管理、加强促销宣传等。市场开发是依靠现有产品进入新市场的战略，如目前很多房地产企业为了扩大自己的市场份额，纷纷从北京、上海等竞争激烈的大城市转入二线城市，这就是市场开发的典型例子。产品挖掘就是房地产企业以改进老产品或开发新产品的办法，增加企业产品在现有市场上的销售量。典型的例子是在现有的房地产开发过程中，往往在第一个项目获得成功之后，接着推出该项目的二期、三期甚至四期。

（2）一体化战略，即增加某些与现有业务相关的新业务。房地产开发企业在企业的基本业务——房地产开发上已经有比较好的发展之后，接着在供应、产销等上下游业务链上拓展服务。主要采取收购、并购或者合并的方式进入建材生产制造、地产营销顾问咨询、物业管理等领域。在广州，绝大多数开发商往往都有自己的设计、施工、监理和物业公司，如合生创展以及目前拥有行业内最长产业链的富力，而恒大甚至有自己的钢铁厂。这种模式的好处除了在管理上更为便利外，最为主要的还是节约成本，实现每个环节的钱都让自己赚。有钱要让自己人赚，这和民营企业家族式的管理是分不开的。

（3）多元化发展战略，即进入与现有业务无关但有较强吸引力的业务市场。房地产开发企业可以增加产品种类，跨行业生产经营，从而提高企业的盈利能力，促进企业发展。目前房地产企业进行多元化发展的不多，因为房地产行业和其他行业的差异比较大，不像家电类或金融类企业那么容易开展多元化。如万科集团虽然是业内公认的领军企业，但公司并没有开展多元化业务，相反却把经营范围逐步集中、聚焦。今典集团可以看做多元化发展的典型案例，除房地产外，该集团对文化领域也多有涉猎，进军了国内EVD[②]市场。2008年碧桂园董事会主席杨国强同意以13亿美元的价格收购香港电视广播有限公司（TVB）26%的股份，开始进军香港传媒界。

---

① PEST：一种企业所处宏观环境分析模型，所谓PEST即political（政治），economic（经济），social（社会）and technological（科技）。这些是企业的外部环境，一般不受企业掌握。

② EVD（enhanced versatile disk）意为增强型多媒体盘片系统，俗称“新一代高密度数字激光视盘系统”，是DVD的升级产品。EVD产品的解像度是DVD的五倍，在声音效果方面则于国际上首次同时实现高保真和环绕声，一张EVD影碟目前可存储约110分钟的影音节目。

2. 房地产项目的目标确定

房地产项目的目标确定，一方面要根据房地产企业的目标，另一方面要结合房地产项目自身的特点及其所处的外部环境。

对一般的旨在对本地市场进行渗透的房地产项目而言，如果企业是一个新进入市场、资金实力一般的开发商，那么其目标一般是通过项目获取高额利润，从而为企业下一步发展打下基础；而如果企业是在本地市场已有一定开发经验的开发商，那么其目标一般是在本地市场上赢得较大的市场份额，打响企业的品牌，这个时候利润水平可能不是那么重要，重要的是树立企业形象。当然，现在越来越多的开发商同时对于利润水平、实现速度以及品牌形象都有较高要求，而具体目标要根据各企业面临的实际情况而定。

对于旨在进行陌生市场拓展且具有雄厚资金实力的开发商而言，项目本身在市场上获取多少利润可能并不重要，企业主要希望能够通过一两个项目，让当地消费者迅速认知、了解进而接受本企业开发的项目。这些项目往往是开发商进入市场的敲门砖，因此这些项目的目标不应该定在高的销售价格上，而是应该尽量提高产品自身品质，依靠良好的销售渠道和广泛的促销手段，吸引尽可能多的客户来了解本项目，扩大知名度。由于某些地区对新进入的异地开发商可能存在歧视，为了达到进入房地产市场的目的，一些异地房地产企业往往选择与当地的开发商合作开发，借助当地开发商的经验和良好的品牌来帮助本企业进入当地市场，并且采取的营销手段往往也是比较稳妥的，不会为了追求高利润而采取一些高风险的营销措施。如香港置地、深圳华侨城集团进入北京的第一个项目都是选择和当地房地产公司进行合作。

进行产品挖掘的项目，一般而言要在产品质量和产品价格上有比较大的提升，也就是说，在项目定位上，新产品通常要比初始产品的定位高。因为在初始产品已经聚集了一定人气的基础上，新产品的主要目标应该是获得尽可能高的销售价格和利润。对进行一体化发展的房地产项目而言，其所面临的挑战和开发新市场的情况类似，只是开发企业对开发此类项目的经验比开发新市场更加缺乏。因此，寻找一个合作伙伴或者采取比较稳健的营销手段，都是可以采用的方法。

确定房地产项目的目标除了以房地产企业的目标为指引以外，还要结合房地产项目自身的特点以及项目外部环境的影响。如当前房地产开发基本上都是滚动开发，如果项目的规模比较大，占用资金比较多，就要在销售时注意资金的回笼，决不能因为盲目追求比较高的利润水平而导致企业的资金链出现断裂的风险；如果政府为了紧缩银根，调高开发商自有资金的上限，这时项目预先设定的利润率可能就要适时下调。

项目目标对项目定位中影响最大的是项目的价格定位。如果项目的目标主要是希望获得比较高的利润，它就要将价格定得比较高，那么就要努力争取能够接受高价的客户；如果企业的目标是为了开拓新市场，价格可能就定得相对较低，以此吸引尽可能多的客户的关注，以扩大项目在消费者中的影响，为企业在该市场下一步的开发打下一个好的基础。

6.4.2 项目本体分析

在确定了项目的目标之后，紧接着要对项目自身拥有的资源进行详细分析。因为一般在这个时候项目还只是停留在土地阶段，所以对项目本体的分析应集中在项目地块所拥有的资源条件上，如地块所处的区位、场地条件、规划条件、交通条件、周边的配套设施环境条件和人文气氛等情况。

第一，要分析项目的区位条件。区位是房地产开发的大前提。房地产产品的不可移动性决定了区位是房地产开发过程中至关重要的一个因素。如果项目所处的区位非常好，自然应该考虑建造高附加值的写字楼、商场或者是高档住宅，而不是去考虑建造经济适用房。

第二，要考虑地块的场地条件。如果说区位是大前提，那么场地则是小前提。场地条件通常包括地块的大小、形状、地质地形条件、临街状况、基础设施水平及分区限制等。例如，不同地块周围的市政基础设施往往存在较大差异，有时候需到项目红线之外很远的地方去接通市政管线；再如，地块的临街状况、大小和形状等条件都会对场地的有效利用、建筑物的平面布局等产生影响，尤其对商业物业建筑来说，临街状况对其未来的营业收入和租金回报都有重要影响。

第三，要考虑项目的规划条件。通常城市规划管理部门出于整个城市和区域协调发展的考虑，对每一具体地块都会提出各自的规划要求，如场地的合法用途、场地的规划设计条件（建筑密度、高度、容积率等）。规划条件是项目设计无法突破的红线，进行项目本体分析时必须仔细考虑这一因素。

第四，要考虑项目的交通条件。交通是影响地块利用和房地产目标市场选择的一个非常重要的方面。交通的改善可以缩小区域间的距离，扩大房地产项目的市场范围。当前很多大城市都在大力建设轨道交通，这对很多项目的目标市场格局将产生重要影响。以北京顺义区为例，根据规划，L1 号线北延工程将由首都机场 T3 航站楼向北穿过国门商务区，沿龙塘路、顺通路进入顺义城区。此外，开通在即的 M15 号线一期也将延伸至顺义城区，这就使得顺义区房地产项目的目标市场不再局限于本地市场，交通的改善使得顺义项目可以更多承接中心城区的溢出性需求，拥有更多机会。

第五，要考虑项目周边的市政公用设施和公建配套设施的完备情况。市政公用设施主要为居民提供水、电、煤气等，而公建配套设施则包括托儿所、幼儿园、中小学、医院、邮局、商业零售网点、康体设施等。对住宅尤其是小型住宅项目来说，配套设施尤其重要，因为一般小型住宅项目自身不具备提供上述配套设施的能力，这就将给居住带来极大的不便，从而降低项目的吸引力。

第六，要考虑项目周边的环境条件和人文气氛。城市居民随着生活水平的提高，对居住区的环境条件和人文气氛提出了越来越高的要求，特别是那些高学历、高收入人群尤其在意这两方面的条件。因此，高端市场的开发商在进行项目本体分析时必须关注环境条件和人文气氛。如高档别墅项目在进行前期项目本体分析时，必须考虑项目所处地块的视野是否宽敞、可见的自然景观是否丰富、现有的条件是否能够加以美化以及美化的可操作性等因素。

6.4.3　竞争项目对比分析

在进行完项目本体分析之后一个重要的工作就是进行竞争项目对比分析。所谓竞争项目，是指目前处在或准备进入目标市场的项目。进行竞争项目对比分析一般有以下几个步骤：（1）准确辨识竞争项目，不仅仅要关注目前已经进入市场的项目，而且应该关注在项目本体入市之时，会有哪些竞争项目；（2）按照进行项目本体分析的步骤分析各竞争项目的资源条件；（3）对目前已经建成的竞争项目的产品设计、室内布置、装饰情况等进行分析；（4）对目前在售的竞争项目的销售渠道、促销手段（尤其是广告促销手段——广告媒体的选择、广告发布的时机）、销售价格等进行分析；（5）对竞争项目作一个汇总分析，弄清楚目前整个目标市场的供应量是否饱和、竞争项目的产品特征和营销模式是否与日标客户需求相吻合、是否存在新的市场机会等。

目前在实际操作中，由于房地产信息披露制度不健全、房地产交易市场化程度不高等原因，导致竞争项目对比分析常常会出现意想不到的偏差，主要表现为以下几个方面：

1. 供应量的偏差

不少开发商为了解某类楼盘的供应量，都挖空心思地从当地住建委、房地产管理局寻找项目统计资料和预售楼盘的资料。这些资料看似具有一定的权威性，但由于不少已经立项的项目并不能按照计划的时间准时动工兴建、项目销售完后才补充手续、行政管理的混乱、物业类型定位模糊等原因，导致这些资料和实际情况有较大的出入，使调查人员无法真实地从官方资料中获得某类楼盘的上市量。唯一有效的办法是直接到所有的开发商那里去调查。这样的调查，一般需委托专业从事房地产投资咨询的机构才能够做到。

在调查供应量时，应从目标客户群体入手，不仅要分析同类、同等级楼盘之间的竞争情况，还要考虑其他楼盘对目标客户群体的吸引力，因为市场冲突经常会发生在不同类型的楼盘之间。如大商场与散铺之间的冲突、市内高层公寓与普通写字楼之间的冲突、高级多层住宅与高层公寓之间的冲突、复式住宅与普通多层住宅之间的冲突等等，都值得注意。但这些冲突的程度如何，还需要研究人员就事论事地调查分析。在一定条件下，冲突也会演变为相辅相成。譬如，广州天河北路有大都会、城市大厦、中天广场、广州国际贸易大厦、中诚广场等一大批高级写字楼。与此同时，广州城市建设开发总公司又在此街区开发了数个高层公寓项目，结果这些公寓销售情况也都不错。其原因在于，这些公寓的开发恰恰使这些高档写字楼街区的功能更趋完善了，从而达到了互相促进的效果。

2. 空置率

空置率可以说是房地产市场的“晴雨表”，但在怎样计算空置率的问题上，国内房地产界至今尚无完全统一的标准。不少企业和调研机构只将那些“既未售出，也未租出”的楼盘计入空置楼盘。这种计算方法无疑将实际的楼盘空置率大大缩小了，那些虽已售出，但并未投入使用的楼盘也应该计入空置楼盘之中。也许有的开发商会问：卖都卖出去了，还管它是不是被使用？其实，只要一个楼盘未被使用，它就是等待寻租或出售，同样参与了市场的供求关系。在进行可行性研究时，调查同类楼盘的空置率恐怕不能仅凭那些简单的统计报表，还是挨门挨户地逐楼察访比较稳妥。在对空置率的调查中，我国台湾的经验不失为一种快而有效的方法。台湾空置率的调查是与电力部门联合，根据交电费的户数来计算空置率。这样不论存量住宅还是增量住宅都可以根据其用电状况来反映，长期没有电费支出的用房肯定是没有住人的，属于空置房。

3. 市场价格

对房地产市场价格的调查，目前存在一个比较普遍的错误，就是将开发商向市场推出的标价当做市场实际成交价格来处理。可行性研究需要的是“实际可行的价格”，也就是在市场上行得通的、能够把房屋卖出去的价格。

(1) 先调查相应的部分目标购买者能够接受的价格。如，目前市场上有待售的同类写字楼 1 000 个单位，而根据此类写字楼的定位，经调查得知的目标买家有 1 万户，则能够接受所定价位的目标买家必须在 1/10 以上才可能使该类楼盘拥有足够的市场，这一价位才可能接近市场实际成交价格。

(2) 每一个项目都有销售周期限制，如果所推出的价格太高导致不能在限制的时间范围内销售完，不能及时回笼资金，就可能因无法及时归还银行贷款导致金融成本的上升从而使项目出现“无底洞”式的亏损。那么，肯定有一个价格能使开发商在合理的时间内销售合理数量的楼盘，从而使企业确实能最大限度地获取利润或最大限度地减少亏损，而这个价格才可能是市场实际价格。

(3) 经营同类楼盘的各房地产开发商根据以上要求得出的“合理价格”可能并不一致，但我们在进行可行性研究时必须从中得出一个对所研究的项目最有参考价值的价格，这个价格可以从考察对象中选取一个与本项目情况最接近的项目作参考，再根据本项目的资金规模和成本作适当调整，如此得出来的价格就是目前本项目所参考的市场实际价格。

6.4.4 市场需求量预测

在进行了竞争项目对比分析之后，一个很重要的工作就是要进行目标市场的需求量预测。因为市场需求直接决定了目标市场的规模大小，如果目标市场比较小的话，企业进入该目标市场时就必须非常谨慎。

房地产市场需求量预测的准确性在很大程度上取决于对经营活动深入研究的程度和所选择的预测方法是否合适。选择预测方法，需要从预测对象的特点出发，根据预测的目的和要求、收集资料的情况、预测费用与效益的比较等因素，进行综合考虑。一般而言，市场需求量预测有定性预测和定量预测两种。

1. 定性预测方法

定性预测方法又称为经验判断法，是根据已掌握的历史资料和现实材料，凭借个人的经验、知识和分析判断能力，对预测对象的未来发展趋势作出性质和程度判断的方法。由于定性预测方法主要是凭借个人的知识、经验和分析能力来进行，因此，对于一些缺乏历史资料，或影响因素复杂又难以分清主次，或对主要影响因素难以进行定量分析的情况，使用这种预测方法是最为有效的。

常用的定性预测方法有如下几种：

(1) 经理人员意见法。这种方法是由企业经理召集计划、销售、财务等有关部门负责人，广泛交换意见，共同讨论市场趋势，由经理对市场前景进行预测。由于这种方法集中了各部门负责人的经验和智慧，解决问题比较快。不足之处是个人据以判断的情报资料可能会有片面性，而且各部门负责人的主观判断往往会受当时乐观或悲观气氛的影响。

案例 6—8

某房地产公司总经理召集所属主管人员召开商品房销售预测会议，事前要求各主管人员在整理分析本部门有关资料、综合经营情况的基础上，先在本部门召开小型会议，提出下一年销售的预测数据和依据，同时，公司将已掌握的下一年房地产发展、开发量变化、社会及个人购买力变化和市场供求形势的资料与情况提供给主管人员参阅。会议采取集体讨论方式，主管人员阐述各自的预测数据和依据，互相考查依据是否充分并相互修正，最后形成几种或趋于一种方案。该公司在具体预测时，与会人员各自提出的预测值如表 6—6 所示。

表 6—6　某公司与会部门经理预测情况表

与会经理	预测销售量（套）	主要依据
王经理	300	本公司生产经营的商品房在市场销售中按正常幅度增长
张经理	310	本公司所开发的商品房位置好、档次较高，具有较强的竞争力
陈经理	290	整个市场的商品房投放量过大，超过当前市场需求
郝经理	320	本公司商品房预售情况较好，有一批已被订购，且势头不减
马经理	280	政府开发大批保障性住房，其他公司采取多种形式促销

对以上预测情况，经过各主管人员讨论后形成两种基本估计：第一种，下一年本公司销售预测量为 300 套；第二种，下一年本公司销售预测量为 290 套。总经理权衡利弊后认为第一种意见适当，因此，决定下一年本公司销售量预测值为 300 套。

（2）销售人员意见综合法。销售人员意见综合法是指预测的组织者汇集了销售人员对市场销售额或销售量的估计值后，经过统计分析作出预测的方法。用此方法得出的预测数比较接近实际，这是因为销售人员直接接触市场和顾客，比较了解消费者和竞争公司的动向，所以，销售人员所作出的销售预测比较可靠。

这种方法的工作程序一般为：第一，销售人员收集、整理有关本地区人口、收入、房地产开发及社会和个人消费情况等资料。第二，销售人员利用所收集、整理的资料，加上自己的估计和判断，提出预测值。第三，取销售人员预测的平均值，作为预测推定值。

案例 6—9

某房地产公司三个销售员对本公司明年商品房销售量提出的预测值如表 6—7 所示。

表 6—7　某公司销售人员预测表

销售人员		销售与测量（套）	概率	销售量×概率（套）
甲	最高销售量	8 000	0.2	8 000×0.2=1 600
	最可能销售量	5 000	0.5	5 000×0.5=2 500
	最低销售量	3 000	0.3	3 000×0.3=900
	期望值			5 000

续前表

销售人员		销售与测量（套）	概率	销售量×概率（套）
乙	最高销售量	7 000	0.2	7 000×0.2=1 400
	最可能销售量	5 000	0.5	5 000×0.5=2 500
	最低销售量	3 000	0.3	3 000×0.3=900
	期望值			4 800
丙	最高销售量	9 000	0.2	9 000×0.2=1 800
	最可能销售量	7 000	0.5	7 000×0.5=3 500
	最低销售量	5 000	0.3	5 000×0.3=1 500
	期望值			6 800

表 6—7 中所列概率为销售人员的主观概率，是销售人员个人根据市场情况进行的主观判断。

如果销售人员的估计权数相同（当然也可以不同，当销售人员的经验不同时，经验丰富的销售人员的权重可以适当加大），则销售人员的平均销售预测值为：

(5 000＋4 800＋6 800)÷3＝5 533

（3）顾客意见法。顾客意见法是指直接听取顾客意见后再确定预测数。由于潜在的购买者最清楚自己将来想要购买什么样的商品及其数量，因而他们所提供的情报是可靠的。此方法除走访调查外，还可采用房地产展销会、订货会等方式。但顾客意见法能否取得成功，主要靠顾客的合作。如果顾客因保密、关系不好或不重视调查等而采取虚于应付或不合作态度，就很难得到可靠、准确的预测结果。此外，这种方法的准确性还会受到市场环境变化的影响，如果政策环境或是宏观经济形势发生变化，导致消费者预期发生变化从而改变投资决策，则初期的调查可能在一段时间后变得不再具有参考价值。

（4）德尔菲法。德尔菲法也称专家意见法，是 20 世纪 40 年代末由美国兰德公司提出来的。这种方法由专家们对未来可能出现的各种趋势作出评价，消除了座谈会中专家面对面交谈可能产生的心理影响。

概括地说，德尔菲法就是反复函询的调查方法，即将所要预测的问题和必要的背景材料，用通信的方法向专家们提出，然后将他们回答的意见综合整理、归纳，匿名反馈给各个专家，再次征求意见，然后再加以综合、反馈。如此经过多次反复，直到对所预测的目标得到较为满意的结果为止。

德尔菲法的特点有：第一，匿名，即采用匿名函调征求意见，专家的意见互不相通，避免心理上的相互干扰，以提出较理想的预测值。第二，反馈，即把意见整理集中，匿名返回到每位专家手中，再次征求其意见，使他们权衡各种意见，不断修正自己的判断。第三，集中判断，即对各位专家的预测值进行统计，并反复研究，把各种意见用中位数或平均数加以综合，从而为决策提供依据。

德尔菲法的优点是：预测速度快，节省资金，可得到多种有价值的观点和意见，适用于数据资料不足、不可测因素较多的情况。不足之处是：专家的意见难免带有主观片面性或脱离实际。因此，德尔菲法一般用于长期预测、宏观预测和对新产品投产的预测。

2. 定量预测方法

定量预测方法又称数学分析法，是在占有多种有关资料的基础上，根据预测的目标和要求，选择合适的数学模型进行预测，然后根据企业内部和外部的变化加以分析，以取得所需要的预测值的方法。

常用的定量预测方法有：

（1）时间序列法。时间序列法是将历史上积累起来的资料按年、月或按周期排列，构成一个统计数列，并根据其发展动向向前推测，它实际上是一种“外延推断”方法。这种方法在市场比较稳定的情况下，或对于某些需求弹性和价格弹性比较小的产品较为有效，特别是对短期预测效果更好。

根据上述特点，使用时间序列法进行预测，必须具备以下条件：第一，必须具备时间序列资料，例如近几年、每年、每月、每周的销售资料，且时间序列必须足够长，因为时间序列的数据可能存在一定的周期性，如果数据不够，这种周期特点可能无法体现出来，从而导致预测模式有误。第二，未来发展情况必须与过去的发展情况相似，至少影响时间序列的各种力量是相似的，因为这种方法是根据过去的数据向前推断，所以，任何影响到时间数列的环境变化，都会使推断产生错误。由于时间序列无法推测市场的突然变化，因此，它只适合在市场比较稳定的情况下使用。第三，在过去的资料中有一定的模式或趋势。

在采用时间序列法进行预测时，还应当剔除历史数据中一些偶然因素造成的波动，如2008年全球金融危机的影响造成房地产销售量的下降等。因为这种偶然因素是无法预计的，应将其从以前的数据中剔除，以便能够确定正常的销售变化。

（2）统计需求分析法。时间序列分析是将过去与未来的销售看成是时间而不是实际需求因素的函数，而许多实际需求因素都会影响产品的销售，这时可采用统计需求分析法。统计需求分析是用于发现影响销售的最重要的实际因素及其相对影响因素的统计过程。最常用的分析因素是价格、收入、人口和促销。

统计需求分析法是将销售（Q）作为需求自变量组（X_1，X_2，…，X_n）的函数，即：

$$Q=f(X_1,X_2,\cdots,X_n)$$

利用多元回归分析技术，可以将各种方程统计拟合成数据，以求出最佳预测变量与方程。计算机的使用使得统计需求分析法越来越普及。但使用者要注意几个可能削弱统计需求方程精确性与有效性的问题，如观察值太少、自变量间相关性太多、不符合正态分布、互为因果、未考虑新变量等。

6.4.5 选择目标市场

在进行了项目本体分析和竞争项目对比分析并预测了各细分市场的需求量之后，就可以确定项目的优势所在，同时依据前面提到的确定的项目目标（如争取最大的利润、争取大的市场份额、谋求品牌形象、争取较快的销售速度），选择项目的目标细分市场，确定选择到底进入哪个细分市场，也就是进行项目的定位了。

企业可参考五种选择目标市场的模式作出取舍：（1）“产品—市场”集中化模式，指企业针对某个细分市场推出同一种产品。这种模式虽然可以充分深入了解细分市场的顾客需求，但也存在该细分市场不景气的风险。(2) 选择性专业化模式，即企业选择进入若干个很少有或者没有协同关系的细分市场，每个细分市场客观上都具备吸引力且符合企业特点。该种模式可以较大程度分散企业风险。(3) 产品专业化模式，即企业生产同种产品销往不同的细分市场。(4) 市场专业化模式，即企业专注于某一特定顾客群体多方面的需求。(5) 完全市场覆盖，即企业试图为所有顾客提供其所需的全部产品。只有大型企业才有可能采取这种模式。

营销实战案例：SOHO 中国市场细分案例

SOHO 现代城项目是 SOHO 中国的第一个项目，也是国内第一个房地产细分产品。在此之前，人们会说，我住的是三居室、两居室，而现在，人们可以说，我住的是“SOHO”。正如水不叫水，而叫“乐百氏”、“农夫山泉”一样，当房子不叫“居室”，而叫“SOHO”时，国内第一个房地产细分产品就此诞生了。

现代城项目位于东长安街延长线上，北京市规划的中央商务区（CBD）内，离 CBD 中心——国贸只有 800 米的距离。该区域是北京商业气氛最浓的地区。项目总建筑面积为 48 万平方米，拥有 48 家店铺，283 套办公室，1 897 套公寓。北京 SOHO 现代城项目于 1998 年开盘以来，万众瞩目，持续热销。1999 年销售额达 10 多亿元；2000 年 1 月 8 日起，SOHO 现代城开始认购，此后不断有客户彻夜排队等候销售，并且在不到两个月的时间内基本售罄，创造了北京楼盘项目个案销售的奇迹，令业界同行叹为观止。为什么现代城项目能够有如此好的业绩呢？原因在于开发商当时进行的独特的市场细分和市场定位。

“SOHO”（家庭办公）一词起源于 20 世纪 80 年代的纽约，因艺术家云集而出名，那里风情独特，有纽约最另类、最有品位的商店、画廊和餐厅。后来有日本人在建筑中引用了 SOHO 这个词，即“small office home office”的缩写，意为小型的、家庭的办公室。现代城项目的开发商敏锐地意识到，信息时代的来临使房屋品种之间的界限变得模糊，家不仅是传统的家，也可以用来办公。人可以从特定的时间和地点解放出来，寻找与之相适应的个性化空间。此外，SOHO 既是一种产品形式，也是一种生活方式。随着社会的进步，新兴阶层的生活、工作等习惯发生了微妙的变化，这些变化意味着对房子功能的需求也在变化。

因此，当更多的人把市场定位在大众的住宅项目或者小众的高档项目的时候，现代城开发商坚决瞄准所谓“有知识、有创造力、有风格、正在升起”的中青年消费阶层这一细分市场，为这部分人量身打造房子。

他们把目标客户定位在两类对象上：第一类是随着网络发展日益增多的自由职业者和居家办公者，如记者、作家、经纪人、摄影师、计算机编程员等；第二类是一些正在起步和发展阶段的公司以及一些规模不大的公司，如广告公司、设计工作室、律师事务所、会计师事务所、建筑师事务所、外国驻京办事处等。这两类对象通常以年轻人居多，他们喜欢自由的工作时间和自在的做事方法，不喜欢朝九晚五的传统工作时间安排，不喜欢在拥挤的人流中行色匆匆，不喜欢开车蜗牛般行驶在令人沮丧的上下班车流高峰中；他们向往亲切、随和、无拘无束、工作与家庭和谐共处的生活方式。

现代城项目提出的居家办公的概念正好迎合了这批人潜在的SOHO需求，而且对于众多有实力创业却无法支付畸高房价的小公司来说，SOHO项目介于高昂的商务写字楼和相对低廉的居住房之间，也是它们可以承受的。此外，现代城采取散售的方式，有效解决了单个小企业需求有限的问题。由于当时开发商选择了低价入市的策略，因此项目销售速度异常迅速。

在产品设计上，为了满足SOHO一族居家办公的需求以及年轻人的偏好，现代城在建筑风格上不是追求昂贵的大理石、花岗岩、精雕细琢的古典门、金碧辉煌的水晶吊灯等豪华装饰，而是追求个性的充分张扬、自然亲切的生活环境、工作与生活融为一体的崭新境界，现在为大家熟知的双层玻璃落地窗、光纤入户、宽带上网、建筑内放置大量现代前卫艺术作品和彩色外墙等都来源于现代城的大胆创新；同时每隔4层就有一个面积500多平方米的空中绿色花园，也被称为空中四合院，为居住提供了良好的氛围。现代城还造出了大小不一的户型以方便不同购买能力的人拥有。

在现代城始创SOHO概念大获成功之后，开发商接着又开发了建外SOHO、SOHO·尚都等多个以SOHO概念主打的项目，形成了同主题的传承。

关键术语

房地产市场　细分依据　细分方法　细分程序　目标市场选择

复习思考题

1. 什么是市场细分？房地产市场细分的含义及意义有哪些？

2. 住宅市场细分的依据有哪些？举例说明当前的住宅细分市场各有什么特点。你能否根据当前的社会环境，发现新的细分市场？

3. 如果你是一家房地产企业的经理，你如何为你的项目选定目标市场？结合当前的典型房地产企业开发案例，说明其目标市场有什么特点。

第7章

房地产产品定位

本章内容提要

为了在竞争中立于不败之地，企业除了寻找自己的细分市场外，还要使自己的产品与竞争对手的产品存在差别。产品定位就是将无差别的产品转变为有差别的产品，使产品在潜在客户中占有合适位置。产品定位可以通过提供质量好、价格低、产权安全、物业管理完善、设计新、功能齐全的产品来创造价值。本章介绍房地产产品定位的概念、流程、原则、目标和实用技巧等内容，并说明如何对房地产定位方案进行分析和的评价。

7.1 房地产产品的概念与产品定位

7.1.1 房地产产品的概念

房地产产品是由核心产品、形式产品和附加产品所组成的立体复合体。

1. 房地产核心产品

房地产核心产品是指能满足消费者的基本利益和使用功能的房地产产品。它是房地产产品最基本的层次，是满足消费者需要的核心内容。房地产核心产品包括以下几个方面的内容：

(1) 生活居住需要。生活居住需要根据居住的环境和条件具体又可分为：追求生活环境清新幽静的居住需要；追求生活便利的居住需要；追求豪华气派的居住需要；追求经济实惠的居住需要；追求生活个性化、别致的居住需要；追求安全与秘密性的居住需要。

(2) 办公及生产经营需要。办公及生产经营需要具体包括将房地产用作办公室，或从事商业、服务业经营活动，或进行工业生产和仓储等需要。

(3) 投资获益的需要。房地产作为一种财产，其所有者拥有获得收益的权利。这种收益既可以是房地产的出租收入，也可以是利用房地产进行投资获得的增值收益。

(4) 得到税收方面好处的需要。投资房地产可得到税收方面的好处，这对于物业投资者来说是有吸引力的。物业投资的所得税是以毛租金收入扣除经营成本、贷款利息和建筑物折旧后的净经营收入为基数，按固定税率征收的。从会计的角度来看，建筑物随着其楼龄的增长，每年的收益能力都在下降。会计中规定的折旧年限相对于建筑物的自然寿命和经济寿命来说要短得多（加速折旧），这就使建筑物每年的折旧额要比物业年收益能力的实际损失高得多，致使物业投资的账面净经营收益减少，这样也就相应地减少了投资者的纳税支出。

(5) 保值的需要。房地产投资是保值效果最好的投资形式，因此有人说，房地产是通货膨胀的狙击手。在市场经济条件下，抵御通货膨胀是房地产投资者的一个比较普遍的动机。

(6) 获得资本增值的需要。我们知道，房地产具有保值增值的特性，这种资本量的膨胀往往是在房地产所有者不再追加任何投资的情况下产生的。房地产自身不断增值的商业特性对物业投资者的诱惑力是极大的。

(7) 为后代积累财富的需要。给予后代财富不是父母（包括祖父母）的义务，但几乎所有有能力的父母都希望能带给自己的子女一些财产，子女的富有、幸福是所有为人父母者的心愿。房地产作为为后代积累财富的形式的优势主要体现为房地产既能作为一种基本的生活资料，也可以通过出租等获得经营收入，为子女日后提供基本的生活保障。

(8) 分散投资风险的需要。投资理论的一个重要原则是“不能将所有鸡蛋都放进一个篮子”，如果将全部资金都投入某一产品，一旦由于种种原因该项投资效益较差，甚至出现亏本情况，投资者就会面临“全军覆没”的危险。出于分散风险的目的而进行的房地产投资行为包括两个方面：一是在投资其他行业如购买股票、债券、古玩或实业的同时，也投资于房地产；二是房地产投资不局限某一种或某一地区的房地产，实行种类或地域的分散投资。

2. 房地产形式产品

形式产品是房地产核心产品的基本载体，是房地产的各种具体产品形式，一般包括以下几个方面：房地产的地理位置、质量、外观造型与建筑风格、建筑材料、色调、名称、建筑结构与平面布局、室外环境等。形式产品是消费者识别房地产产品的基本依据。

3. 房地产附加产品

附加产品是核心产品所附带的一种产品，它的存在对获取利益不占有主要分量，但是它是获取利益最大化的主要手段。附加产品可以使核心产品更具有市场竞争力，往往可以成为客户选择产品的理由。通常来讲，房地产附加产品主要体现在区位与配套设施、服务、房地产概念以及房地产文化几个方面。通过提高附加产品的水平，可以使房地产获得超额利润。例如，买某楼盘可以让孩子进重点中学，那么进重点中学这个条件，就属于附加产品。另外，如某些高端房地产产品具有的象征身份和地位的产品特性也是附加产品。这是因为房地产是一种完全向外界暴露的财产，是业主拥有资金实力的最好证明，因而它成为人们拥有财富的标志或象征。一些人投资购买豪华、高档住宅，一个主要目的就是要向人们炫耀自己的富有和社会地位，以期获得别人的敬重和羡慕。一些公司投资购买豪华的写字楼，则是要告诉世人自己拥有雄厚的经济实力，在社会经济舞台上充当强有力的角色。物业投资可提高投资者的资信等级。而借宿于豪华的宾馆，在著名的办公楼办公，在优雅的店铺里购物，同样可以显示自己的身份、地位。

房地产产品整体概念，体现了现代市场营销概念。只有真正领会产品整体概念的要求，开发出全方位满足消费者需求的产品，才能提高房地产企业的声誉和效益（见图 7—1）。

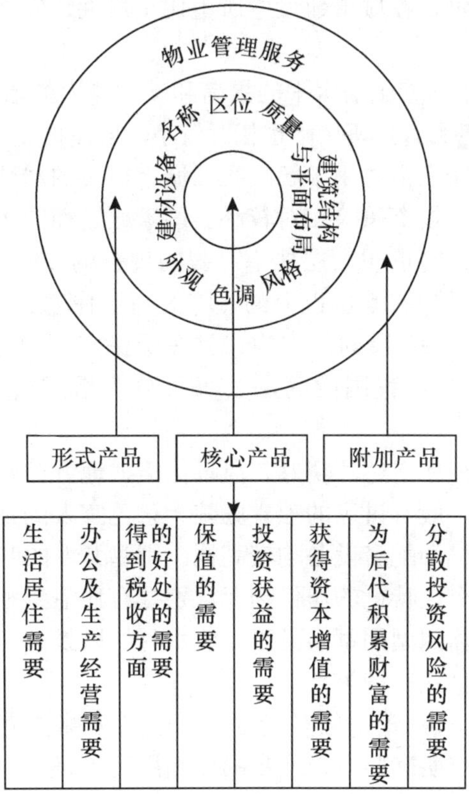

图 7—1 房地产产品

7.1.2 房地产产品的基本类型

1. 土地

土地是重要的生产要素，“劳动是财富之父，土地是财富之母”。土地是财富的源泉，也是其他类型房地产产品中重要的组成部分。

土地可分为未开发土地和已开发土地两种。一般分为非建设用地和建设用地，前者基本属于农业用地，后者通常属于城市用地，当然在一定条件下前者可以向后者转化。从投资的角度来说，城市土地或规划中可以转化为城市用地的农村土地是房地产投资者关注的焦点。

依土地所处的状态不同，城市土地又可分为具备开发建设条件、可以立即开始建设的熟地和必须经过土地的再开发过程才能用于建设的生地。生地和熟地的价格差异不仅仅在于土地的再开发费用，还在于其区位及周边环境的差异。房地产开发企业可以将生地成片开发为熟地，然后将其转让给其他开发企业和生产经营单位使用。

土地按用途分类，可分为居住用地、工业用地、仓储用地、商业金融用地、市政用地、公共建筑用地、交通用地、特殊用地、农用地等。

2. 居住物业

居住物业是指供人们生活居住的建筑，包括普通住宅、公寓、别墅等。居住物业作为满足人类居住需要的建筑物，在城市建设中所占比重最大。它经常以居住区、居住小区的形式被成片开发建设。

人们对居住物业的需求随着生活水平的提高和支付能力的增强而不断向更高层次发展。因此居住物业的市场最具潜力，投资风险也相对较小。居住物业的市场总体交易量巨大。

（1）普通住宅。普通住宅主要用于解决我国城市居民的居住需要。我国普通住宅的市场潜力大，市场需求旺盛，投资风险相对较小。国家鼓励面向大众的普通住宅的建设。

（2）高层公寓。高层公寓也叫高层住宅。我国现行的 2005 年版《高层民用建筑设计防火规范》中明确规定 10 层及 10 层以上的住宅为高层住宅。《规范》按重要性和高度将高层建筑分为两类，10 层至 18 层的住宅为二类高层住宅，19 层及 19 层以上的住宅为一类高层住宅。根据建筑形式，我国的高层公寓可分为塔式公寓、板式公寓和墙式公寓三类。

（3）别墅。别墅是一种在自然环境好、风景优美的地方修建的低楼层豪华住宅，它是一种高档居住物业。别墅一般有讲究的独立庭院、景色宜人的视野、别致的外观造型、特殊设计的生活空间，其建材和配套设备均较高档。别墅开发的基本目的是满足人们恬静悠闲的生活需求，它是富有个性特色的居住物业。别墅有住宅型和休闲型两种。住宅型别墅多见于郊外的住宅区，而休闲型别墅多见于山清水秀的风景区。在建筑形式上，别墅一般分为独立式、毗连式和联排式三种类型。

1）独立式别墅。独立式别墅一般是指独户居住的单幢住宅，房屋四周临空，有围墙圈出固定范围的庭院，或有明确归本户使用的周围用地。

2）毗连式别墅。由两个独立别墅合为一幢建筑，每户的出入口各自独立，这种组合形态的别墅称为毗连式别墅。

3）联排式别墅。将许多独户住宅成排（或成组）拼接，每户有单独的出入口或独立的院落，这种组合形态的别墅称为联排式别墅。

3. 写字楼物业

写字楼是一种供机关、企事业单位等办理行政事务和从事业务活动的建筑物，也称办公大楼。写字楼一般由办公用房、公共用房、服务用房三部分组成。

写字楼从结构上可分为两大类型：一种是商住两用写字楼。这种写字楼内的办公室是固定的，办公室内配有盥洗室、厨房等设施，具备单独生活的基本条件，故称为商住两用型。另一种是纯商业性的写字楼。这种写字楼本身并未建成固定的办公室，从结构上看它仅仅是分割成十几或几十个，甚至上百个楼层。纯商业性的写字楼的各层楼面可以任意分割组合，业主和承租户是按实际需要或使用面积购买和租赁的。

美国通常把写字楼划分为 A、B、C 三个等级，其中 A 级为投资级，主要特征是高档装修和完善的配套设施，B 级和 C 级写字楼则比较陈旧，设计和功能跟不上现代潮流，部分物业通过改造可以上升为 A 级。而中国的写字楼市场一般分为高档（顶级、甲级）、中档（乙级）和低档（丙级）三个级别。高档物业又可细分为顶级和甲级写字楼两个层次。顶级写字楼与国际写字楼标准相符，甲级是按照本地市场现行标准划分的。具体来说，物业等级及等级划分和界定的标准可见表 7—1。

表 7—1　　写字楼等级分类和划分标准

	顶级	甲级	乙级	丙级
建筑标准	品质一流、质量过硬	品质优良、质量过硬	品质良好、质量达标	品质较差、质量一般
装饰标准	● 外立面采用高档次的国际化外装修，如大理石外墙和玻璃幕墙等 ● 宽敞的大理石大堂和走廊 ● 公共部分的地面应为大理石、花岗岩、高级地砖或铺高级地毯，墙面应为大理石或高级墙纸或高级漆，应有吊顶，电梯间应为不锈钢、大理石 ● 卫生间安置进口名牌洁具，如科马、科勒等	● 外立面采用大理石、高级面砖、玻璃幕墙等 ● 大堂地面应为大理石、花岗岩等，墙面应为大理石、花岗岩或高级墙纸等，应有吊顶，柱应包大理石、不锈钢等材料 ● 公共部分的地面应为大理石、花岗岩、高级地砖或铺高级地毯，墙面应为高级墙纸或高级漆，应有吊顶 ● 卫生间安置进口名牌洁具，如科马、科勒等	● 外立面采用面砖或瓷砖 ● 大堂地面为地砖，墙面为瓷砖或高级漆，有吊顶 ● 公共部分的地面为地砖或铺中档地毯，墙面刷白 ● 卫生间采用合资或国产中高档洁具	● 外立面采用涂料 ● 无大堂 ● 公共部分的地面为普通地砖或水磨石 ● 卫生间采用普通国产洁具
配套设施	● 配套完善的商务、生活设施，专用地上、地下停车场，停车位充足 ● 满足日常生活的商店，适合商务会餐的饭店，宾馆 ● 午间放松或娱乐设施 ● 其他如公园、运动设施和图书馆	● 有配套商务、生活设施 ● 专用地上、地下停车场，停车位充足	● 有部分配套商务、生活设施 ● 专用地上、地下停车场	无
电梯系统	先进的电梯系统	优良的电梯系统	良好的电梯系统	一般的电梯系统
设备标准	● 名牌中央空调系统 ● 楼宇自控 ● 安全报警 ● 综合布线	● 名牌中央空调 ● 楼宇自控 ● 安全报警 ● 综合布线	● 中央空调系统 ● 楼宇自控 ● 安全报警 ● 综合布线	● 分体空调 ● 无楼宇自控 ● 无安全报警 ● 无综合布线
建筑规模	超过 5 万平方米	1 万～5 万平方米	无限制	无限制
客户进驻	● 国外知名公司的租户组合 ● 知名的跨国、国内外大公司、财团	知名的国内外大公司	国内中小公司	小型私企

续前表

	顶级	甲级	乙级	丙级
物业服务	● 一流的知名品牌公司管理 ● 物业管理信息化 ● 24 小时的维护维修及保安服务	● 知名公司管理 ● 完善的物业管理服务 ● 24 小时的维护维修及保安服务	专业物业公司服务	一般性的物业服务
交通便利	● 位于重要地段 ● 极佳的可接近性 ● 临近两条以上的主干道 ● 多种交通工具和地铁直达	多种交通工具直达	有交通线路到达，交通较方便	有交通线路到达
所属区位	主要商务区的核心区	主要商务区或副都心区	副都心区或较好的城区位置	一般城区位置
智能化水平	3A～5A	3A 及 3A 以上	3A 以下	无
开发商背景	经验丰富并且资金雄厚	经验丰富并且资金充足	有一定经验和资金实力	一般

4. 商业物业

商业物业是进行商品交换和流通的建筑物和场所，包括专卖商店、商场、百货商店、批发商店、商品交易中心、超级市场、地下商业街、购物中心等。

按照城市用地结构的等级划分，商业物业可分为市级、居住区级、居住小区级三种。近年来，市级商业物业有向综合型方向发展的趋势，在布局上也有向郊区化、地下化发展的趋势，并向多种功能的综合性商业、服务、娱乐和社交中心方向发展。由于城市用地紧张、昂贵，一些城市还结合地下铁路和交通枢纽的建设，兴建地下商业物业，形成地下商业街。这种地下商业街在日本和我国香港发展最快。

(1) 专卖商店。专卖商店建筑种类繁多，形式多样，规模不一。如服装店的商品多为开架陈列，营业厅宜宽敞明亮，人工照明应尽量接近日光色，以利顾客挑选商品花色。钟表、首饰商店因商品贵重、小巧，多采用多用柜台陈列，营业厅不必过大，但要装修考究，以示贵重。门市部专门销售生产部门的产品，经营的商品比较单一，规模也不大。一般还设有修理部，为顾客提供修理服务。

(2) 商场。商场是由若干专业商店组成的建筑群，其经营范围比百货商店小。商场中各商店有一定的独立性。要合理安排各商店的位置，组织好顾客的流动路线和货物进出路线。有些商场是集购物、休闲、娱乐为一体的多功能场所。

(3) 百货商店。大型百货商店集中经营成千上万种商品，规模大，顾客多，一般都设计为多层营业大楼，建筑面积可达上万平方米；中型百货商店，主要经营日用百货和热门商品。这类商店除营业大厅外，还须配备仓库、管理、加工等用房。

(4) 批发商店。批发商店一般顾客不多，但营业额较高。一般设有营业厅、洽谈用房和仓库。营业厅面积通常不大，但设有营业柜台和商品陈列柜。

(5) 商品交易中心。商品交易中心主要是作为进行看样、洽谈订货业务的场所，有的设零售部。商品交易中心一般设置大面积的商品陈列大厅，分设若干洽谈用房。出于商业保密的要求，各洽谈用房需有良好的隔音设施。还有参加交易会厂商的业务办公用房和主办单位的办公服务设施。大规模的商品交易中心还有接待国外客商的旅馆、餐厅、俱乐部等配套建筑，形成一组设施完善的商业建筑群，例如中国广州进出口交易会展览馆。

（6）超级市场。超级市场主要经营日用百货、食品、农副产品、生产资料等。商品大多采用规格包装和开架售货方式，由顾客自由选购，在出口处结账付款。超级市场的营业厅宽敞明亮，路线便捷，多采用大空间的底层建筑形式。一般超级市场设置有停车场地、办公用房、仓库和电子监视中心控制室等辅助设施。

（7）地下商业街。由于城市用地紧张、昂贵，一些城市结合地下铁道和交通枢纽的建设，兴建地下商业物业，形成地下商业街。这种商业物业形式在日本和我国香港发展最快，仅东京就已建成10多条地下商业街，面积达20万平方米。有的深入地下五六层，与地面的大型建筑、车站广场、港口、机场等连成一个整体，并形成一个商业、交通中心。地下商业街一般采用自动扶梯和环形汽车道与地面联系。地下商业街强调环境的美化，常进行人工绿化，利用艺术化的人工照明和商品陈列，创造富有魅力的气氛，招徕顾客，消除人们进入地下商业街时的压抑感。

（8）购物中心。购物中心国际委员会（ICSC）对购物中心的定义是："购物中心是由单一产权所有者所拥有并实施计划、开发和管理的零售和其他商业设施的组合。购物中心提供泊车位。购物中心的大小和定位一般由该中心服务所覆盖地区的市场特点来决定。"我国国家质量技术监督局对购物中心的定义为："企业有计划地开发、拥有、管理运营的各类零售业态、服务设施的集合体。由发起者有计划开设并组建商业运营管理公司实行统一管理。内部结构由百货店或超级市场作为核心店，以及各类专业店、专卖店等零售业态和餐饮、娱乐设施构成；服务功能齐全，集零售、餐饮、娱乐为一体。"

购物中心是一种复合型的商业形态，它是多业种、多业态的具有统一规划和管理的有机组合体，是一种与时代发展紧密联系在一起的生活方式和消费服务模式。购物中心是社会经济发展的产物，是消费水平提高和生活方式转变的必然结果，是商业零售业发展历程中的一个最高形式，它能最大限度地适应生活方式的转变、满足现代消费的多种需要，从而也就形成了购物中心比单一零售业态更具魅力的综合优势。

购物中心功能是通过愉快的享受和满足消费者购买欲望来实现的，因此购物中心必须是多种功能荟萃的消费服务场所，并且要在一定程度上影响和改变人们的生活方式以及消费模式。购物中心几乎要集所有商业服务业功能为一体，提供全方位的消费与服务。购物中心不仅要提供更有选择余地的商品，还要提供具有附加价值的服务乃至消费服务过程中的精神享受。

5. 工业物业

工业物业是为工业生产提供活动空间的物业，它包括厂房、仓库、堆场等。工业物业是工业生产的重要条件。工业物业中的工业厂房包括重工业厂房、轻工业厂房和近来迅速发展起来的高新技术产业用房。一般来说，重工业厂房由于其建筑物的设计建造需要符合特定的工艺流程要求和设备安装需要，通常只适合特定用户使用，因此不容易转手交易。高新技术产业（如电子、计算机、精密仪器制造等）用房与之相比，则有较强的适应性。

轻工业厂房介于上述两者之间。标准厂房（工厂大厦）是工业物业中非常重要的一种形式。香港的工厂大厦发展最为典型。目前在我国各工业区流行的标准厂房，多为轻工业用房。

工业物业有如下几个特点：（1）工业物业外部装修作一般处理即可，建筑成本相对较低；（2）工业物业在结构设计方面技术性、专业性要求高，因而其适应性较差；（3）工业物业对周围道路交通、电力能源供应、废物废水处理的保证条件有一定要求；（4）工业物业多采用自建方式，也可采用买卖或租赁形式。

根据建筑物的特性或者建筑物所吸引的租户类型对工业建筑物进行分类，大多数工业用房可以分为重工业用房、阁楼式厂房、现代单层标准厂房和孵化器式厂房。

6. 旅馆、酒店

旅馆、酒店是为旅客提供住宿、饮食服务以及娱乐活动的公共建筑。改革开放以来，我国的各大城市兴建了许多具有较高水平的旅馆、酒店，以适应社会发展和旅游业发展的需要。旅馆、酒店的类型可分为旅游旅馆、酒店，假日旅馆、酒店会议旅馆、酒店，汽车旅馆和招待所等。旅游旅馆、酒店主要建在城市中或旅游点。在许多国家，旅游旅馆、酒店须经鉴定，符合规定标准才准经营。旅游旅馆、酒店最简单的只有客房，而设备齐全的则有各类餐厅、游泳池、健身房、舞厅、酒吧、蒸汽浴室、保龄球馆以及出租汽车站、银行、商店、洗衣房、医务所、车库等。假日旅馆、酒店大多建在海滨、风景区，主要为度节假日或周末的旅客服务。这类旅馆、酒店设备较简单，服务项目较少，有较强的季节性。会议旅馆、酒店是专门作为开会之用的，设有大、小型会议室，有的还备有国际会议所需要的设施，如展览、新闻报道、录音录像、同声翻译、复印等设施。汽车旅馆和招待所多建在公路干线附近，供自己驾驶汽车的旅客住宿之用，主要设施为客厅和餐厅，客房都带有停放汽车的地方，位置大都紧靠客房。餐厅对住客提供膳食，也为不住宿的客人服务。这类旅馆在公路交通发达的国家较多，近年来有向城市发展的趋势。

7. 城市综合体物业

目前房地产开发商建造的高层建筑往往是综合体物业。所谓综合体物业，又称“城市综合体”，是由多个功能不同的空间组合而成的建筑。根据组织形式的不同，可分为两种类型，即单体式和组群式。单体式综合体建筑只有一幢建筑，它可以是各层之间使用功能不同，也可以是一层内各个房间之间使用功能不同。一般由既有联系又有分工的部分组成，有时也由并无联系的各部分组成。许多超高建筑中，常将许多种不同使用性质的房间纳入一幢大楼内。

8. 特殊物业

特殊物业主要有娱乐中心、赛马场、高尔夫球场、汽车加油站、停车场、飞机场、车站、码头等物业。特殊物业的经营内容通常要得到政府的许可。特殊物业的市场交易很少，因此，对这类物业的投资多属长期投资，投资者靠日常经营活动的收益来回收投资，赚取投资收益。

7.1.3 房地产产品定位

根据菲利普·科特勒的定义：“差别化是指设计以系列产品差别，来区分公司与竞争对手之间的产品的差别。而定位是指公司设计出自己的产品和形象，从而在目标顾客心中确定与众不同的有价值的地位。”定位要求公司能确定向目标顾客推销的类别数目及具体差别。也就是说，产品定位是将无差别的产品转变为有差别的产品，使产品在潜在客户中占有合适位置。而要达到这一点，要满足以下条件：（1）对客户具有主要价值；（2）对企业能带来利润；（3）产品与众不同，不易被竞争对手模仿；（4）客户能接受这种差别并愿意为此而多花一定的钱。

我们知道，任何一个从事房地产开发的企业，在开发过程中必然经常面临下列问题：（1）如何获取土地，是买地、租地还是合建？（2）如何开发土地？（3）如何利用土地才能取得最佳效益？是闲置土地坐等它升值，是将土地租与他人使用以收取租金，是兴建房屋出售获得收益，还是兴建房屋以供自行使用或经营？任何一种土地开发的途径、条件或利用方式，到底能获得多少投资？表面看来，这些似乎都只是与土地有关的问题，而土地在一般人的观念中，是一种典型的平面标的，但事实上，这种平面标的真正的价值，却反应在其立体的使用潜力（强度）上。也就是说，一块土地能用来兴建什么产品，或用于何种用途，决定了那块土地的开发价值。一般而言，要回答上面的问题，不应只在土地上寻求答案，而应设法确定土地的用途及收益实现方式，这就须依靠房地产产品定位。

但是房地产产品不同于一般产品。由于土地的有限性和位置的固定性，我们无法大量地生产房地产产品；房地产产品的利用既受政策、法规限制，又牵涉复杂的专业知识，所以很难做标准化的设计；房地产的交易金额庞大，本身又具有保值等特性，因此产品鲜少有绝对或必然的价值标准；再加上不动产市场的交易动机可能是自用、投资，或是再生产加工等，不像消费品或工业用品市场的交易动机较为稳定而单纯，因此更增加了房地产产品定位的复杂性。

那么，究竟什么是房地产产品定位呢？

就意义而言，房地产产品定位是站在开发商或土地使用人的立场，针对特定目标市场的潜在客户，决定其所持有的土地，应在何时，以何种方式，提供何种产品及用途，以满足潜在客户的需求，并符合投资开发商或土地所有人的利益。简单地说，房地产产品定位就是：（1）以开发商或土地使用人的立场为出发点，满足其利益目标；（2）以目标市场潜在客户需求为导向，满足其产品期望；（3）以土地特性及环境条件为基础，创造产品附加价值；（4）以同时满足规划、市场、财务三者的可行性为原则，设计供需有效的产品。

就时机而言，产品定位的时机，通常取决于房地产开发的几个主要过程。一般说来有三种定位时机：（1）开发、取得或处分土地前，可进行产品定位，以确定土地的使用方向（例如，一块土地可能宜建办公大楼、商业大楼或住宅大楼）；（2）销售、出租、经营或兴建建筑物前，可进行产品定位，以确定产品的规划方向（例如，住宅产品可规划为豪华别墅或普通住宅）；（3）变更或调整土地及建筑物用途前，可进行产品定位，以确定房地产变更用途的方向（例如，厂房迁移后，原址可改建为写字楼或商场），调整用途的计划（例如重建、改建或修建），以及变更用途可能获得的报酬等。

就目的而言，产品定位可以使土地拥有者或房屋建造者达到下列目的：（1）降低市场销售风险，避免因不符市场需求、时机不当或供过于求等可能造成的收益损失；（2）增加投资报酬利润，例如创造个别产品的单位利润，或增加组合产品的整体利润，或通过分期销售获得全程利润等；（3）发挥整体作业效果，避免开发、销售、规划及财务等的冲突，能同时兼顾收益成本、品质及时效。

房地产产品定位就意义、时机、目的而言，均有其特殊性质，与房地产相关的政策、法规也日益严密复杂。尽管我国房地产市场还不完善，但随着国家宏观调控力度的加强和法律法规的逐渐健全，房地产市场必将慢慢向买方市场过渡，房地产产品定位在房地产投资活动中将扮演重要角色。

7.2 房地产产品定位流程

产品定位是一种具有成本及效益性质的策划活动，它的成本反映在所运用的方法、所收集的信息（包括质与量）及所耗用的时间及人力上，而它的效益，则表现为产品定位的结果所能产生的实质利益。通过这个过程，可确定土地的用途及产品规划的方向。以往许多房地产开发商凭借直觉或主观判断以决定产品，他们迷信经验，依赖感觉，这种方式既无法合理预期产品定位的效益，更无法处理复杂的案例。事实上，产品定位是一个结合科学与艺术、客观与主观的策划活动，只有遵循系统性的步骤，选择逻辑合理的研究方法，并运用独特的创造力，才能发挥事半功倍的效果。房地产产品定位步骤与内容如图7—2所示。

如果有一块土地，你将如何进行产品定位？首先，你必须确定定位的动机及目的，例如是为了降低销售风险，还是为了增加报酬利润，或是为了增加公司资产，建立公司形象？不同的动机和目的，可能需运用不同的产品定位方法。其次，必须考虑土地的规模、条件，以确定定位的范围及方法。定位的范围，包含必须考虑的对象（例如土地权属、目标客户群、相关机构等）、事项（例如法规、市场、财务等）、涵盖时间（例如短期、中期或长期）、地区（例如区域、全国或国际）等。而定位方法，则是指从资料收集、分析、处理、运用直到获得结论的推演过程。定位范围及方法，直接影响需要耗用的成本及可能发挥的效益。

确定了动机、目的、范围及方法之后，接下来，必须进行现状及趋势分析，以发掘潜在的问题与机会。这个阶段须注意的问题包括项目基地特性条件（例如交通运输、公共设施、产业结构等）、房地产市场特性（例如供需状况、产品形态、竞争情况等），以及相关财务条件（例如造价、售价、融资成本及成本等）。根据现状及趋势分析，可以确定产品定位的目标，以作为产品或策划所遵循的方向。目标应尽可能具体，例如采用开放空间设计、建设高级住宅、楼高不超过15层等，以能有效控制策划方案的发展。策划方案发展的阶段，通常须借助建筑师的专业知识及产品定位者的创意，才能真正创造空间的附加价值。

最后的阶段即评估预选方案，以确定最佳方案及相关的执行计划。为使定位的结果能产生整体效益，方案评价时应尽可能兼顾市场、财务、规划、管理等各个角度的考虑，避免因各个角度间出现冲突而减损了产品定位的效果。

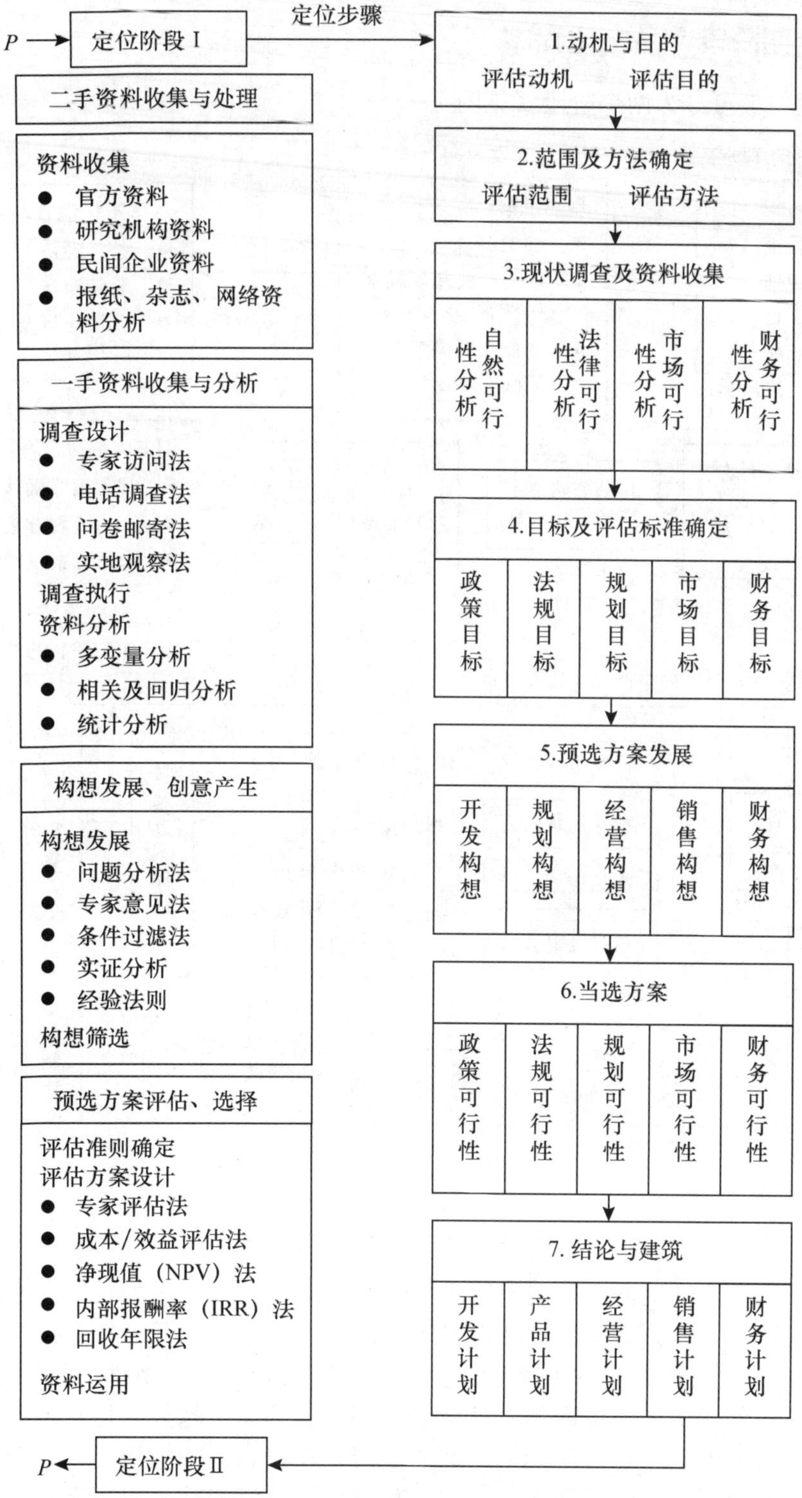

图 7—2　产品定位步骤与内容

7.2.1 两阶段产品定位程序

产品定位一般可分为两个阶段（见图 7—3）。

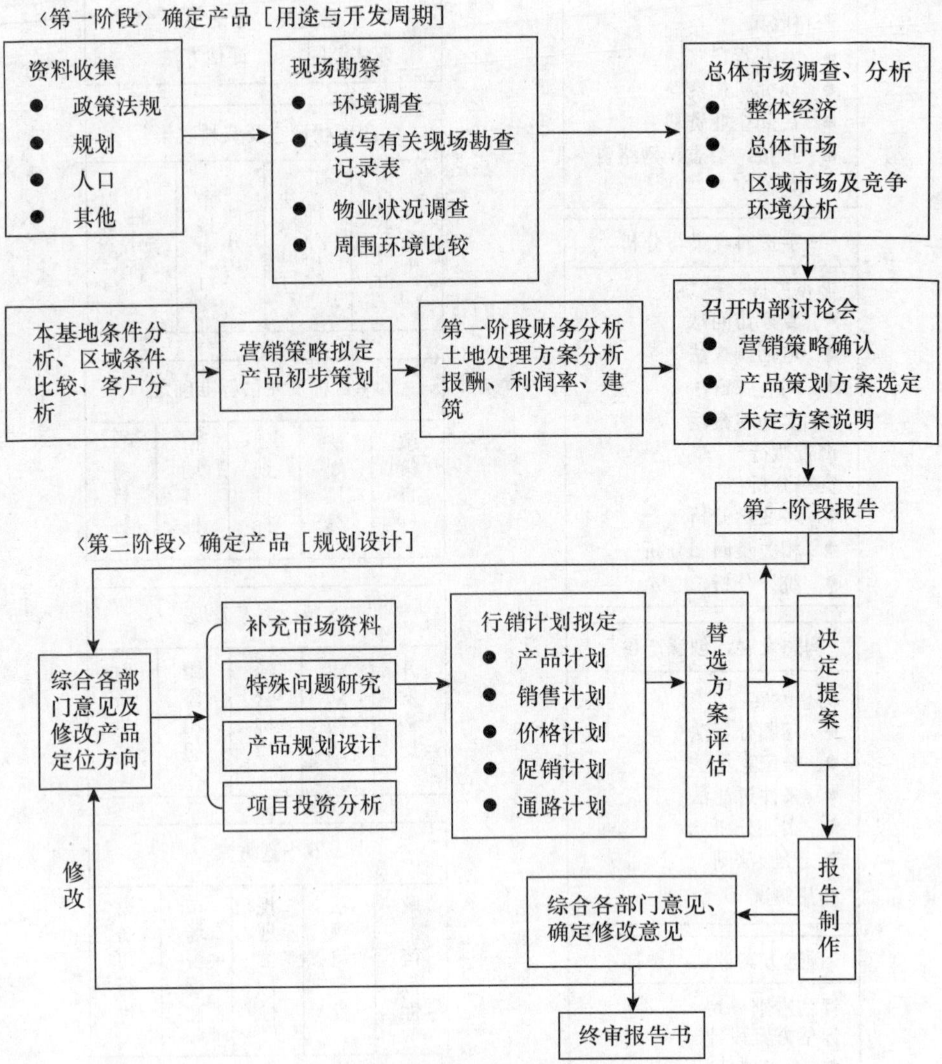

图 7—3 两阶段产品定位流程图

第一阶段的产品定位重点是土地用途与开发周期的确定。例如，一块土地适宜建办公楼、商业大楼，还是公寓？最佳开发时机是短期、中期抑或长期？在这个阶段，产品定位的功能在于使土地开发者明确土地的基本价值，因此必须特别注意下列事项：（1）土地自然条件，例如地块面积、基地形状等。通常面积越大、形状越方正完整的土地，地块定位发展的空间越大。（2）土地的使用条件，总体规划情况，有否用途管制或特别限制。（3）附近土地使用现状，确定产品差异性的可能性。（4）土地开发条件。一般而言，开发商较能掌握买入而非合建的土地的产品定位的弹性。以合建土地为例，若提供土地的一方坚持要求分得第一层楼并且坚持规划为纯住宅，则必然限制了该块土地的商业用途。

第二阶段产品定位的重点在于房地产产品的规划设计、开发形态和开发方式，也就是决定产品形态及开发操作方式。例如，住宅产品究竟应规划为别墅、中等标准住宅，还是小型套房？各楼层相互关系如何？计划在短期出售完毕还是分期销售或保留出租？这个阶段产品定位的目的在于使土地开发者能创造和增加产品的附加价值，因此必须考虑下列因素：(1) 相关城建法规的限制，例如容积率分配、楼层高度规划限制、用途管制等；(2) 市场需求特性，例如价格接受区间、产品需求形态、客源特征等；(3) 相对报酬及风险，例如单幢21层高层住宅与三幢7层多层住宅这两种规划，其所可能产生的收益、成本及耗用的时间，必须作相对比较，才能确定附加价值的可行性。

我国实行的是世界上最严格的耕地保护制度，城市土地有限、地价高涨。在这种情况下，开发商真正的利益通常来自产品定位所创造的附加价值，因此产品定位对土地开发而言，一方面可消极地避免开发不当的风险，确定合理开发条件；另一方面则可积极地掌握开发良机，并创造土地开发的附加利益。

7.2.2 三层次产品定位程序

大多数人可能普遍有这样的认识，房地产的价值深受其所在的区域环境的影响，但是对于是受哪些环境因素的影响（是交通运输系统、土地利用情况、公共设施完善程度，还是人文环境），受哪个范围环境的影响（是项目宗地附近区域、宗地所在的商圈或生活圈，还是整个行政区域），以及受影响的程度（是正面影响还是负面影响，是强烈影响还是温和影响），则是仁者见仁，智者见智了，甚至有时缺乏明确的认识。因此，可能即使掌握了许多信息，充分了解了环境的特性，但产品策划人员仍无法有效地作出恰当的产品定位。

产品定位的过程，实际上就是发掘市场机会，并针对目标市场发展适当的产品，以创造空间价值的过程。所以不论是市场还是产品，都是相对的观念，也就是在某种环境条件下，某些产品会比其他产品更恰当，某个细分目标市场会比其他市场更有潜力。因此，产品策划人员必须运用适当的方法分析各种环境条件，找出具有相对竞争优势的产品及市场机会。

假如你在北京海淀区双榆树附近有一块可以兴建住宅的土地，那么它可能吸引多大范围的购房者呢？是双榆树附近的居民、海淀区的居民，还是海淀区和附近西城区甚至整个北京市的居民？这些不同区域层次的客源偏好有何不同？他们所偏好的产品是否适合当地的环境？为了系统地思考这些问题，下面介绍一种“三层次产品定位程序”。

所谓三层次，是依据影响项目基地的环境范围大小所划分的市（区）级层次的一般因素、商圈（生活圈）层次的区域因素及基地层次的个别因素。也就是说，三层次定位的思路是：由整体到局部、由表及里地进行分析定位。虽然这三个层次都包括待定位的基地，但是各层次所相对比较的对象却不同。以前面双榆树的土地为例，其区级层次，是指与海淀区相当等级或规模的邻近行政区，如西城区等；其商圈或生活圈层次，是指海淀区内所划分的数个商圈，而本例的基地坐落在其中一个商圈（以当代商城、双安广场为主的一个商圈）内；至于基地层次，则是指将基地所在的商圈划分为数个区域，基地属于其中一个区域。

划分三层次的目的，在于明确掌握环境分析与评估的范围，以及比较的对象。市（区）级层次通过环境分析，可以研究确定相对其邻近市（区）所适合的产品及可能吸引的客源；在商圈（生活圈）层次，则可以比较基地所在商圈（生活圈）的产品优势及市场机会；至于基地层次则是具体确定基地在其所属商圈（生活圈）内的竞争优势（例如，虽然基地所在商圈商业气息浓厚，但基地却位于僻静公园旁，适合住宅产品，其客源则可能来自商圈内其他区域）。

三层次产品定位程序能使策划人员有系统地分析与评估环境。至于在每个层次应如何界定范围和划分比较区域，及应分析、评估哪些产品，则应视产品的具体性质而定。表 7—2 从商业楼宇、办公楼和住宅角度列示了房地产三层次产品定位评估因素的相对重要性。

表 7—2　　房地产三层次产品定位评估因素相对重要性分析表

重要性 / 产品 / 评价因素		商业楼宇			办公楼			住宅		
		大	中	小	大	中	小	大	中	小
市（区）级层次（一般因素）										
交通运输	交通条件	强	弱	强	强	弱	强	强	弱	强
土地使用	城市地位（等级）	弱	弱	强	强	弱	强	强	弱	强
公共设施	基础设施状况	强	强	中	中	中	强	强	中	强
人文社经	社经水平	强	中	弱	中	弱	强	中	弱	强
房地产市场	更新速度	强	中	弱	强	弱	中	强	中	强
商圈（生活圈）层次（区域因素）										
交通运输	交通系统	强	中	强	强	中	强	强	强	强
	内外交通流量	弱	中	强	强	中	强	弱	弱	弱
土地使用	混乱程度	强	弱	弱	强	弱	中	强	强	中
	使用限制	强	弱	弱	强	中	强	强	强	弱
公共设施	大型公园学校	强	中	弱	强	中	中	中	中	弱
	车站、转运站	弱	中	强	强	中	强	强	强	弱
人文社经	人口密度	强	中	弱	强	中	弱	弱	弱	中
	税收	强	中	弱	强	中	强	弱	弱	弱
房地产市场	价格水平	弱	中	强	强	中	弱	强	强	弱
	独立程度	强	弱	中	强	弱	中	强	强	中
基地层次（个别因素）										
交通运输	道路宽度	弱	弱	弱	强	中	强	强	中	中
	公交数量	弱	中	强	中	中	强	中	中	强
土地使用	地块方整	强	中	弱	强	中	强	强	中	中
	邻近土地使用	强	中	弱	弱	中	强	中	弱	弱
公共设施	公园	强	中	弱	强一	中	强	中	中	弱
	金融机构	弱	中	中	强	中一	强一	强	强	强
人文社经	居民文化水平	强	中	弱	中	强	弱	弱	中	弱
	流动人口	强一	中	强＋	中	强	强	中	中	弱
房地产市场	附近商业气息	弱	中	强	中	强	强	弱	中	强
	附近建筑物状况	强	中	弱	中	弱	强	强	中	弱

7.3　产品定位原则

7.3.1　先外后内原则

常言道“人靠衣裳，马靠鞍”。建筑物的整体外观，对物业价值起着至关重要的作用。一个好的物业应该做到“表里如一”。优良的物业其内外品质是一致的，若“表里不一”必将影响其价值的实现。虽然，我国的土地管理和城市规划，不像欧美一些国家有明确的土地用途分区管制，如住宅区、商业区、工业区等，但一般人仍很容易从城市建筑的外观上，判断它是属于商业、办公、住宅，还是住办（商）混合的用途。除了建筑物坐落区位及环境的基本价值之外，我们还可以从建筑物的造型、建材及整体规划推断该建筑物的可能价值。

这些现象说明，建筑物的用途及外部整体规划是决定其价值的主要因素，也是开发商在进行产品定位时需要考虑的重点。虽然建筑物的内部平面及细部规划也会影响建筑物的价值，但相对于外部整体规划而言，这些内部平面及细部规划较具可塑性及调整弹性，所以，在产品定位的实务上，必须把握“先外后内”（即先决定外部整体规划，再考虑内部具体单位）的原则。具体是指：

（1）先决定空间用途，再考虑单元面积计划。

（2）先确定整体容积率的分配，再考虑栋别或楼别配置。

（3）先规划整体出入动线，再考虑各楼层或各单元空间的联系方式。

（4）先作完整地块规划，再作奇零地块的利用。在进行产品定位时，必须有“寸土寸金”的空间价值意识，除了先就基地作完整地块规划之外，对于奇零面积如院落空地、楼梯间、地下室零星空间等，可考虑作贮藏、机车停车位等附加功能的利用，以创造空间价值。

7.3.2　先弱后强原则

房地产开发商在进行产品定位时，只有具备创造附加价值及增加边际利润的意识与技巧，才能使一块原本不起眼的土地“麻雀变凤凰”。

那么，开发商应如何设计才能掌握所谓的附加价值呢？我们不妨从以下三个角度来探讨这个问题：

（1）要创造产品边际利润的机会。要先将主要的努力付诸最具边际利润潜力的产品上，这样才能创造高纯度的附加价值。一般人认为，基地条件好的房地产才是高利润的产品，但是仔细想想，例如繁华地段的黄金店面，它的价值已是“天价”，即使花费许多心血去精雕细琢，能锦上添花再创利润的机会也已有限。相对而言，原本不太值钱的地下室，如果能在动线、采光、空间功能等方面发挥创意，并与市场需求结合，就有可能令你得到意想不到的超额利润。

（2）要具备整体价值的意识。通常，一栋现代建筑可以区分为数种性质不同的空间。

例如，一楼及二楼是直接临接道路及外部环境的空间，有作为“门面”及商业用途的机会；三楼（含）以上至顶楼的中层部分，通常是一栋大楼的主要用途空间；地下室则常用来规划为停车场、超级市场，或各类公共设施等。这些性质不同的空间，有各不相同的价值及市场特性。例如，中间层可能具有低风险、畅销的特性，虽利润不高但有助于资金周转；一楼则可能具有越陈越香的长期利润价值。所以，在进行产品定位时，必须掌握个别空间的价值，以使产品的整体价值最大。

（3）要善于用搭配组合的技巧。我们在前面已说过边际利润及整体价值的观念，在实务上，则要善用空间搭配组合的技巧，这样才能把边际价值发挥到极致。例如，在黄金地段规划小面积一楼店面搭配大面积二楼或地下室，一方面可充分利用一楼门面及出入的价值，另一方面则因把主要营业行为延伸至二楼或地下室，可创造这些楼层的售价及利润空间。另外，如上海市有些公寓大楼，将楼上套房搭配地下经济实用的公共洗衣间、储藏室及自行车棚组合出售，不仅使原本用途尴尬的地下室得以顺利消化并创造了可观利润，同时，楼上套房也因为组合产品及共用设施的设计，使空间功能更为丰富完善。

基于土地坐落环境及基地本身条件的限制，开发商在考虑如何利用土地时，难免会面临弱势空间（如大面积的地下室、商业气息不浓的一楼空间等）的问题。根据本节的分析，在实务操作上，开发商不妨先集中精力突破产品的弱点（因其可创造的边际利润最大），再搭配强势空间，以确保产品的整体价值。

7.3.3 先实后虚原则

什么才是最合理的“实得面积”及“公摊面积”规划，一直是购房者、开发商或销售代理公司之间颇有争议的问题。一般俗称的“实得面积”，是指建筑物的室内私有面积；而所谓的“公摊面积”，即包括各层住户共同使用的梯间、走道等“小”公用面积，及由全栋住户所分摊的公共设施，如配电室、门厅、机械房、水箱等“大”公用面积。事实上，只要是多层或高层组合式建筑物，就必然会有公共设施的存在，问题在于这些设施规划的必要性、合理性及其所提供的功能，并且私有面积应明确，这样才不至于引起购房者的疑惑。

在面对这个问题时，产品定位者首先必须找出谁将是目标购买者或者使用者。一般而言，不同生活形态的购房者对于空间功能的需求不同。例如，有子女的家庭，可能需要宽敞的客厅、厨房，及充足的房间数；而单身者或无子女的工薪夫妇可能只需要基本的会客空间，但却追求舒适的卧房或工作室。辨别目标客户群，有助于根据不同的生活方式发掘购房者对空间（包含私有及公共）功能的需求类别。

其次，产品定位者必须有相对经济效益的观念。在没有空间限制的情况下，购房者对于多元的空间功能，诸如会客、厨房、卫浴、餐饮、卧房、娱乐、储藏、工作或阅读等都可能有优先顺序不明显的需求，而一旦面临空间或购买力的限制，购房者即会衡量各种空间功能的相对必要性及所需付出的代价，从而显出对空间优先顺序的偏好。例如，对于普通公寓住宅的购买者而言，可能仅需要基本生活空间，除了居住功能的需求之外，可能希望买到共用的设施（这些设施常是购房者无法独立购买的），如游泳池、健身房、警卫室等；至于小居室，由于室内私有空间更为有限，购房者通常倾向于将最具隐秘性的功能如起居、卫浴等保留在私有空间，而愿意将部分功能如会客、阅读、健身等配置于共用设施空间，通过这样的规划，购房者可能仅需分摊 1 平方米的共用设施，即可获得 10 平方米的空间效益。

最后，产品定位者还要依据基地规模、产品类型、规划户数等条件掌握既能为市场接受，又符合开发商投资报酬效益的共用设施比例范围，以将目标客户对私有功能及共用功能的可能偏好作合理的规划。

由于土地资源日益昂贵，购房者的实际购买力相对降低，但居民收入水平又在不断提升，使一般人倾向于追求多元化的空间功能。因此，进行产品定位时，应在这些多元空间需求中，掌握最具“私有”价值的空间，再规划可供“共有”的设施，从而达到公私兼顾、实虚皆宜的效果。

7.3.4　先分后合原则

房地产不同于其他商品，不仅其市场景气状况的变化快速且明显，而且由于它具有自用、投资及保值等性质，因此产品本身也常随市场景气状况及购买力强弱而变化。另外，相对于现房而言，预售房因采取先售后建的方式，在兴建过程中还有变更设计的机会，因此，产品面积的调整较具有弹性，这也要求开发商在进行产品定位时，要认清这种市场特性，保留适度的面积调整弹性。究竟在何时应规划何种用途及面积的产品才能稳操胜券，这一直是开发商竭尽心力却又难有肯定答案的问题。为适应变化无常的市场情况，下面几个先分后合的定位原则，有助于开发商更经济地保持产品规划或调整的弹性。

（1）区别楼层市场的先分后合原则，也就是先就大楼各楼层市场（例如顶楼市场、中间层市场、一楼市场、地下室市场等）个别评估其供需状况及规划条件，再考虑楼层之间的关联性或合并的可能性。例如，顶楼是否适合与其下一楼层合并为楼中楼，一楼店面是否能与二楼或地下室结合以增加商业空间面积及价值等。

（2）调整平面单元面积大小的先分后合原则，也就是先确定最小可能销售单元的平面功能，再合并数个小单元成为较大面积的单元，以使开发商调整平面的弹性最大。

（3）控制造价合理的先分后合原则，也就是在维持建筑物结构安全的前提下，预先做好最小单元（最多户数）的建筑规划及成本预算，再合并大面积规划。

进行产品定位时，若能把握上述三个原则，即使在市场不景气的情况下，开发商也能在配合客户“买得起”的总价需求下，提供空间好用、结构安全、造价合理的产品。

7.3.5　先专后普原则

开发商经常会遇到这样的问题：每得到一块地，到底是该盖与周围不同的建筑物，还是参考周围建筑，以随俗从众；到底该针对需求同质的客户盖单纯的产品，还是为市场提供多样化的选择，以满足各种不同需求的购房者？有这样一个营销案例：有一家鲁菜馆，原本仅供应地道的鲁菜，生意不错，后来老板为了能招徕更多的客源，增加了川菜口味的菜肴，结果真正偏好鲁菜或川菜口味的食客，都觉得它不够专业、地道，生意反而大不如昔了。

不论是上述开发商的困惑，还是鲁菜馆遭遇的市场冷淡反应，都牵涉定位时产品特殊化和专门化程度的问题。所谓特殊化是指产品有异于市场的程度，例如，周围都是10层以下的二室一厅住宅，若在当地推出超高楼层的三室一厅、二室二厅住宅，显然是特殊化的产品。所谓专门化，则是指产品单纯或同质的程度，例如，在住宅区推出一栋纯办公大楼和一栋套房及办公室混合大楼，两者虽都有异于当地市场（即都是特殊化产品），但前者专门化的程度显然高于后者。

一般而言，产品专门化的程度越高，越容易给人精纯与信赖的感觉，也间接地发挥了特殊化的效果。例如，在一块大面积的土地上，若规划清一色的三室一厅住宅，即使周围也有零星小规模的类似产品，但由于相关设施、规划等的规模经济及整体效果，无形中即区别了两种产品的差异性。

专门化的产品，通常附加价值较大，也较容易创造较高价值。例如，一栋专为老人规划的“银发族”住宅，或提供专业设施的医疗大楼，必然比普通的住宅或办公大楼具有更高的价值及价格。但相对而言，这些产品的目标客户群较为单一且数量较小，市场销售风险可能较大，因此在进行产品定位时，应注意下面几个问题：

（1）产品特殊化的程度必须考虑基地所在地的市场特性、供需状况及各种目标客户群的相对规模与购买力。

（2）不论特殊化或专门化，都必须把握重点，注意市场“门槛效应”，进行产品定位时切忌盲目地为特殊而特殊。例如，产品若具备三项特色，即已被市场评定为特殊产品（达到门槛效应），则不必再画蛇添足，徒增败味，这样反而会降低产品的经济效益。

（3）先尝试并评估各种专门化的可能性及市场接受程度，以创造产品的附加价值及利润空间。除非市场机会有限，或基地条件受限制，才考虑开发风险低的一般性产品。

7.4 产品定位的目标取舍

7.4.1 产品定位的立场

在房地产市场发展过程中，我们也许对下面的例子印象深刻：某些在公开预售时顺销好卖的产品，在施工或交屋时却成为开发商头痛的问题。例如，基于总价市场的考虑所规划的面积过于精简的小套房，因完工后无法合理使用而招致客户的排斥；或基于销售的目的对隔间或建材作过度的承诺，造成施工困难及成本增加等；而某些出自建筑大师之手的完美理想产品，却因无法顺利为市场接受而乏人问津。又如，在三流地段规划一流的办公大楼；或基于理想生活空间的考虑，规划不符合现实市场需求的产品等。这些例子，或基于销售代理的立场，以销售为目的，提供“叫座不叫好的产品”；或基于建筑师的立场，以塑造完美产品为目的，却导致“叫好不叫座”的结果；或基于土地开发者的立场，以顺利取得上地为目的，却可能造成“既不叫好又不叫座”的现象。这些立场都因失之偏颇而无法做好产品定位。真正成功的产品定位，必须站在开发商的立场，兼顾销售、规划及财务，提供“既叫好又叫座”的产品。

在产品定位的实物运作上，应掌握哪些原则才能确实站稳正确的立场呢？（1）必须依赖市场肯定其价值。优秀的产品定位者应运用各种方法发掘市场、了解市场或创造市场，而非忽略市场或凭感觉想象市场。例如，目前许多建筑物的地下室均假设有需求而规划为超级市场，但却卖不出去。（2）必须有明确的利益目的，并以开发商的利益为出发点，因为唯有满足开发商的利益，兴建者才有提供产品的意愿及能力。产品定位者须掌握不同的利益目的以决定产品定位的方向。例如，为满足资金周转的目的，可能规划平价或易于销售的产品；为满足利润最大化的目的，则可能考虑定位高风险、高报酬的产品，如高档公寓或花园洋房等。（3）须兼顾产品的整体价值，避免同幢或相邻产品间用途的冲突或价值的干扰。尤其是合建案例，产品定位者应积极结合供地方条件及开发商利益，塑造产品的整体价值。（4）必须掌握兴建的全过程因素，避免施工不易、工期延长、客户抱怨或成本不易控制等问题，使供需双方的利益能够顺利实现。

房地产市场越是面临不景气，开发商与销售代理公司、建筑师或地方之间立场的冲突可能越强烈，产品定位也因此而更为重要。唯有以开发商的立场为出发点，积极地调和各个角色的冲突，灵活地运用各种立场的专业技巧，才能真正做好产品定位。

7.4.2　产品定位的目标取舍

要选择一匹善跑的马，也许不难；要寻找一匹寡食的马，可能也还算容易；但是，如果要寻求一匹“既要跑得快，又要不吃草”的马，大概就是一桩难办的事了。

上面这种情形，是实际操作中常见的问题。对产品定位者而言，他所争取的是一个可发挥创意的空间，但是开发商或决策者更关心产品定位是不是能达到其特定目标。前面讲的善跑或寡食，就好比是开发商或决策者事先所设定的目标，这些目标会引导“寻马者”（即产品定位者）努力的方向，当然也会决定其达到目标的难易程度。

我们可以用图形来说明目标多少和产品定位空间大小的关系。在图7—4中，假设定位需要满足三个目标，即楼层必须在12层以下（目标1），预售时必须全部售尽（目标2），及投资报酬率必须达到40%以上（目标3）。为达到这些目标，产品定位者也许可发现（1）、（2）、（3）、（4）、（5）五个预选方案（见图7—4（A））。但如果再增加两个目标，如容积必须全部用尽（目标4）、必须维持单一出入动线（目标5），则将使可行方案数量减少，仅剩下（1）、（4）、（5）三个预选方案（见图7—4（B））。

除了目标多少会影响产品定位可发挥的空间之外，其标准的高低也是一个不容忽略的因素。以图7—4（A）为例，假设开发商仍只关心楼层高度、预售时的销售率，以及投资报酬率三个目标，但却把楼层高度的标准限制在10层以下，并将投资报酬率的标准从40%提高至50%，使得原来的目标1和目标2变为有更高标准的目标1′和目标2′。在这种情况下，即使同样是三个目标，却因为目标标准的提高，导致只剩下（4）及（5）两个方案可供选择（见图7—4（C））。

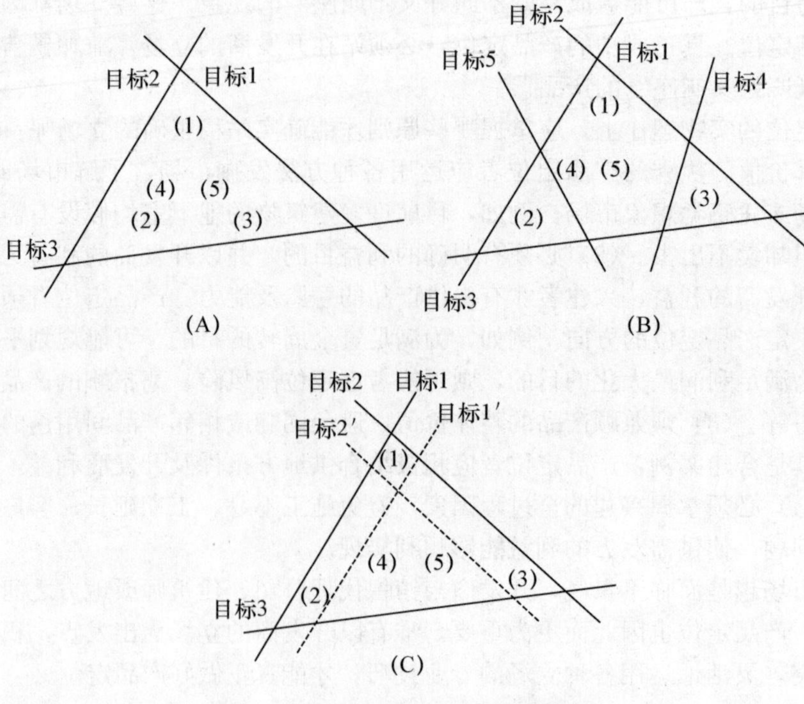

图 7—4　定位目标与方案确定关系

从这些例子中，我们还可发现，目标的多少还会影响评估或方案选择的难易程度。以图 7—4（A）为例，如果只有目标 1 这个限制条件，则距离目标 1 最远的方案（表示满足目标 1 的程度最高），即图中的方案（3），就该是最佳方案。现在有三个目标，则方案(1)～(5)就这三个目标而言各有优劣，例如方案（1）虽在目标 3 上表现优异，但仅勉强达到目标 1 及目标 2 的最低标准；而（4）及（5）两方案就各个目标而言，都呈现中等满足的程度。在这种情况下，评估或决策者必须设计好的方法，才能反映个别目标的重要性，并适当评估各方案达成整体目标的优先顺序。

因此，产品定位目标的多少及所定标准的高低，在实务上有下面几点特性：（1）目标引导产品定位方向，例如，只追求短期内顺利销售的目标，则产品定位者必将尽力发展短期市场所偏好的产品。（2）目标多少影响产品定位发展的空间，目标越多，限制越大，定位空间越小。（3）目标所设定的标准高低，影响定位空间的大小，标准越高，难度越大，定位空间越小。（4）目标多少影响方案评估方法的复杂程度，目标少，评估方法单纯；目标多，则评估方法复杂。

由于目标设定和产品定位之间具有上述关系，所以，在实务运作上，两者常形成互动的过程。通过这个过程，才能使目标务实可行，不致造成“无解”的情况，也才能使产品定位在合理有效的空间内发展，不至于流于漫无目的的结果。

下面就房地产产品定位常见的目标取舍方案作一番讨论。

1. 办公大楼与住宅的取舍

一块基地是否能规划成办公大楼，必须具备基本条件，如果这些基本条件不存在，则规划为住宅大楼也许比较有利。一般来说，选择规划为办公大楼或住宅要注意下列事项：

（1）办公大楼的坐落地点以商业区为主。如果基地所在地段属于商业区，且金融服务业聚集性明显，面临道路宽阔（如路宽30米以上），再加上附近也有办公大楼分布的话，则其产品以办公大楼为宜。

（2）办公大楼的销售时机，以景气高峰期为主要时点。因为办公大楼的价位高出住宅大楼很多，而其成本增加却有限，所以规划为办公大楼的利润较高，且托景气之机，不致销售困难；然而在景气下滑时期，由于前景看淡，办公大楼的需求随即下滑，在这种情况下，则宜考虑需求较稳定的住宅。

（3）办公大楼的基地面积要大、地形要方整。基地形状方整且面积足够大者，若路段特性较适合建办公大楼，则以规划成办公大楼为宜。否则，应以住宅为宜，因为住宅对于面积、地形的要求不太高。

（4）适合长期经营的产品，主要是以办公大楼为主。由于不动产具有保值性与增值性，所以“只租不售”便成为很多投资兴建者目前的经营方向，而适宜长期保有的不动产，则以办公大楼较具远景与潜力，所以出于这种考虑，就应规划办公大楼而非住宅。但如果着眼于短期获利并能尽快实现，则宜规划为住宅。

（5）资金充裕情况下，才宜兴建办公大楼。在资金流量的特性上，办公大楼兴建成本高，且不易销售，资金积压会远高于住宅。所以，在自有资金不足，且支付贷款利息能力欠佳的情况下，应该规划住宅，而不宜考虑办公大楼。

（6）办公大楼的地点要选择在商业活动频繁的地区。如果是新兴商业区，且不断有公司设立、迁进营业，则可以考虑规划办公大楼，以求掌握先机。如果商业活动不频繁，或公司相继歇业，则宜考虑规划住宅。

（7）办公大楼的售价、利润往往大于住宅，但因为其需求较特定，所以风险也远高于住宅。

因此，一块土地究竟适宜规划办公大楼还是住宅，应多方面考虑，不宜单凭市场流行什么就跟风追随，在不适宜的地方规划不适宜的产品，造成销售盲点。

2. 办公大楼与商业大楼的取舍

商业大楼的单位分割面积小，可以较高的单价出售，而总价又可以被投资人接受，加上日后兴建完成的物业管理收入高，又可以借此涉猎商场经营，可谓一举数得，因此，只要情况允许，开发商常常将土地规划为商业大楼。

由于商业大楼的利润远超过办公大楼及其他类型的大楼，所以，在使用分区上属于商业区的土地，原则上都以商业大楼为优先考虑的方向。然而，又因商业大楼不易经营，故不宜贸然推出。对于某一块基地究竟应规划为商业大楼还是办公大楼，自然得多费心思。下面针对商业大楼及办公大楼的选择，概述其中值得注意的事项。

商业大楼坐落地点要有足够的商业气息，除非基地本身面积够大，能够带动商圈，否则商业大楼的地段宜考虑坐落在现有商圈中，以利用其人潮，带动商业大楼的经营。

（1）商业大楼必须有足够的消费人口，才足以生存发展。基地附近要有足够的住宅或流动人口，以便有大量的消费潜力；另外，基地附近要有方便的公共交通以便利人们逛街购物，如此，商业大楼才有生存的空间。

（2）商业大楼面临的路面不宜过宽，且车速流量也不宜过快过高。因为道路宽度超过30米以上，会造成隔街的人潮较不易过来，形成单面营业，而且车速太快，会形成人潮流动的障碍，使人潮不易集中、驻足、消费，而影响该商业大楼的生存。至于办公大楼，则因强调景观及门面，门前的马路越宽越好。

（3）商业大楼坐落地点要在人口成长地区。在人口成长地区，如果能自成一个区域中心，在该区域中心设立商业大楼，则会因商圈的形成，带动人潮移动及住宅人口的进入，使该地区更加兴盛，形成良性循环。办公大楼对区域人口成长速度的依赖程度不如商业大楼。

（4）商业大楼的生机着重在经营，经营管理能力很重要。因此，除非本身有经营商场的兴趣、人力、资金及技术，否则不宜贸然进行商业大楼的规划。办公大楼虽然也需要经营，但其难度及复杂程度都没有商业大楼高，所以较易掌握。

（5）复合产品宜考虑商场作为搭配的对象，而非办公室。如果要结合住宅的话，则宜考虑商业广场，而非办公用房。因为庞大的住宅人口可以成为商场的基本消费市场，增加商场成功的机会。而办公用房与住宅则会彼此影响各自的居住与办公质量，所以不宜考虑。

商业大楼犹如一只下金鸡蛋的母鸡，但是也须管理经营得当，否则就会成为“瘟鸡”，成为投资兴建开发商的梦魇，这时反而不如单纯建办公大楼，出售出租两相宜。

7.5 产品定位的实用技巧

7.5.1 项目总体规划的技巧

项目的总体构思首先必须以消费者为中心，追求以人为本，注意创造舒适、方便、亲和、安乐的居住环境，充分满足现代人个性多样化和生活品位多元化的需求，使人产生归属感和自豪感。其次，必须考虑周边环境，做到相互协调，而不要盲目照搬“西洋”风格，更不能千篇一律，项目的总体构思必须考虑到本城市和本地区的特点，要因地制宜，发挥周边环境优势，能够借景协调则更为理想。最后，必须富有个性，特色突出，如以山水园林为主题、以生态环保为主题等。特色越突出，越能够吸引目标客户群体的注意力。

在确定总体构思以后，就要进行具体的规划设计，可以从以下五个方面对总体规划进行定位。

1. 项目物业类型的分布

如果是一个比较大的社区，往往在规划时有多种类型用途的物业。如住宅小区往往是既有居住用地，又有商业用地，在总体规划阶段如何进行规划就成了一个非常重要的问题。一般而言，在商业价值较大的地区（如临街的地区）规划商业，在景观比较好的地区规划住宅。

2. 项目的楼座排布

项目的楼座排布的理想情况应该是做到户户观景，而且能够多角度观景。然而，并非所有的项目都能做到这一点。项目的楼座排布受很多方面条件的限制，如物业类型的分布、交通组织方案、景观和配套设施的布置等，因此要综合加以考虑，尽量让比较多的户数能够有比较好的观景条件。

此外，在楼座排布时，要充分考虑当地的自然条件特点，如我国大部分地区都是四季分明的气候，因此南向的房子要比北向的房子冬暖夏凉一些，如果条件许可，要尽量南向布置。

3. 项目的交通组织

交通道路应该合理分流，减少对居住区的影响，同时要做到构架清楚、分级明确并应与城市公交系统有机衔接。交通组织首先要明确项目的主出入口，主出入口的设置要能够加强项目的昭示性，突出领地感。其次，要明确项目的人流和车流如何加以组织。有的小区建设无车小区，即机动车道和停车场都设在地下，机动车从小区门口进入地下，居民在地下停车场可直接乘电梯到居室，车辆对住宅区域全无干扰，效果良好。而有的小区人车混行，交通安全可能存在一定的问题。再次，要确定项目的停车方案。一般而言，居住区停车有以下几种方案可供选择：半地下停车场与绿化组合；全地下车库；架空平台下车库；在绿化带搭棚架停车等。停车位的具体数量可以根据项目的不同情况加以测算。

4. 项目的区隔

在项目的总体规划阶段，要明确项目如何与外部进行区隔，项目各类物业之间如何进行区隔。一般而言，区隔有两种形式，一种是采用自然边界作为区隔，另一种是采用人工边界进行区隔。具体的情况可以根据项目的具体要求不同而不同。一般可以利用道路高差、水系、藤条、植物等进行区隔。

5. 建筑形式选择

在进行项目的总体规划时，要明确项目各楼座的建筑形式。如对住宅而言，是选择板楼还是塔楼抑或是板塔结合，是做高层还是做小高层抑或是做低密度住宅。在进行建筑形式的选择时，一般要考虑以下几个方面的因素：一是地块规划条件的限制。如果地块规划的容积率非常低，那要做高层就不现实了。二是当地消费者的倾向。如果当地消费者对板楼和塔楼有比较明显的偏好，那显然在设计时要考虑这一点。三是目前市场上其他项目的形式是怎样的，销售情况如何，哪一种类型的销售速度比较快，哪一种实现的销售价格比较高。如果有必要，企业甚至可以就不同的形式做经济测算，看哪一种形式能够给企业带来利润最大化或有助于企业特定目标的实现。

此外，在进行项目的总体规划时，要考虑到楼盘销售以后的居住和物业管理是否方便。如一个比较大的小区，物业管理公司的办公地点离各楼座的距离不能太远，以方便居民和物业管理公司之间的沟通，等等。

7.5.2 产品单体定位的技巧

1. 容积率配置技巧

如果在北京市有块面积5 000平方米的住宅用地，分由不同的人进行产品定位，有的人可能会尽量节约和控制一楼面积，采用开放空间设计，塑造单栋高层建筑，以创造高层空间价值；有的人可能会将可建总建筑面积尽量用于低矮楼层（例如一、二楼），规划矮胖型建筑物，一方面把握临街店面商业价值，一方面节省建筑成本；有的人可能规划数栋建筑，高矮参差既丰富造型，又能对不同的楼房建筑按用途作弹性规划。不论基于何种原因，产品定位的最终结果势必在每块土地上产生或高或低、或胖或瘦、或单栋或多栋的建筑物，而所谓的容积率利用，就是指如何将每块土地的总可建建筑面积（楼地面面积）利用到极致。

同样一块土地，因为目的不同，可能导致不同的容积率利用方式。一般而言，产品定位者要考虑的原则或目的大抵有下列几个角度：

(1) 空间价值与容积率利用方式的关系。例如商业气息浓厚的区域，一楼店面价值可能数倍于高楼层的价值，因此总可建建筑面积应尽量分配于低楼层；反之，商业气息弱的区域，则可以考虑向高楼层建筑靠近。

(2) 建筑成本与容积率利用方式的关系。越是高耸或造型特殊的建筑，其营建成本愈高，因此要权衡所增加的成本及可能创造的空间价值，以决定最佳容积率利用原则。

(3) 建筑工期与容积率利用方式的关系。例如两栋10层的建筑与单栋20层的建筑，前者的施工期将比后者节省许多，而施工期将直接影响投资回收的速度及营业的风险。

(4) 市场接受性与容积率利用方式的关系。例如在高楼层建筑接受意愿不高的区域，若考虑作高层建筑的规划，就要审慎评估市场风险。

(5) 周围建筑物状况与容积率利用方式的关系。例如处于一片低矮建筑物区域，则向高层建筑发展，成为此区域的标志性建筑物；或向中层发展，在高度上暂领风骚；或规划低矮建筑，以从众随俗。

考虑了以上各种主、客观限制条件及特定目的后，最后就要真正进行容积率的分配，以使容积率能作最充分、合理的利用。

2. 公共设施的定位技巧

在一般购房者的观念中，总希望所购买的房子，其公共设施所占的比例愈低愈好，因为公共设施常被认为是虚的，徒有而无益。某些开发商或销售代理公司为了投消费者所好，实行高实得率或低公共设施比例的广告策略。那么高实得率或低公共设施比例对购房者而言又真的实惠吗?

事实上，越是先进的国家如欧、美、日等国，越倾向于以包含私有面积及公共设施的整体规划，来衡量建筑物的品质及价值，而我国在不断追求提高居住水准的潮流下，也必然将朝这种趋势发展。就开发商或产品定位者而言，要认清许多公共设施之所以难被购房者接受，是由于设施本身不实惠，或由于设施真正的价值没有通过适当的方法让购房者充分了解。所以，除了法定必要设施需要运用规划力求经济实惠以外，还需要明确辨别下列几种公共设施的功能及效益，从而针对个案性质作合理定位。

(1) 具有保值效果的公共设施，例如宽敞的门厅、走道等。这些设施的积极功能在于确保不动产的价值及未来的增值潜力。尤其对于使用频率高、使用人数多的办公室、商场或小套房等产品，这种公共设施尤其重要。

(2) 具有实用性质的公共设施，例如停车位、健身房、游泳池或公共视听室等。这类公共设施的实惠在于它的公共性，例如任何个人想拥有一个私人游泳池都是奢侈的事，但是通过公共设施的分摊，却使整幢建筑或整个社区的住户都能长期经济地拥有及使用游泳池。

(3) 具有收益机会的公共设施，例如地下室的商业空间、停车位，或其他可供非该建筑住户付费使用的设施等。由于这种设施可收取租金或使用费，对于分摊设施的购买者而言，相当于购买有收益价值的长期投资标的，不仅可补贴管理费，同时也较易维护整体建筑的品质，在使用价值高的地段是颇为适当的设施定位。

(4) 对环境有改观的公共设施如绿地、花园等，虽增加投入，但这种投入可以从因环境改变而带来的物业升值中得到回报。

公共设施的规划将越来越受到重视，产品定位者若能适当掌握各种公共设施的功能，可使公共设施空间发挥“小兵立大功”的作用。

3. 楼层用途的定位技巧

不同的人对各楼层空间的需求不同，也就是说，各个楼层事实上是不同的市场，具有个别的供需情况、用途特性、交易性质及空间价值等，而这些差异的存在，能给予产品定位者发挥创意的机会。

我们可将一幢大楼的立体空间，分成下列四个市场，个别考虑它们的定位特性：

(1) 顶楼市场。这种产品在采光、通风、视野及私密性方面，都比其他楼层更具有得天独厚的条件，又由于每栋楼只有一个顶楼楼层，这种相对稀有性使得顶楼市场常出现供不应求的情况。

(2) 门面市场。通常是指建筑物的一层至二层。这种产品的价值在于它与外界环境的临近性（例如临路的店面、办公室），或者有将外界环境内部化的机会（例如拥有庭院的住宅）。这种地利条件及稀有性，使得门面市场的价值不但比其他楼层高，而且还常出现供不应求的现象。

(3) 地下室市场。这种产品有时具备独立功能及用途（例如作为商场或停车位），有时则可能成为其他楼层的连带产品（例如作为一楼的私有地下室，或其他楼层的共有设施空间）。

(4) 中间层市场。包括建筑物的二楼以上直至顶楼以下的楼层。这个市场各楼层之间的相对条件差异有限，而其所占有的空间比例又最大，因此一般所称不动产市场景气与否，多半是指中间层市场的供需状况而言。

就产品定位者而言，除了要辨别不同楼层市场的异质性之外，还要注意下列事项，以充分发挥空间的附加价值：

(1) 妥善运用规划，以平衡供需失调现象。例如，在商业气息浓厚的黄金地段，借助一楼带二楼或地下室合并规划，以增加门面市场的供给量；或顶楼采取楼中楼设计，以满足更多的顶楼市场需求者。这些都是创造更高价值空间的好方法。

(2) 明确区分不同楼层市场，以针对需求设计产品。例如，门面市场重视临街性，在规划上须注意维持良好动线及联外机会；顶楼市场追求通风、采光及视野等条件，因此须注意栋距、开窗、隔热等设计。

(3) 合理利用容积率，以改变传统空间观念。例如，拉高建筑物高度，超越邻近建筑物高度；增加高楼层面积，以塑造“准顶楼”空间（即指与顶楼具备同样采光、通风条件的高楼层）；或利用二叠或三叠规划，使得有天（顶楼）有地（一楼）的空间增加。

4. 房地产持有的定位技巧

任何一种投资标的或者具有生产性质的财产，对于不同的人而言，可能具有不同的投资报酬意义及实现利益的时间期望。这也是为什么在不动产市场既有追逐短线获利，从事现房或预售房买进卖出赚取价差的投资人，也有投入资金兴建大楼却只租不售的开发商。

（1）长期持有。由于土地的性质特殊，它既具有稀缺性、保值增值性，又具有区域异质性（包括自然环境及人文社会经济），因此长期持有的投资策略，对许多投资房地产的企业或个人而言，似乎比其他的财产更具有意义。

那么究竟应如何作产品定位，即如何利用土地，才能赚取不动产长期持有的利益呢？首先，要辨别获得长期利益的几种途径：一是租赁；二是经营或使用收入，也就是不动产所有者即经营者或使用者，自行利用空间赚取商业经营的利益；三是保值或增值利益，这种利益可能来自通货膨胀效果，可能由于社会进步或环境改良，也可能因为其他土地先行使用，导致后利用的土地价值水涨船高。不论是否赚取租赁或经营利益，绝大多数长期持有的土地，其最大利益来自增值。为谋取增值的实务做法也有不少，例如，短期内尚无利用或开发价值的土地，可采取消极的养地策略；对于已初现地段价值的土地，则可采取先建后售策略；再者可先找到好地，兴建商场，通过经营带动当地商业气息后，就自然可坐享不动产的增值利益。

长期持有土地，必须要能赚取合理的时间报酬才有意义，因此产品定位成败的关键在于对各种产品持有与否、持有时间的始末及其长短进行组合规划，以确保全过程利益最大。

（2）短期获利。大多数的投资标的，都有短线或长线的不同的获利操作方式，不动产投资也不例外，通常它包括土地开发、投资兴建、房屋买卖、房屋出租、房屋经营等时间长度不同的获利途径。对于希望短期获利的不动产投资者而言，除了买进卖出、赚取时机价差的方式之外，如果想在有限时间内创造不动产附加价值，以增加投资利益，则须借助有效的产品定位。

因此，希望短期获利的不动产产品定位，要特别注意收益实现的可能性及投入资金的效率。下面几个方案，有助于提高不动产短期投资利益。

改装产品，创造附加价值。这种方式常见于旧屋投资市场，也就是买入尚有更新价值的旧建筑物，保留其基本结构，仅作平面隔局或外观等的改建，重新出售获利。若改建得当，由于投入成本少，工期短，通常能在很短的时间内赚取理想的报酬。

规划需求尚未饱和的时尚品在短期内创造高销售率。例如不动产市场不景气时，许多反应快的开发商就推出低总价的套房或二房型的产品，并搭配工程零付款等付款条件，以刺激买气，快速销售完毕。这种做法的效果在于先确定销售成绩再进行施工，可降低财务风险，只是要注意避免吸引大多的投资客户，造成销售率虽高，但退户率或客户不履约付款的比率也高的窘境。

规划短工期的传统产品，以节省成本，提高投资报酬。通常工期越长，资金风险越高，投资回收的时间也越久。因此，基于投资报酬的考虑，短工期、需求稳定的产品（例如5～7层住宅），通常能兼顾市场接受性及财务可行性，达到短期获利的目的。即使在经济效益上不宜规划短工期的产品，仍应设法运用技术缩短工期，以提高资金效率。

尝试领先市场的创新产品，以吸收早期开创性的市场。例如，有不少个案，将楼层挑高，规划夹层空间，以增加卖点，强化短期销售效果。这些边际产品只要抢得先机，顺利过关，一般都能创造短期投资的利益。

以上几个产品定位方案，可供投资不动产并希望短期获利的企业或个人参考。在实务上，以追求短期获利为目标的产品定位，通常赚得快及赚得顺，要比赚得多更为重要。

5. 经济环境变化时的产品定位

（1）通货膨胀压力大时的产品定位。在经济景气循环的情况下，难免会因为景气热旺、游资充裕，过多的资金追逐过少的物品，而导致物价上涨，引发通货膨胀的压力。要判别通货膨胀是否存在，仅须观察物价上涨率是否持续一段时期都在5%以上，若是，就可以断定我们正面临通货膨胀的压力。此时由于货币不断地贬值，物价不断地上涨，商品一旦售出，要想以原先成本再行补货，已不太可能，所以通货膨胀时持物待价而沽，已成为一般商品所有者普遍的心态。

不动产市场受通货膨胀的影响尤其明显，因为不动产除了自住自用外，还具有保值、增值的特性，所以在通货膨胀时期，不动产往往成为投资人的首选。就开发商而言，在预售时如果房屋已售出，其可收入的金额已固定，而其营建成本却尚未发生，虽然发包给承建商，营建成本也已固定，但是在营建合约中往往有明确规定，即物价上涨一定成数以上时，营建成本也要跟着调整。这使得开发商的营建成本在通货膨胀时期增加的机会大为提高。为避免这种收入固定而成本却持续上涨的不利局面，开发商在通货膨胀时期应慎选产品。选择产品时，应注意下列事项：1）产品的施工期限不宜过长；2）产品要以能克服余屋销售压力的设计为主；3）针对投资人的保值心理设计产品。

土地除非拆掉建筑物重新再建，否则其数量会越来越少，在稀少性及不可再生性的特性下，不动产产品就越发珍贵，特别是在通货膨胀时期，更应慎选产品，以免暴殄天物。

（2）市场不景气时的产品定位。不动产交易虽受许多政治、经济、法令规章等因素的影响，但对于从事投资兴建的开发商及拥有土地使用权的地产主而言，最为其所关注的还是市场交易的热络程度，也就是一般俗称的“回春”。除了某些个案或由于地点特殊，或由于定位成功，而能创造销售佳绩之外，大多数开发商及地产主都不免对这股挥之难去的不景气阴霾大感头痛。

面对这个现象，有的人把精力放在发掘影响市场景气的因素即寻找“为什么市场不景气”的答案上，想因而获得突破不景气的方法。这种方法可能其理论意义大于实际效用，而且因为景气影响因素的复杂性，还可能使依赖这种方法的人须多绕些远路。以下则打算从另一个角度，探讨如何通过产品定位以适应市场不景气，也就是接受不景气这个事实，归纳出在实务上可供参考的产品定位原则。

一般而言，买卖双方对景气的看法越有分歧，市场就越活跃，这种现象在股票、不动产等投资性的产品市场尤其明显。因此，面临不景气时，首先需找出何人有购买意愿，也就是发掘潜在的目标市场。除了因为越是不景气，销售风险越高之外，潜在购买者渐趋保守与理性，也使得目标市场的界定显得更为必要。一旦确定了目标市场，就可以进一步分析何种因素可以强化目标市场客户的购买意愿：是具竞争力的低价格，是产品的独特设计，还是诉求工期长的轻松付款条件？尤其需要特别留意的是目标市场的核心需求，也就是客户真正的需求是什么。只有以此为基础发展适当的产品，才能突破不景气市道。

事实上，没有一种产品是无往不利的市场灵丹妙药，但是下面这些原则，却有助于消极地避免不景气的冲击，甚而可能积极地透过产品定位创造市场佳绩。

1）产品要有明确的竞争条件或特色，这样才能脱颖而出，也才能刺激客户的购买意愿。

2）要结合销售、规划及财务等功能，以强化产品定位的竞争空间。例如，有的公司的产品力求缩短工期，增加价格竞争的条件；有的则规划工程期长的高层建筑，并配合轻松的付款条件，以吸引投资性客户等。这些都是结合多元功能为一体的例子。

3）不要受限于销售及短期获利的目的，也就是说在市场条件不佳的不景气情况下，有必要慎重评估销售的意义及条件。尤其不要盲目售出，落得“赚了销售率，赔了报酬率”的窘态。事实上，由于土地资源的日益昂贵稀有，采取只租不售、整体经营，甚至避开景气低迷的养地等方式，也不失为适应不景气的明智之举。

产品应保留应变或调整的弹性。尤其是在景气低迷时，销售速度慢、阻力大，任何一种产品定位都可能遭遇市场阻力，因此应预留调整的弹性。例如小单元面积分隔或合并的弹性，商业或住宅用途转换的弹性，以及选择性销售（如分栋、分期销售）的弹性等。

6. 财务压力大时的产品定位

除非是划拨土地，否则只要是出让土地，土地成本往往较高，积压在土地上的资金大，即使有银行贷款，其每月的利息负担也很重，因此土地只要晚一天开发，对开发商而言，都是一笔沉重的资金负担；即使是合建情况下，因为要支付给供地方相当大额的履约保证金及兴建时的拆迁补偿费、房租补贴等，一样要面临资金积压的问题，只是程度稍微比购地轻微。至于开始兴建后，每期的工程款都要于固定期间支付，虽有建筑融资可供应部分工程款，但是建筑融资核拨与否，需视销售情况而定。一般而言，销售成数在5～7成以下，建筑融资较难取得。至于资金来源，则大多仰赖预售时的销售收入，但因预售市场的一般付款条款为分期付款，不动产投资需要巨额资金，因此资金不充裕的开发商，在土地买进到竣工交房这一段期间，一直要承受资金压力，尤其在销售成绩不理想的情况下，更是要大费周折，才能渡过资金周转的难关。所以对于财务压力大的开发商而言，在进行产品定位时，应注意下列事项：

（1）产品规划以顺销产品为主。

（2）产品设计以简单楼房为主。

（3）产品定位要能克服景气低迷及余屋销售的压力。套房产品在成为余屋时及大单元面积产品在不景气时，其销售都会有难度，所以在财务压力大的情况下，应特别注意规避此类产品的设计，以避免产品卖不出去，造成资金积压。

（4）对于需长期开发的产品，要审慎评估，不宜贸然投资。

很少有一种产品能像房地产产品一样，闲置一段时间以后，不但未损及价值，反而可借景气、需求及投资风气之机，而有大幅度的增值。所以很多开发商对于只租不售的产品才会那么热衷，而其前提是现金量要充裕，才能在没有收入的情况下，独自负担所有的土地及营建成本，然后静待增值，伺机出售再获利脱手。而如果有财务压力的话，则宜诉求周转性快的产品，通过高周转性的产品，一来可灵活资金的应用，二来则可提高投资报酬率。

7.6　产品定位方案的分析与评价

7.6.1　产品的整体可行性分析

一块土地原则上仅能有一种规划方式，但在发展预选方案时，却可以有很多种预选方案，各个预选方案皆各有其特色，其各自的优势也互异其趣，要从中筛选出一个优先可行的预选方案，自然常有无从下手的感觉。为便于比较各预选方案，建议可从规划、管理、市场及财务四个层面，评估各预选方案的优劣点，分别给予评分，再根据得分多少，选出最适方案。在进行整体性评估时，应注意下列事项：

（1）四个层面要分别给予权重。权重标准可由各投资兴建开发商按其公司目的、需要及各个层面的重视程度，而给予不同的权重。一般来讲，规划层面因为直接表现各预选方案的产品特色，并间接影响其市场销售、财务报酬及管理维护，所以权重较高，可占30%～40%；管理层面表示各预选方案的管理维护难易程度，权重可较低，为5%～15%；市场层面显示各预选方案的市场接受程度，因其可通过价格调整影响销售，所以权重可稍微降低，约为20%～30%；财务层面则表示各预选方案的投资报酬情形，其权重可较规划层面稍低，约为25%～35%。

（2）各个层面的评估产品要依照基地特性及产品定位特性对其重视程度作必要的调整。各个层面各有三四个产品待评估（每个产品的评估标准及权重则于各个层面评估时再作说明），针对每个产品的分数予以加总，可得各预选方案的分数，分数最高者，即可列为较优先可行的预选方案。

（3）评估产品的权重以相对性来分配。由于权重及分数都是基于相对观念，即因为排名顺序，而给予其权重及分数，所以主观性难免较浓厚，有失之偏颇的可能性，因此针对各个产品的评分标准应尽量予以细分化，使得标准之间有明确的区别，较能避免类似主观判断而误导评估结果的情形发生。

基本上，各预选方案是经过市场分析、基地特性及依相关法规要求审核后的一个个可以接受的方案，只是各个方案间，因牵涉到时间、偏好、成本、动机等因素，很难直接有一个最佳选择，因此要根据所考虑的产品及各个预选方案在这些产品上的表现，分别给予一些分数，再根据分数加总而选择一个较佳预选方案。

7.6.2　产品的规划可行性分析

在进行规划可行性分析时，共有四个因素要注意，即容积率、公共设施、车位数量及动线规划等，而这四个因素在评估时的重要性，应视其所处环境、公司规模、景气状况等特性，而作不同的调整。以下即根据各种不同的情况，说明规划可行性评估时，各因素的重视程度及注意事项。

（1）针对面积不大的个案，容积率是很重要的因素。基地面积不大时，因为可售金额不高，为提高销售金额，以增加投资报酬，所以容积率就应列为优先重视的因素，至于公共设施比例、车位数量及动线规划，则不需特别强调。但是当基地面积超过 3 000 平方米时，公共设施比例及动线规划就变得很重要了。

（2）不景气时，公共设施比例要控制在一定范围内。在经济景气趋于平缓或低迷时，由于购房者对价格及公共设施比例特别注意，因此公共设施比例较大的个案，较不易获得购房者的青睐。所以公共设施比例的多少就成为这个时期评估预选方案时在规划层次上的一个很重要的因素。

（3）市区内的个案，要注意车位供应的充分性。基地所处环境如果位于改建或重建区或郊区时，由于停车问题并不太严重，停车位数量规划并非特别重要，因此车位数量在规划产品评估时，不必给予太高的权重。然而如果土地位于商业区、人口密集的住宅区，或规划面积稍大的住宅、办公室，由于停车困难或车位需求较强烈，所以车位数量的多少就成为个案销售成败的关键之一，因此车位数量的重要性就大为提高。

（4）大面积的个案，须注意公共设施的分配。基地面积达到一定程度时，由于公共设施规划可特别充实及完整，所以公共设施面积必然会较多，然而公共设施比例配置不当，超过购房者所能接受的比例时，会造成销售困难。所以公共设施的比例问题，就变得很重要，要赋予比较高的权重。

（5）单层户数多，动线规划须列为重点。如果是独立式、双并或三并的并联式住宅产品，因为单层户数少，所以动线规划较不成为问题。但是单层户数超过四户，尤其是套房楼盘，因为户数多，所以常常会有死角，造成销售价格不易提高，也不容易销售，在评估这种产品时，动线规划就不可等闲视之。另外，住商混合的产品，为避免互相干扰，其出入动线规划更应特别慎重，所以动线规划的权重就要稍微高一些。

（6）公司经营规模大小会影响各规划产品的重要程度。公司规模如果不够大，而每年推出个案数只有少数几个时，因为每一个预售个案的获利情形对公司的财务绩效影响都很大，所以容积率就很重要，能多利用 1 平方米就多 1 平方米的销售收入，因此容积率高低就成为预选方案评估时一个很重要的因素。

评价因素的重要性，本就因时、因地、因事、因人及因物而异，然而权重不同会影响预选方案的评估结果，因而导致不同的抉择。所以在选择时，要先决定一项最主要因素，给予最高的权重，其他的则列为次要的因素，给予较低的权重，如此操作才能评选出对投资兴建开发商较有利的方案。

7.6.3 产品的财务可行性分析

在进行预选方案评估时，第二个层面应考虑的因素为财务可行性。而财务可行性分析的因素有四个，分别为投资报酬率、净现值、投资回收期限及资金投入量等，这四个因素的重要性，要视公司政策、产品形态、景气、金融政策等外界环境的特性，而作不同的调整。

以下根据个案所处外界情况的差异，说明进行财务评估时，各因素的重视程度及应注意的事项。

第一，公司政策不同，对于财务层面各因素标准的重视程度也应随之调整。公司政策对于产品的选择方向有很大的影响，如果公司重视投资报酬率，则投资报酬率的重要性就大为提高；如果重视资金周转的灵活性，则资金投入量就会成为重要评估因素；如果希望资金尽快回收，则投资回收期限的长短，就成为各预选方案评估时一个很重要的指标。

第二，大规模的个案应将投资报酬率列为重要的指标。产品规模如果较大，则由于投资金额较大，所以投资报酬率在方案评估时就应赋予较高的权重。至于小规模的产品，由于投资期限较短，周转快，所以投资报酬率的重要性可以排在净现值后面，因为稍低的投资报酬率，可以通过快速的周转而使得长期的投资报酬率维持在一定水准以上。

第三，市场景气时，要注意投资报酬率，低迷时则要注意自有资金投入量。经济景气时，由于价格敏感度较低，所以可适度调高售价以增加销售金额，提高投资报酬率，而且在景气时期，资金供应较无问题，也不需要特别强调资金回收的时间，所以在此时投资报酬率及净现值则应该赋予较高的权重。而在经济景气较低迷的时候，因为强调脱手获利及资金灵活调度，所以投资回收期限长短及自有资金投入量就变得较为重要，这也因为在不景气时首先要生存，而要生存就不能在资金周转上有些许差错，以免发生破产倒闭的现象。

第四，金融政策宽松与否，会影响自有资金投入量被重视的程度。在金融政策渐趋紧缩的时候，开发商由于外来资金有限，只得依赖自有资金及销售所得款项，因此应特别注意能降低资金积压的方案。所以投资回收期限长短及自有资金投入量是评估预选方案时两个不容忽视的因素。然而在金融政策宽松的时候，由于资金来源不成问题，所以投资报酬率及净现值反而是较为重要的评估因素。

第五，投资回收期限较长的个案，较能应付税率变动所带来的影响。基于税收负担的考虑，如为避免税制、税率变动的影响，则投资回收期限的长短反而是一个可以用来调整的产品，因此须给予较高的权重，以利预选方案的抉择。

财务因素在预选方案评估时是较具体且可以量化的评估指标，由于其影响深远，而且各个因素之间又分别适合不同的情况，所以在进行财务评估时，须先审视评估的环境及目的，再找一个较合适的评估因素并赋予适当权重，以避免因素选择偏差和权重赋予不当，导致错误的选择。

1. 投资报酬率和财务内部收益率

（1）投资报酬率，又称投资收益率（return on investment，ROI），是指投资项目开发利润占项目总投资额的百分比。项目总投资包括土地费用、勘察设计和前期工程费、建筑安装工程费、基础设施建设费、公共配套设施建设费、其他工程费、开发期间税费、管理费用、销售费用、不可预见费。投资报酬率的计算公式为：

投资报酬率(ROI)＝年利润或年均利润/投资总额×100%

在财务可行性分析中，将投资报酬率与行业平均利润率对比，可以判别投资盈利能力是否达到本行业的平均水平。另外，投资报酬率还与投资风险高低相关。如果一项投资极具风险，投资者就会期望一个高的回报率。通常，只有投资报率酬指标大于或等于无风险投资报酬率的投资项目才具有财务可行性。投资报酬率属静态评价指标，缺点是没有考虑资金时间价值因素，不能正确反映建设期长短不同对项目的影响。

（2）财务内部收益率（financial internal rate of return，FIRR），是指项目在整个计算期内各

年净现金流量现值累计等于零时的折现率。它是评价项目盈利能力的动态指标，表达式为：

$$\sum_{t=0}^{t}(CI-CO)_t(1+\mathrm{FIRR})^{-t}=0$$

内部收益率的经济含义是在项目寿命期内项目内部未收回投资每年的净收益率。同时意味着，到项目寿命终了时，所有投资可以被完全收回。财务内部收益率可以通过内插法求得。即按目标收益率或基准收益率求得项目的财务净现值，如为正，则采用更高的折现率使净现值为接近于零的正值和负值各一个，最后用内插法求出。

内部收益率表明了项目投资所能支付的最高贷款利率。如果贷款率高于内部收益率，项目投资就会面临亏损。因此所求出的内部收益率是可以接受贷款的最高利率。将所求出的内部收益率与行业基准收益率或目标收益率比较，当 *FIRR* 大于行业基准收益率或目标收益率时，则认为项目在财务上是可以接受的，如果 *FIRR* 小于行业基准收益率或目标收益率，则项目不可接受。

2. 财务净现值

财务净现值（financial net present value，FNPV）是指项目按行业的基准收益率或设定的目标收益率，将项目计算期内各年的净现金流量折算到开发活动起始点的现值之和，它是房地产开发项目财务评价中的一个重要经济指标，是技术方案在计算期内盈利能力的动态评价指标。其计算公式是：

$$\mathrm{FNPV}=\sum_{t=0}^{t}(CI-CO)_t(1+i_c)^{-t}$$

式中，FNPV 为项目在起始时间点的财务净现值；CI 和 CO 分别为现金流入量和现金流出量；$(CI-CO)_t$ 为第 t 年得净现金流量；t 为时期；i_c 为设定的折现率。

计算财务净现值具体有两种方式：一是先计算项目计算期内各年的净现金流量，然后计算各年净现金流量的现值之和，即得到了财务净现值。二是先分别计算项目计算期内各年现金流入量的现值之和及现金流出量的现值之和，然后由现金流入量的现值之和减去现金流出量的现值之和，即得到了财务净现值。一般来说第一种计算方式要简便一些。

设定的折现率通常为投资者可接受的最低收益率，也称为投资者所要求的最低收益率、投资者最低期望收益率、投资者最低满意收益率，一般取行业的基准收益率，通常应高于银行贷款利率。

财务净现值是评价技术方案盈利能力的绝对指标，它反映项目在满足按所设定的折现率要求的盈利之外，获得的超额盈利的现值。计算出了财务净现值后，判断项目是否可行的方式如下：当 FNPV$>$0 时，说明该方案除了满足基准收益率要求的盈利外，还能得到超额收益；当 FNPV$=$0 时，说明该方案能够满足基准收益率要求的盈利，该方案在财务上是可行的；当 FNPV$<$0 时，说明该方案不能满足基准收益率要求的盈利，该技术方案不可行。

3. 动态投资回收期

投资回收期（P_t）是指项目以净收益现值抵偿全部投资现值所需的时间。由于考虑到将来的不确定性和资金筹措等问题，投资者希望所投入的资金能够在较短时间内足额收回，需要知道依靠项目每期的净收益将投资额回收的时间为多长。投资回收期是用于衡量投资项目投资回收速度的评价指标。

对房地产开发项目来说，动态投资回收期自开发投资起始点算起，累计净现值等于零或出现正值的年份即为投资回收终止年份，其表达公式为：

$$\sum_{t=0}^{P_t}(CI-CO)_t=0$$

式中，P_t 为动态投资回收期，以年表示。投资回收期可根据现金流量表计算，现金流量表中累计现金流量（所得税前）由负值变为零时的起点，即为项目的投资回收期。其计算公式为：

$$P_t=\begin{matrix}\text{累计净现金流量开始}\\\text{出现正值的年份数}\end{matrix}-1+\frac{\begin{matrix}\text{上一年累计净现金}\\\text{流量的绝对值}\end{matrix}}{\begin{matrix}\text{出现正值年份的}\\\text{净现金流量}\end{matrix}}$$

在项目财务评价中，投资回收期越短，表明项目的盈利能力和抗风险能力越好。动态投资回收期（P_t）与基准回收期（P_c）相比较，若 $P_t \leqslant P_c$，表明开发项目的盈利能力达到或超过了所要求的收益率，在财务上是可以接受的。若 $P_t > P_c$，则表明项目的盈利能力未达到所要求的收益率，因而是不可以接受的，应淘汰。

4. 资金投入量计算

由于土地成本动辄上亿元，且从成本投入到资金回收、获取利润的期限也经常长达两三年，因此造成庞大资金长期积压；另外，营建成本也随着工程进度陆续投入。所以要全额负担土地及营建成本，对开发商而言，常常是心有余而力不足，往往也没必要。

因此，向金融机构或非金融机构贷款以融通土地及营建成本，便成为开发商所必须熟悉的渠道。至于额度多少，要视土地价格的市场行情、开发商的自备资金多少等而定，所以在此仅就说明预售个案在一般销售情况下，贷款某一成数所需筹措的自有资金。影响自有资金多少的因素，包括销售成数、销售个案的付款条件、土地贷款的成数、建筑融资的成数及核拨条件、营建成本的投入形态、销售费用及土地增值税的支付时点等，其中有些产品的收支随着时间而发生（例如营建成本的支出），有些则随着销售而产生（例如土地及房屋的销售收入），因此自有资金的多少就会因上述情况的变化而变化。

我们可依一般情况设算下列各项资金回收及投入的百分比，以估计资金投入量。

（1）销售成数。在预售公开时预计为 60%～70%，剩余的成数则假设于竣工交房时再全部售出。

（2）客户付款条件。通常其定金、签约金、开工款合计占 12%～15%，客户银行贷款 60%～70%，剩余的 15%～28%则为工程期款，有些公司则另立名目，给予客户公司贷款，不过公司贷款也大多是在结构主体完成后至工程验收这一段期间收款。

（3）土地成本。这项成本为先期投入，所以土地融资也多在土地买入并过户完成时就取得，额度多为土地买入成本 50%～70%。

（4）建筑施工融资额度。一般为营建成本的 45%～60%，但拨款则要视销售情况而定。若销售率未达 30%～60%（视景气状况而定），即使已取得的建筑施工融资的额度也可能无法利用，因为它是按照工程进度拨款，一旦销售不理想，金融机构大多会冻结建筑施工融资，暂停核拨。

（5）营建成本。这项成本的投入也是依照工程进度。

（6）销售费用。如果采用包销，则只有销售出去才须支付这笔费用，一般销售代理公司收费的标准为销售额的2.5％～6％。

（7）土地增值税。这项成本发生于土地过户给客户的时期。

（8）管理费及杂费。此项成本大多随着时间而发生，约为销售额的3％～5％。有关各阶段资金回收及投入百分比的分配如表7—3所示。

表7—3　各阶段重要资金回收及投入百分比表

百分比＼阶段 项目	预售期间	地下结构施工期间	地上结构主体施工期间	申请房屋销售许可证期间
销售收入收款比例	12％～15％	5％～10％	20％～30％	60％～70％
建筑施工融资拨款		10％～20％	50％～60％	30％～40％
营建成本付款比例		15％～25％	20％～35％	40％～50％
广告费付款比例	100％*			100％

*广告费用通常于各阶段销售完成即100％时支付。

“自有资金”就是竣工交房前的销售收入，扣除客户的银行贷款，加上土地及建筑施工融资，再减去所有成本及费用后不足的额度；也就是开发商针对某一预售个案，在土地买入后至完工前所应筹措的资金。这笔资金应事先筹划，以避免周转发生困难，导致心血付诸东流。

7.6.4　产品的市场可行性分析

市场可行性是预选方案评估时另外一项很重要的参考指标，对其特性、适用场合及重要性，都应多加注意，以便其能发挥筛选过滤的效果。

1. 销售代理公司接案意愿分析

房屋售价高，从几十万元到几百万元，不论是谁，只要其有意购买，从项目参观、楼盘比较、面积考虑、价位谈判到合约签订，不但需耗费不少时间，而且其中牵涉到购房者的购买动机及决策的作出，这往往不是开发商人力所能承担的；另外，潜在购房者在茫茫人海中有如沧海一粟，难以捉摸，而预售房在同一时期的供应量和广告又铺天盖地，任一个案都无法确保能获得购房者的青睐。所以，为吸引潜在购房者的注意，在广告企划上就需要非常明确的诉求主题及专业的表现手法。而在面对吸引而来的潜在购房者时，生动地介绍产品、引导其对价位的认同及化解其有关的疑惑，也往往不是每一个开发商所能胜任的。所以，有关预售房的销售，在通常情况下都会委托专业的销售代理公司或广告公司处理，以期通过专业人士的协助，使项目能创造良好的销售成绩。

销售代理公司直接面对购房者，对市场的反应及购房者的需求最了如指掌，所以任何一个预售个案在正式定案前，大多会征询销售代理公司的意见及其代理销售意愿。

销售代理公司要编列预算，搭建售楼接待中心，雇用销售人员及制作媒体广告等。由于没有任何一家公司会拿金钱开玩笑，因此它们如果对某一个案的销售没有兴趣或缺乏信心，基本上也不会与开发商签订委托销售契约，所以销售代理公司的接案意愿可视为某一个案公开前的指标，可以借此判断这一预售个案的销售潜力及可能的成果。至于销售代理公司接案意愿的判断，可以从下列几点事项略知一二：

（1）销售代理公司提出方案，争取销售机会的家数越多表示销售代理公司接案意愿越高。某一个案征求销售代理公司针对产品、面积及价位的意见时，如果销售代理公司反应踊跃且家数众多，就表示销售代理公司接案意愿高；反之，如果只有三三两两表示意见，可能代表市场不景气或产品不符合市场需求，以至销售代理公司兴趣缺乏。

（2）销售代理公司提案内容越充实表示越重视此个案。销售代理公司如果重视此个案，其提案内容，无论是市场调查、目标客源、产品属性、房型配置、平面格局、诉求主题、广告表现、价格建议及预算编列等，都会尽其可能的充实且具有可行性；反之，如果不重视此个案，则其内容平淡，敷衍了事。

（3）对开发商提报价格较无异议，则表示销售代理公司较能肯定此个案的市场潜力。一般来说，开发商一定希望价格越高越好，能高于行情当然更好，而销售代理公司为了销售顺利，当然希望价格在市场行情左右或者略低，两者之间的差距，可视为销售代理公司的接案意愿，差距越小则代表其接案意愿高，如果无法协调，则表示没有接案意愿。

（4）销售代理公司承接条件如较为接近开发商的想法，则表示销售代理公司认为销售此个案的困难度较低。销售代理公司所编列的预算比例及要求的佣金比率，如果符合开发商的期望，则表示其意愿较高；反之条件强硬，则表示较不愿意承接此个案。

销售代理公司处于市场的前沿，因此销售代理公司的意见及接案意愿，对开发商来说是一项很重要的资讯，不可忽略其背后隐含的真意。但除依据各种资料分析确认其销售能力、财力、协调配合性以及销售费用的多寡外，评估标准还应包括销售代理公司在不动产业界的以往业绩，组织成员对于预售房产品的策划、市场分析、业务销售执行经验等，这些都关系到个案的销售率多少、销售单价高低、成交速度快慢等绩效。至于如何评定销售代理公司的接案意愿，由上述的各项细则可略窥一二，详细分析则可确保开发商的利益及权利。

2. 余屋处理弹性分析

抢购一空对任何企业来讲都是最乐于见到的现象，对于不动产行业来说也是如此。但不动产不同于其他产品，其他产品大多是分散至各地的零售点销售，而且价格固定，不太可能在短期间内调整数次；而不动产则采取集中式销售，尤其是房屋预售，大多在唯一的接待中心销售，而且常随着市场反应机动地调整价格，因此在市场景气时才有所谓的“一日三市”。而太快的全数出售，不见得能为开发商所乐见，因为它丧失了通过调价以赚取更高利润的机会。不过在预售时如果没有把房屋售出到某一成数以上，对于开发商来说，由于销售而来的资金有限，而营建成本及营销费用却不断地与日俱增，给开发商造成很大的资金压力，所以过与不及都不是开发商所希望见到的现象。

适度主动保留部分房屋，简称“余屋”，或因市场因素以至某些房屋不能在预售时出售，已成为目前各开发商所无法回避的课题，因此余屋的销售，也变为开发商在进行产品定位时必须注意的问题。

余屋既不可避免，又不能长期留置，造成资金积压，所以针对不能在预售期间内销售的余屋，应了解其销售的特性，规避不易销售的盲点，使预售房屋变成余屋后也能顺利销售。有关余屋处理的弹性与下列事项有关，需要特别注意：

（1）根据市场景气时机，决定是否要留下余屋。如果市场景气持续热络的话，则余屋处理一般来说都不成问题；但是如果市场景气渐趋低迷，则不宜留下余屋，因为届时难免会碰上杀价出清存货的窘境。

（2）产品形态的不同影响余屋的销售可行性。不同的产品形态，在成为余屋时，其销售难易度也不同。一般来说，住宅产品即使变成余屋，因其有一定的自住需求，所以销售较不成问题，而其他产品的余屋，其销售难易度的顺序依次为商业产品、工业厂房及办公室。至于就各产品而言，住宅产品中以公寓、大楼较无余屋销售压力，别墅则有余屋销售的压力；商业产品中则以店铺较无余屋销售压力，摊位则因所有权分散、经营不易，变成余屋时较不易获得垂青；工业厂房的销售顺序则为单层或低层厂房、厂办大楼；办公楼则以大面积单元及套房工作室较易出售，中等面积的办公室不好处理。

（3）地段不同，决定余屋销售的难易程度不同。有些地区就适合某些产品，如果逆势而为，则预售无法出清所剩下的余屋，就会有销售压力。如郊区的商铺变成余屋后就不好卖，但是市区的商铺则较无类似的困扰。

（4）有些地区的气候，会造成余屋销售在某些时点非常困难。有些地区有销售季节限制，错过了就会因季节不对，无法吸引购房者，如冬季多风、多雨的地方，其余屋处理弹性就相对低于其他地区。然而春、夏季时，则因气候怡人，容易带给人恬适惬意的感觉，所以很容易出清余屋。

（5）个案规模大，较有利于余屋的销售。个案规模大，如果所留下的余屋能在四五成以上的话，较易处理，因其较有空间来编列广告预算；如在一成以下，则不易作强势销售，仅能被动销售，较难有销售成果。余屋不见得不好，因为有顺势调价的机会，但是余屋也要符合当地的市场特性及需求，这样才不会造成尾大不掉的困扰。

3. 产品的市场景气状况对抗性分析

“月有阴晴圆缺，人有悲欢离合”，世事无常，不动产市场也是同样情形。景气时门庭若市，价位不断翻新；不景气时则门可罗雀，竞相打折出清存货。在景气时只要产品规划与市场需求不致背离太多，一般而言都可以顺利出售；而在不景气时，除非产品价位、面积、规划等符合市场需求，否则很难获得客户青睐，售出实非易事。

除非是项目公司，可以选择在市场景气时推出楼盘，捞一票就溜之大吉，否则在主张长期经营的原则下，不管是景气或不景气，都有可能在维持一定经营规模的理念下，每年选择两三个预售个案推出。这种情况下，了解在什么时候适合推出什么产品，对开发商而言，就变得非常重要。如果产品、地段没有十足特色，切忌逆势而为，以免翻舟覆顶，造成难以弥补的遗憾。

由于景气与不景气都是开发商于经营过程中不可避免的现象，因此针对不景气来临时所拟推出的个案，应特别注意，以防销售不顺，造成资金积压。一般来说，在不景气时还能脱颖而出的产品，都常具备某些共同点，只要所规划的产品具备类似特点，即表示这类产品较具有景气对抗性。这些具有景气对抗性的特点包括六点：

（1）产品形态要集中在非商业性产品上。由于商业性产品单价、总价高，加上增值、租金水平、出租率在不景气时都未尽人意，所以这类产品在不景气时较不适宜推出。至于非商业性产品则以住宅产品为主，因为自住需求是刚性需求，较少受景气的影响。

（2）产品面积分配要符合一般人自住需要的面积。即面积分配要以大多数人的面积需求为主，避免极端，如中等面积的三房或二房产品，不管在什么时候都有自住需求，所以这类产品的景气对抗性较高。

(3) 市区域内的产品较不易受景气影响。开发地区要避开新发展地区，而以市区或已发展的地区为主。新发展地区由于相关城市基础建设还有欠缺，在不景气时，较不易受到购房者的垂青；而市区或已发展地区，因为区域内本来就有一定的客源，所以在这些地区推出新楼盘，基本上已立于不败之地。

(4) 公共设施分配比例较低的产品，在不景气时较有市场潜力。产品的公共设施配比要经济，不景气时由于价格敏感性较高，所以“虚面积”公共设施比例较高的个案，易受购房者的排斥。

(5) 在不景气时流行低总价产品。价位稍低于市场行情，总价也要在购房者的负担能力以内，总价如过高，则因超过购房者的负担，在不景气时不易销售。

(6) 有附加价值的产品，在不景气时较不受影响。产品要有附加价值，一分钱如果能买到二分货，购房者会给予特别的肯定，所以产品室内挑高以便作夹层或小空间能多一房的规划等，在不景气时较容易销售。如无附加价值，则较容易被同等品质功能的产品，以稍低的价格抢走市场。

能在不景气时销售的产品，可以使得开发商无后顾之忧，以便保存实力在景气来临时大展宏图，所以对于能对抗不景气影响的产品应加以注意。

4. 价位调高潜力分析

不动产市场的最重要因素是地段，而地段的价值反映在产品的价位上。另外一些影响产品价位的因素，如土地取得成本、开发商资金财力、开发商品牌形象、经济景气、区域市场行情、产品形态、产品所选用的建材、单元大小、市场需求、推出时机及销售代理公司的销售能力等，也多少会造成同等产品在同一地段上有5%～10%的价格差异。

由于每个个案的供应量都有其限制，一旦售出，对开发商而言就代表在该地段少了一户可售房屋，因此开发商当然希望价位卖得越高越好，但是又唯恐价格订得太高，造成销售对抗性，以致出师不利，所以刚开始销售时，价格大多订得有点调整余地，待销售达到一定成数后，价格也顺势往上调，因此形成市场上预售房屋的调价现象。有的个案调高价位后，仍能乘势追击，圆满结案，但是也有的个案在调高价位后，就惨遭“滑铁卢”，至此黯然收场，显然调价并不是一件很容易把握的事情。要评估一个个案是否有调高价位的潜力，可以从下列事项中看出端倪：

(1) 单元面积小的产品，单价较容易调高。产品面积不宜过大，以免单价调高后，造成房屋总价超出购房者的负担能力。如果面积只有几十平方米，每平方米调高300元、500元，总价增加很有限，购房者一般不会在意，也就不会有销售对抗性。

(2) 规划独特的产品，较有调价的空间。产品格局规划要与众不同，以便调价之后，因为是较独特的产品，让购房者无从比价，自然较容易接受调高价位后的产品。至于大众化的产品，则因供给量太多，调价后容易使客户转向去购买别的产品。

(3) 建材较高级的产品，调价后对抗性会较小。产品选用建材要为一时之选，让购房者有物超所值的感觉，对于价位调整的对抗性自然较小。至于选用一般建材的产品，则除非景气热络，否则调价后容易产生阻力。

（4）不会造成余屋销售压力的产品，较有调价的弹性。产品如果成为余屋后也较无销售压力的话，类似产品就较有调高价的机会，这种产品通常是属于需求较稳定的产品。但对于一旦成为余屋后不易销售的产品，就不应随意调价，以免调价后卖不出去而成为余屋，给开发商造成困扰。

（5）公司资金雄厚，足以支持投资兴建所需的成本，其价位调高潜力较大。所规划的有关开发、兴建成本都在开发商能支付的范围内，如此一来，未销售出去的产品，其资金积压也不致造成开发商太大的负担，因此这种产品较有待价而沽的条件，所以其价位较有调高的潜力。

（6）市场竞争性较小的产品，调价机会较高。附近没有类似的产品，可以因为产品的稀少性，而拥有较大的调价空间。但是竞争较激烈的产品，则因调价后顾客会转向，反而对调价要特别慎重。

（7）施工期限较长的产品，较有调价的机会。施工期限较长的产品，因为购房者的付款压力较轻，所以单价稍微提高，购房者较不易产生对抗性。但是施工期限短的产品，则因调价随即就带来付款压力，会引起购房者的对抗性。

定价是重大决策，调价更是关系销售成败的主要因素，产品属性如果适合调价，则调价之后不但不会妨碍销售，还可造成“今天不买，明天后悔”的认知，而形成抢购的局面；然而如果产品属性不适合调价，硬要调价就很可能就此情势逆转而下。所以，调价与否应特别慎重。

7.6.5 产品的管理可行性分析

在管理理论中著名的“二因素”激励理论指出，有一种激励因素当它存在时，享受的人不会感觉到其好处，因此激励效果有限，然而一旦失去它的时候，大家都会察觉到其痛苦与不便，所以反激励效果很大。在预选方案评估时，管理可行性也扮演类似角色，即管理上轨道，对销售也许仅仅有些帮助，但是管理无序、杂乱无章，却绝对是销售失败的致命关键。在进行管理可行性分析时，有三个因素必须纳入考虑，即居住水准、楼层用途与管理方法，这三个因素随着诉求客户群、个案规模、公司政策等的不同，而分别给予重要程度不一的权重。以下即根据预选方案评估时所面临的环境，说明这三个因素的重要性及有关注意事项。

第一，随着客户属性不同，管理层面重视的产品也会不一样。预选方案随着产品形态及区域特性不同，其客源也有很大的差异，有的诉求自住型客户，有的诉求投资型客户，客源不同，其所重视的产品也有区别。如果是诉求投资型客户的产品，因为投资者购房的目的在于中途获利脱手，因此对于日后管理方法较不在意，其在意的是楼层用途是否一致，以避免增加其眼前就可知的销售难度，所以楼层用途就会得到较多的注意力；如果是以自住型客源为主的产品，因为强调自住，所以居住水准及管理方法这两个因素的权重即要较高，以突出这两方面的重要性。

第二，个案规模大小不等，也会导致重视的产品有所差异。一般来说，个案规模较小的产品，因户数少，分摊的管理费用较高，对于管理方法较在意，所以其权重较高；又因户数少，较易沟通，所以楼层用途及居住水准较容易找到一个折中点，因此住户权益稍低亦可接受。如果个案规模大，则由于户数多，经费较充裕，所以管理方法反而可以居于次要的地位，但是居住水准就变得很重要，因为人多手杂向来是造成管理不易的原因之一。因此如何维护适宜的居住水准，就成为预选方案在进行管理可行性分析时的一个重要因素，应给予较高的权重。

第三，公司政策的取向不同，对于管理层面的重视程度也会有所调整。如果公司有意介入日后的大楼管理维护，则必然强调对于管理方法的重视，因此这方面的权重就应提高。但是如果比照一般开发公司的做法，在交房后托管一段较短的时期（如半年）后，即不再承担管理责任，在这种情形下，管理方法可位于较其次的地位。

第四，预选方案的价格水准也会导致重视因素有所差异。如高价位的产品，则应对居住水准赋予较多的注意力；但如低价位的产品，则须对管理方法给予较高的权重。

管理层面也许不是一项很重要的因素，对预选方案的评估结果也许不至于有决定性的影响力，但毕竟也是一项不容忽视的因素，须予以注意。

1. 管理方法合理性分析

购买不动产的最主要目的，除了投资外，即是自住。投资是为了能加价出售，而自住则追求居家品质。至于是否能加价出售，除了市场景气因素外，整栋大楼的维护管理是否成功，当居首位，而居家品质的确保则是有赖于大楼管理是否正常有效的运作。大楼管理维护要做得好，需要一笔经费来支持，这笔经费可多可少，其前提在于大楼的用途及形态。如果大楼用途及形态规划得当，则能以最小的代价换取最大的利益。至于如何规划适当的大楼用途及形态，有下列几点事项要特别注意：

（1）要控制大楼管理的人事费用。由于一般大楼管理费用最大宗的是人事费用，因此能够降低人事费用的大楼，就拥有最佳管理方法；而最简单的降低人事费用的方法就是大楼出入口单一化，避免两个以上的出入口设置，这样就可以简化管理员的人力需求，进而降低人事费用。

（2）单元面积不宜过小。小面积住宅的大楼，由于户数多，管线复杂，其管理与维护的难度较高，相对而言其所需费用自然较多。如果每户面积在七十平方米以上，在平立面规划时，较不容易有死角，不至于造成管理盲点，管理费用也较经济。

（3）大楼使用用途要单纯化，避免采用复合式产品。住宅产品的管理维护较容易，其成本也较低。纯办公楼入口较多，所以其管理维护费用略高于住宅；商业大楼则因出入人员复杂且营业时间较长，因此管理维护费用更高；至于住办及住商混合大楼，则因用途不一致，较难管理及维护，所以管理维护费用难以降低。

（4）单元面积大小要较一致，以集中单一最佳。面积一致，其生活水准及背景较一致，也较能沟通，因此在进行大楼管理及维护工作时较为容易。如果面积分配差异太大，用户对事情的处理方式，会因背景不同而有很大的歧见，造成管理不易。

（5）大楼的公共空间与私有空间要能界定清楚。公共空间与私有空间不宜混淆，以免造成大楼管理及维护的困难，且容易产生纠纷。

（6）公共设施要适当。公共设施多的大楼，其管理维护费用较高，尤其是一些开放空间的产品，大多标榜公共设施齐全，从图书室、娱乐室、游泳池、花园到运动场、健身房等等，其设备的采购、维护、保养、管理都需要一笔费用，所以为降低管理费用，首先就要减少公共空间及设施的规划。然而公共设施也不宜过少，否则会降低居住的生活品质。一幢维护良好的大楼，其价值与价格往往能历久而弥新，也普遍高于市场行情，而管理维护可以透过产品规划，使其能以最少的金钱获得最佳的使用。

2. 居住水准的合理性分析

无论是基于投资目的还是自住目的而购置房产，该房产是否适合居住，成为一项越来越重要的考虑因素，诸如方位、格局、配置、面积、户数等，都是购房者会再三斟酌的因素，因此开发商在进行预选方案评估时，居住水准是否适宜也应列入考虑。

如同管理上一个常被强调的"品管（品质管理）观念"——"品质是规划、制造出来的，而非检验出来的"，也就是说在设计之初，就已决定该产品的品质了。就建筑物本身而言，也是同样的情形，在着手进行产品定位时，其平立面配置、动线规划、户数多少、单元面积大小配比及楼层用途，都会影响房屋落成后的居住水准，须特别注意。一个好的预选方案所规划的产品应有较适宜的居住水准，而所谓适宜的居住水准，应具备下列条件：

（1）单元面积的一致性要高。一般而言，若单元面积大小集中，住户水准较一致且较易沟通，则居住水准较高；如果住户阶层分布较广泛，彼此不易取得共识，则居住水准较不容易维持。

（2）楼层用途单一性要强。住宅里面若夹杂办公室或有门面式的商业、服务业时，由于出入阶层较复杂，且流动频繁，造成管理困难，所以标榜商住或住办混合的大楼，无法像纯住宅大楼一样，有较理想的居住水准。

（3）楼上住户与楼下营业场所的出入动线要能独立分开。因为动线分开以后纯住户与商业设施则较不会相互干扰，楼上住户也可享有较舒适的居住环境，而拥有较佳的居住空间。如果彼此出入口不分，则在出入管理时会有相当的困难，居住者与消费者会相互影响，造成整幢大楼的居住品质混乱、不协调。

（4）户数要适当。因为一幢大楼要管理、维护得宜，会有必要的成本费用支出，所以如果户数少，要分摊的管理费用无形当中会较高，一旦超过住户愿意负担的程度，则住户很可能会少缴或拒缴，使整幢大楼的管理、维护工作无以为继，居住品质也就每况愈下。

一幢居住水准理想的大楼，其价值与价格自会高于市场行情，使居住在此的住户以之为荣。而好的开始就是成功的一半，所以在规划时，对于有助于维持大楼居住水准的因素，应尽量融合在平立面的功能配置上，以便规划出一流精品。

3. 楼层用途的合理性分析

一个安宁舒适的居住环境，一旦迁入特种行业或家庭式机械工厂、汽车维修厂等，整个居住环境的品质，随即一落千丈，即使要脱手求售，也会面临乏人问津的困境。而要维护居住环境的品质，首先要做的就是确定各楼层间的用途不会互相冲突，以避免某一楼层引进会损害整栋大楼的居住品质的住户。一般而言，办公大楼较小有类似困扰，因为办公大楼坐落地点、价位及住房单元规划，较不会轻易招致嫌恶产业的侵入，唯一要避免的是带有"色彩"的行业迁进。至于住宅大楼，因为地点位于住宅区，或街道边或巷弄旁，由于人口稠密等原因，嫌恶产业侵入较其他种类的大楼要来得严重，因此维护住宅大楼的品质也就不是一件容易的事情。要确定各楼层之间用途是否会冲突，下列事项在进行产品定位时要特别注意：

(1) 单元面积大小要尽量一致。不同面积大小的产品尽量不要放在一起，因为大单元面积与小单元面积产品的购买者，其生活水准、购买动机大都不一致，所以如果单元面积大小相差很大，又混合在一起，会造成彼此生活上的不适，因而降低生活品质。但如单元面积较为一致，则彼此之间的用途较不易引起冲突。

(2) 各楼层用途以一致为宜。如果有住办或住商混合的用途，其楼层也尽量分成两种不同的区域，不要使住宅人口与办公人口或逛街购物人潮混在一起，互相干扰。毕竟用途混合的楼层，会因出入人员复杂而不利于管理

(3) 不同用途的楼层，其出入口要独立。各楼层如果有不同用途，为避免彼此互相干扰，应该有分别独立的出入口。如住商混合的话，住宅的出入口可设在后面或左右两侧，商场或店面的出入口则安排在临道路口，以利人流进出。否则出入口混在一起，会造成管理上的诸多不便。复合形态的用途搭配，要注意产品种类是否合适。以小单元面积住宅或套房搭配商场或店面较适合，因为彼此可以相辅相成。至于住办混合则较不适宜，因为会降低办公楼的办公品质。商业楼层用途的配置要视其人潮而分配在适合的楼层。如有游乐设施或有聚集大量人潮的商场，其楼层配置以低楼层为主，以避免高峰时间人潮进出，造成通道拥塞或电梯等待时间过长，影响其他用途或其他楼层住户出入的方便性。至于其他静态的商业用途，则较不会有类似限制。

如果各楼层用途一致，或者不会互相干扰的话，该大楼的居住品质即可以维持一定的水准，其售价也可水涨船高。而如果用途不一致或者会互相干扰的话，则其居住品质自然大受影响，连带地其住户也会因脱售不易而致降价求售，价值及价格因而更加低落。这些干扰或不一致，在产品定位之初，即可通过合理规划而加以避免，不可不慎。

营销实战案例：房地产项目定位案例分析

某房地产开发公司作为一家刚成立的公司，初涉房地产领域，缺乏知名度，经济实力也不雄厚，没有成片大规模土地开发实力，竞争能力较弱。该公司决定在中低价位楼盘上做出鲜明的个性色彩，填补市场空白。经过广泛的市场调查，及对全市楼盘分布、项目特色、开发成本、周期和营销实效的深入了解分析，该公司调查人员感到，必须从新的角度寻求市场空白。“老年人看病难”的诉求触动了公司的灵感。

统计显示，由于社会的发展，中国60岁以上老龄人口占总人口的比例不断上升，目前已接近10%，标志着中国即将进入老龄社会。而成都市60岁以上老龄人口约130万，占全市总人口比例接近13%，已提前进入老龄社会。针对这130万老龄人口进一步细分：具备中低档楼盘购买力者应占10%以上，即13万人；统一按“老两口”计算，则为6.5万个老龄家庭。有了目标消费群的量化指标，公司对老年住宅的需求心理和资金来源等进行了深入分析。

1. 需求心理分析

(1) 老年人和下一代、下两代由于生存环境、所受教育不同等诸多原因，生活方式、习惯及思想观念等方面难免产生“代沟”。多数被访问者认为，解决“代沟”的最佳方式是老年人与子女分开居住，节假日儿女上门探望，全家团聚。

（2）年轻人有自己的生活和工作特点，现代生活节奏加快，竞争加剧，压力加大，生活无规律，与老年人住在一起相互干扰影响，令人头痛。

（3）敬老院虽然“火爆”，但入院使人心理上有“被遗弃”的感觉，子女也有不孝的负罪感。只要不是孤寡老人，一般也不愿意入敬老院。

（4）老人再婚后，新建立的老年家庭不易与子女完全和睦共处，分户购房是最佳选择。

（5）老年人喜欢安静、淡泊、朴素、平静的生活，对物质要求不高，不愿地处闹市和商业区、工厂区，与子女的居住要求差异较大。

（6）老年人怕孤独。在相对集中的老年公寓，子女上班上学后，老人们仍有同龄伙伴、共同话题、共同乐趣。

2. 资金来源分析

（1）老年人常常有多年的积蓄和稳定的退休金。

（2）子女们可以共同出资为老年人买房，既尽了孝心，日后也可成为遗产。

（3）本来准备送父母去敬老院的子女，可以用入院费转为购房款，既解决了后顾之忧，又摆脱了“负罪感”。

通过以上分析，开发企业确立了开发老年公寓的决心，将楼盘定名为“夕阳红”。

3. 公寓特色设计

针对老年人的心理和生理特点，紧紧围绕老年人的生活需求，广泛开展调研和征询，为老人群体量身定做最合理、最合适的住房。

（1）所有路面都进行防滑处理。

（2）所有通道、门槛都采取无障碍设计。

（3）房型设计上，力求通风、干燥、采光、隔声、结构合理。

（4）装修适用合理，不奢侈豪华。

（5）其他公寓配置大面积花草绿地，老年公寓配置各户“自留地”。

（6）高档小区配置游泳池，老年公寓配置钓鱼池。

（7）室内设计处处突出安全第一，壁柜防止碰头，插座防止碰撞踢踏。

（8）水龙头不用螺丝头，防止拧不紧，拧不开。

（9）窗户采用推拉杆式，避免头手伸出窗外。

（10）阳台外设自动晾衣架，收晾衣物十分方便。

（11）通过楼盘的物管系统，成立钓鱼协会、老年棋协，与外部挂钩联办川剧座唱、老年大学等。

（12）通过楼盘物管系统，配备专职保健医生、护士，方便老年人常见病就诊，开设家庭病房，上门医疗、护理。

4. 环境配套设施

（1）利用附近的农贸市场，解决老人柴米油盐等生活必需品的采购。

（2）利用附近 3、12、14、31、38、51、68、75、77 路公交车，充分解决老年人办事、亲友子女探望等交通问题。

（3）与附近的医院挂钩，解决老人“就医难”的问题。

（4）与附近公园挂钩，解决老人休闲、锻炼、娱乐的问题。

(5) 与附近幼儿园、小学挂钩，解决老人替子女照料孙子、孙女，就近入托、入学、方便接送的问题。

5. 宣传促销

针对老年人的特点，制定与众不同的老年公寓促销策略：

(1) 大力弘扬中华民族“尊老爱幼”的传统美德，倡导“孝心”消费，引导子女为老人集资买房。

(2) 调查有关“尊老敬老”、为老年人排忧解难办实事的正反两方面新闻素材，通过新闻热线向媒体提供。巧妙联系社会对“老年公寓”、“老年社区”的舆论期盼呼吁，利用新闻扩大本楼盘的知名度和美誉度，既提高效率，又降低成本。

(3) 制定相对较低的价格，采用分期付款、银行按揭等灵活的收费方式。

(4) 从下岗职工中招聘一批中年妇女担任售楼代表，既能提高与老年人的亲和力，又相对降低了用工成本。

(5) 创造“拉家常”售楼方式，让中年妇女售楼代表充分“倾听”老人们的“唠叨”，与老人们推心置腹，陪老人们货比三家。

资料来源：中国房地产估价师与房地产经纪人学会主编：《房地产经纪实务》，5版，93～95页，北京，中国建筑工业出版社，2010。

关键术语

核心产品　形式产品　附加产品　产品定位原则　目标两阶段产品定位　三层次产品定位　产品定位方案　可行性分析

复习思考题

1. 考虑房地产产品和服务差异化的不同方式，如果你进行房地产产品消费，哪种方式对你的选择最有影响？为什么？你能找出在许多不同的差异化方向上均做得非常出色的房地产品牌吗？

2. 选择一个你感兴趣的房地产品牌，分析其产品定位的策略和特点。它遵循本章所介绍的定位原则了吗？采用了哪些定位技巧？选择了怎样的目标？评价其产品定位的成功和失败之处。

3. 房地产产品的基本类型有哪些？不同类型的产品在进行产品定位时的侧重点是什么？如果让你对其中某种类型的房地产产品进行定位，你会怎么做？

第8章

房地产市场营销策略

本章内容提要

房地产市场营销策略是指在某一房地产项目的开发过程中，为实现公司资金回收目标而开展的针对市场的全部工作策略。房地产市场营销策略包括品牌策略、价格营销、渠道策略、促销策略、广告策略等多个方面。本章将一一进行阐述。

8.1 房地产市场营销品牌策略

房地产开发企业品牌是指房地产开发商及其开发项目的名称、术语、标记、符号和图案，或是它们的相互组合，也是房地产开发商在消费者心中的一种综合印象，用以识别该开发商的产品或服务，并带给消费者价值。房地产开发企业品牌包含了企业品牌和项目品牌两个部分。企业品牌要通过项目品牌来实现和积累，而项目品牌的最终归属是企业品牌。房地产开发企业品牌在提高人们生活质量和企业价值方面扮演着十分重要的角色。对房地产消费者而言，品牌让顾客了解房地产产品的来源，减少购买决策过程中的房地产商品复杂、需专业化知识多、市场信息严重不对称等不利因素，促使消费者在购买过程中增加信心，完成交易，实现产品价值。当产品存在问题时，品牌也使得消费者便于追究开发商的责任。故品牌对房地产消费者在简化决策过程、降低风险方面的作用日益重要。

美国营销学会将品牌定义为："由名称、术语、标记、符号、设计或它们的组合构成，用于识别某个或某群销售者的产品或服务，使之与竞争对手的产品或服务相区别。"可见，品牌就是具有区别于满足同一需求的其他产品或服务特性的产品或服务。一个真正的品牌需要具备三个特征：一个是消费忠诚度。任何一个品牌一定都有一批真诚的消费者。忠诚的消费者群体的形成来源于企业独特的企业文化和市场营销的成功。二是市场占有率。所谓品牌一定要在行业里有相当高的市场占有率，没有认知度就谈不上品牌。三是差异性。所谓品牌一定要有个性化的特征，多表现为独特的企业文化。

8.1.1　房地产品牌化经营的意义

品牌对房地产企业同样具有重大的意义，可以从以下两个方面看出：

1. 品牌是开发商获得竞争优势的有效手段

在竞争激烈的现代市场环境下，创立和发展房地产企业品牌，实施品牌战略，已经成为房地产企业的取胜之道。一般而言，企业之间的竞争主要分为三种：一是价格质量层次竞争，即强调产品价格低、质量好。二是规模层次竞争。但规模大不一定能够成为品牌，规模很大但缺乏个性，未必能形成品牌。三是品牌层次竞争。品牌竞争为房地产产品开创了一个新的竞争维度，可使房地产企业避开单纯的质量竞争、价格竞争，提升其市场竞争力。

好的品牌对于开发商来说可以带来以下几个方面的优势：（1）好的品牌可以增强房地产产品的不可代替性，现有的品牌或者名牌对即将进入该行业的潜在竞争者会形成绝对成本优势，从而构成进入壁垒。（2）独特的品牌个性，能使房地产产品在同类竞争对手中脱颖而出，形成强而有力的品牌诉求点。尤其是进行大规模开发的房地产开发商，具有高知名度和偏好度的品牌，能降低项目推广成本，有利于项目销售。（3）品牌可影响消费者的购买行为。品牌自身的不可替代性，使得客户对房地产产品的价格敏感度降低，通常品牌忠诚度可被转换为消费者愿意接受高于一般产品 20%～25%的价格。通过品牌效应增加其附加值，这就使得具有优质品牌的楼盘可按更高的价格销售。品牌竞争往往就是淘汰竞争，竞争到最后，行业里面会产生几个寡头，市场占有率会向几个品牌集中。这时候留下的品牌将更具高品质，更具个性化，更有企业文化，附加值更高。所以说，品牌竞争是竞争的最高形式。

2. 品牌是企业核心财富和资产

人的最高层次的追求是精神追求，企业经营也是如此，最高层次的经营是经营文化，经营品牌。企业一旦拥有品牌，就是拥有最合适的、最大的财富。品牌是企业的合法资产，它可以影响消费者的行为，也可以被交易，能保障所有者未来获得持续的收益。故品牌资产指品牌赋予产品和服务的附加价值。该价值可通过购房者和消费者对品牌的想法、感觉和行动体现，也可以从品牌能为企业带来的价格、市场份额和利润中体现。品牌资产是企业一项重要的、具有心理和财务双重价值的无形资产。

对行业本身来说，品牌竞争是房地产市场走向成熟的标志之一。就整个社会来说，当各房地产开发商都意识到品牌营销的重要性，争相树品牌、创品牌，房地产市场竞争演变成品牌竞争之时，我国房地产市场的成熟就指日可待了。

8.1.2　房地产品牌资产

1. 品牌资产的概念

品牌资产定义有三种概念模型：财务会计概念模型、基于市场的品牌力概念模型、以及基于品牌—消费者关系的概念模型。(1) 财务会计概念模型主要着眼于对公司品牌提供一个可衡量的价值指标。这种概念模型认为品牌资产本质上是一种无形资产，因此必须为这种无形资产提供一个财务价值。这种概念模型认为一个强势品牌是非常有价值的，应该被视为具有巨大价值的可交易资产。(2) 基于市场的品牌力概念模型认为一个强势的品牌应该具有强劲的品牌力，在市场上是可以迅速成长的，从而把品牌资产与品牌成长战略联系起来。这种概念模型认为，财务的方法只是在考虑品牌收购或兼并时才很重要，财务价值只应是评估品牌价值的第二位的指标，除此之外，更重要的是要着眼于未来的成长。品牌资产的大小应体现在品牌自身的成长与扩张能力上，例如品牌延伸能力。该模型与财务会计概念模型最大的不同在于，财务会计概念模型着眼于品牌的短期利益，而基于市场的品牌力概念模型研究的重心则转移到品牌的长远发展潜力上。(3) 基于品牌—消费者关系的概念模型。此种概念模型的认同者认为，如果一个品牌对消费者而言没有任何意义，那么它也不可能向投资者、生产商或零售商提供任何价值，即品牌的最根本价值来源于消费者对品牌的认知和认同。以消费者为基础的品牌资产模型假设：品牌力取决于消费者能从品牌身上看到、读到、听到、了解到、想到、感觉到的东西。因此，营销者在建立品牌时要面对的挑战是：使消费者正确体验产品、服务、营销活动，以建立与企业预期一致的品牌知识结构。

总的来说，品牌资产由两个主要的方面组成：(1) 品牌在消费者心中的地位；(2) 品牌给品牌拥有者带来的财务上的价值。品牌有超越一般资产的价值，这是基于品牌对消费者的吸引力和购买欲望。凡是有助于提高消费者购买信心的记忆、体验和印象，以及在此基础上形成的看法与偏好，都是品牌资产的重要组成部分。

2. 房地产品牌资产的概念

房地产品牌资产是由房地产开发经营者在进行房地产产品开发经营的同时，有计划、有目的地设计、塑造，并由社会和公众通过房地产产品的品质和价值的认知而确定的文字与图形等的有机结合，使之与竞争对手的产品或服务区别开来的一系列的资产。房地产品牌资产从层次上，还可以分为项目品牌资产和企业品牌资产两个层次。以往不少房地产业界人士把任何一个项目都看成一个项目品牌，这种看法是有失偏颇的。房地产开发中的一个项目等同于一种产品，产品与品牌是有明显区别的，产品不是品牌。

现代品牌策略大师史蒂芬·金的一段话，明确地定义了产品与品牌的本质区别。他说："产品是工厂生产的东西，品牌是消费者所购买的东西。产品可以被竞争者模仿，品牌却是独一无二的。产品极易过时落伍，但是著名品牌却能持久不衰。"产品只是品牌的载体，每个品牌之下都有一个产品，却不是每个产品都能形成一个品牌。项目可以上升为项目品牌，但是并不是每一个项目都是一个项目品牌。一个具体的房地产项目，因为产品周期短，无忠诚度可言，无法有完美的延伸，其品牌价值难以得到体现。只有当项目形成了自己独特的品位、文化、个性，并且能把这些独特的精神层面的东西延伸下去时，才能形成项目品牌。如南宁的文华园是一个成功的项目，但并不是国凯房地产公司的项目品牌；万科的四季花城才是真正的项目品牌。

表 8—1　　房地产品牌资产因素体系

价值来源	总因素	详细因素
基于消费者的价值	品牌知名度	无辅助回忆能力
		受了解度
		品牌首选程度
	品牌认知度	小区环境
		户型
		物业管理
		建筑质量和外观
		使用功能
		交通情况
		规划设计
	品牌忠诚度	口碑
		顾客满意度
		价值溢价
	品牌联想	品牌个性
		品牌声誉
		价值差异

资料来源：袁则：《当代中国房地产品牌资产分析体系的构建元素》，载《山西建筑》，2010 (1)。

3. 房地产品牌资产的特性

(1) 由于房地产难以进行工厂化、标准化生产，因此房地产企业的生产能力无法快速提高，没有持续好的项目推出，产品的可见度（形成顾客对产品的品牌认知）和品牌的形象很难在消费者心目中得到强化，积累品牌资产相对较难。

(2) 房地产的固定性抑制了更大范围的认知度，抑制了品牌的传播力、延伸力。

(3) 房地产价值量大及耐久性使得同一消费者的消费次数较少，这在某种程度上抑制了房地产品牌市场份额的集中和品牌忠诚度的提高。消费者忠诚度是靠不断的消费建立起来的，而房子建起来至少有四五十年的寿命。一个家庭的终生住房消费次数也不会很多。

(4) 房地产市场具有明显的区域性，由此开发商开发的各项目之间、项目与开发商之间的品牌形象连接容易脱节，抑制房地产品牌跨区域发展。房地产具有浓厚的民族和区域文化特征，所以很难跨国界、跨区域发展。

(5) 企业品牌资产与项目品牌资产相辅相成。房地产品牌的一个特殊性表现在既有企业品牌，又有项目品牌。

8.1.3　房地产品牌建设

1. 目前房地产品牌建设的误区

近几年来，房地产业风起云涌，面对日益激烈的竞争，开发商们不得不认真考虑如何创立品牌，并以品牌推广来确立自己在楼市中的主导地位。在现实的操作过程中，房地产企业对树品牌、创名牌的重要性认识还不够，还必须走出对房地产品牌认识的误区。

不少开发商对楼市品牌效应的认识尚流于表面，所谓的品牌竞争往往如隔靴搔痒，并不能最大限度地提升房地产的市场竞争力。当前业界较多存在的一个误解是将房地产的品牌效应简单地等同于概念炒作，片面注重楼盘的概念、营销运作，误认为知名度就是品牌，而忽视了对房地产产品这种复杂商品在质量、服务、功能等方面进行全方位的品质提升。事实上，概念只是开发商在营销策划中用以吸引目标客户群的一种途径，对竞争力的提高只起相对作用，而不是绝对作用，有名无实的概念炒作往往只会弱化品牌效应。第二个误解是楼盘高档的就是品牌。其实品牌不一定是高档的，满足中低端市场的企业同样也可能做出品牌来，拥有独特的企业文化即使产品中低档也可以称为品牌。富力地产早期的目标客户是城区工薪阶层，其开发的产品多为中档产品，也发展成了知名品牌。第三个误解是规模大就是品牌。品牌一定要有规模，但规模不是充分条件。

正因为存在以上的房地产品牌建设误区，我国目前的房地产品牌建设和品牌化经营程度并不高，普遍存在消费者认知度不高，品牌内涵不足的现象。在某些地方，在消费者头脑中，开发商不存在明显的品牌差异，他们对开发商的印象，基本上都来自他们居住楼盘的体验、舆论报道甚至是开发商的名字联想，大多数消费者还难以完全把楼盘名称与其开发商联系起来。这一情况，究其原因，与国内很多开发企业缺乏清晰连贯的品牌策略和完善的识别系统，未建立起有效的品牌管理架构及体制有关，大多数房地产开发商只注重具体项目的宣传，借助传统的营销手段名噪一时，却难以维持长期的品牌效应和领先地位。与此同时，少数知名度高、有实力的开发商，已拥有发展企业品牌的意识，但缺乏清晰的品牌内涵和完整的品牌策略，也不具备整合运用各种传播手段来统一进行品牌推广的能力，因此在消费者心目中的形象定位模糊不清。

2. 如何创建房地产品牌①

按照品牌营销的要求，房地产企业必须改变过去对品牌认识的误区，正确地把握房地产品牌的内涵，强调品牌的个性塑造，使自己的产品形象成为消费者认知的第一要素，这就要求开发商既要注重楼盘的概念设计，又要在质量、物业服务、功能等方面对房地产产品进行全方位的改进和提升，使楼盘品牌的个性得以充分发挥和张扬，在优化配置建筑资源、追求居住空间最大化、创造适宜的人居结构功能、营造人与自然和合共生的社区人文环境等方面，塑造出房地产品牌个性。

要开创房地产业中的名牌，需要注意以下几点：

（1）清晰准确地定位房地产品牌。创建房地产品牌，一定要找准市场定位并有特色，因为准确的市场定位是创品牌的基础。房地产企业必须在充分进行市场调研的基础上，根据目标市场上顾客的不同需求，结合市场竞争情况竞争对手的具体情况以及企业自身的竞争优势，科学合理地进行企业产品的市场定位。成功的房地产品牌都有自己明确的定位，如奥林匹克花园的销售对象为高文化、中收入的白领人士，这一部分人群对于住宅要求高起点规划、高标准施工、高质量管理和高品位服务，奥林匹克花园恰巧营造了一个热情、充满希望的生活环境，小区中现代化的运动场馆、专业的教练以及有退役后的专业运动员担当运动指导，由此可以开始一种有别于传统的新的生活方式。因此，奥林匹克花园提供给消费者的是双重的满足，并且在竞争力和延伸力方面，明显强于仅以户型、装修、环境和地理位置等为诉求的单一概念产品。另外，如中海地产走大众精品化的品牌之路；华侨

---

① 参见栾淑梅：《浅析房地产品牌策略》，载《辽宁行政学院学报》，2009（9）。

城地产以注重生态环境设计为卖点；金地地产以景观住宅为特色；招商地产以区域标志性住宅而闻名；玫瑰园则给人留下一种雍容华贵的不凡印象；等等。

（2）正确选择房地产品牌要素（包括名称、标识、推广口号）。品牌要素是指那些有助于识别和区分品牌的、可注册的标志性工具，大多数强势品牌都具有多种品牌要素。如耐克具有别具一格的动感标志，可口可乐具有多种字体的颇具美感的标识。企业可静心挑选品牌要素，以建立尽可能多的品牌资产。测试这些品牌要素建立品牌资产能力的方法是：让顾客仅了解某一品牌要素，然后观察其如何看待和感受产品。一个对品牌资产有积极贡献的品牌要素，能使顾客臆断或推导出有价值的联想或反映。

品牌名称并不是唯一重要的品牌要素。通常品牌利益越抽象，如在服务行业，品牌要素能捕捉到品牌的无形特性就越重要。其中之一就是标识，它从视觉上体现品牌的核心利益。另一个强有力的但常常被忽略的品牌要素是口号。与品牌名称一样，在建立品牌资产时，口号是相当有效的手段。口号能使顾客准确把握住品牌是什么，以及该品牌为什么与众不同。

（3）重视产品和服务品质。对房地产企业而言，质量是一个综合性概念，既包括房地产作为建筑物的建筑质量，也包括规划设计质量和交工后的服务质量。所以，房地产企业必须在规划设计、功能配置、环境美化等方面综合考虑，从图纸审查、施工监督到工程验收每个环节都以质量为中心去进行管理。只有这样才能出优质产品，这是赢得消费者的最基本保证。房地产的开发涉及面广、周期长，企业要创优质产品，仅有强烈的质量意识还不行，必须建立完善、高效、合理的组织管理系统，建立新的管理模式，即实行品牌质量管理。这是企业创名牌的重要保证。

楼盘品质决定了楼盘的“本性”，一个强势品牌的基本认同（即产品的核心要素），要比延伸认同（如推广时的风格策略等）更经得起考验。成功的品牌背后，有着一套扎实的质量文化体系作支撑。一条正确的品牌发展之路，应该是对于品牌和品质的同时追求。品质认同，是确立品牌的最关键核心要素，而强势品牌又可加深消费者对产品品质的进一步肯定与认同，两者相辅相成。走“品牌经营”这条路，最终是以提升企业竞争力为目的的，而产品品质意识恰恰是一切产品竞争最坚实的动力之源。强化产品品质意识，是创立项目品牌，继而创立企业品牌的前提条件。

房地产业的服务一般分为售前服务与售后服务。售前服务指的是房地产开发商加强与金融信贷机构的联系，便于消费者进行住房按揭贷款，为购房者提供尽可能多的方便，确立良好的服务形象。这也是品牌建设的一部分。完善的售后服务和良好的物业管理在创品牌中有特殊的重要作用。物业管理是使用环节中感受最直接的一环，这对于品牌良好口碑的形成、再开发有极大的作用。售后服务是优良品牌的延伸。对房地产业来说，完成开发、实现销售仅仅是品牌建设的开端。在产品漫长的使用阶段，物业管理状况如何，很大程度上决定着品牌的命运。有不少房地产项目设计精良、环境很好，但投入使用后，由于物业管理落后，很快就损害了项目的声誉。在现实中，许多消费者在选择房屋时，对物业管理的选择甚至先于房价等因素的选择。因此，强化商品售后服务，提高物业管理水平，已经成为房地产品牌建设必不可少的条件。

（4）注重文化营销。霍尔特（Holt）认为，企业如果希望建立标志性的领先的品牌，就必须积累与文化相关的知识，根据文化的品牌化原则制定战略，并聘用和培训文化专家。

住房是人类劳动的结晶，会明显折射出不同地区的文化环境差异。因此，一定地区的住房生产、流通和消费行为方式就会构成该地区“住文化”的特色。房子虽然是具体的和有限的，文化却是无限的和富有生命力的。因此，居住、建筑、生活、体验等可以借助文化的力量，通过聚集更多的人来参与和关注，实现和顾客的沟通，最终实现销售的目的。

◆ 案例 8—1 ◆

文化地产案例

每一种地产都有一个强大的文化背景。而文殊坊的文化背景就是文殊院这座百年古刹及蕴藏其中的禅文化。凡是去过文殊坊的人总能感觉到它的香火味很重。

成都文殊坊是某集团成都房地产开发总公司倾力打造的以佛禅文化、民俗文化为主题，以川西街院建筑为载体，充分体现老成都人文历史精髓的都市文化旅游胜地。它集旅游观光、休闲度假、餐饮美食、特色购物、古玩字画鉴赏收藏、养生康体、娱乐演出、文化艺术交流等功能于一体，以横贯古今的时空跨度和参与、体验的游憩理念，诠释和传播老成都的人文风貌、民俗风情和休闲文化精蕴，是展示成都特质、代表成都文化的又一张名片。文殊坊，用中国特殊的建筑文化符号——川西传统民居形成特色首席商业院落，它是历史价值、文化价值和商业价值的共同载体。文殊坊凭借其深厚的自然景观与人文底蕴彻底颠覆传统的商业街形态，成为体验商业时代发展的一个前沿性创新院落商街。

在文殊坊的开发过程中，该集团成都公司联合了国内外数十名古建筑专家，花费了数年时间，在借鉴南京夫子庙的基础上，用修旧还旧的方式，再现了四川渐渐消亡的古街、老院、民宅、民风民俗、传统工艺和美食等等。它以典型的川西民居为特色，延伸出九街十庙以及众多的小巷四合院，展现了现代都市生活与传统文化、习俗的完美结合。文殊坊集中展现古老成都的人文风貌、民俗风情和禅文化的精髓，是成都市民怀旧寻古的一处上佳之地。

资料来源：谷小连：《文化地产——构建和谐人居之轴》，载《成都晚报》，2009-07-10。

（5）做好营销工作。市场营销被誉为房地产企业经营和运作的生命线，是其最终获得利润并在激烈的市场竞争中立足的制胜法宝。营销策略则是为了实现各种各样的企业目标，保持并扩大市场占有率，树立企业良好形象，提高品牌知名度，并不断取得忠诚顾客等而采取的各种行动。一个品牌的问世和生存必须以高质量和适销对路的产品为前提，但仅仅如此是不足以使其成为名牌产品的，还必须依赖于高效的营销策略。

营销者可以通过各种方式创建品牌接触和建立品牌资产，如业主俱乐部、业主体验、展览、事件营销、公共关系和媒体发布会等等。不论采取哪种工具或方式，在设计创建品牌的营销计划时都应侧重三个主题：个性化、整体化和内部化。首先，当前顾客的个性化需求日益增强，且个性化是企业创造差异性的利器，所以房地产市场营销可采用体验营销等新营销观念。其次，新兴营销方式以及网络技术的发展使得传统的“营销组合”观念和“4P”观念不足以阐明现代的营销活动。

总之，房地产品牌的树立和推广对房地产企业来说是一项艰辛而复杂的系统工程，需要从前期的市场调查、规划设计，到楼盘建设、售后服务、物业管理等进行全方位的精心组织，其中任何一个环节出错，品牌形象都会大打折扣。房地产企业树立自己的品牌，也是和国际房地产接轨，更好地迎接国际竞争的需要。

◆ **案例 8—2** ◆

万科品牌的成长之路

1. 企业概况

2010 年 12 月 1 日，万科销售额突破千亿元大关，这一房地产行业重大事件再次使得人们对这一中国房产品牌“NO. 1”加以关注。回顾万科品牌的成长，有很多值得学习的地方。

万科企业股份有限公司成立于 1984 年 5 月，是目前中国最大的专业住宅开发企业。2009 年公司完成新开工面积 560.9 万平方米，竣工面积 536.4 万平方米，实现销售金额 634.2 亿元，营业收入 488.8 亿元，净利润 53.3 亿元。

万科 1988 年进入房地产行业，1993 年将大众住宅开发确定为公司核心业务。至 2009 年末，业务覆盖到以珠三角、长三角、环渤海三大城市经济圈为重点的 40 个城市。2009 年在《欧洲货币》评选的“全球最佳房地产开发企业”榜单中，万科获得全球住宅类开发企业第一名。

2. 品牌营销

1988 年万科才开始涉足房地产业。在这之前的四年，可以看成是企业资本积累的阶段。而整整影响到万科以后的发展的，正是初涉足房地产业时确立的以服务为突破点，借鉴 SONY 的客户服务理念，在全国首创的“物业管理”概念，并形成了一套超前的物业管理模式。从这个理念可以看出，王石带领的万科已经开始构建企业的价值观。这对一个企业而言是非常关键的。企业价值观经过有效的内部传播，获得员工的认同并使员工为之奋斗，是一个团队走向成功的基础。这种初始的企业价值观的确立，直接影响到万科未来整个发展过程中的品牌形成和发展。

从首创“物业管理”模式而响彻全国到全国第一个业主委员会的成立，从万客会的成立到近年来“建筑无限生活”品牌理念的提出，万科的企业价值理念得到切实的行为化。这得益于企业有效的内部传播。

资料来源：章程、夏晓薇：《品牌万科的成功之路》，载《沪港经济》，2008（5）。

8.2　房地产市场营销价格策略

在房地产市场营销过程中，最敏感也最为买家感兴趣的，就是房地产开发商对其产品的定价。定价不仅为买家所关注，同时也因此确定了房地产开发商能从该物业中赚多少钱，是否能达到其预期的利润水平，等等。买卖双方达成协议的最根本的问题就是价格问题。

价格策略是房地产开发商为了实现一定的营销目标而协调处理各种价格关系的活动。价格营销策略不仅包括价格的制定、定价技巧的运用，也包括在一定的营销条件下，为了实现开发商预期的营销目标而协调配合营销组合的其他有关方面，并在实施过程中不断修正价格策略的全过程。

8.2.1 房地产价格的特征

1. 房地产价格的形成要基于长远考虑

房地产的构成及效用，往往会随着时间的推移而发生变化。通常某一房地产是与其周围的其他房地产构成一个地区，但是这种地区往往并不是固定的，其社会、经济地位是经常处于扩大、缩小，集中或扩散，发展或衰退等变化过程中的。因此，某一房地产的构成状态、效用是否最为适合，往往也随着时间的推移而有所变化。房地产的价格，也必然会随着其效用的变化而发生变动。所以，房地产价格，通常是在对过去至将来的长远考虑下形成的，今日的价格是昨日的展开、明日的反映。

2. 不易识别性

由于房地产产品的不动性、个别性等自然特征，而使其异于其他一般商品，不易形成交易市场。其他一般商品可以进行样品交易、品名交易，其价格容易在交易市场上形成；而房地产产品却不能搬至一处作比较，要认识房地产产品，只有亲临现场观察。因此，房地产的现实价格，通常是个别形成的，它不具有任何人都能识别适当价格的条件，这也正是需要进行房地产估价的原因。

8.2.2 房地产价格的形成因素和影响因素

1. 房地产价格的形成因素

房地产价格是房屋建筑价格和建房地块价格的综合性货币表现，是房地产产品与货币交换比例的指数。在整个社会物价体系中，房地产价格是一个自成体系、相对独立的组成部分。具体地说，房地产买卖的理论价格＝房地产成本＋利润＋税金＋其他附加费＋土地使用税（费）＋营销宣传费＋其他构成商品房价格的因素＋不得计入成本的费用。具体如下：

（1）房地产成本。

房地产成本是房地产价格的主要组成部分，应加强成本核算和控制管理，降低成本。以商品房为例，房地产成本主要有以下几项费用组成：

1）基地开发费。包括按国家和各地有关规定支付的征地费、青苗补偿费、菜田建设费、劳动力安置费、养老农民生活补助费、私房补偿费、临时房屋搭建费、自行过渡补贴费、搬迁障碍费、临时水电气费、平整土地费等。

2）勘察设计费。主要包括工程勘察费、工程设计费、施工临时通路通水通电费、场地平整费，以及在办理建审手续中按规定缴纳的有关收费和用于地质和水文地质勘测设计等所需的费用。

3）动迁户用房建筑安装工程费。包括临时安置过渡及搬家补助费等。

4）房屋建筑安装工程费。它包括建造房屋过程中所耗费的各种材料、构配件、零件和半成品的用量以及周转材料的摊销量按相应的预算价格计算的材料费，施工机构使用费和人工费等直接费用；施工管理费和其他间接费用；施工企业单位的盈利，包括施工企业单位的计划利润和施工企业单位应缴纳的营业税、城市建设维护税和教育费附加三项税金。

5）市政配套设施费。按有关市政公用设施配套标准所支付的供水、供电、供气、通信、排污、排水、道路、绿化工程等项费用。

6）经营管理费。它是指在由房屋建成交付使用到出售过程中，房屋开发经营单位的管理人员所发生的一切费用和上缴的管理费。包括支付给开发公司职工的工资及福利费、办公费、差旅交通费、固定资产使用费、车辆使用费、低值易耗品购置费、劳保费、职工教育费、广告费、合同签证费、公证费、保险费、诉讼费、股息等。管理费总额一般以上述1～5 项为基数，按 1%～3%计算。

7）贷款利息。

（2）利润。

利润是房地产开发经营单位应得到的收益，是在经营活动中实现的剩余价值的货币表现，是企业扩大再生产的资金来源。利润一般以房地产成本预算的 1～5 项为基数，按 3%～10%计取利润。

（3）税金。

税金是应向国家缴纳的费用，反映了单位或个人对国家的贡献。利润和税金是房地产商品价格的重要组成部分。房地产商品价格中的税金部分主要包括营业税、城市维护建设费、教育费附加等内容。

（4）其他附加费。

主要指人防工程费、住宅建设市政基础设施配套费等。

（5）土地使用税（费）。

土地使用税（费）是根据房屋建造在城镇内某一地理位置的不同，以及使用土地（建设用地）面积的大小，向国家缴纳的费用。

（6）营销宣传费。

它包括房地产项目从前期市场调查，到销售阶段所进行的各种调研、广告宣传（包括平面广告，电台、电视台广告，户外路牌广告等）、房展会、印刷品、销售现场包装、样板房装修、公关活动所花费的费用以及向代理公司支付的佣金等。

（7）其他构成商品房价格的因素。

1）房屋装修。随着装修房市场的扩大，房屋装修标准也日益提高，门、窗、地板等装修用料，已成为房地产价格的重要构成因素。

2）房屋设备。一般指卫生和暖气设备。如果设备因素未列入房屋造价或增加了房屋设备，就应按原单价增加房屋设备费用。

3）房屋附属设施。包括围墙、女儿墙和绿化等。围墙、女儿墙可按墙体结构每平方米估算单价，另加 20%价格，作为围墙上木门、铁门、铁笆门的费用。

4）地段、层次、朝向。可在原单价基础上合理确定增减率，综合考虑对房屋价格的影响。

5）房屋的折旧。一般地说，房屋使用年限越长，折旧额越高。但折旧的计算方法不同，折旧额也会有所不同。

6）房屋完好程度。使用年限内各阶段的折旧状况，一般只考虑时间因素，而未考虑人为因素。

(8) 不得计入成本的费用。

下列费用不得计入成本：小区内营业性用房及设施的建设费用；赞助、捐赠支出及其他与开发经营成本无关的费用；各种赔偿金、违约金、滞纳金和罚款；国家规定不得计入成本的其他支出。

2. 房地产价格的影响因素

如同其他商品一样，房地产商品的价格除以其价值为基础外，还受其他因素的影响。客观地说，房地产商品的价格是众多影响因素相互作用的结果。

(1) 成本因素。在房地产产品的价格构成中，成本占有重要位置。开发商在建造、发售楼盘时所投入的各种费用，构成了楼盘的生产和销售成本。不同楼盘的建筑容积率、建筑结构和式样、建筑材料的选用、施工质量、楼盘规划与城市规划的协调程度以及销售投入等都不同程度地决定了楼盘的开发和销售成本。一般而言，成本是进行楼盘定价的下限，是影响和制约楼盘定价的重要因素。

(2) 竞争因素。市场经济最明显的特点就是竞争，而价格作为企业参与市场竞争的最基本的工具，受市场竞争程度和竞争状况的影响极大。市场供求关系的波动、竞争者销售策略的改变、潜在竞争者的存在和出现等都影响和制约着楼盘的定价。

(3) 产品差异。房地产产品的市场竞争在一定程度上表现为差异竞争，而差异竞争主要表现为产品的差异化，即楼盘本身素质及各种卖点的不同点。产品的差异化程度越高，产品本身的稀缺性就越大，面临的竞争也就越小，此时产品也可因其特殊利益而相对提高价格。产品差异一般有建筑风格、户型、景观环境设计等几个方面。

(4) 客户心理。客户心理也是影响房地产产品价格的一个因素。这主要体现在消费者对开发商企业品牌的认可程度、对楼盘形象的接受程度和产品本身的适用程度上。客户在购房前会对产品的各个方面作出一个综合的评价，并据此对产品有一个价值判断，如果该价格低于或等于自己原先的期望价格，就会考虑购买；反之，就会阻碍购买。因此，开发商的房地产产品能否满足客户要求、符合客户心理的价值判断，也是影响定价的一个因素。

(5) 政府因素。政府对房地产行业的政策调整，往往会极大地影响房地产市场的大气候。政府鼓励房地产行业发展，出台一些比较积极的土地、建筑和金融方面的政策或法规，将加大房地产发展的信心，提高房地产市场景气指数，进而提升房地产市场的总体价格。反之，当政府进行经济调控，限制房地产过快发展时，就会限制土地出让和严格建设工程的审批，并相应提高贷款利率，促使房地产市场价格下调。

(6) 环境因素。环境的好坏也影响着房地产产品的定价，主要标准是看楼盘周边及区域内是否存在噪音、空气、环境等方面的污染，及其污染程度的大小。一般来说，环境质量好，房地产产品的价格可以相应调高；环境污染严重，价格也要相应地降低。

8.2.3 房地产定价方法

定价方法是企业为了在目标市场上实现定价目标，而给产品制定一个基本价格或浮动范围的方法。房地产的定价方法有成本导向定价法、需求导向定价法、竞争导向定价法三种。

1. 成本导向定价法

成本导向定价是指通过开发成本和人为订立的利润比率确定价格。其基本思路是在定价时，首先考虑收回企业在生产经营中投入的全部成本，然后加上一定的利润。

(1) 成本加成定价法。成本加成定价法就是先计算出房地产的全部成本，然后再加上一定比例的利润，比如 20%，就得到房地产出售时的定价。这种方法的特点是先得出成本，然后规定一个合理的预期盈利比率，成本与预期利润两者相加就得到售价。其计算公式为：

单位产品价格＝单位产品成本×(1＋加成率)

式中，加成率为预期利润占产品成本的百分比。

举例来说，如果某宗物业的成本为 1 000 万元，预期利润率为 20%，则该宗物业出售时可定价为：100×(1＋20%)＝1 200（万元）。

成本加成定价法虽然比较简单，但仍须通过考虑房地产市场行情及市场竞争的激烈程度来确定利润率，只有这样，才能定出合理的房价。

(2) 目标收益定价法。目标收益定价法又称目标利润定价法或投资收益率定价法，即以房地产开发商的总成本和计划的总销售量，以及按投资收益率确定的目标利润额作为定价基础的定价方法。其计算步骤如下：

1) 确定目标收益率。目标收益率表现为投资收益率、成本利润率、销售利润率、资金利润率等多种不同的形式。

2) 确定目标利润。由于目标收益率表现形式的多样性，目标利润的计算也不同，其计算公式为：

目标利润＝总投资额×目标投资收益率
目标利润＝总成本×目标成本利润率
目标利润＝销售收入×目标销售利润率
目标利润＝资金平均占用额×目标资金利润率

投资收益率由房地产开发商根据具体情况而定，一般不应低于同期银行存款利率。

3) 计算售价。根据总成本、目标利润和预计销售量来计算。计算公式为：

单位产品价格＝(总成本＋目标利润)/预计销售量

目标收益定价法的优点是可以保证企业既定目标利润的实现，较好地实现企业的投资回收计划。缺点是以预估的销售量来计算应制定的价格，颠倒了价格和销量的因果关系，忽略了市场需求和竞争，对企业的计划能力要求也比较高。一般适用于在市场上具有一定影响力、市场占有率较高或具有垄断性质的企业。

(3) 盈亏平衡定价法。在销量既定的条件下，企业产品的价格必须达到一定的水平才能做到盈亏平衡、收支相抵，这个既定的销量就称为盈亏平衡点。盈亏平衡定价法就是利用盈亏平衡分析原理来确定房地产价格的方法。

盈亏平衡原理如图 8—1 所示。

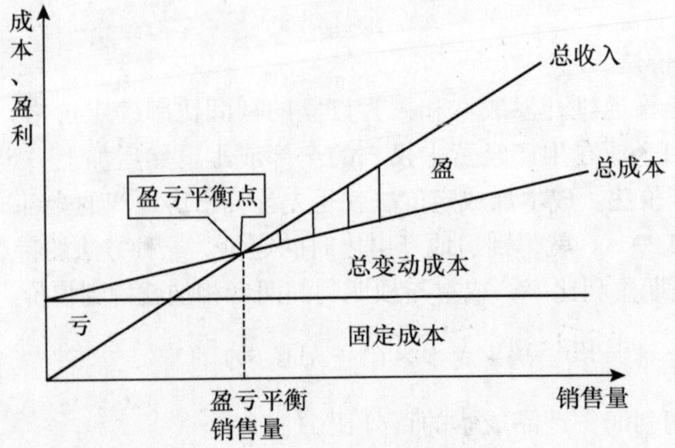

图 8—1　盈亏平衡分析图

运用盈亏平衡定价法，需要科学地预测销量和计算固定成本、变动成本。从图 8—1 中可以看出，当销售量达到盈亏平衡点时，就可以实现收支平衡。把预测销量作为盈亏平衡销售量，可依此计算得出保本价格。

单位保本价格＝总成本/盈亏平衡销售量

或　　单位保本价格＝单位固定成本＋单位变动成本

如某房地产开发项目总固定成本为 500 万元，单位建筑面积的变动成本为 1 600 元，项目完工后预计销售建筑面积达到 5 000 平方米时可以实现盈亏平衡，则该项目每平方米建筑面积的保本价格为：

(5 000 000/5 000)＋1 600＝2 600（元/平方米）

使用保本价格定价只能使企业的开发成本得到补偿，而不能获得收益。正常情况下，房地产定价要高于保本价格，这样企业才能获取利润。因此，这种定价方法一般在市场不景气或销售困难时采用。

(4) 边际成本定价法。边际成本是指每增加或减少一个单位产品所引起的成本变化量。因其不考虑企业固定成本的摊销，与产品的变动成本相似，所以边际成本定价法也称为变动成本定价法，即以单位产品变动成本作为定价依据和可接受价格的最低界限，结合考虑边际贡献来制定价格的方法。采用边际成本定价法的定价公式为：

单位产品的价格＝单位产品变动成本＋单位产品边际贡献

房地产企业如果采用边际成本定价法，只要使所定价格高于单位产品的变动成本，就可以进行生产和销售，以预期的边际贡献补偿固定成本，并获得收益。这种定价方法改变了售价低于总成本便拒绝交易的传统做法，一般适用于市场竞争激烈、产品供过于求、库存积压、项目固定成本比重比较小的情况，有利于促进销售，加强企业的竞争力。

2. 需求导向定价法

所谓需求导向定价，是指以需求为中心，依据买方对产品价值的理解和需求强度来定价，而非依据卖方的成本定价。需求导向定价法主要包括以下几种：

(1) 顾客感受定价法。顾客感受定价法也称为理解价值定价法，是基于消费者对房地产产品的价值认识的一种定价方法。而这种认识主要来自对开发商的品牌、信誉以及房地产产品的质量、用途、款式和服务质量的评估。决定商品价格的关键因素是消费者对商品价值的认识水平，而不是开发商的成本，这是顾客感受定价法的基本指导思想。

(2) 区分需求定价法。区分需求定价法又称差别定价法，是指房地产产品依据不同需求强度、不同消费取向、不同购买实力、不同购买地点和不同购买时间等因素，进行差别定价的方法。

区分需求定价法的主要形式有：以消费群体的差异为基础的差别定价，以数量差异为基础的差别定价，以产品外观、式样、花色等差异为基础的差别定价，以地域差异或时间差异为基础的差别定价等。

(3) 加权点数定价法。即根据房屋面积、朝向、视野、楼层、市场繁荣程度等情况，分别给以不同的调价系数，再根据这些系数和均价，用加权平均法计算出每套房屋出售时的合理价格水平。这种价格水平综合了各种不同情况，是一种平均的、折中的价格。

3. 竞争导向定价法

(1) 竞争价格定价法。这是房地产企业最常用的定价方法。竞争价格定价法主要根据相近产品或附近房地产市场竞争的价格而制定。当竞争激烈时，条件相当的两个项目，即使价格相差幅度很小，比如只差总价格的5%，买家也会倾向于购买价格相对便宜的房产。当房地产市场处于高潮时，先上市的物业可能定价稍微低于市场可接受的价格水平，而后上市的物业即使与先上市物业的产品性质、地段、繁荣状况都相似，也可以定出比较高的价格，因为此时的房地产行情看涨。

(2) 随行就市定价法。即企业按照行业的平均价格水平来制定自己产品的价格。随行就市定价法是一种比较稳妥的定价方法，在房地产业特别是中小型房企中应用比较普遍。运用这种定价方法既可以避免激烈的竞争，维持市场秩序，又可以保证企业得到比较公平的收益。

(3) 倾销定价法。在特定时期，企业可以采用以低于成本的价格推出产品，如开盘初期，或初次进入某个市场，或竞争过于激烈，或市场不景气，或尾盘发售阶段等。倾销的主要目的是提升市场占有率、树立企业形象，或处理库存、盘活资金，增强企业的竞争力。但这种定价方法对开发前期的盈利影响过深，并且容易引发激烈的价格冲突，因此对企业的素质要求比较高。一方面，企业必须有能力在占领市场后逐步提升价格，争取盈利，避免消费认知偏颇；另一方面，还要注意横向协调，减少对市场的冲击，避免造成市场动荡。

8.2.4　房地产定价策略

1. 新开楼盘定价策略

由于开盘能产生巨大的前因效应，故业内流行“良好的开端等于成功的一半”之说法。开盘定价是策划与市场的最先接洽点，也是日后价格走势的基准，因此具有高度的战略意义。根据房地产企业的主要定价目标，新开楼盘的定价策略一般可分为低价开盘策略、高价开盘策略和中价开盘策略三种。

（1）低价开盘策略。即以低于市场行情的价格开盘销售。采用低价开盘策略的主要目标一般是提高市场占有率，而营销利润往往为次要目标。低价开盘策略一般适用以下情况：1）扩大市场容量，转换有效需求，让无法支付高价的消费者成为实际购买者。2）企业的产品多为较低档次的产品，其价格弹性较大，低价可促进销售，提高利润总额。3）企业的开发成本较低，期望的利润值也低。4）市场上同类楼盘相对过剩，市场竞争激烈。5）作为先发制人的竞争策略，有助于企业夺取市场占有率。6）与竞争者保持均势。7）利用低价阻止实力不足的竞争者进入市场，使企业在竞争压力最小的情况下获得大量顾客。

低价开盘策略的缺点是：1）利润相对较低，投资回收周期长。2）楼盘形象难以提升，低价开盘的初期定位容易给消费者低档位的市场印象，在一定程度上限制了消费者群的层次和购买能力，不易提升楼盘形象。

（2）高价开盘策略。即以高于市场行情的价格开盘销售。采用高价开盘策略的目标是在短时间内赚取暴利，回笼资金。高价开盘策略一般适用以下情况：1）具有竞争楼盘没有的明显特点，如新型、先进、合理或经济的户型设计；新的付款方式；完善的产品配套等。具有创新特点的楼盘能带给客户全新的购买感受，即使定价较高，也会受到客户欢迎。2）产品综合性能较高。如果楼盘的地点、户型、规划、配套、服务等综合性能较高，其高品质的特点能为客户所感知和接受，就可以在客户那里形成较高的心理价位，适合使用高价策略。3）开发量适宜、开发商信誉好。如果一个楼盘的价格在当地的主流价格范围之内，产品的开发量适合，并且开发商的品牌较好，高价开盘就会有良好的市场反应。4）市场需求大。在本类型楼盘需求较大或供应相对缺乏时，开发商也可以采取高价策略，以获取更多的利润。

高价开盘策略的缺点是：1）若价格偏离当地主流价位过多，则较难聚集人气，有时会形成有价无市的局面。2）减缓楼盘的销售速度，影响资金周转和现金流动。3）日后的价格调控余地会比较小。

（3）中价开盘策略。中价开盘策略又称平价策略，即以与市场行情一致的价格开盘销售。采用中价开盘策略的目标是使开发商保持现有的市场占有率，降低销售风险。中价开盘策略是房地产产品定价的常用策略，这种方法一般适用于房地产市场状况较为成熟、竞争度低、成交量大的楼盘，也比较适用于新进入的房地产企业。在充分竞争市场条件下，资本的流进流出较自由，原有的生产格局、规模与市场供求关系会经常变化，利润会逐步趋向平均化，因此，作为一般企业来说也只能以取得平均利润为目标。

2. 整体销售过程定价策略

（1）低开高走定价策略。

1）含义。所谓低开高走定价策略，就是根据项目的施工进度和销售进展情况，每到一个调价时点，就按预先确定的幅度有计划地调高一次售价的策略。它是一种渗透策略，有助于开发商在开盘初期就渗入市场，占据份额。

2）适用范围。低开高走定价策略适合以下三类楼盘：第一，项目总体素质一般，无特别卖点。第二，郊区大盘或超大盘，这类楼盘首要的是聚集人气，入住人多则容易在消费者心中形成大社区概念，而销售也将直线上升；如人气不旺则极易因位置等缺陷而无法启动。第三，同类产品供应量大、竞争激烈的楼盘。

3）优缺点。低开高走定价策略的优点是：便于形成人气，快速成交，促进良性循环；便于灵活控制价格；可迅速回笼资金，有利于其他营销措施的执行；“先低后高”实现了前期购楼者的升值承诺，开发商容易形成口碑。

低开高走定价策略也有不利之处：首期利润不高，低价低利润是必然的结果；低价很容易给人一种“便宜没好货”的感觉，损害楼盘形象。

4）调价模式。低开高走定价策略有两种调价模式：第一，开盘起价低，均价也低。即开盘时整体售价低，随着项目工程进度的推进，项目起价、均价都随之略微调高。这种定价策略的使用范围比较广泛，一般中低档项目更多采取这种策略。第二，开盘起价低、均价高。即开盘时整体售价较高，仅有几套房子单价走低价，而较好的楼层或地段的房子售价却很高，或随着工程进度的推进，开发商不断推出高价楼。这种定价模式带有强烈的宣传目的，往往是为了吸引顾客注意，因此会有被顾客认为不诚信的风险，给楼盘带来负面影响。

（2）高开低走定价策略。

1）含义。所谓高开低走定价策略，类似于撇脂策略，就是在开盘初期，开发商以高价销售，迅速从市场上获取丰厚的利润，然后再逐步降价，以求尽快回笼资金。

撇脂策略的高价是相对同种品质物业的均价而言的，其细分市场首先定位于需求弹性最小的高收入人群（如挑剔物业品质、对价格最不敏感的人群等），以求得到最大利润边际。撇脂策略以阶段性高额利润为目标，能迅速回笼资金，当销售进入迟滞阶段，则需要调低价格，以吸引另一消费层次的人群。

2）适用范围。高开低走定价策略适合以下四种情况：第一，实力和信誉颇佳的大公司；第二，有“新、奇、特”等创新性独特卖点的物业；第三，高档楼盘，综合性能上佳，市场竞争比较平缓；第四，楼盘或小区销售处于宏观经济周期的衰退阶段，或者由于竞争过度，高价开盘并未达到预期效果，开发商需要调低售价，促进销售，尽快收回投资。

3）优缺点。高开低走定价策略的好处是：第一，便于获取最大的利润。第二，高价未必高品质，但高品质必然需要高价支撑，因此容易形成先声夺人的气势，给人以楼盘高品质的展示。高开低走定价策略的不利之处是：第一，价格高，难以聚集人气，难以形成“抢购风”，楼盘营销有一定的风险。第二，先高后低虽然迎合了后期的消费者，但无论如何，对前期消费者是非常不公平的，对开发商的品牌有一定影响。

4）调价模式。在房地产项目综合素质高，而市场状况不好，竞争又较为激烈的情况下，房地产项目往往可以采取突出房地产项目优秀品质，高报价树立房地产项目形象和知名度，而实际以较低成交价格争取客户和市场份额的“高开低走”策略。当然，如果在市场状况好，竞争不激烈，而且项目自身规模又不大的情况下，完全可以突出房地产项目优秀品质，大规模营造房地产项目形象和知名度，高价报盘，高价成交，在短期内迅速获得市场认同，实行与前一种状况完全相反的“高开高走”策略。

（3）平稳推进定价策略。

在房地产项目素质一般，规模较大，各楼座素质差距较小，而市场状况很好的情况下，有些项目也采取“平稳推进”的策略，报价符合房地产项目实际成交价，价格提升较为平稳，给客户以放心的心理满足，最终追求较好的市场业绩。

平稳推进定价策略多数情况下适用于经济适用房项目和规模不大的普通住宅项目。

（4）波浪螺旋定价策略。

1）含义。平稳推进定价策略是一种较为理想的定价策略，在现实中很难维系，而一般采用的是波浪螺旋定价策略，它是一种跟随市场的变化趋势和楼盘的具体情况进行价格调整的定价策略。

2）适用范围。很多项目中的各楼座素质因为位置、景观、交通等因素的影响而差距较大，难以确定一个统一的价格策略，而且市场状况的复杂变化也给定价带来一定的困难，所以在房地产项目素质一般、规模较大，而市场发展趋势不很明朗的情况下，可以采取波浪螺旋定价策略。

3）优缺点。波浪螺旋定价策略的好处是：第一，配合其他价格策略，保证价格的初步提升；第二，配合提价策略，保证提价的波浪式起伏；第三，配合营销策略，保证楼盘高低端产品的多样化选择；第四，配合财务策略，保证将最好的房卖出最好的价；第五，配合风险规避策略，保证危机中可以有低品质产品支持低价，支撑楼盘人气。

波浪螺旋定价策略的不利之处是：楼盘较大，没有一个统一的定价策略进行指导。而且这种定价策略完全是对市场的一种刺激性反应，有时容易判断失误或反应延时，错过最佳的调价时机。

4）产品投放策略。采用波浪螺旋定价策略时，产品应按照每期品质由低到高的顺序推向市场，其中每一期中的楼座品质应该是高低搭配的。在具体的实际销售中，有些项目还会通过分期内部认购引爆市场，那么随着各期的推进就可以适当地将价格提高，具体提高的幅度，根据市场、客户的反应而定。因为就目前而言，价格仍然是住宅市场最敏感的因素之一，是影响购房者的重要因素。

定价的策略可以有很多种，但最终目的都是为了达到营销目标，因此，最根本的一点是要考虑市场是否有足够的承受力。赚取高额的利润是每个开发商所追求的，但若一味自信于自己的楼盘，追求高价，则容易造成“有价无市”的局面，最终导致项目的失败。

3. 时点定价策略

时点定价策略即以销售价格为基准，根据不同的销售情况适当调整各出售单位价格的策略。这是一种辅助性的定价策略，目的在于促成价格策略的顺利推行和价格的最终实现。时点定价策略主要有以下几种：

（1）折扣和折让策略。即根据商品房的基本销售价格，在某些特殊时期，如开盘期、庆典、调价初期、尾盘发售期等，以各种折扣和折让来刺激销售。常用的折扣和折让策略有：

1）预付款优惠策略。房地产企业为了合理安排生产，及时购买需要的各类生产要素，可以提前出售部分期房，收取全部或部分现款，并在价格上适度给予优惠。

2）一次性付清优惠策略。房地产付款方式一般可分为一次性付款或分期付款，为了加速流动资金周转，开发商对一次性付清全部款项可给予一定优惠，优惠率可根据付款多少而定。

3）数量折扣优惠策略。即根据购房者购买数量的不同而给予不同价格优惠的策略。数量折扣的目的是刺激客户大量购买和维持客户资源，因此购买量越大，给予的折扣也越多。数量折扣可以按每次购买量计算，也可以按一定时间内的累计购买量计算，如对老业主购买第二套或第二套以上的房子可以优惠一定的比率。

（2）心理定价策略。即根据客户求稳、求吉、求廉等购房心理，微调销售价格，以加速销售或取得更大的效益的定价策略。常用的策略有：

1）安全定价策略。即根据购房者在买房时对房屋安全性的重视，如底层的窗户是否有防护、房门是否有安全锁链等，在定价时单列安全费用一项，使消费者增加安全感，从而促进房屋销售。

2）尾数定价策略。利用尾数定价策略可以使消费者在心理上感到实惠一些，如将5 000元/m^2的房屋定价为4 988元/m^2，则更能为消费者接受。而且带有尾数的价格也会让消费者感觉定价比较科学、认真，从而增强其信任感。

3）声望定价策略。这是一种针对消费者求名、虚荣等心理而采取的定价策略。对于在顾客心目中有了一定声誉和被信任的商品，或较高消费水平的消费群体，制定较高的价格，或采取整数定价，有利于提高产品的形象，满足消费者显示自己地位的需求。

4）口彩定价策略。即根据某些消费者求吉的消费心理制定商品房的价格。定价时采用比较吉利的数字，如5 888元/m^2、8 668元/m^2等。另外，一般双数的楼层门牌号贵一些，单数的楼层门牌号便宜一些；含有13、14号码的便宜一点，含有8、6、9号码的贵一点。

（3）差别定价策略。差别定价是指企业在销售楼房时，根据其不同用途、不同交易对象等实行不同的价格策略，在经济学上又称为“价格歧视”。

下面分析各种不同情况下房屋价格水平的差异。

1）朝向差价。一般而言，根据我国独特的地理环境和文化背景，朝南的单元较贵，东南向、西南向的次之，朝北的则最便宜。若所有的厅和卧室都朝南，则最贵；若所有的厅和卧室都朝北，则最便宜；其他依此类推。

2）楼层差价。对高层楼房而言，通常是由低层向高层逐渐趋贵，但最顶层的房屋由于保温性能不佳，通常比它下面三四个楼层要便宜（也有些项目以赠送露台等方式对客户进行变相补偿）。对六层公寓而言，根据上海地区的实际情况，三、四层最贵，二、五层次之，一、六层最便宜。

3）边间差价。对公寓而言，三面临空且三面采光的房屋最贵，二面临空且二面采光的房屋次之。对别墅而言，四面临空的独栋别墅最贵，三面临空的双拼别墅次之，二面临空的连体别墅最便宜。

4）面积差价。面积大小会导致差价系数不同，这往往和总价配比有关。当一个楼盘的总价范围波动很小，但因市场需要，要求拉开总价落差的时候，就会对不同的面积单元确定不同的差价系数，以锁定不同客户的总价需求。而且由于人们在不同面积房屋中生活的舒适感程度完全不一样，因此，房屋面积有一个适度规模，面积太大或太小的房屋价格都不可能太贵，而以最适宜人们生活的房屋价格较贵。

5）视野差价。如果房屋面临公园、湖泊，视野较佳，人生活在里边会感到轻松自然，则一般价格较贵。而面临闹市区或采光不佳、视野较差的房屋，即使与采光、视野较佳的房屋在同一栋楼的同一楼层，价格也应相对便宜。

6）产品差价。房地产是由建筑材料构成的，而建材有许多档次，价格差异较大。尤其是外墙到屋内建材价格差异很大。例如，木质、铝质门窗和铜铸大门、高级铝门窗价格相差很大，而大理石、花岗石地板也不是一般的瓷砖所能比拟的，外国进口的厨房设备、卫生设备也比国内产品贵好几倍。

7）设计差价。室内格局、公共设施的配置都会影响房地产价格。另外，如开放空间、休闲空间的设计，也因能够提高居住品质而提高房地产的价位。

8）消费者群体差价。开发商可针对消费者群体的不同而制定不同的售价，对有些消费者给予优惠。如对教师实行九折优惠，可以提高企业知名度，促进销售量和社区形象的提升。

案例 8—3

汤臣一品——中国豪宅最高价

1. 产品概况

汤臣一品是由汤臣集团有限公司开发的楼盘，位于上海市陆家嘴滨江大道旁。占地 2 万多平方米，总建筑面积达 11.5 万多平方米，由 4 幢超豪华滨江住宅和 1 幢高级会所组成，其中最高楼层为 44 层，高度达 153 米。2006 年 8 月 3 日，汤臣一品以单价 13 万/平方米成交后，一夜间创造了中国豪宅的最高天价。

汤臣一品地处上海浦东小陆家嘴核心区，一线滨江，正对外滩建筑群，与东方明珠、金茂大厦、环球金融中心等陆家嘴地标性建筑并肩而立，全览陆家嘴一线景观，一面是外滩与黄浦江，另一面则是小陆家嘴，感受多面的上海。

2. 价格营销策略

汤臣一品的价格营销策略直接体现在它的“中国第一高”这一桂冠上，作为一家多年从事高端产业项目开发的企业，汤臣集团的产品在业内毫无疑问成了高品质的代名词。汤臣一品的这种营销策略虽然一开始就遭受质疑，但是从目前已经取得的进展来看还是很成功的。

汤臣一品对后期的价格策略进行了调整，转以“贵，没有道理可言”的口吻去强化价值诉求，真正做到价值第一，而非价格第一。真正自信的姿态是在公众面前不予多说，把产品价值的表达留给现场表现及案场说辞。

截止到 2011 初，汤臣一品的均价已从 2006 年初的 11 万元/平方米，上涨至 16 万～20 万元/平方米。其中 C 栋均价 160 000 元/平方米，精装修，面积 434 平方米，总价约 6 000 万元/套；A 栋面积 595～597 平方米，一梯一户，均价 200 000 元/平方米，毛坯房。

8.3 房地产市场营销渠道策略

营销渠道是将产品由生产者转移给消费者的途径。在房地产市场营销中，有三种主要的营销渠道，即开发商直接销售、委托代理销售和联合销售。

8.3.1 开发商直接销售

开发商直接销售是指开发商自行组织销售人员和固定的销售现场，直接将房地产产品销售给顾客，也称直销或自销。

1. 优点弊端分析

这种销售模式的优点是与消费者直接接触，因此，有利于收集消费者对产品的意见，了解和把握顾客的需求，及时调整和改进企业工作，提高竞争能力和建立良好的企业形象，也有利于降低营销成本，控制房地产市场营销策划的执行过程，及时调整销售价格。所以说，开发商直接销售，渠道最短，反应最迅速，控制最有效。

但这种销售模式也有其明显的弊端。主要体现为忽视了消费者购买的便利程度，增加了消费者的消费成本（包括财力成本、人力成本、心理成本和时间成本），使消费者长时间处于各个楼盘的比较和选择之中，也增加了开发商的机会成本。同时由于开发商推销经验、推销网络的不足，资源不能有效利用，也会影响销售效果，而销售队伍的组建和培训也需要开发商投入较大的资源和精力。开发商设立销售部门，有可能使企业机构臃肿，增加组织人际关系协调的难度，降低组织系统的运行效率。

2. 适用情况

大型房地产公司内部一般设有销售部门，专门负责公司楼盘的销售工作。它们往往有自己的销售网络，提供的自我服务有时比代理商更为有效。譬如，我国香港的大型房地产公司，如长实、新鸿基、恒基兆业等多采用直销的方式。一方面是因为开发商有实力；另一方面是认为自己公司的员工会全力为公司推销，由他们来进行销售工作效果会比较好。而一个代理公司往往可能同时有很多楼盘推出，不一定有足够的人力、物力来推销每一个所接受委托的楼盘。

当市场为卖方市场时，推出的楼盘供不应求。我国 1992—1993 年间房地产热时就是这样一种情况。开发商的图纸一出来，楼盘就立即被抢购一空，当然无须再去找代理公司了。一些楼盘由于自身素质特别优良，市场反映非常好，有时甚至由业主预付部分或全部建设费用，像这样的情况，也无须委托代理。例如，某公司开发的深圳世界花园，位于深圳著名景点——世界之窗对面，其整体规划占地 15 万平方米，建筑面积达 45 万平方米。早在项目未公开推出时，其首期兴建的 23 幢多层住宅就被市内两家银行和一家信托公司瓜分一空。像这样的情况，开发商当然无须再去找代理商了。

8.3.2 委托代理销售

委托代理销售是指开发商委托房地产代理商等中间环节把房地产产品出租或销售给消费者的方式和过程。这种销售模式是房地产产业市场细分的发展及开发商走专业化和规模化道路的结果。一般的中小型房地产公司，考虑到本身的实力以及聘用专职销售人员的成本，多采用委托代理销售的方式。而有些开发商虽然拥有自己的销售队伍，但有时也要借助代理商的帮助。

1. 房地产代理的影响因素

房地产代理的业务范围相当广泛。从中短期来说，项目营销策划销售代理是代理商的主要生存空间；就长期来说，应该以三级及租赁市场为主要经营业务范围。这是由以下因素所决定的：

（1）市场因素。房地产市场很大程度上受市场因素的影响，消费者由以往的集团购买为主，逐渐变成现在的个人购买为主。而市场供应增多，导致竞争激烈，为代理商提供了生存的空间。这种情况在一些房地产发展较快的城市如深圳、广州、上海尤其明显。

（2）制度因素。目前房地产三级市场尚未形成，二级市场供大于求，买家有很多新房可以选择，而三级市场转让成本高且手续复杂不明朗，加上银行对三级市场按揭态度并不积极，因此，市场空间比较狭窄。

（3）远景因素。就长远而言，必然会有一个健康成熟的三级市场出现，为从二级市场上购买房地产的房主提供有效的流通渠道，形成一定规模的换房市场，否则将会给代理商甚至是开发商带来生存危机。

2. 我国房地产代理公司的类别

目前在我国境内，房地产代理公司基本上可分为两大类：一类是外资公司；一类是内资公司。

（1）外资公司。外资公司进入国内房地产市场比较早，一些实力雄厚的外资公司已经在北京、上海等站稳了脚跟，形成了一定的规模。如世邦魏理仕物业管理服务有限公司和仲量联行物业管理服务有限公司，在高端住宅物业和写字楼、商业地产的三级市场以及物业管理方面服务突出，占有一定的市场份额。

（2）内资公司。内资房地产代理公司由于组织构成不同，生存和发展空间亦存在差异。按照房地产代理公司的规模、背景等因素，可以把内资房地产代理公司分成两类：

1）依托于开发商的代理公司。这些公司一般有大型的房地产公司作为背景。一般的做法是一些大的房地产公司把它的销售部演变成销售代理公司。这一类企业，由于有大的开发商作为依托，拥有较多的资源，基本没有生存的风险。

2）专业的代理公司。这一类公司按照规模又可以分成两类。一类是以“世联”为代表的规模较大、发展较为成熟的房地产代理公司，这些公司由于创立了良好的信誉和口碑以及自身优良的素质，生存风险较小。而一些实力雄厚的港资、台资代理公司由于进入较早，凭借先进的经营理念和成熟的专业理论，也已经赢得了较高的知名度和较大的市场份额，如中原地产等。另一类代理公司规模较小，一般是由营销策划人、销售经理、广告人等牵头组建而成。这类公司数量较多、素质良莠不齐，大多在生存的边缘苦苦挣扎。这类公司不但受到“外患”的侵袭，更存在着“内忧”，它们面临的生存竞争也最激烈。

3. 房地产代理的形式

根据不同的划分标准，房地产代理的形式可以分成以下几种，开发商可根据项目的具体情况采用不同的代理形式：

（1）联合代理和独家代理。联合代理是指开发商委托两家或两家以上的房地产代理公司，共同承担房地产项目的销售工作。其具体方式是通过联合代理合约，规定各代理公司的职责范围和佣金分配方式，各代理公司之间通过分工合作协力完成销售任务。对于一些比较庞大的、功能比较复杂的项目，可采用联合代理形式，由几家代理公司联合承担代理工作。

独家代理是指开发商委托某一家房地产代理公司，来专门负责某项目的销售工作。这种方式一般适合较小型的房地产项目，或是综合性物业中某种具有特定用途的物业。

（2）买方代理、卖方代理和双重代理。依代理委托方的不同，房地产代理还可以分为买方代理、卖方代理和双重代理三种。卖方代理在目前比较常见，而双重代理则不多见。

对于买方代理和卖方代理，房地产代理只能从买方或卖方单方面收取佣金；对于双重代理，房地产代理可以同时向买卖双方收取佣金，但佣金总额一般不能超过前两种代理形式，而且双重代理的身份应向有关各方事先声明。

（3）首席代理和分代理。这种代理形式比较罕见，一般只在一些大型综合性开发项目或物业里出现，其形式是开发商委托一个房地产公司作为项目的首席代理，全面负责项目的物业代理工作；然后由总代理再去委托分代理（有时需经开发商同意），负责物业某些部分的工作。特殊情况下，开发商还可以直接委托分代理。此时，代理公司的佣金按照各代理公司所承担的责任大小来分配。

相关知识

房地产经纪人

房地代理商是房地产经纪的一种主要形式。所谓经纪即经纪活动，是社会经济活动中的一种中介服务行为，具体是指在市场经济条件下，为促成他人交易而从事的居间、行纪、代理及咨询等方面的有偿服务活动。因而经纪人也被称作“居间人”，在商业活动中是不归属委托方或第三方的中介人，完全处于中间地位。

1. 房地产经纪活动方式

我国房地产业的经济活动主要有居间、行纪和代理三种。

（1）居间。居间是指经纪人为房地产开发商或客户提供信息及条件，撮合双方交易成功的商业行为。居间是一种比较初级的经纪形式，应用比较广泛。居间的特点是服务对象广泛，但服务的程度较浅，经纪人与委托人之间缺乏长期固定的合作关系。

（2）行纪。行纪是指经纪人受委托人的委托，以自己的名义与第三方进行交易，并承担规定的法律责任的商业行为。在形式上，行纪与自营很相似，但经纪人并未能取得房地产商品的所有权，而只能得到与委托方议定的佣金。行纪活动的服务内容较深，经纪人拥有的权利和承担的责任也较重。一般来说，行纪中经纪人与委托人之间有着长期和固定的合作关系。

（3）代理。代理是指经纪人在受托权限内，以委托人名义与第三方进行交易，并由委托人直接承担相应的法律责任的商业行为。在经纪代理活动中，经纪人只能以委托人的名义开展活动，不承担活动中产生责任，且只收取委托人的佣金。

2. 房地产经纪人的收入

房地产经纪人的收入来源于交易佣金，比例按照销售房地产的种类及房地产经纪契约的类型而定。佣金是对经纪人开展经济活动时付出的劳动、花费的资金和承担的风险的总的回报，其性质是劳动收入、经营收入和风险收入的综合体。经纪人的佣金可以分为法定佣金和自由佣金两种。

(1) 法定佣金。法定佣金是指经纪人从事特定经纪业务时按照有关部门对特定经纪业务规定的佣金标准所获得的佣金。法定佣金具有强制性，当事各方都得接受，而不得高于或低于该标准。

(2) 自由佣金。自由佣金是指经纪人与委托人协商确定的佣金。自由佣金一经确定并写入合同后，同样具有强制性的法律效力。

除了法律、法规另有规定外，佣金的支付时间由经纪人与委托人自行商定；佣金的数量、支付方式、支付期限以及经济活动失败时有关费用的解决办法等应该明确写入合同。

不同的房地产经纪契约规定的佣金支付方式不同。如果房地产开发商或业主与房地产经纪人签订的契约为独家销售权契约，则不论是否由经纪人提供服务，只要在契约有效期内完成房地产销售，卖方都必须向经纪人支付佣金；如果签订独家代理销售契约，在契约有效期内，独家代理经纪人如完成出售则得到合同佣金，业主自行出售则不必付给经纪人佣金；如果签订公开销售契约，则所有的经纪人均可设法代售，实际销售经纪人均可获得佣金，同时业主也保留自己销售的权利。除此之外还可选择净值销售契约、联合销售契约和优先选择契约等。

3. 房地产经纪人的职能

(1) 协助开展有关房地产的推广、宣传等活动，以吸引最好的买家或租客。

(2) 代客物色适合购买或租用的房地产。

(3) 收集有关房地产资料，例如，房地产所在的地区、位置、图例，以及有关租约资料或地契资料等，以协助交易能有效、顺利地进行。

(4) 联络金融机构，洽谈有关房地产抵押贷款条件及各项细则。

(5) 联系律师事务所，进行交易程序。

(6) 提供意见，以协助各方面完成房地产交易。

4. 房地产经纪人的资质审查

房地产经纪人的资质，是政府有关机构（主要是房地产管理部门和工商行政部门）对房地产经纪人资格的审定和确认。具体应包括：

(1) 具备多方面的专业知识和经营能力。要熟悉房地产市场管理的方针、政策及市场行情和相关的业务技术知识，如正确评估房地产数量、质量、售价、租金、折旧、维修升值和保险、纳税、抵押、信贷等经济方面的知识；正确处理房地产买卖、租赁、析产、分割、继承、过户登记及国家政策法规方面的知识；城市土地开发和再开发、房屋维修、拆建、重建、规划、建筑、物业管理等方面的知识；民俗风情、邻里关系、社区传统、家庭结构、人口变化等社会学方面的知识；噪声、绿化、采光、水源、供电、供暖、道路等环境保护和基础设施配套等方面的知识；一定的信息收集、储存、传播交换的能力，较强的公关能力和基本的房地产测绘能力等。

(2) 要有一定的经营方向和经营范围，并要有相对固定的场所。房地产经营的业务量大、种类繁多、区域广，经纪人的活动应根据社会需要和自身特点，确定一定的经营方向，并按照业务种类或地域，确定一定的经营范围。

(3) 要有正当的社会身份和为活跃房地产市场服务的从业目的。

(4) 要有良好的职业道德。要严格执行房地产市场管理的方针、政策，遵纪守法，在国家法令和政策允许的范围内开展经纪活动。

8.3.3 联合销售

联合销售也被称为房地产销售的“第三种”渠道，它要求代理商发挥自己的专业特长，对所销售的房地产产品进行全程营销策划，优化营销渠道，而开发商则对销售也给予较大的投入和重视，二者形成利益共同体，集中发挥开发商和代理商的长处。但在销售过程中，还应注意二者的责、权、利划分，避免效率的降低以及管理成本的增加。

在联合销售中，一般是开发商委托代理商进行全程营销策划，由开发商出资提供办公场所及所有宣传推广费用，开发商参与并利用代理商所提供的营销策划方案及拥有的客户网，双方共同组建一个房地产项目的“销售中心”，进行营销推广。代理商的主要业务是受开发商委托，为其开发的楼盘提供市场调研、营销策划、销售人员培训、咨询顾问和销售等服务工作。在国内，房地产代理商与房地产策划公司一般合二为一，为开发商提供策划顾问和代理销售等服务。这种销售方式多见于异地联合，代理商一般在房地产市场比较成熟的城市，如深圳、上海，而开发商的项目则位于二线城市。

8.3.4 销售渠道的设计、选择与管理

为了实现分销目标，需要对各种备选的销售渠道结构进行评估和选择，并开发出新型的销售渠道或改进现有销售渠道体系。销售渠道的建设包括设计、选择和管理三个方面。

1. 影响因素分析

销售渠道设计要在企业经营目标指导下，在充分评价影响因素的基础上做出最佳设计。一般来说，影响渠道设计的主要因素有：

(1) 企业特性。不同的房地产企业在规模、声誉、经济实力、产品特点等方面存在差异，即企业特性不一，这对代理商具有不同的吸引力和凝聚力。因而，企业在设计销售渠道时，应结合企业特性选择代理商的类型和数量，决定企业销售渠道模式。

(2) 产品特性。房地产产品由于价值大、使用年限长等原因，往往要求消费者花费多年的积蓄甚至未来若干年的分期付款才购买；另外，由于房地产具有不可移动性，受周边环境的影响比较大，因而使得消费者在购买之前考虑非常慎重，这些对代理商的专业销售水平、销售网络、推销能力、服务能力和管理水平等都提出了较高的要求。房地产企业在组建销售渠道系统时也应充分考虑本企业产品的特性。

(3) 顾客特性。顾客特性包括现实顾客和潜在顾客的数量、顾客的购买习惯、对服务的要求以及销售的阶段性、市场竞争等因素，这些因素均直接影响分销路线。一般来说，住宅市场现实顾客多，企业可以采用直销方式。若市场上潜在客户多，市场范围大，地理分布广，市场竞争激烈，那就比较适合委托代理销售。

(4) 代理商特性。房地产还必须考虑执行不同任务的营销中间机构的优缺点。代理商的信誉、资质、所拥有的资源优势以及以往的销售业绩等都会影响渠道选择。同时，开发商选择代理商的过程，也是代理商选择开发商的过程，这实际上是一个双向选择的过程。

（5）市场特性。不同房地产企业的不同产品，其市场特性也是不一样的。就我国房地产市场发展趋势来看，中低档商品房将是房地产市场的主角，其市场分布面广，这就要求开发商应该拓宽相应的销售渠道。而对于特定的消费市场，如上海的高档楼市，从长期看也存在较大的发展空间，针对这部分市场，房地产企业也应该充分分析，建设与此相符的销售渠道系统。

（6）竞争特性。房地产企业设计销售渠道时，应充分研究竞争对手的渠道状况，分析本企业的销售渠道是否比竞争者更具活力，否则，应对渠道做出调整。

（7）政策特性。房地产企业在选择代理商或建立自销网点时，应充分考虑国家和当地的政策特性，选择合法的、有诚意并能够分担风险的代理商。

2. 销售渠道设计分析

销售渠道设计要围绕房地产企业的营销目标和企业的中长期发展目标进行，要有利于提高企业产品的竞争力和市场占有率，要有效覆盖市场和满足用户需求，还要有利于企业抵御市场风险。在此基础上形成能够充分履行渠道功能，长期稳固而又能适应市场变化的渠道系统或销售网络，不断地为企业开辟稳定的用户或区域市场。

销售渠道设计主要包括确定销售渠道长度、确定代理商数目及明确渠道成员的权利和责任三方面的内容。

（1）确定销售渠道长度。所谓渠道长度是指产品从开发企业到消费者所经过的环节的多少，也即销售渠道层次的多少。销售渠道设计应该以顾客的需求为目标，以确定开发商所要达到的市场为起点。

销售渠道设计首先要决定采取何种类型的销售渠道，即是采取自销还是通过中间环节分销。如果决定采用代理商分销，还要进一步决定运用何种类型和规模的代理商，而代理商的类型又会影响到具体的渠道模式。从开发商的角度来看，渠道层次越多，利润就越少，控制渠道所需要解决的问题也越多。

渠道设计的中心环节在于确定到达目标市场的最佳途径即确定渠道模式。有利的市场加上合理有效的渠道，才能使企业的成本最小化、利润最大化，促进企业的长远发展。

（2）确定代理商数目，即决定渠道的宽窄。渠道宽度是指销售渠道的同一层次中使用代理商数目的多少。同一层次中使用代理商数目多，称为宽渠道；反之，同一层次中使用代理商数目少，就称为窄渠道。企业在确定渠道宽度时，通常有以下三种策略可供选择：

1）开放型策略。开放型策略指的是房地产企业在同一销售层级中选择较多的代理商来推销产品。一种比较极端的做法是，只要企业信得过，不管是哪一类型的代理商，也不限制其数量，都可以销售本企业的房地产产品。这种策略较适应卖方市场，而且费用比较少，也有利于开发商扩大市场覆盖或加速进入一个新市场。其缺陷是渠道多而混乱，企业对整体渠道系统难以控制，难以同较有实力的代理商形成长期合作关系。

2）封密性策略。封密性策略也称作独家经销或排他性策略，即企业只选择一家代理商来独家推销产品。它要求房地产开发商和代理商之间用协议方法或组建营销全资、控股子公司等方法，规定代理商只能在指定地方销售本企业的产品，而不能销售其他厂家的产品，尤其是不能销售竞争对手的产品。

3）选择性分销策略。选择性分销策略是指在每个地区选择一定数量的具备一定条件的代理商推销产品。被选中的代理商不仅经营本企业的产品，还可以自由地经营其他企业的产品。这一策略的优点是，企业可以选择经营规模大、资金雄厚、经营效率高、容易协作的代理商作为渠道成员。这一策略所选的代理商数目比开放型策略少，企业也便于对渠道成员进行控制、指导和管理。如万科从 2005 年开始在各地选择有实力的代理商，结成战略合作伙伴，架构自己的销售渠道系统。

（3）明确渠道成员的权利和责任。这包括对不同类型的代理商给予不同的价格，以及规定彼此的权利和责任。如开发商的权利和责任应包括：给予代理商的房地产产品供应保证（按时交房、入住、产权以及其他相关手续办理等服务）、产品质量保证、银行按揭保证、市政配套设施以及物业管理、价格折扣、广告促销协助等。代理商的权利和责任应包括：向开发企业提供市场和各种业务统计资料，保证实行价格政策，不片面夸大和美化所销售的楼盘，达到服务标准等。

3. 评估分析

企业在渠道设计方案确定后，必须对方案进行评估，以保证方案的科学性和合理性，尽量有利于实现企业的长远目标。评估主要从三个方面来进行：一是渠道的经济效益；二是企业对渠道的控制力；三是渠道对市场的适应性。

（1）渠道经济效益的评估。这种评估主要是考虑每一渠道的销售额与成本的关系。企业一方面要考虑自销和利用代理商哪种方式销售量大；另一方面还要比较二者的成本。一般来说，利用代理商的成本比企业自销要小，但当销售额超过一定水平时，利用代理商的成本则愈来愈高，因为代理商通常要收取较大固定比例的价格折扣，而企业自销只需支付自己的销售人员工资加部分奖励。因此，规模较小的企业或大企业在销售量不大的地区或产量较小的产品品种，利用代理商较合算；当销售量达到一定规模后，则宜设立自己的分销机构。

（2）渠道控制力的评估。一般来说，自销渠道比利用代理商更有利于企业对于渠道系统的控制。因为代理商是独立的商业组织，它们必须关心自己的经济效益，而不仅仅是房地产企业的利益，只有那些能为代理商带来持久利润的产品和营销政策才使它们感兴趣。在通常情况下，实力雄厚、产品畅销的大型企业对代理商的控制力要强一些，价格折扣和付款期限等优惠政策也可稍小一些，双方都乐意建立持久的合作关系。而那些实力不强的中小企业对代理商的控制力就要弱得多，价格折扣必须较大才能持久地维持双方的业务合作。

（3）渠道适应性的评估。企业与代理商在签订长期合约时要慎重从事，因为在签约期间，企业不能根据需要随时调整渠道成员，这会使企业的渠道失去灵活性和适应性。所以涉及长期承诺的渠道方案，只有在经济效益和控制力十分优越的条件下，企业才可能考虑。一般来说，对于实力雄厚、销售能力强、企业同其业务关系历史较长、双方已经建立信任感的代理商，企业宜与之签订较长期的合约。如果代理商不是如此，而且对企业产品的销售业绩较差，企业不仅不可与之签订长期合约，而且应保留在某些情况下撤销该代理商的权利。

4. 销售渠道成员的选择因素

（1）代理商的实力。一般包括专业人员的素质水平、所占有的市场信息资料、所拥有的设备、经济和社会关系资源以及代理商的信誉等综合实力。因此，所选择的代理商应具备多方面的专业知识和经营能力，还要有一定的经营方向和经营范围。

（2）代理商的信誉。代理商的负责人和主要职员是否有良好的职业道德和信誉，包括是否有良好的信誉记录，能否为委托方保密，工作作风是否客观、真实、真诚，在房地产交易中除佣金外是否还有其他利益等。

（3）代理商的业绩。代理商以往的业绩如何，所代理的项目成功率有多大。不应只看其代理了多少项目和成交额有多少，同时还要看其代理项目的平均销售周期是多少等。

（4）代理商可投入营销工作的资源。对于地方性的代理商，由于其人员、经验和销售网络的限制，一般没有能力代理大型综合性物业项目的销售工作。而对于大型综合性代理商，也需要仔细考察它的代理能力。

（5）代理商的管理和沟通、协调能力。房地产市场营销涉及的环节很多，代理商应该有一套严密有序的管理制度和管理方式，这样才能保证工作中不发生差错。另外，还要注意代理商与开发商和顾客的沟通能力，以及信息收集、储存、传播交换的能力和公关能力。

5. 销售渠道成员的管理

在渠道的内部，由于存在利益冲突，开发商和代理商之间会产生矛盾。冲突如果不能及时协调和解决，往往会消耗双方的资源，影响开发商经营目标的实现。因此，开发商要注意与代理商的利益协调和沟通协作，使双方的目标与经营方向相一致，实现共赢互利。

开发商对渠道成员的管理方法常见的有以下几种：

（1）制定渠道控制标准。渠道控制标准是用来评估渠道中各代理商工作绩效的标准体系，一般包括销售目标、市场份额指标、宣传效果、信息反馈等指标。同时，还要考虑中途退出或增加的代理商数量和比例、顾客抱怨的数量和比例、代理商对房地产产品的最优控制情况、代理商对新技术的利用等。渠道控制标准的指标要切实可行，不可脱离实际。

（2）建立激励机制。开发商要建立一定的激励机制来提高代理商的积极性。建立激励机制要注意以交易关系组合为基础，以确定代理商的基本激励水平，避免激励过分和激励不足情况的发生。激励过分一般指开发商给予代理商的优惠条件超出了其所应得到的奖励，结果导致销售量提高，而利润下降；激励不足则指开发商条件太过苛刻或达到奖励的条件太高，导致代理商积极性不足，销售量下降，利润也下降。

（3）协助代理商。开发商还应该利用多种方法协助代理商，支持代理商取得较好的市场地位和销售业绩。开发商协助的方式很多，一般的有：开展促销活动，对代理商提供强大的服务和广告支持；为代理商提供各种补贴措施，如广告和推广费用等；给予代理商资金支持，开展多种与产品销售有关的活动等。

（4）评估代理商绩效。开发商应该定期评估代理商的绩效，了解销售中出现的问题，及时消除营销渠道中的障碍，保证销售渠道的畅通。评估的目的是要发现问题，改正错误，避免危机。同时也要对代理商的工作状态做出客观的评价，对于没有完成任务的渠道成员，要具体分析存在的问题，及时采取补救措施，或对渠道架构做出调整。

8.4　房地产市场营销促销策略

现代房地产市场不仅要求开发商开发好的项目，制定合适的价格，还需要与现实的、潜在的顾客沟通，使他们对于开发商的产品从注意、发生兴趣到产生购买欲望。促销，简单地说，即促进销售之意。在市场经营中，促进销售的概念可以理解为：对消费者或使用者传递产品和企业信息，唤起顾客对商品的需求，以开拓市场，树立产品和企业形象。其目的是吸引潜在的顾客成为企业产品的购买者。

8.4.1　房地产促销目标

房地产促销是指房地产企业（或业主）通过一定的方式向消费者传递房地产商品的信息并与消费者进行有效的信息沟通，以达到影响消费者的购买决策，促进房地产商品流通的营销活动。

1. 信息沟通过程

房地产促销的实质是与目标消费者进行有效的信息沟通。市场营销专家拉斯韦尔教授通过对信息沟通职能的分析，建立了九要素沟通模式，如图 8—2 所示。

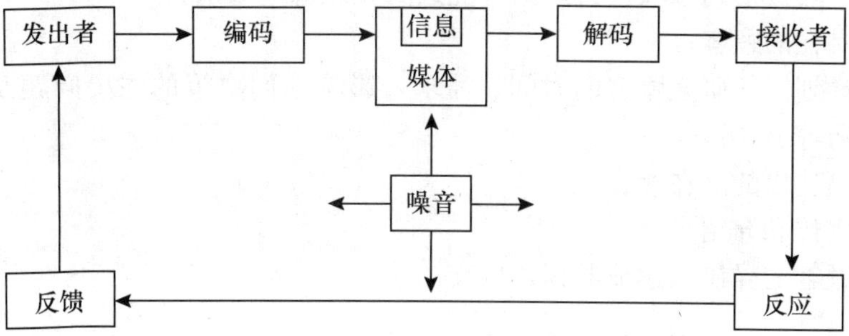

图 8—2　信息沟通模式与构成要素

其中发出者为需要发出信息的单位和个人（也叫信息源）；编码为把需要发出的信息内容变成信号的过程；信息为通过媒体所传递的信号；媒体为传递信息的工具；解码为接收者确认收到的信号含义的过程；接收者为接受信息的人；反应为接收者得到信息所作出的反应；反馈为接收者向发出者传回去的反应；噪音为信息沟通过程中受到的各种干扰。

2. 房地产促销目标

（1）提供信息。房地产促销最根本的目标就是向目标消费者提供信息，使消费者了解房地产企业提供的产品。不同时期不同消费者对信息的要求不同，只有当提供的信息能够满足消费者对信息的需求时，才能达到增进消费者对特定企业或房地产认识的目的。

（2）突出特点和优点。房地产的一大特性是异质性，因此房地产促销的任务之一就是找出特定房地产与竞争房地产相比所具有的不同属性，使目标消费者认识到两者在地段、价格、质量、房型、功能或物业管理、付款方式上的不同之处，并以这些不同属性满足消费者的需求。

（3）强调房地产的价值和品牌。有资料表明，促销强度大的产品，顾客对它的价值评价要高于同档次促销强度小的产品。不通过有效的促销，即使具有名牌特征的产品也难以成为市场上的名牌货。

（4）刺激需求。通过促销刺激需求，这对房地产市场的营销具有重要作用。

（5）增加租售。通过促销增加租售量、提高租售额，这是房地产企业促销最根本的目标。

8.4.2 传统的房地产促销方式及其特点

为了实现房地产的促销目标，可以使用不同的促销方式。常用的促销方式有四种，即人员推销、营业推广、广告、公共关系。

1. 人员推销

人员推销是一种传统的推销方法，人员推销具有如下优势和特征：

（1）当面洽谈——与客户面对面进行洽谈，以便于及时进行调整。

（2）建立长期关系——通过多次交流和感情培养，形成一种友谊协作关系，便于了解客户的要求。

（3）信息反馈——销售人员可以及时听到客户对于产品的反映，以便及时调整自己的经营策略与技术措施。

人员推销一般按下列步骤进行，则可能达到较理想的效果：

（1）寻找潜在的顾客。

（2）事前计划——研究顾客的时间、需求，影响他们决策的主要问题及联系的方式，初步接触的技巧等。

（3）接近筛选出的潜在顾客。

（4）推进宣传和介绍。

（5）处理顾客的异议，达成共识，成交。

2. 营业推广

营业推广范围广泛、形式多样，除人员推销、广告和公共关系以外的所有刺激顾客采取购买行动的措施，都能够称为营业推广。一般可以分为三类：

（1）鼓励消费者直接购买的。如赠送礼品、室内设施、地下室、花园等。

（2）鼓励房地产租售代理商交易的。如除代理佣金外，还在租售价与底价之间的差额中进行分成等。

（3）鼓励企业推销人员的。如按照推销的房地产数量和金额支付报酬。

3. 广告

房地产广告是房地产开发商或房地产广告代理商通过一定的媒体向潜在的买家或租客就欲租售的物业进行宣传，以促进房地产租售的一种促销方式，是现代市场经济条件下间接促销的一种重要方式。这部分内容下文将有详细叙述。

4. 公共关系

公共关系是企业在市场经营中一种促进销售的手段和管理职能。公共关系，简单而言，是指企业通过公共关系活动，使社会广大公众理解企业的经营方针和宗旨，加强企业与公众之间的联系，在社会上树立企业的信誉，为推进企业的市场销售服务。公共关系的基本思路，决定了公共关系已经不再是一种简单地把企业产品推销出去的行为，而成为一门单独的学科，其目的是着眼于企业长远发展，维持企业的盈利性和社会性之间的平衡。

8.4.3　房地产人员推销策略

1. 房地产人员推销方式

（1）访问推销。访问推销是指房地产企业营销人员通过电话或亲自上门方式向消费者介绍、推广和宣传房地产的方式。

在进行访问推销（无论是当面访问还是电话访问）之前，一定要做好周全的准备，要努力收集有关的种种信息，如顾客的姓名、教育背景、年龄、生活水平、购买能力、需要程度、有无决定权等等。事先做好充分的准备，了解事实真相，对从事销售工作的人来说，将有以下益处：1）当拥有足够的信息时，你就能在销售活动中培养出自信和工作热忱；2）只有自信、热忱地对待顾客，顾客才会对你产生无比的信心；3）当你真正掌握了事实后，就可以更轻松地面对顾客的反对意见，以及更有能力破解竞争对手的招数；4）你可以更精确地把你的产品与潜在顾客的需求相结合，并提升对顾客的服务品质。

（2）现场推销。现场推销是指推销人员在产品施工现场或在施工现场周围设立销售部门对产品进行销售活动。例如，推销人员引导客户参观施工现场和样板间，向客户介绍产品生产设计情况，回答客户的问题，了解客户参观后的感受，解除客户疑虑，说服客户购买产品，等等。

现场推销是人员推销的主要方式。有效的售楼人员不仅对所售楼盘本身的特点（品位、文化、规划、景观、设计、风格、结构、户型、面积、功能、朝向、便利、价格、公建设施、设备、社区管理、社区文化等等）有根本了解，而且对所售楼盘地段、周边环境、城市规划、基础设施、发展趋势、开发商实力等有足够的了解。更重要的是对竞争楼盘优劣势有清醒的认识，能够与竞争楼盘进行使人信服、恰如其分的比较。在比较中，无原则地贬低竞争对手楼盘的做法极易导致置业者的逆反心理，因此，既要实事求是，又要扬长避短，轻描淡写与重彩泼墨处理妥当，相得益彰。同时为顾客提供置业意见，使顾客对楼盘产生信任感，从而产生购买的欲望。

（3）会议推销。会议推销是指通过寻找特定顾客，通过亲情服务和产品说明会的方法销售产品的一种销售模式。如果房地产企业要采用会议推销的模式进行市场运作，首先要保证产品过硬，否则将举步维艰。

主持人是整个营销会议的灵魂，他把整个会议的各个细节串联起来。好的会议主持人可以有效地把控整个会议现场的局面，可以根据需要调动会议现场的气氛，可以处理好突发事件，可以将参会者的注意力集中起来。因此，采用会议营销的房地产企业，招一名优秀的主持人是极其关键的，有时主持人的水平能决定会议是否会按照设计的程序进行。

2. 房地产人员推销过程

一个成功的房地产推销过程一般大致分为两个部分：一是为使潜在的买者或租客了解房地产状况而进行的宣传、沟通阶段；二是就有关房地产的销售价格或租金及合同条件进行谈判。它由以下几个阶段组成：

（1）寻找潜在投资者。一般通过四种方法开展寻找过程：广告寻找法、市场咨询法、连锁介绍法、委托助手法。

（2）顾客资格审查。推销人员面对众多的主要潜在顾客需要进行审查筛选，以便集中精力对那些最有希望的顾客进行推销。顾客审查的主要内容是，购买需求和支付能力审查及潜在投资者人格审查。要确定推销对象是否真正需要房地产，目前要求是否迫切。如果对象并不真正需要房地产，推销人员应立刻停止推销活动。支付能力应包括潜在顾客的借款能力。潜在投资者的人格，这里指其是否有决策权，是否在投资方面受各种限制。根据上述审查结果可将所有潜在顾客分等级。

（3）接近顾客。接近包括接近准备和接近两个步骤。接近准备是指推销人员在接近顾客前，进一步分析顾客并制定接近顾客的方法。接近顾客可以采用面约、函约、托约、电话约以及直接主动上前搭讪等办法。

（4）面谈。在面谈阶段，推销人员的任务是详细介绍房地产商品各方面的情况，解答各种问题，启发顾客的兴趣和诱发他们的购买动机；刺激客户的购买并引导、催促其作出购买决策。面谈中推销人员应做到五个坚持，即坚持针对性：针对投资者的投资动机，针对投资者的心理，针对所推销房地产商品的特征；坚持精确性：介绍房地产，回答问题要用精确、清楚的词语；坚持和气待人：切不可与顾客发生不愉快的争吵；坚持逻辑性：推销人员说话要符合逻辑；坚持鼓动性：推销人员在面谈中要用自己的信心、热情、知识去感染顾客，促使其采取行动。

（5）异议处理。异议是面谈过程中的一个内容，由于它们十分重要因而需要另加说明。处理顾客异议的方法有以下几种：反驳法、迂回法、补偿法、不睬法、预防法。

（6）成交。成交就是推销人员与顾客达成交易协议。一切推销努力的目的都在于成交，如果不能成交，一切都是徒劳的。总之，推销人员应该仔细观察顾客的特点，抓住顾客的心理，尽快与顾客沟通，适时接近顾客，把握交易机会，促成交易，完成销售任务。

3. 房地产人员推销过程注意事项

（1）依不同购房者制定策略。[①] 要有效地开展房地产推销，首先要分析、掌握潜在购买者的性格和特征。购买房地产的投资者大致分为以下几种：

1）理智型：这类投资者通常文化程度比较高，见识比较广，性格冷静、稳重，遇事善于分析思考，他们不易为推销人员的鼓动性言辞所打动，但他们十分愿意聆听推销人员的介绍，对于疑点，会追问到底。这类投资者可以说是最成熟的投资者。对待这种投资者，推销人员应详细介绍房地产的有关情况，耐心解答疑点，并尽可能提供有关证据，力争合乎理性地说服顾客。

2）冲动型：这类投资者天生好冲动，并容易受外界影响，往往在很短的时间内未经深思熟虑便轻易作出重大决策，而且反复无常。对待这种投资者除了进行必要的介绍外，应一开始就大力强调所推销房地产的特色和实惠，促使其尽快作出投资决策。一旦其不打算购买，特别注意要应付得体，尽量避免因激动情绪而影响别的顾客。

3）优柔寡断型：这种投资者缺乏决策能力，遇事犹豫不决，反复不断，不易作出决定。例如，本来觉得四楼不错，一会儿又觉得五楼好了，再过一会儿又觉得六楼也不错，

① 参见史丽娜：《关于房地产推销方法的研究》，载《山西建筑》，2004（9）。

一时不知到底购买哪一层好。对待这种投资者，推销人员自己要态度坚决，赢得顾客信赖，然后根据顾客的特点和要求，帮助顾客进行抉择。

4）自尊型：这种投资者自尊心特别强，他们往往并不了解商品的有关情况，却装得十分精通建筑结构和房地产行情；他们往往也很希望商品售价能尽量低廉一些，但又装得对价格满不在乎的样子。对这种投资者应该在维护其自尊的前提下向其客观介绍情况，切忌揭穿其“西洋镜”。

（2）真诚对待顾客。推销人员切忌用两种面孔对待上门的客户。包括介绍自己楼盘与介绍周边楼盘时、买与不买两种情况、买前与买后、大客户与小客户、下班前和下班后几种情况下截然相反的两种面孔。以切忌介绍自己楼盘与介绍周边楼盘时两种面孔为例，在面对散户的房地产市场中，一个客户买一套住宅，看十几、几十个楼盘已经不再是新闻，客户本身就在对各个楼盘进行比较。一些售楼处常常有这种情况，将自己的楼盘介绍成一朵花，将周边其他的楼盘介绍成豆腐渣。结果常常使客户产生反感而不买你的楼盘。反之，也有推销人员在介绍自己楼盘的优点时，比较客观地介绍自己楼盘的缺点。在介绍周边楼盘的时候，也比较客观地讲解它们的优势与不足。在顾客认为本楼盘没有其他楼盘好时，推销人员要提出自己的看法，拿本楼盘与其他楼盘对比澄清一切疑点，让顾客对本楼盘及开发商有更多的深入了解；同时根据客户自身的要求及能够承受的购楼总价，帮他出主意、当参谋，使顾客产生共鸣而达到诱导成交的目的。

8.4.4　房地产营业推广策略

1. 面向消费者的营业推广方式

（1）赠送促销。向消费者赠送样品或试用品。赠送样品是介绍新产品最有效的方法，缺点是费用高。样品可以选择在商店或闹市区散发，或在其他产品中附送，也可以公开广告赠送，或入户派送。

（2）折价券。在购买某种商品时，使用折价券可以免付一定金额的钱。折价券可以通过广告或直邮的方式发送。

（3）包装促销。以较优惠的价格提供组合包装和搭配包装的产品。

（4）抽奖促销。顾客购买一定的产品之后可获得抽奖券，凭券进行抽奖以获得奖品或奖金，可以用多种方式抽奖。

（5）现场演示。企业派促销员在销售现场演示本企业的产品，向消费者介绍产品的特点、用途和使用方法等。

（6）联合推广。企业和零售商联合促销，将一些能显示企业优势和特征的产品在商场集中陈列，边展销边销售。

（7）参与促销。消费者通过参与各种促销活动，如技能竞赛、知识比赛等，获取企业的奖励。

（8）会议促销。各类展销会、博览会、业务谈判会期间的各种现场产品介绍、推广和销售活动。

2. 面向中间商的营业推广方式

（1）批发回扣。企业为争取批发商或零售商多购进自己的产品，在某一时期内给经销本企业产品的批发商或零售商加大回扣比例。

（2）推广津贴。企业为促使中间商购进企业产品并帮助企业推销产品，可以支付给中间商一定的推广津贴。

（3）销售竞赛。根据各个中间商销售本企业产品的实际业绩，分别给优胜者以不同的奖励，如现金、实物、免费旅游、度假等，以起到激励的作用。

（4）扶持零售商。生产商对零售商专柜的装潢予以资助，提供广告，以强化零售网络，促使销售额增加；可派遣厂房信息员或代培销售人员。生产商这样做的目的是为了提高中间商推销本企业产品的积极性和能力。

3. 面对内部员工的营业推广方式

主要是针对企业内部的销售人员，鼓励他们热情推销产品或处理某些老产品，或促使他们积极开拓新市场。一般可采用的方法有：销售竞赛、免费人员培训、技术指导。

8.4.5 新兴的房地产促销方式①

1. 体验营销

从心理学角度讲，体验是当一个人达到情绪、体力、智力甚至是精神的某一特定水平时，他意识中所产生的美好感觉；或者说，是个体对某些刺激产生回应的个别化感受。与过去不同的是，当前顾客的消费观念不再仅仅停留于获得的物质产品本身，因为商品、服务对消费者来说是外在的，但是体验是内在的、存在于个人心中，是个人在形体、情绪、知识上参与的所得。所以对企业来说，提供体验，就是企业以服务为舞台、以商品为道具，环绕着消费者，创造出值得消费者回忆的活动。其中的商品是有形的，服务是无形的，而创造出的体验是令人难忘的。

1998年，美国人派恩和吉尔摩在《哈佛商业评论》上发表《欢迎体验经济到来》，首次提出了体验营销的概念。著名学者伯德·施密特博士在他所写的《体验式营销》一书中指出，体验式营销是站在消费者的感官、情感、思考、行动、关联五个方面，重新定义并设计营销的思考方式。这种思考方式突破了传统上“理性消费者”的假设，认为消费者消费时是理性和感性兼具的，消费者在消费前、消费时、消费后的体验，才是研究消费者行为与企业品牌经营的关键。体验营销的核心观念是不仅为顾客提供满意的产品和服务，还要为他们创造和提供有价值的体验。

（1）房地产体验营销的含义。

在房地产界，“体验营销”是伴随着楼盘产品的逐步细化以及买家置业心理和行为的不断成熟而出现的。现代住宅，在产品本身的户型、结构、建筑材料等物质方面越来越规范以及同质化，而住宅的外部环境、社区配套软环境的差异性，就成为购房者选择的主要判断依据和关键的价值决定因素。在这种情况下，消费前的体验营销应运而生。作为一种更注重挖掘内涵、更有感染力的营销模式，体验营销以满足购房者的心理需求为目标，注重为消费者提供令人难忘的消费体验。房地产体验营销涵盖从产品设计一直到营销推广整个过程的每一个环节，围绕购房者在购房的前、中、后时期的不同心理和情趣需求，从视

① 参见孔飞：《房地产促销策略创新研究》，载《山东纺织经济》，2006（2）。

觉、听觉、触觉、味觉、嗅觉以及审美感受等角度设计符合购房者情趣的产品和情景体验，让购房者从居住文化、生活方式等高度感受房地产开发商的产品特质，形成产品和品牌认同。

（2）房地产体验营销的表现形式。

由于体验营销是一种满足心理需求的产品（服务）营销活动，因此对于房地产体验营销来说，创造一种不同寻常的体验场景是影响购房者决策的核心要点。房地产体验营销主要有两种表现形式：一是视觉场景体验形式；二是主题活动体验形式。①

视觉场景体验形式主要有：

1）营销中心。营销中心是楼盘展示和接待销售的场所，是客户体验的首要场所。营销中心的功能区的布局主要有接待区、洽谈区、楼盘展示区（沙盘、户型模型、室内展板、POP、植被花草、背景音乐、三维动画、电子楼书等多媒体展示）、休闲区、签约区等。

2）会所。会所是以所在物业业主为主要服务对象的综合性高级康体娱乐服务设施。会所是一个舶来品，意思是身份不凡人士聚会的场所。会所一般配有游泳池、网球或羽毛球场、高尔夫练习馆、保龄球馆、健身房等娱乐健身场所；中西餐厅、酒吧、咖啡厅等餐饮与待客的社交场所。

3）样板房。样板房是购房者直接感受所住房屋的最真实体验。它不仅能展示户型、结构、空间，还利用装饰美学艺术，营造消费者的真实生活与个性，给购房者犹如置身于家的亲近感觉。过去通常将样板房作为纯粹的产品来进行展示，而体验营销模式则主张场景设计的目标要达到将“卖房子”提升到“卖生活”的高度，将样板间设置成梦想生活的载体，而不是销售道具。如此，样板房的布置应更突出项目倡导的生活方式和居住理念。

4）园林实景示范区。实景示范区是指在楼盘正式销售前，提前建好几个楼宇并将楼间景观绿化环境、建筑外檐效果以及主要户型集中展示，使购房者从实景示范区眼见为实，从内到外身临其境地全面感受居住区的生活氛围。

主题活动体验形式主要有：

1）业主联谊活动。在房地产市场营销过程中，开发商要紧紧把握购房者眼见为实的心理需求，组织不同的体验式活动，如客户俱乐部、业主联谊会、新老客户答谢晚会等，在参与、沟通、娱乐中，逐步建立相互信任，产生购买行为。

2）看房旅游。房地产体验营销与项目文化、节日活动、服务、个性化展示等手段联系较为紧密，看房旅游则是既放松心情又实现产品体验且融洽相互关系的好方式。如沿海房地产所属企业搞的海边两日游，既可参观海边房地产，又可游览海边景色，吃海鲜，住农家院，实现了旅游与房地产销售的结合。

3）赏鉴活动。一些高端产品，如别墅、豪宅类产品，因其价格昂贵故而对客户要求较高，因此通过圈层聚拢一些高端客户，通过一系列的文化活动、赏鉴活动来提高消费者对项目的青睐程度，是目前高端房地产的主要体验方式。

---

① 参见李玮娜：《浅析房地产体验营销的现状及发展趋势》，载《商场现代化》，2009（24）。

◆ 案例 8—4 ◆

房地产体验营销——恒温恒湿高科技绿色住宅试住体验

致力于高科技物业的专业房地产开发商——朗诗，在杭州开发的朗诗国际街区运用了国际一流的包括地源热泵技术系统、混凝土顶棚辐射制冷制热系统、24 小时持续置换新风系统、外遮阳系统、吸尘排污系统等在内的十大建筑科技应用技术，为居住者缔造出“恒温、恒湿、恒氧、低噪、适光”的健康舒适空间。据开发商介绍，住在朗诗国际街区，一年四季不需要空调且冬暖夏凉，黄梅天衣物不会发霉，在家里抽烟家人却闻不到烟味……

但是，由于此前未曾接触过这样的房子，许多人对于这样“神奇”的房子仍然觉得不可思议和质疑。鉴于这样的情形，朗诗国际街区于 2008 年推出了客户试住体验活动——“一个恒温、恒湿、恒氧的住宅”试住活动，以打消准业主与业主们的疑虑。这曾被称为杭州楼市体验营销的“顶级版”。报名参加此次体验活动的业主与准业主们，只要带上换洗衣服，便可以去朗诗国际街区的房子里亲身体验一把“不要空调的房子”的实际效果。最终，实地体验过的客户们也如朗诗所愿，对楼盘给出了非常高的评价。此后朗诗在其各项目所在地推行了此种“试住体验营销”。

2011 年 8 月，朗诗国际在上海潮湿闷热的夏季选择再度推出“试住体验”，将其绿色人居的概念和体验再一次深化，达到展现朗诗与其他项目的差异化——科技绿色住宅的营销目的。这一次，通过试住体验，朗诗意欲传递其健康、舒适、人性化、可持续的绿色人居价值，这次体验同时还包含了一系列绿色后续服务，是一个全住宅使用寿命周期中的持续体验。这次体验依然取得了很好的效果，一位朗诗绿岛的业主说，因为室内常年保持在 20～26 摄氏度，所以四季如春；空气湿度控制在 30%～70%，不用担心黄梅天湿气重和空调燥热等问题。

资料来源：肖丽：《朗诗住宅“试住体验”绿色人居》，载《中国日报网》，2011-08-08；桑迪红：《体验式营销杭州出现“顶级版”》，载《杭州日报》，2008-06-25。

2. 知识营销

悄然临近的知识经济时代使房地产企业营销法则开始发生变化，企业营销活动不再只关注物质的分配，更强调通过相关知识的传输，为消费者提供更多的应用支持，以此确立新的产品概念和市场秩序，引导消费者产生对新产品的现实需求。在这一背景下，以知识普及为前导，以知识推动市场的营销新思想，逐渐为一些精明的房地产开发商所接受。它们开始抛弃传统的急功近利观念，积极介入知识营销的策略创新，通过开展大规模的住房知识普及活动，向广大消费者介绍房屋建筑选择标准、住宅装修知识、住房贷款方法和程序以及商品购置手续和政府相关税费，在增加消费者房地产知识的同时，增加了消费者对开发商的认同感，在引起社会极大反响的同时，使开发商的销售业绩一路上升。

3. 文化营销

文化营销是现代房地产市场营销的新理念，它源于人们对居家之中文化内涵的渴望。

随着人们生活水平的提高，对住房的要求已不再是能遮风避雨的“钢筋水泥的丛林”。人们对住房的选择体现了其生活品位和生活态度。因此，开发商不仅要注意在建筑风格上尽量体现文化内涵，还要通过富有特色的主题创意，提升住宅小区的文化价值，给人展现一种高品位的美好生活蓝图。

目前，消费者选择住房时已不限于质量、造型、配套等有形产品，人们对居住小区文化设施的要求越来越高，不仅关心周围文教单位的配置、距离，而且愈来愈重视小区文化设施的数量、品位，以及小区内大部分住户的文化层次。所以，房地产开发商要注意通过高品位会所、藏书丰富的图书馆、温馨祥和的邻里中心、设施齐全的幼儿园与中小学来营造小区的文化氛围，这些都是在文化营销方面做出的有益探索和成功尝试。

4. 环保营销

居住消费是人们生活消费的主要部分，居住环境对生活质量的影响日趋重要。随着现代社会环境污染的日益严重和环保意识的逐渐兴起，消费者已愈来愈关心自己的居住环境和生活质量。购房者不再仅仅考虑地理位置是否优越、销售价格是否便宜，而更加关注拟购房屋的环境设计。他们不仅希望小区内绿草如茵、花团锦簇，有充足的阳光和清新的空气，而且要求住宅小区远离工厂，附近没有污染源。

在这一背景下，开发商应该以环境保护为营销理念，改变过去寸土寸金、见缝插针的开发模式，充分考虑小区的住宅空间、阳光照射、绿化间隔等，为消费者营造人与自然和合共生的理想家园。现在少数开发商提出的“搞房地产要先搞环境”、“卖房子也是卖环境”的口号，已涵盖了环保营销的经营理念。

5. 5A 管理

5A 管理是最近美国营销界提出的后营销理论的主要内容，要求以“维持性”为基本特征，通过了解和满足现有顾客的需求，培养一批对企业服务高度满意、对企业产品高度忠诚的长期顾客和终身顾客，以较低的营销成本、较高的营销效率、创造良好的经营业绩。具体来说，5A 包括认识顾客（acquainting）、答谢顾客（acknowledging）、欣赏顾客（appreciating）、分析顾客（analyzing）、为顾客满意而行动（acting）。

随着房地产市场竞争的日趋激烈和房地产业的理性化发展，房地产市场营销已从传统的“消费者请注意”的模式转变为“请注意消费者”的模式，认真学习和领会 5A 管理的真谛，对房地产市场营销管理进行调整和整合，具有重要意义。

房地产企业必须以 5A 管理为基本准则，充分研究消费者需求，大力开发消费者想购买的楼盘；努力了解消费者的心理价位，不断改进购房服务，方便消费者购买；努力研究如何与消费者沟通，大力推行关系营销；等等。只有这样，才能使消费者对房地产企业感到满意，充满信心。虽然房地产商品价值量大的特征限制了消费者的重复购买，但由消费者满意和社会认可而形成的口碑效应，却可以大大提高房地产企业的综合竞争力。

8.5　房地产市场营销广告策略

简单地说，广告就是利用一定的媒介将产品介绍给消费者的一种促销手段。像许多产品进入市场一样，一个房地产项目在进入房地产市场的时候，也需要做大量的促销广告。据统计，我国房地产广告费用占销售额的1.5%～2%。虽然这个比例不是很高，但由于房地产项目的销售额高、基数比较大，所以房地产广告费用的绝对数量非常可观。而且，由于房地产产品的不可移动性，不可能主动向目标消费者展示实物产品，只能通过广告吸引客户上门，而客户的上门量直接决定了房地产项目的销售。由此可见，广告在房地产市场营销活动中占有极其重要的位置。

8.5.1 广告在房地产市场营销中的作用

1. 区分市场

在竞争性的市场空间中，房地产产品越来越突出差异化的个性，也越来越需要一个生动的广告创意来使它脱颖而出。好的广告不仅可以使产品和其他楼盘区分开来，还能使之在消费者的心理层面被提升到其竞争楼盘之上。

2. 突出特色

市场上的房地产产品种类繁多，如何使消费者记住产品是开发商需要努力的一个方面。而广告则能够通过新奇的创意和形象的表达，给消费者留下一个深刻的印象。

3. 保护项目

房地产产品常处于竞争性价格战、促销等情形中，稍有不慎就可能被市场遗忘，而一个生动的广告则能够把消费者重新拉回到楼盘，保护项目和产品的传播占有率。

◆ 案例 8—5 ◆

某开发商的广告策略

某公司开发的高层住宅项目，邻近一个高尔夫球场，开发商在广告构图上并没有刻意追求楼盘形象如何醒目，而是将其所处的环境——高尔夫球场大肆渲染，近3/4的篇幅突出了高尔夫球场一望无际的草坪，给人以强烈的视觉效果。由于该物业定位于高档住宅，因此，广告的制作就抓住了该类消费者注重生活环境的特点，从而一举成功。

8.5.2 房地产广告的目标

1. 显现

显现是指目标在于用广告把企业名称及产品商标传达给社会，让公众知道该企业的存在，以便于企业产品推销等活动的展开。这种目的的广告一般多见于生产企业的开拓性广告。

2. 认识和态度

指企业确知目标客户已接触到它的广告，或对其已生产的某种产品有了了解和信任，这时再进行广告宣传的目标则是为了让消费者加深对企业和产品的认识，增加喜爱程度，使企业和产品在公众心目中树立良好的形象。这种广告目标是一种长期的战略性目标。在产品广告中，劝导性广告和提醒广告也常以认识和态度为目标。

3. 销售

指以直接扩大和尽快实现销售为广告目标。实现销售是一切广告的最终目标，但是广告本身并不能达成某一具体交易，而只是通过对目标客户的宣传和鼓动，促使其采取购买的实际行动。

把握以上三者，房地产企业就可以确定广告目标的范围，然后再对其做进一步的细化和调整。另外，需要注意的是，广告目标在不同的营销阶段是不同的，在不同阶段应该有针对性地确立广告目标，而不应一成不变。

8.5.3 广告费用预算

广告预算是一项系统性的工程，它是对如何安排、使用广告经费做出具体、详尽的资金使用计划的过程。它要求企业首先确定准备用于开展广告活动的费用的具体数目，而后决定出于何种目的，于何时、何地支配使用这些广告费用。一个制定周全的广告预算要能做到：经费数额不但能保证实现预定的广告目标，而且足以保证广告活动的连续性；为使广告活动能够适应经济环境、市场环境等因素变化及解决随时出现的问题，广告预算要具有一定的灵活性和伸缩性。

1. 广告费用的内容

(1) 广告调查费用。主要包括广告前期市场研究费用、广告效果调查费用、广告咨询费用、媒介调查费用等。

(2) 广告制作费用。主要包括照相、制版、印刷、录音、摄影、录像、文案创作、美术设计、广告礼品等直接制作费用。

(3) 广告媒体费用。主要指购买报纸和杂志版面、电视和电台播出频道与时段以及租用户外看板和其他媒体的费用。

(4) 其他相关费用。主要指与广告活动有关的公共活动、销售促进（SP）活动、直接营销等的费用。

2. 制定广告预算的方法

(1) 量入为出法。即企业确定广告预算的依据是它们所能拿出的资金数额。也就是说，在把经费优先分配给其他营销活动后，尚有剩余者再供广告之用。企业根据其财力情况来决定广告开支多少并没有错，但应看到，广告是企业的一种重要促销手段，企业做广告的根本目的在于促进销售。因此，企业做广告预算时不能仅仅考虑企业需要花多少广告费才能完成销售指标。所以，严格说来，量力而行法在某种程度上存在着片面性。

(2) 销售百分比法。即企业按照销售额（销售实绩或预计销售额）或单位产品售价的一定百分比来计算和决定广告开支。这就是说，企业按照每完成 100 元销售额（或每卖 1 单位产品）需要多少钱广告费来计算和决定广告预算。这种方法在房地产广告预算中最为常用。

(3) 竞争对等法。指企业比照竞争者的广告开支来决定本企业广告开支多少，以保持竞争上的优势。在市场营销管理实践中，不少企业都喜欢根据竞争者的广告预算来确定自己的广告预算，造成与竞争者旗鼓相当、势均力敌的对等局势。如果竞争者的广告预算确定为 200 万元，那么本企业为了与它拉平，也将广告预算确定为 200 万元甚至更高。美国奈尔逊调查公司的派克汉（J. O. Peckham）通过对 40 多年的统计资料进行分析，得出结论：要确保新上市产品的销售额达到同行业平均水平，其广告预算必须相当于同行业平均水平的 1.5～2 倍。这一法则通常称为派克汉法则。

（4）目标任务法。前面介绍的几种方法都是先确定一个总的广告预算，然后再将广告预算总额分配给不同的产品或地区。而比较科学的程序步骤应是：1）明确地确定广告目标；2）决定为达到这种目标而必须执行的工作任务；3）估算执行这些工作任务所需的各种费用，这些费用的总和就是计划广告预算。上述确定广告预算的方法，就是目标任务法。企业在编制总的广告预算时，先要求每个经理按照下述步骤准备一份广告预算申请书：1）尽可能详细地限定其广告目标，该目标最好能以数字表示；2）列出为实现该目标所必须完成的工作任务；3）估计完成这些任务所需要的全部成本。这些成本之和就是各自的经费申请额，所有经理的经费申请额即构成企业所必需的总的广告预算。

8.5.4 选择广告媒体

传统的广告媒体一般来说主要包括报纸、电视、电台、专业性杂志和书籍、户外广告及交通广告。这几种传统的广告媒体各有其利弊。一般说来，房地产广告多选用的媒体是报纸，再以电视、杂志、户外广告为辅。而新兴媒体如网络、分众传媒等的发展也为房地产广告增添了新的载体，并日益显示出蓬勃的发展势头。

1. 媒体类型及特点

（1）大众媒体。大众媒体是指针对全面人群，具有广泛社会影响力和阅读率的媒体。这类媒体发行渠道广泛，发行量大，阅读人群涵盖普遍阶层。由于房地产行业具有区域性特点，因此，地区党报是这个媒介类型的典范，而综合性、民生性的电视、杂志、广播也属此类。

大众媒体一直以来都占据着媒体的主流地位，它也确实有着无可比拟和无法替代的地位，因为它具有以下几个特点：1）发行量大，宣传面广，具有广泛的传播性；2）发行渠道完善，传播迅速，时效性强；3）阅读人群深入社会各个阶层，阅读（观看）率高，具有良好的到达率。

由于大众媒体具有以上优势，因此它能够有效地建立公众形象。对于具有项目型企业特点的房地产行业来说，社会大众对项目的认知无疑能提升项目品牌，所以对于任何定位的房地产项目来说，大众媒体都是不可或缺的。

（2）分众媒体。随着中国社会的快速发展，不同的社会环境因素影响并促成了当代受众的不同特征。由此部分媒介也从满足大众需求向满足部分人、满足某方面需求转变，也就是从“广播”向“窄播”、从“大众”向“分众”转变。

当前的房地产项目在市场化的要求下广泛地应用定位理论，对消费群体进行了细分，因此，大众媒体的广泛性覆盖无法直接面对细分化的消费者，这势必会让广告效果大打折扣。在这种情况下，为了更好地针对特定的目标客户群，精准深入地进行广告信息传达，从而提高广告效益和效果，房地产企业主开始考虑分众媒体投放。

在这一类别中，户外广告和互联网广告作为其重要代表经过了迅速发展，已经成为房地产企业主媒介投放方案中必不可少的内容。在这种趋势下，四大传统媒体也开始走上了分众的道路，另外 DM 直投及新兴的广告媒体和新型融合性应用媒体（电梯广告、公交广告、商务楼宇电视广告）也随之出现并同样获得了发展。同时，在新科技日益发展的今天，手机的互动传播性也被广泛地挖掘利用。

（3）自有媒体。自有媒体指的是广告主自己创造的广告载体。房地产行业鉴于自身的优势，可以说是自有媒体应用得最广泛的行业。自有媒体大致上可分为以下几类：1）印刷类：房地产项目楼书、海报、户型单张、手提袋等；2）定点类：售楼处看板、概念样板房、工地围墙及户外等；3）会员类：房地产企业为了更好地服务客户和打造企业品牌，建立业主数据库，并成立俱乐部或其他团体，内部发行会员卡或业主刊物等载体，如万科会、绿地会等；4）社区类：项目建成、业主入住形成一定人气后，社区就有了广告价值，比如电梯广告、导示系统广告等；5）其他类：还有一种也属自有媒体，就是房地产企业发行的书刊杂志，比如 SOHO 中国的小报《杂碎》等，当然，这种媒体对项目销售没有直接帮助，却对企业品牌建设大有益处。

（4）行业媒体。行业媒体是指行业共同营造的媒介载体以及各媒体对该行业关注形成的有效载体。这种载体由于具有明确的行业性，从常规意义来看，这种媒体面向的应是业内人士，但其实并非如此，对于有购房意向的消费者，他们往往会高度关注行业信息，因此这种媒体也具有较高的到达率，但是由于该类媒体通常都有其既定的主要目标。而非房地产交易目的，因此，通常消费者无法深入了解项目具体产品的特点，只能起到引导作用。如房展会的目的重在展示而不是交易。企业更注重推介项目的整体形象、产品定位，以此扩大项目的知名度，吸引消费者前来现场看房。

2. 广告媒体的选择策略

不同的媒体种类有不同的特点，而具体的媒介载体也有着自己的特性，因此媒体要精心选择及组合，这样才能起到最大的作用。一般来说，主要应从媒体的发行量、面向人群、阅读（观看）率、表现力、覆盖范围等方面综合考虑。当然，还要考虑媒介成本问题，企业应考虑不同媒体广告费用的差别，结合企业的实力进行选择，要尽量使广告的效果和费用成正比。另外，多媒体联合使用即组合也能达到降低广告费的作用。具体来说，企业媒体计划人员在媒体的选择过程中要注意以下要点：

（1）项目的规模。规模越大，开发周期就越长。企业应选择车身、路牌等固定广告位以使项目能长期被人认知。

（2）楼盘的档次。楼盘的档次决定其目标客户群的身份层次，在媒体选择上应注意目标客户群对媒体的喜好，以增加接触机会，加深印象。

（3）项目的区位。区位体现了目标客户的区域，因此要根据项目的所在区域有针对性地发布广告。

（4）目标客户层次。不同层次的目标客户接触的媒体是不同的。如果项目定位为中低档楼盘，应选择报刊、电视、地铁广告等能为普通大众所接触的媒体。如果是针对年轻白领的单身公寓，则不妨考虑网络、楼宇电视广告等比较新潮的媒体。

（5）目标客户区域。即目标客户可以接触到广告的地理范围，其中应重点考虑资金实力和目标客户的情况，使广告的投放得到最大的收益。当项目所处地理位置接近某繁华地区，如北京二环路、三环路附近时，开发商通常可以选择使用一些户外广告，如路牌、灯箱广告等。户外广告可以起到明显的指示作用，有利于吸引客户上门。实践表明，户外广告所吸引的客户数量比平面广告稳定，且单位来访成本也比平面广告低。

（6）竞争对手的媒介策略。房地产企业在媒介投放方面也要取胜于竞争对手，这首先要了解竞争对手的媒介策略。竞争对手的媒介策略大概包括以下几个方面：总体媒介花费，媒体选择组合，投放方式，是否用特殊广告创意及尺寸等。了解竞争对手的媒介策略，可以做到知己知彼，扬长避短，并在广告战中战胜对手。

（7）预算资金。广告预算的资金实力是开展立体广告攻势的先决条件。若实力雄厚，项目规模又够大，就应展开立体广告攻势，尽可能把目标客户一网打尽；若资金有限，则应尽量节省费用。

8.5.5 房地产广告投放时机

1. 广告投放时间策略

房地产企业可以根据影响广告效果的几个因素制定广告投放的时间策略，较为常见的策略有：

（1）目标公众策略。即根据目标公众接受广告信息的时间特点来选择广告时间。采用这种策略的要点有：1）要使广告时机与目标客户购买时机相一致；2）要使广告播放时间与目标公众最可能接触媒体的时间相一致；3）要使广告播放时间与目标公众偏爱的节目时间相一致。

（2）记忆规律策略。即为了强化消费者对某种产品的记忆，在广告投放的时间上进行反复刺激的策略。依据记忆规律，人们接触某种信息后，间隔的时间越长，遗忘的也越多，而反复的刺激可以增强人们的记忆。采用这种策略的要点有：1）同时选择几种媒介组合运用，使各种媒介不断地向消费者灌输同一信息；2）在连续性广告发布中，每次不能以相等的间隔时间出现，合理的广告间隔时间应是“先短后长”，即在广告集中轰炸阶段，广告投放的时间间隔要短，频率要高，而随后的广告间隔时间可以较长。采用这种策略不仅可以有效利用广告经费，还符合人们的遗忘规律，有助于提高广告效果。

（3）视听峰谷策略。即根据广播电视媒体中存在的“视听峰谷”规律，使广告在视听顶峰播出，避开视听谷底的策略。根据我国有关部门的调查，我们电视的“黄金时间”（即视听顶峰）每晚可分为两段，第一段是18:30至21:30，第二段是21:30至23:00。而收视率最低的时段一般出现在13:30至16:30和每周一晚上。采用这种策略，企业可以考虑在“黄金时间”集中投放广告。

2. 广告投放节奏策略

房地产广告的投放节奏策略一般有以下几种：

（1）集中型。即广告集中于一段时间发布，在短时间内迅速形成强大的广告攻势。房地产企业在项目开盘前后、楼盘封顶或完工入伙时往往采用这种策略。集中型的好处是能在短时间内给予消费者强烈而有效的刺激，扩大广告效果，促进销售。缺点是广告费用的集中使用，使得广告发布时机的选择显得相当重要，若广告未达到预期的效果，则很难进行补救。

（2）连续型。即在一定时期内，均匀安排广告的发布时间，使广告经常性反复在目标市场出现，以逐步加深消费者印象的一种方式。采用连续型策略，房地产企业在从项目开工到竣工入伙整个房地产建设及销售期间，都连续投放广告。这种策略的好处是可以不断刺激消费者，节约广告费用；缺点是无法安排大规模、长时间的广告轰炸，不可能每次都达到刺激消费者的目的。

（3）间歇型。是指间断使用广告的一种方式，即做一段时间广告，停一段时间，然后再做一段时间广告，反复进行。房地产企业适合在项目开工、开始预售、楼盘封顶、竣工入伙这几个可能出现销售热潮的时机投放广告。间歇型策略的使用要注意广告发布的时机，注意销售相对于广告的滞后性，还要考虑到消费者的遗忘速度，若遗忘速度快则应使广告间断时间略短，反之则长一些。这种方式对广告投放的时间选择和密度安排比较自由，故比较常用。

（4）脉动型。即在一段时间内不断保持广告发布，又在某些时机加大发布力度，形成广告攻势。脉动型集中了连续型和间歇型的特征，既能不断刺激消费者，也能刺激短期的购房欲望，但其缺点是广告费用比较高。这种策略一般使用在房地产销售的开盘期和强销期，也适合在节假日和出行季节使用。

8.5.6　广告效果的测评

所谓广告效果，是指广告信息通过各种媒体传播之后，在社会上或者对消费者所产生的影响和对企业带来的效果。广告效果可以从沟通效果、经济效果等方面来进行测定和评估。

1. 沟通效果

（1）事前预测。

测定沟通效果的目的，在于分析广告活动是否达到预期的信息沟通效果。测定各个广告的沟通效果有很多方法，常用的方法有：

1）直接评分。即由目标消费者的一组固定样本或广告专家来评价这个广告，并填写评分问卷。有时问题只有一个，如“您认为这些广告中哪一个最能影响您来购买本产品”；有时问题很复杂，包括好几种评分标准，在问卷中要填写评估广告的注意强度、阅毕强度、认知强度、情绪强度和行为强度，每个部分在其最高分的范围内予以评分。这种做法的理论依据是，如果一个有效的广告的最终目的是刺激购买行为，那么在这些指标上就都应得高分。但是，对广告的评估常常只限于其对注意力和了解力两方面的形成能力。这里，还必须了解一点，直接评分法不一定能完全反映广告对目标消费者的实际影响。直接评分法主要是用于帮助淘汰和剔除那些质量差的广告。

2）组合测试。即先给受试者一组试验用的广告，要求他们愿看多久就看多久，等到他们放下广告后，让他们回忆所看到的广告，并且对每一个广告都尽其最大能力予以描述，所得结果则用以判别一个广告的突出性及其期望信息被了解的程度。

3）实验室测试。有些西方学者还通过测定受试者的生理反应来评估一个广告的可能效果，譬如心跳、血压、瞳孔的扩大、出汗等。所用的仪器主要有电流计、脉搏计等。然而，这些生理测试充其量只能测量广告引人注意的力量，无法测出广告在可信度等方面的影响。

（2）事后测评。

以上的测评方法一般发生在广告投放之前，可以用来预测广告的沟通效果，而广告投放后进行的效果测评，则可以检验之前的结论，评估广告出现于媒体后所产生的实际沟通效果。主要的事后测评方法有以下两种：

1）回忆测试。即找一些经常使用该媒体沟通工具的人，请他们回忆刊登于所测试的刊物上的企业及其产品名称。回忆方式是请他们回想或复述所有能记得的东西。主持者在受试者回忆的过程中可以给予帮助，也可以不给。回忆结果的评分标准是受试者的反应如何。评分结果可用来判断广告引人注意和令人记住的力量。

2）识别测试。即先用抽样的方法抽取某一特定沟通工具的接收者（如某一杂志的读者）作为受试者，再请他们反复阅读某一杂志，时间不限，然后说出记得杂志上众多个广告中的哪一个，最后根据识别的结果给予每一个广告三种不同的可读性评分：第一，只注意到；第二，尚记得名称；第三，读过广告内容的一半以上。

2. 经济效果

经济效果主要指企业产品销售方面产生的效果。沟通效果的研究无疑可帮助企业改进信息内容的质量，但却不能使人了解广告对销售的影响作用。如果某制造商知道其最近的广告活动提高了20%的品牌知名度和10%有利的品牌态度，它能对其销售做出何种结论？对其广告支出的单位销售生产率又知道多少？广告费应支出多少？

一般来讲，广告的经济效果要比沟通效果难以测定。广告的经济效果最容易测定的是邮购广告的经济效果，最难测定的是树立品牌或企业形象的广告的经济效果。测定广告的经济效果，可通过两种方法进行。

（1）历史资料分析法。这是由研究人员根据同步或滞后的原则，利用最小平方回归法求得企业过去的销售额与企业过去的广告支出二者之间关系的一种测量方法。在西方国家，不少研究人员在应用多元回归法分析企业历史资料，测量广告的经济效果方面，取得了重大进展，尤以测量香烟、咖啡等产品的广告效果最为成功。

（2）实验设计分析法。用这种方法来测量广告对销售的影响，可选择不同地区，在其中某些地区进行比平均广告水平强50%的广告活动，在另一些地区进行比平均水平弱50%的广告活动。这样，从150%、100%、50%三类广告水平的地区销售记录，就可以看出广告活动对企业销售究竟有多大影响，还可以导出销售反应函数。这种实验设计分析法已在美国等西方国家被广泛采用。

8.5.7 房地产广告的创作

在确定广告媒体之后，就进入了针对各广告媒体的特征进行广告创作的阶段。房地产广告的创作要考虑以下几个方面的问题：（1）了解传播目标，包括知名度、商品概念、销售；（2）确定广告目标对象；（3）确定表现的主构想和副构想；（4）了解并分析楼盘和营销方法等在市场竞争上的关键点；（5）确定广告气氛和诉求气氛的设计，以迎合消费者接受广告的心理背景；（6）根据消费特征和媒体特征进行设计；（7）必须注意寻找提高传播效果的关键之处，如版面大小、位置、形状、日期、文字、语言、形体、名人等影响传播效果的要点。

1. 房地产广告的创作特点

(1) 真实性。一般来说，房地产广告相对于其他产品广告要平实得多，因为置业者所关心的通常都是一些比较实际的问题。而针对这些问题，应该用怎样的语言来表述，在让消费者感到真实可信的同时又能在众多的广告中脱颖而出，给消费者留下深刻的印象，是进行广告创作所要解决的重要问题。

(2) 目的性。广告创作的手法是多种多样的，或以平实的手法直面消费者，或以创造良好的氛围来感染消费者，其中最根本的一点就是要能把物业的特点向消费者展示出来，能塑造出物业的鲜明形象，引起消费者的注意，从而引起他的购买兴趣。这也是进行房地产广告创作的最根本目的。

(3) 独特性。进行房地产广告创作一定要注意追求独特性，这是房地产营销广告创意的生命。只有独特的房地产营销广告创意，才能塑造楼盘独特的品牌形象，进而吸引目标客户，最终为楼盘成功销售铺平道路。追求独特性不仅仅是广告创意上的要求，对房地产市场营销来说，还有其特殊的含义。从某种意义上说，房地产商品的经济特征决定了房地产营销对象的独特性，而房地产市场营销对象的独特性又决定了广告创意的独特性。

(4) 优势性。众所周知，房地产的区域性使其存在着显著的差异。在房地产市场上，几乎没有两种完全相同的产品，即使是完全相同的建筑设计、同样的售后服务，也会因不同的区域环境、不同的工程配套设施，使这些相同外观的楼盘具有不同的使用功能、不同的增值潜力。房地产市场只有相似的物业，没有完全相同的物业，这与其他一般匀质性的工业产品有差别。在房地产市场营销中，每个楼盘之间在营销方法和策略上都会有所不同。所以说，房地产营销广告要想做得好，广告创意人员就要充分发掘楼盘独特的个性，找出销售上的优势，在优势上做足文章，使需要这类房子的客户充分认识这一楼盘的优势。这样一来，楼盘品牌通过个性宣扬就会在房地产市场上站稳脚跟、独树一帜，并且不断提高知名度，房地产的销售局面也就会随之打开。以独特的营销思路来塑造楼盘形象，是房地产营销广告的生命所在。

2. 广告文案的结构

广告文案一般由广告语、标题、正文、随文四个部分组成。

(1) 广告语。

1) 作用。广告语又称广告口号、主题句、标题句，是为了加强诉求对象对品牌、企业、产品或服务的印象而在广告中长期、反复使用的简短口号性语句。它基于长远的销售利益，向消费者传达一种长期不变的观念。广告语在广告运作中有着画龙点睛的作用，它有着既定的特性：第一，简短有力的口号性语句：不简短就不利于重复、记忆和流传。第二，浓缩的观念性信息：通常是产品和企业的核心观念。第三，长期广泛地反复使用：有利于将企业、产品的观念延续，不断加深受众的印象。

2) 语言风格。第一，一般陈述：使用正式的语言、普通的句式和陈述性语气。这种广告语不事张扬，但是可以显示企业或品牌沉着自信的气质。第二，诗化：传达感性信息时，使用稍具文学性的语言风格更能营造氛围。第三，口语：口语生动活泼，语气鲜明，适合大众化楼盘。

3）写作要领。广告语的写作要注意忌讳流于空洞，其写作要领如下：第一，力求简洁，浓缩就是精华，去掉不必要的修饰。第二，单纯明确，体现的观念要单一明确。第三，避免空洞的套话，使之有独特性，语句不能晦涩难懂，更要避免虚假的大话。第四，要有很强的适应性，既要避免时间和地域色彩，又要能适应各种媒介的广告使用。第五，广告语在用词、内容、句式、语气等方面还应该追求个性，以能够在众多的广告语中脱颖而出，被消费群体记住。

（2）标题。

1）作用。标题是每一个广告作品为传达最重要或最能引起诉求对象兴趣的信息，而在最显著位置以特别字体或特别语气突出表现的语句。标题的作用就在于在最短的时间内传递出最重要的信息或者引起诉求对象的注意。

标题与广告语在广告作品中的作用同等重要，但二者的本质迥异。就长远效果来看，广告语的重要性无疑超过标题，但就一则广告作品，尤其是平面作品而言，标题远比广告语重要，它是文案的关键点。戴维·奥格威认为："标题是大多数平面广告最重要的部分。它是决定读者读不读正文的关键所在。"它还是文案与创意的纽带，精妙的标题可以一针见血，直指创意核心，让广告的创造性充分展现。

2）注意事项。要吸引诉求对象，标题必须有足够的吸引力。标题的吸引力蕴涵在它的内容和形式上，引人入胜的标题会使正文的阅读率成倍提高。在标题的撰写过程中必须注意以下几个要点：第一，紧扣创意，把创意的最巧妙之处融入标题，准确地直指核心，并且要集中一点。第二，避免平铺直叙，平铺直叙最能准确表述，但无助于吸引读者，应去寻找出人意料的角度。第三，语言简洁凝练，注意使用个性化的语言，这样有助于体现产品的特性。

3）写作手法。现代广告对标题越来越重视，广告标题也越来越新颖、醒目。要想在众多的广告中脱颖而出，广告的标题更需要一些创造性手法。下面是一些常用的手法：

类比式标题：寻找诉求对象司空见惯的事物，与广告诉求重点做贴切、生动的类比。

新闻式标题：以发布新闻的姿态传递新的信息，或者为了强调广告信息的价值，类似新闻式的标题以"新"来吸引读者。

疑问式标题：以设问或反问的方式引起诉求对象的好奇心，把读者拉入广告。

故事/叙事式标题：暗示一个引人入胜的故事即将开始。

命令/祈使/建议式标题：站在企业或产品的立场对诉求对象说话，也可以诉求对象的口吻说出，有着一定的敦促力量。

悬念式标题：设置某种悬念，引发诉求对象的好奇心理，引导读者寻求结局。

（3）正文。

1）目的。正文是广告作品中承接标题、对广告信息进行展开说明、对诉求对象进行深入说服的语言或文字内容，是诉求的主体部分。出色的正文对于建立消费者的信任、令他们产生购买欲望起着关键性的作用。正文还能展现企业形象、构筑产品销售氛围。

2）写作层次。广告的诉求目的不同，广告主和产品不同，广告的具体内容也会千变万化。但要写入正文的内容，不会脱离以下三个层次：

诉求重点：诉求重点是广告的核心内容。在企业形象广告中，诉求重点常常是企业的优势或业绩；在品牌形象广告中，诉求重点集中于品牌特性；在产品广告中，诉求重点集中于产品或服务的特性和对消费者的利益承诺；在促销广告中，诉求重点是更具体的优惠、赠品等信息。

诉求重点的支持点或深入解释：正文必须提供更多、更全面的信息使诉求重点更容易理解、更令人信服。如果广告的目的不在于传达具体的信息而在于情感沟通，情感性的内容也需要深入展开，以增加感染力。

行动号召：如果广告的目的是直接促销，而不是建立品牌形象，正文还需要明确地号召购买、使用、参与，并说明获得商品或服务的方法与利益。

3）表达方式。不同的产品或服务，不同的企业，在广告中的表现形式各不相同，正文的表达方式也会多种多样。适当的表现形式能使广告更具有说服力。下面是常见的几种表达方式：

客观陈述式：不借助任何人之口，直接以客观口吻展开诉求。这是最常用的方式。从形式上看，这种方式似乎没有创意，其实不然，创意再与众不同的广告，当它要在正文中展开诉求时，都会以诉求对象看得懂的外在形式来表现。只要文案撰稿人在写作正文时能够准确把握创意概念，即使是客观陈述，也能让创意的力量充分发挥。

主观表白式：以广告主的口吻展开诉求，直接表白“我们”将如何或正如何。这种方式在表述企业观点、态度以及在产品或服务上所做的努力方面有更大的自由，但前提是必须有好的创意概念。

代言人式：以代言人的口吻向诉求对象说话。这是电视广告最常用的方式。让代言人说出自己了解的情况，语言必须符合代言人的身份与个性。

独白式：以虚构的人物或者广告中的角色内心独白的方式展开诉求。这种形式不是直接向诉求对象说话，独白者可以回忆自己的经历、表明观点、抒发情感，可以有鲜明的感情色彩以诱发诉求对象的情感共鸣。

对白式：通过广告中的人物对话与互动展开诉求。这种方式常用于电视广告中。

故事式：将正文写成一个完整的故事，描述有吸引力的故事情节，让企业、产品或者服务在故事中担当重要角色，将广告诉求以常理的逻辑关系自然地融入故事中。这种方式常用于平面广告中。

（4）随文。

随文又称附文，是广告中传达购买产品或接受服务的方法等基本信息，促进或者方便诉求对象采取行动的语言或文字。一般出现在影视广告的结尾或印刷品的最边角，但它不是可有可无的，它是正文的补充，是广告诉求的最后推动。

随文包括购买产品或获得服务的方法、权威机构的认证标志、与诉求对象联系的电话号码、公司的网址、品牌名称与标志，可能还包括特别说明以及意见反馈表格。随文既可以直接列明，也可以以委婉的附言形式出现。

3. 广告文案的诉求方法和技巧

在文案的写作过程中，需要针对不同的产品、不同的诉求对象运用不同的广告诉求手法。在不断寻找有效的说服途径的过程中，针对消费者认知和情感投入的差异，广告发展出理性、感性和情理结合三种最主要的诉求手法。广告使用的手法应该视消费者在消费购买不同的产品时理性和情感的投入程度而定。理性诉求可以以多种方式传达具体信息、进行观念说服；感性诉求则可以充分挖掘与消费行为相关的多种情感和情绪。

（1）理性诉求。

理性诉求定位于诉求对象的认知，真实、准确地传达企业、产品、服务的功能性利益，为诉求对象提供分析判断的信息，或明确提出观点并进行论证，促使消费者经过思考，理智地做出判断。理性诉求可以做正面说服，传达产品、服务的优势和购买产品、接受服务的利益，也可以做负面表现，说明或者展现不购买的影响或危险。

理性诉求的基本思路是：明确传递信息，以信息本身和具有逻辑性的说服加强诉求对象的认知，引导诉求对象进行分析判断。理性诉求的具体内容多种多样，但手法主要有以下几种：

阐述重要的事实：直陈、数据、图表、类比。当广告集中传达产品特性、性能、购买利益时，阐述最重要的事实并做利益承诺是最常用的手法。阐述的语言要求精炼、准确。经常采用直接陈述、提供数据佐证、列图表、与同类产品类比等方法，提供给诉求对象以信息。

解释说明：提供成因、示范效果、提出和解答疑问。在传达产品特性时，广告还可以做一系列的特性演示并示范功能和效果，从而加深诉求对象的理解。提供成因或示范效果均可以图文结合的方式展现，增加可信度。而提出和解答疑问的方式可以有效地将诉求对象的关心点引向广告的诉求重点。

理性比较：比较、防御和驳斥。比较主要采用理性诉求的方式进行，和竞争对手做比较，以凸显自身优势。既可以含蓄地比较，不指明品牌，也可以针锋相对地比较。优势品牌通过比较可以展示自身的优势；弱势品牌通过比较可以提升品位，展示独特之处。

观念说服：正面立论与批驳错误观念。理性手法还可以就本产品或服务给诉求对象带来一种新的消费观念、产品选择观念、企业的理念或者观点时进行深入说服。可以从正面阐述自己的新观念或理念，也可以反驳旧有的错误观点。

不购买的危害：恐惧诉求。恐惧诉求也是理性诉求的常用方法，展现购买的利益和不购买的危害，描述某些使人不安、担心、恐惧的事件或发生这些事件的可能性。但应当注意的是，广告展现的恐惧程度要适当，恐惧诉求必须与定位对象有适当的距离。

（2）感性诉求。

感性诉求的基本思路是：以人性化的内涵接近消费者的内心，让他们参与或者分享产品或服务所带来的某种愉悦的精神享受，使之与品牌之间建立情感联系，对企业、产品或服务产生情感化的偏爱。

如果产品或产品的使用情景与某些情感有直接的关联，我们就可以利用这种情感，使之成为有效的情感诉求工具。

爱与关怀：爱情、亲情、乡情与怀旧、友情及陌生人之间的交流。爱与关怀是人类的感情基础，最能引起人们的共鸣。广告中快乐、幸福、满足、温馨等容易感染消费者的氛围，主要依靠爱与关怀的主要情感因素爱情、亲情、乡情与怀旧、友情来营造。

生活情趣：好奇、休闲、幽默及其他。生活中蕴涵着丰富的情趣，如享受悠闲、品味幽默、满足好奇心等等，它们虽然不是情感，但是可以唤起积极的心理感受，如轻松、自得、惬意等，很容易感染诉求对象，因此也是感性诉求的常用手段。

自我观念与期许：个性、价值观、自我实现感。以个性化内容和个性化风格，充分展示诉求对象鲜明的自我观念与期许，个人对社会形象的向往和追求，包括个性、价值观念、自信、自豪、自我实现的感觉，是感性诉求的另一重要方式。

（3）情理结合。

情理结合诉求手法的基本思路是：采用理性诉求传达客观信息，又用感性诉求引发诉求对象的情感共鸣。它可以灵活地运用理性诉求的各种手法，也可以加入感性诉求的种种情感内容。

情理结合诉求手法在广告文案的写作以及广告运作中更为常用，但前提是产品或服务的特性、功能、实际利益与情感内容有合理的关联。

关键术语

房地产市场营销策略　房地产市场营销品牌策略　房地产市场营销渠道策略　房地产广告　房地产人员推销策略　房地产市场营销促销策略

复习思考题

1. 房地产开盘期的推广策略有什么特点？
2. 房地产销售进入尾盘期的原因有哪些？如何通过控制房地产项目的销售节奏，来减少或避免尾房的产生？
3. 如何根据房地产项目特点选择传播方式？
4. 选择一个成功的房地产项目，对它的房地产广告投放时机进行评价。

第 9 章

房地产关系营销

本章内容提要

房地产关系营销主要包括房地产客户关系管理、房地产合作伙伴关系管理、房地产渠道营销关系管理三种形式。其中客户关系管理事关房地产企业的盈利能力，是关系营销工作的重点；合作伙伴关系管理决定着房地产企业工作的进展情况，是关系营销不可忽视的环节；渠道营销关系管理对于产品进入市场有着很大的引导作用，影响着房地产营销的各个环节。房地产关系营销的三种形式环环相扣，共同决定着房地产产品的销售。

9.1 房地产客户关系管理

客户关系管理（customer relationship management，CRM），是一种以客户为中心的经营策略，它以信息技术为手段，通过对相关业务流程的重新设计及相关工作流程的重新组合，以完善的客户服务和深入的客户分析来满足客户个性化的需要，提高客户满意度和忠诚度，从而保证客户终生价值和企业利润“双赢”策略的实现。房地产客户关系是房地产企业树立自身的良好形象，通过传播沟通手段争取相关公众的支持或理解的科学与艺术。客户关系之所以引起各企业的重视，主要是因为客户关系除了具有与其他促销方式同样的沟通作用外，还具有其他促销方式无法起到的作用。

房地产客户关系实际上不仅向目标客户传递楼盘产品的信息，还向公众传递了房地产企业的其他有关信息，如品牌、形象、成就等等，其直接目的在于提高企业知名度，引起公众对企业的信赖、好感与兴趣。客户关系对消费者的说服力和权威性要高出广告，其表达方式也比较隐晦和委婉，侧重于间接促销和长期的市场效应，且应用范围也已超出房地产产品推销的领域。因此有人认为，房地产广告是推销楼盘，客户关系活动是推销公司品牌。

9.1.1 客户关系营销的作用

1. 塑造形象①

房地产客户关系是企业树立自身的良好形象，通过传播沟通手段争取相关公众的支持或理解的科学与艺术。房地产企业参与市场竞争，已不仅仅是建筑产品质量或价格的单一竞争，而是包括企业经营战略理念、社会服务、社会责任、传播宣传等企业文化或企业形象的竞争。因此，房地产企业管理中迫切需要引进以塑造企业形象、争取公众支持为目标的客户关系理论，积极开展客户关系工作，从而取得外部环境支持，不断拓展市场范围，抵御竞争风险。

客户关系塑造企业形象主要是通过向公众传播组织的信息，与公众进行双向沟通，以提高企业的知名度和美誉度来实现的。企业塑造形象的客户关系活动主要有以下三个方面：

（1）建立企业形象识别系统。房地产企业可以通过企业形象识别系统（corporate identify system，CIS）来全方位、多角度、大力度地塑造企业形象。CIS由理念识别（mind identify，MI）、行为识别（behavior identify，BI）和视觉识别（visual identify，VI）三个识别子系统组成。

引入CIS，可以创造和形成统一完整的企业形象系统，解决企业从内部管理到对外关系活动、信息传播、广告宣传等各方面的组织化和系统化的优化组合，确定企业的经营理念，使企业的所有方面均以一种统一的、丰富的形态呈现在社会公众面前。引入CIS，对外还有利于企业改善和优化与社会的关系，对内则可以使企业文化得以传播，提高员工士气，增强企业的凝聚力。

（2）加强舆论宣传。塑造企业形象，还要注意加强企业的宣传活动，影响或引导公众舆论，使之有利于自己。公众对企业的评价和意见，既是企业在公众心目中的形象，也是企业所面临的舆论环境。客户关系工作不仅要向企业提供和解释公众对企业的评价和意见，还要通过有说服力的宣传，影响或引导公众的评价和意见。从这个意义上来说，客户关系工作就是分析和影响公共舆论的工作。因此，作为客户关系工作人员，了解舆论的影响和舆论影响的过程是做好客户关系工作的基础。

（3）举办各种活动。房地产企业还可以运用经常性的、阶段性的关系活动，维护和加强企业形象。比如，客户关系部门可以通过一些日常交往活动，如座谈会、联谊会、研讨会、节庆活动、参观拜访、社会服务、社会赞助等，与公众进行有效的沟通，培养公众对企业的感情，赢得他们对企业的理解和支持。如果说宣传引导侧重于从企业到公众的定向影响，着眼于对公众认识引导的话，那么沟通协调则侧重于企业与公众之间的双向交流，着眼于企业与公众情感的联络。

2. 监测环境

所谓监测环境，是指观察与预测影响企业生存与发展的公众情况和其他环境变化情

① 参见丁利军：《供应链合作伙伴关系管理过程分析》，载《计算机集成制造系统》，2003（10）。

况。企业环境是由它的公众以及其他影响企业生存、发展的社会政治、经济、文化等因素组成的。企业环境是不断变化的。企业要适应这种环境，首先就必须严密地观察环境，对环境变化做出科学的预测。客户关系便担负着这种任务。它向企业提供环境信息，并对企业所处环境进行分析和研究，然后在此基础上对环境变化做出科学的评价与预测，使企业对环境保持清醒的头脑和敏锐的感觉，从而合理地制定或调整企业目标。环境监测通常由以下内容组成：

（1）搜集信息。

客户关系对企业环境的把握是从搜集环境信息开始的。信息是现代企业赖以生存的基础。企业环境信息既包括企业所面临的自然环境情况，亦包括企业所处的人文环境情况；既包括企业外部的公众情况，亦包括企业内部的公众情况。

企业自然环境信息包括企业所处地理位置、自然资源、生态环境、道路交通等方面的情况。相对企业的人文环境来说，自然环境一般比较稳定，较易掌握。人文环境则往往瞬息万变，错综复杂。企业客户关系工作主要是关于人文环境的工作，它包括与企业利益相关的公众态度、意见及其变化，包括国内外政治、经济、文化等方面的动态。这些信息主要有公众需求信息、产品形象信息、企业形象信息、公众其他信息和其他社会信息等。这些信息一般可以通过举办各种活动获取，有利于房地产企业了解购房客户的真实需求。

（2）研究信息。

客户关系工作绝非只是把搜集的信息提供给企业决策机构就完事了。要科学地监测企业环境，还必须对搜集来的信息进行深入的分析与研究，做出科学的解释和评价，并找出企业目前存在的和将来要面临的问题，从而提出相应的建议。

通过对信息的研究，使企业不仅能掌握公众的想法和意见，还能掌握公众为什么会有这种想法和意见；不仅能了解企业现有的问题和机会，还能了解企业潜在的问题和机会；不仅能知道国内外政治、经济等的变化情况，还能知道这些变化会给公众态度以及企业与客户关系所带来的影响，从而帮助企业制定易于为公众所接受的政策。

3. 改进营销方式

传统的营销活动主要包括广告、展销会等，随着房地产市场的发展和科技的进步，产品更加多样化，在增加了客户选择余地的同时，也加大了营销的难度，因此通过客户关系改进营销是必然要求。CRM 系统提供了更加个性化的营销手段，可以根据客户的需求、偏好、年龄、职业和收入等情况来营销不同的产品。个性化的营销方法既克服了大众营销高成本的弊端，又通过针对性的服务提高了营销的成功率。

4. 帮助决策

企业决策是企业针对存在的问题，确定解决问题的行动方案的过程。由于企业环境和公众在企业生存与发展中所起的作用逐步加强，公众是否会接受一个已经提出的政策，是企业决策时应考虑的重要因素。因此，客户关系部门必须就有关企业环境问题、公众关系问题向企业决策机构提供咨询，参与企业决策的全过程。只有当客户关系成为最高管理层进行决策的一部分时，客户关系活动才是最有效的。因此，绝不可把客户关系工作当做只是在政策、方案形成后报道或发布信息的工作。

5. 危机公关

企业在发展过程中，常常会遇到各种各样的危机，如经营危机、管理危机、法律危机、素质危机和关系危机等，而此时采取与客户互动的方式就可能化解危机，甚至借助危机处理使企业或品牌形象得以提升。

如果某个房地产项目或房地产开发商由于某种原因，在公众中造成了不良影响，这时的客户关系工作一方面应就事件的真相，包括它的起因和后果，向公众和新闻媒介进行诚实的公开，切记不要封锁事实，制造假象；另一方面应积极协助企业制定和实施事故处理措施，包括承担责任和补救方法及行动。同时还要大力宣传企业对这一事件的积极处理措施和行动，发挥舆论导向作用，引导公众客观地、全面地、公正地评价企业，避免公众舆论的情绪化、片面化。要做好舆论的宣传与引导工作，得到舆论领袖的支持很重要。舆论领袖亦称为“意见领袖”，指那些能左右群体意见，在公众中有相当大影响力的人。如果能使他们与你的观点一致的话，那么再去影响其他更多的公众就会比较容易了。

9.1.2　改善客户关系的策划过程

1. 与客户互动策划步骤

客户关系策划分为 2 个阶段、9 个步骤，如图 9—1 所示。

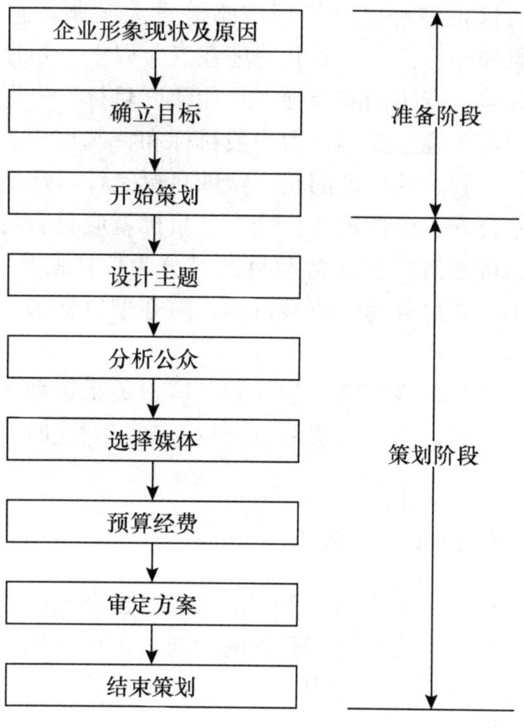

图 9—1　客户关系策划的阶段和步骤示意图

2. 客户关系策划的准备性工作

着手进行客户关系策划之前，应首先做好以下两项准备工作：

（1）企业形象现状及原因分析。企业形象现状及原因分析工作，实际上就是要求客户关系工作人员在进行客户关系策划之前，对策划所依据的调查材料进行分析、审定，确认调查材料的真实性与可靠性，否则，再好的策划也不会取得成功。

（2）确定目标要求。确定客户关系工作的具体目标是客户关系策划的前提，没有目标，客户关系策划就无从谈起。客户关系工作的具体目标是同调查分析中所确认的问题密切相关的。一般来说，所要解决的问题也就是客户关系工作的具体目标。客户关系工作的具体目标是客户关系策划的依据，它既不同于客户关系总目标和企业的总目标，又要与这些总目标保持一致，并受到总目标的制约。

第一，要确定客户关系目标的重要性。客户关系目标，实际上就是企业通过客户关系策划和实施所希望达到的形象状态和标准。确定目标，对搞好企业的客户关系工作十分重要。首先，客户关系目标是指导和协调客户关系工作的依据。客户关系活动的开展要有很多部门和人员的配合，在实施过程中会不断出现各种意外情况，有一个明确的目标，可以指导人们的行为，并为人们处理意外情况提供依据和要求。其次，客户关系目标还是评价行动方案实施效果的标准。策划的好坏、成败，最终只能用所确定的客户关系目标来衡量。

第二，要确定客户关系目标的类型。客户关系的目标体系可以从不同角度分为不同的类型。通常可按时间长短和目标的共性与个性来划分。按照时间可分为长期目标和短期目标。长期目标涉及企业长远发展和经营管理战略等重大问题，它与企业的整体目标相一致，反映企业的理想形象和经营信条，时间跨度在五年以上。短期目标是围绕长期目标制定的具体目标，它内容具体，有明确的指导性，如年度目标、专题活动目标等，时间跨度一般在五年以下。从共性与个性角度可分为一般目标和特殊目标。一般目标是针对各类公众的共性要求制定的目标，解决共性的问题。特殊目标是针对那些不同类型公众的个性需求而定的目标，如对海外公众、少数民族公众，其目标就应具有特殊性。客户关系目标还有一些其他分类方法，如按照客户关系活动目的可分为传播信息、联络感情、改变态度、引起行为；按照活动作用形式可分为进攻型目标、防守型目标等。这些分类方法都有利于确定具体工作目标。

第三，要确定客户关系目标应该注意的问题。客户关系策划的目标越具体明确，越能形成一个科学的目标管理系统，明确各级的责、权、利与完成时间，就越能保障客户关系活动的成功。

9.1.3 改善客户关系的操作要点

客户关系活动是指企业整合本身的资源，通过具有创意性的活动或事件，使之成为大众关心的话题，因而吸引媒体的报道与消费者的参与，进而达到提升企业及楼盘形象，以及促进销售的目的的一系列活动及其过程。

1. 选择与客户互动的时机

能否把握住时机，及时地传播对企业有利的正面信息，引导公众舆论的发展趋向，与增强企业和客户互动的效果密切相关。与客户互动策划人员必须以敏锐的触觉，注意寻找和利用公众接受信息的最佳时机，或主动去创造这样的时机。企业与客户互动的时机一般来自企业内部和企业外部两个方面。

（1）企业内部机遇。企业内部机遇是指抓住企业内部活动、事件的时机，推行客户关系活动。在举行这种活动时，要注意“对内求团结，对外求发展”，不仅要着眼于公众和目标客户，也要借机联络企业员工感情，使其产生强烈的归属感和企业荣誉感，增强企业的内部凝聚力。企业内部机遇一般有楼盘开盘、企业周年庆典和社区定期举办的活动如业主联谊会、文化沙龙、广场音乐舞会等。

（2）企业外部机遇。社会上的各种传统节日、国内外的重大事件、某一时期人们议论的热点问题、某种方兴未艾的时尚等，都可以作为企业实行客户关系活动的机遇。如果能借助这些事件的影响，往往能使企业的活动事半功倍，收到意想不到的效果。

客户关系活动并不是只能选择在形势较好的时候开展。在企业面临某些消极的事件或状态时，也可以推行客户关系活动，挽回企业形象，促进楼盘销售。企业与客户互动的时机还包括：

1）认为购买商品的新顾客人数不够多时；

2）新项目导入市场的速度必须加快时；

3）该片区或某一特定时期，市场竞争特别激烈时；

4）企业想更加强广告力度时；

5）主要竞争对手积极举办活动推广时；

6）企业想要获得更多消费者或路径等方面的情报时。

2. 选择与客户互动的类型

（1）广告。从广义上讲，楼盘广告也往往发挥着与客户互动的作用。房地产企业还可以制作一些公益广告来提高企业的知名度，塑造企业的风格、形象和品牌。

（2）新闻媒介。在与客户互动过程中，与新闻媒介的合作尤其重要。房地产企业要注意处理好与新闻媒体的关系，如经常向媒体提供新闻稿，重大事件举办记者招待会，向新闻界分发企业和楼盘刊物、宣传小册子等，以求最迅速地将企业内部的信息通过媒体扩散开去，形成有利于企业和楼盘的社会舆论。

（3）楼盘庆典仪式。包括项目工程建设过程中举行的开工典礼、封顶仪式、竣工典礼、开盘仪式及业主入住典礼。在楼盘庆典仪式中，需邀请具有一定社会影响力的机构、团体、个人参加，如当地和全国有关的新闻机构、物业代理等人员及可能的买主，还可邀请政府有关人员和社会知名人士参加。庆典活动中，企业领导和当地政府官员或知名人士致辞、物业情况介绍、现场参观等应是必需的程序，此外还可安排茶点或自助餐招待，并可赠送一些小纪念品和有关宣传材料，有时还可安排一些文娱活动。

（4）展销会、展览会。参加由房地产协会或国土局举办的展销会和展览会是企业和楼盘扩大其对外影响的窗口和机会。在这种场合，企业除了提供优质的楼盘产品，尽力获得销售和利润外，还应抓住机遇，营造富有特色的舒适展示环境，提供优质的服务、严谨周到的安排，以及赠送一些小礼品等，从而为企业和楼盘塑造良好形象创造条件。

（5）社区内活动。以举办并播报业主参加的各项大型活动来展示小区的文化内涵。通过间接的方式来引导消费者的购买行为，现已成为普遍流行的一种推广手段。其活动安排常选择在各种节假日，如元宵节灯谜晚会、重阳节敬老活动、“六一”儿童运动会、圣诞狂欢夜等等。此活动推广在增加社区人气的同时可以起到吸引外界目光的作用。

（6）大型有奖销售、打折促销活动。通过一些优惠促销、售后服务、咨询服务和维修技术培训等“实惠公关”活动，“让利于民”、“与民方便”，可在短时间内聚集大量的人气，从而增加项目的知名度，并直接增加销售量。这类活动有易组织、见效快的特点，但不宜经常举行，以免让人产生“低廉”和“抛售”的感觉，导致消费者对楼盘品质产生怀疑而得不偿失。

（7）社会公益活动。但凡借艺术、音乐、文化、体育、环保或社会责任之名从事的公益活动，由于具有非商业性的本质，以及提升生活素质的功能，所以比较容易受到大众传媒的重视而成为有新闻价值的话题。企业从事公益活动，不但能塑造卓越的企业形象，也可增强消费者信心，可谓一举两得。

（8）导引教育型活动。在信息爆炸的今天，不断地追求新知与接受再教育，已经是现代人成就自己、肯定自己的绝佳途径。可利用适当时机，针对消费者举办教育性质的活动，或间接利用小区内配套，如学校的开学典礼来达到这一互动目的。

（9）善用时势环境型活动。“时势造英雄”，同样也可以造就一个楼盘项目的成功形象。所谓善用时势环境，是指对世局、政局或社会议题、消费者心理等要有敏锐的反应，并将其吸纳成为企业造势的资源。此外，可利用口碑、耳语、谣言、突发事件等来制造机会，起到借力使力、顺势推舟的效果。举一个简单的例子，中国队在 1996 年亚特兰大奥运会上取得佳绩之后举国欢庆，某楼盘（以体育概念为主）及时抓住这一可利用的局势，特聘多名奥运金牌获得者为其做形象宣传，收到了非常好的效果。

3. 确定与客户互动的步骤

（1）明确活动的意义及要达到的目的；

（2）制定活动原则及策划的依据；

（3）安排活动时间及活动地点；

（4）组织（部门）分工安排；

（5）媒介宣传方案制定；

（6）活动程序安排；

（7）费用预（结）算；

（8）活动总结。

4. 与客户互动的操作技巧

与客户互动的特点是花费少、见效快。与客户互动主要是通过“借势”和“造势”两种方式来提高企业或产品的知名度、美誉度，树立良好的品牌形象，并最终实现促进销售的目的。

（1）借势策略。所谓借势，是指企业及时地抓住广受公众关注的事件、社会新闻或者明星人物的光环效应等，结合企业或产品在传播上的目的而展开的一系列相关活动。借势策略大致可分为以下几种：

1）新闻策略。企业利用社会上有价值、影响面广的新闻，不失时机地将其与自己的品牌联系在一起，以达到借力发力的传播效果。

2）体育策略。主要是借助赞助、冠名等手段，通过相应的体育活动来推广品牌。体育营销作为一种软广告，具有沟通对象量大、传播面广和针对性强等特点。

3）明星策略。崇拜明星和模仿明星的行为是人类的一种心理习惯。根据消费心理学，当消费者不再把价格、质量当做购买障碍时，可以利用明星的知名度去加大产品的附加值，培养消费者对产品的感情、联想和追捧。

（2）造势策略。所谓造势，是指企业通过精心策划的、具有新闻价值的事件，吸引媒体、消费者的兴趣与关注，以实现传播目标。造势策略可分为以下几种：

1）舆论策略。即企业通过与相关媒体的深度合作，在媒体上发表大量介绍和宣传企业、产品的文章，以第三者的身份传播自己。

2）活动策略。指企业为推广自己或产品而组织策划一系列活动，吸引消费者和媒体的关注，达到传播目的。

3）概念策略。指企业为自己或产品与服务所创造的一种“新理念”、“新潮流”。

9.2　房地产合作伙伴关系管理

房地产合作伙伴关系可以定义为，在房地产的开发、建设及销售过程中，在供应链上有相互关系的核心企业和节点企业之间，共享信息、共担风险、共同获利的一种协议关系。这种战略合作关系，普遍存在于为了特定目标和利益的伙伴企业之间。

房地产合作伙伴关系主要涉及开发商、承包商、设计院、材料供应商和营销代理商，建立了合作伙伴关系之后，不同的商家就可以通过协商来解决开发项目的设计、建造、材料的供应以及销售和物业管理中的问题，从而可以大幅降低交易成本和管理费用。

9.2.1　房地产合作伙伴关系的作用①

1. 缩短开发时间

通过与承包商和设计院建立合作伙伴关系，开发商可以不必通过昂贵而风险巨大的垂直集成就能充分利用承包商和设计院的专长，将大量自己不擅长的设计和建造任务外包，而集中力量于自己的核心竞争优势。这样能充分发挥各方的优势，并行开展项目的设计和建造，从而使开发项目的开盘时间明显缩短。

2. 降低开发成本

合作伙伴关系的建立，将使得承包商更多地参与开发项目的设计及建造过程；开发商也不再仅仅是被动地接受承包商的产品，将对承包商的建造过程进行更多的了解。本着“双赢”的原则，供需双方都将对对方设计和生产中的缺陷和问题及时提出改进意见，从而使生产成本大大降低。

3. 增加用户满意度

合作伙伴关系的建立，将使得开发商更贴近用户，更知道用户的喜好，从而能在新产品的需求定义方面提出更为恰当的建议，而设计方在产品的设计之初就充分考虑到用户的需求，承包商也就能生产出更符合用户习惯的产品，使得开发的项目能做到以用户需求来拉动，而不是传统地将产品推向用户。

---

① 参见颜涛：《供应链合作伙伴关系管理的难点与对策》，载《物流技术》，2008（6）。

9.2.2 房地产合作伙伴关系的内容

1. 相互支持

（1）承诺。关系承诺是指企业在合作的过程中，成员双方相信一个持续不断的关系是重要的且愿意尽最大努力去维持这个具有价值的关系。承诺可定义为想要发展出一种稳定关系的欲望，为了维持关系的延续而愿意牺牲一些短期利益，并且对这种稳定的关系非常有信心。因此，对房地产企业而言，承诺代表着双方对合作关系的保证，包含在建筑材料和资金上的提供、在建设计划上的相互支援等，企业意识到该“关系”是重要的，且能为企业带来利益。

（2）信任。“信任”是一方愿意且期待对方将会完成某一特定的行为，而且在其过程中没有监视或控制对方等行为发生。信任可用来衡量对方的信用及可信任度。信任更是一种信赖对方会完成义务的自信，它因此降低了因投机所可能带来的风险。当未来的环境越不确定、越无法预期时，企业间的信任就越重要。房地产企业由于开发的长期性，就更要与有关的机构尤其是银行建立信任关系，这不仅事关房地产企业的资金链，而且影响着房地产企业的长期发展。

（3）相互依赖。在经济全球化趋势下，企业很难单独生存和发展，企业间或组织间的“依赖关系”日趋重要。伙伴成员彼此需要对方，所贡献的资源与技能正好是彼此欠缺互补的，因而会形成相互依赖的关系。开发商需要金融机构提供的资金，购房者需要物业公司提供的服务，建造商需要设计部门提供的建设方案。企业与其供应商或其他合作伙伴间的相互依赖是必然的，而供应商在某种程度上依赖下游制造商，这些现象即为买卖双方关系上的相互依赖性。

（4）协调。伙伴关系会造成模糊的边界现象，使企业常常无法辨别什么样的工作该由谁来执行。因此，协调是关于组织间边界的定义，指出每个成员被指定应该执行什么样的工作。成功的伙伴关系受到协调活动的直接影响。紧密的协调行为会减少重复努力的浪费及降低成本。

2. 保持沟通

沟通的程序是组织功能最重要的基础，沟通行为是组织合作关系成功的关键。房地产开发从最初的可行性研究到最后的回笼资金要经过很长的一段时间，这期间为了获取合作的利益，伙伴间有效率的沟通是最基本的。

3. 解决冲突

冲突普遍会存在于组织间，主要是因为伙伴在先天上相互依赖的特性。当所期望的回应与实际的回应之间有所差异、不相容时，冲突就会产生。而当成员感到其他成员的行为会妨碍它的绩效或将阻碍其目标的达成时也会产生冲突。冲突是在所难免的，尤其是房地产开发要面临国家经济政策和市场变动的影响，有些变动对某一商家不利的时候，冲突就会出现。解决冲突的最好办法就是事先将可能遇到的风险和所要采取的对策列出来，只有这样才能在事发后有效地解决冲突。

4. 确立权力

在伙伴关系中由于成员之间的相互依赖程度不相同，组织之间会出现权力的相关问题。不均衡的权力是指伙伴关系中的一方有能力指使另一方去做一些在正常情况下他所不愿意做的事情。在房地产开发中，核心资源一般掌握在银行和政府土地部门手中，物业咨询等机构往往处于附属地位。权力关系如果处理不好，则会引起不必要的纠纷，进而增加实际建设过程中的难度和挑战。

9.2.3 房地产合作伙伴关系的构建

1. 构建房地产合作伙伴关系的原则

(1) 战略一致性原则。由于开发商与房地产供应链上的节点企业并非一次性交易，而是要与之长期、稳定地合作，如果战略不一致，必然会存在供应链整体行为缺乏协同性，信息难以共享，资源难以整合，供应链难以集成等问题，最终必将影响工程建设的整体效果，对项目造成重大损失。

(2) 技术专业化原则。理想的合作伙伴不仅要求供应商的战略与自己一致，更为现实的标准是供应商需要有高度专业化、标准化的核心技术和较强的技术研发能力，以及推进技术市场化的快速响应能力。

(3) 敏捷性原则。建立房地产供应链合作伙伴关系的目的就是为了迎合和把握迅速变化的市场机会，因此对各个合作伙伴企业具有较高的敏捷性要求，能对来自供应链内部合作伙伴之间和供应链外部的服务请求做出快速反应，从而准确、及时地满足购房者的购房需求。

(4) 风险最小化原则。供应链合作伙伴运行模式具有高风险性，尤其是在市场和法制还不健全的情况下，应尽量避免供应链干系企业之间出现相互不信任和不规范的行为，以及因投资不可逆导致的战略（套牢）风险、核心能力外泄或丧失等技术产权风险而导致的供应链合作伙伴关系的破裂。

2. 构建房地产合作伙伴关系的方法

房地产开发企业对合作伙伴的选择，是对工期、造价、质量三者总体进行综合考虑而做出的。其选择的方法很多，既有定性的方法，例如ABC法、公开招标法、协商选择法、经验判断法等，也有定量的方法，例如采购成本法、层次分析法、神经网络结算法、数据包络法、二级模糊测评法等。这些方法都各具特点、优缺点以及使用条件和应用流程，在具体操作中往往采取定性与定量相结合的综合方法。

3. 构建房地产合作伙伴关系的步骤

(1) 分析需求和必要性。建立基于信任、合作、开放性交流的供应链长期合作关系，首先必须分析市场竞争环境。房地产开发企业必须知道现在的产品需求的类型和特征是什么，这样才能确认用户的需求，确认是否有建立供应链合作伙伴关系的必要。

(2) 确立合作伙伴关系的目标。房地产开发企业必须确定实质性、可操作的选择目标，其中降低成本是主要目标之一。供应链合作伙伴的评价、选择，不是一个简单的评价选择过程，它本身也是企业自身和企业之间的一次业务流程重构过程。

(3) 建立合作伙伴评价标准。供应链合作伙伴综合评价的指标体系是企业对合作方进行综合评价的依据和标准，应建立集成化供应链管理环境下合作伙伴的综合评价指标体系。一般地，对房地产企业合作伙伴的评价指标应包括质量、完工期、信誉度、价格、柔性、市场响应能力、企业管理与文化等。

（4）建立评价小组。房地产开发企业必须建立一个小组来实施供应链合作伙伴评价。小组的组员要来自设计、采购、营销、物业、工程等与供应链合作关系密切的部门。此外，评价小组还必须同时得到开发商和供应商最高领导层的支持。

（5）让合作伙伴参与进来。评价小组对合作伙伴评价之后，就会与初步选定的企业取得联系。在此过程中要注意的是，企业应尽可能早地让合作伙伴参与到评价的设计过程中来，但由于企业的力量和资源有限，只能与少数关键的企业保持紧密的合作，所以参与的合作方应是尽量少的。

（6）评价供应链合作伙伴。此阶段的主要工作是调查、收集有关合作伙伴的生产、运作等方面的信息。在收集合作伙伴信息的基础上，就可以进行合作伙伴的评价了。

（7）实施供应链合作伙伴关系。与符合条件的企业签订合作协议，建立供应链合作伙伴关系。但在实施供应链合作伙伴关系的过程中，市场需求将不断变化，可以根据实际情况的需要及时修改合作伙伴评价标准，或重新开始合作伙伴评价选择。

◆ 案例 9—1 ◆

房地产合作伙伴关系

2010 年 9 月 27 日，易居（中国）控股有限公司与满堂红（中国）置业有限公司正式建立战略合作伙伴关系。合作基于双方各自在房地产服务领域的卓越成就，并着眼于未来房地产服务领域的高速发展。成为战略合作伙伴之后，易居和满堂红将合力发挥双方在房地产营销、互联网应用等方面的互补优势，致力于为房地产服务领域注入新的动力。

易居（中国）控股有限公司，是中国第一家横跨美国纽约交易所与纳斯达克的房地产现代服务业上市企业，其一手房营销代理、房地产互联网、房地产信息及咨询等业务在国内处于领先地位，业务区域覆盖全国每一个城市。同样拥有十年成功发展历程的满堂红（中国）置业有限公司，一直以来专注于房地产二手中介代理业务，截至 2010 年 9 月，其二手中介代理业务已经覆盖全国八个主要大城市。

9.3 房地产渠道营销关系管理

渠道营销是以营销渠道为中心而形成的营销模式。根据菲利普·科特勒的理解，渠道营销是指将特定的产品或服务从生产者转移至消费者的过程中，所有取得产品或协助转移的个人或机构所形成的一种关系。它主要包括经销商、代理中间商，以及处于渠道起点和终点的生产者与消费者。而根据路易·W·斯特恩等的定义，渠道营销可视为由一群相互关联的组织所组成的销售模式，这些组织将促使产品或服务能顺利地被使用或消费。

9.3.1 房地产渠道营销流程[①]

1. 产品流程

产品流程是指房地产产品在渠道成员之间的转移过程，既包括建筑物、公共设施、配套建设等有形的建筑产品，又包括物业服务等无形的服务。房地产位置的不可移动性使得其产品流程没有一般工业或消费品的运输、仓储等过程。

2. 谈判流程

谈判流程是指房地产开发企业为了转移所提供房地产产品的所有权而就特性、价格与顾客谈判，或就产品代理、促销等与其他渠道成员进行谈判并达成最后协议的过程。谈判流程贯穿于渠道分销的全过程。谈判流程是双向流动的流程。

3. 所有权流程

所有权流程指产品所有权从一个渠道成员转移到另一个渠道成员的过程。由于我国土地公有制的基本国情，土地只有有限的使用年限，房地产的产权包括房屋的所有权和土地的使用权，而不包括土地私有权，我国土地公有制的基本国情使得购房者只能获得有期限的土地产权。这一流程通常伴随购销业务在渠道中向前流动。

4. 信息流程

信息流程是指在分销渠道中，各营销中间机构相互传递信息的过程。房地产市场营销中的信息流通常是双向的，所有组织都参与了信息交换，信息流程可上可下。产品信息通过渠道成员传递给客户，以帮助他们做出购买决策，同时客户的偏好需求也会传递给开发企业，以使开发企业更好地满足市场需求或推出个性化定制服务。

5. 促销流程

促销流程是指通过广告、人员推销、宣传报道等活动和客户关系等形式表现的说服、沟通流程。所有的渠道成员都有对顾客促销的职责。促销流从制造商流向代理商称为贸易促销，若直接流向最终顾客的话则称为最终使用者促销。

6. 资金流程

资金流程是指款项在各渠道成员之间的流动过程。包括客户支付给开发企业的租售款，或通过银行按揭支付的款项，开发企业支付或通过银行代理支付的代理费用，等等。资金流程通常有金融机构的参与。

9.3.2 房地产渠道营销体系构建

1. 渠道营销战略的制定流程

房地产渠道营销战略的制定流程是依照房地产企业的总体发展战略而制定的。确定了营销战略目标之后，对企业的外部环境、内部环境以及自身资源进行分析，在此基础上制定渠道营销战略计划，渠道营销战略的实施主要解决营销渠道结构设计、渠道成员选择、渠道资源配置三大问题，最后是对渠道绩效进行评价，进行渠道的选择与优化。

---

① 参见［美］Louis W. Stern，Adel C. El-Ansary，& Anne T. Coughlan：《市场营销渠道》，6 版，北京，清华大学出版社，2001。

根据渠道营销战略的制定流程，在此略过对企业总体发展战略以及企业营销战略的讨论，只从企业对内外影响因素的分析入手展开简单阐述，这样更能突出制定渠道营销战略的重要性，也更符合渠道管理者的工作流程或习惯。

新成立以及准备进军新市场的开发企业一般要寻找全新的营销渠道，虽然已有项目的渠道模式可以借鉴，但是由于房地产项目的不可复制性以及营销环境不同、渠道成员的可获得性不同，导致渠道特性完全不同。而对于同一地域的开发项目，以及项目所处的不同阶段，企业一般会在原有营销渠道的基础上进行反思和修订。企业在审定原来的战略方向或制定新的营销战略时，首先需要对企业的战略任务加以明确，或者在新的营销环境下选定更有利于企业发展的战略任务。

房地产渠道营销战略的制定流程如图 9—2 所示。

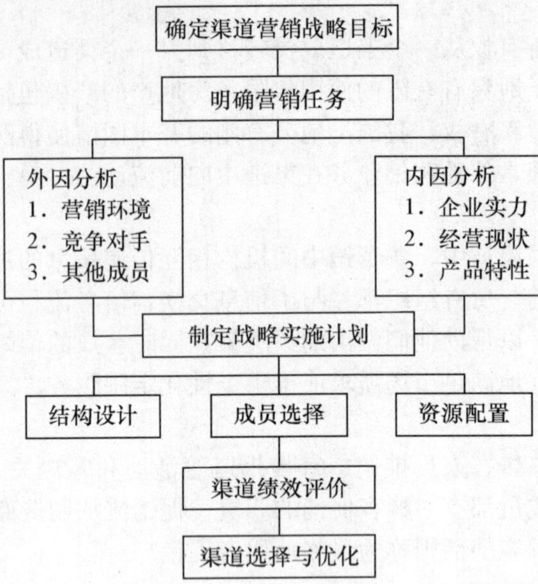

图 9—2　房地产渠道营销战略的制定流程

2. 战略方式的选择

主动战略是指开发企业针对其目标市场，通过运用大量广告促销的方式使客户经由渠道接触到产品，从而间接地保证了渠道成员的合作。这种战略的目标是创造客户对产品的需求。重点的关注对象是渠道终端的客户，从研究客户的需求出发。出于主动的利己动机，渠道成员倾向于主动促销商品。

被动战略则需要开发企业与渠道成员更直接的参与。但是在这种战略的运用上往往存在误区，认为是开发商将自己的战略规划强加于渠道成员以推销产品，而其真正的含义是开发商与渠道成员在制定和实施战略的同时共同努力和合作，开发企业并非强迫渠道成员促销自己的产品而是寻求参与和合作。

两种渠道战略的提出是基于采用何种方式对渠道资源进行整合。因此，两种战略并没有固有的矛盾，可以同时运用并取得成功。选择的重要标准是确保渠道参与者在整个过程中能充分合作，实现共赢。

3. 影响战略制定的因素

（1）外部因素。

1）营销环境。营销环境是影响企业的市场和营销活动的不可控制的因素。营销环境可以划分为宏观市场环境和微观市场环境。宏观市场环境包括自然环境、人口环境、政治法律环境、经济环境、技术环境、社会文化环境等因素。微观市场环境则由企业及其周围的活动者所组成，直接影响企业为客户服务的能力，由企业、供应商、渠道成员、客户、竞争者和公众组成。

营销环境的变化会直接影响到企业的营销渠道选择。比如，当整个市场经济低迷的时候，企业自然会选择最便宜、最短的渠道。而技术上的某种变革，则可能会对渠道营销战略产生较大的影响。又如，在分散的低密度的市场，渠道中间商的作用将更加突出；反过来，若是在集中的高密度的市场，则企业将更加重视直接营销渠道的建设。

2）竞争对手。在任何一个行业或产品市场中都存在竞争对手，只是其间的竞争关系略有不同，如直接或间接、明显或隐含、短期或长远等。在某些行业或产品市场，渠道战略要求企业选择与其竞争对手相同或相近的营销渠道；相反，在另外一些行业或产品市场，企业之间的竞争又表现为选择完全不同的营销战略，以出奇制胜的手法赢得目标市场。在房地产行业中，两者都有着广泛的应用，但是一种模式的成功并不能被简单地加以模仿，所以营销战略相似但又有所不同。

3）成员状况。需考虑的成员状况包括渠道成员的可获得性、使用渠道成员的成本、渠道成员提供的服务等。比如，开发企业提供的服务愈多愈完善，中间商参与的兴趣就越大；对于一些大型项目，若能将规划好的公共设施，如游泳池、网球场、羽毛球场等预先施工完成，则能大大提高房屋代理公司的承接信心。企业如果决定进军一个全新的区域市场，往往会选择借助中间代理商的力量打开局面。

（2）内因分析。

1）企业实力。企业实力是企业自身的一种微观的因素，属于内在因素，在很大程度上也直接影响到企业渠道营销战略的选择、实施和调整。

企业的管理经验、财务实力等影响着渠道营销战略的选择和实施。规模大、资金雄厚、声誉卓越的公司，选择配销通路的余地也较大，可以通过内部组织建立起完全属于自己的营销渠道，这种做法易于对渠道进行掌控，并保持企业文化的一致性；相反，管理经验不足、财力有限的企业，则很可能必须依靠外部渠道进行销售。

2）经营现状。经营现状是企业选择渠道营销模式的决策依据之一。对于任一个案来说，由于项目经营的效果受很多因素如宏观经济发展状况、行业发展机遇等的影响，良好企业的经济和管理实力以及产品特性并不意味着经营的效果就好。因此，有必要重点考察分析经营现状及其影响因素，从而为制定针对性的营销渠道选择战略提供细致的分析依据。

3）产品特性分析。产品特性一般情况下是左右企业渠道营销战略的关键因素。价值高昂的产品，一般选择直接销售的渠道战略，渠道长度较短；相反，标准化的、耐用的或日常消费用的产品，则一般选择尽可能广泛的中间商销售渠道。房地产产品投资巨大、价值高昂，产品结构由房地产产品实体（如建筑、地块等）、配套设施、物业服务等组成。

房地产不仅是有形的产品，同时也包括无形的服务，这就决定了房地产营销渠道除具有普通消费品、工业品的一般特征之外，还具有其自身的特殊属性。主要表现为：渠道结构扁平，销售接触功能要求高，渠道关系要稳定持久，服务要求高。

9.3.3 房地产渠道营销方式的拓展①

1. 人员出访

人员出访并不是街头撒传单的模式，它要求销售人员上门针对准顾客展开攻关活动。这种销售模式最大的优势就是能为消费者，尤其是目标顾客和准顾客提供便利，并能根据楼盘的特点和档次抓住其主要客户群体并研究其分布区域。人员主动出击，在终端直接培育和挖掘客户。消费者可以足不出户就了解到楼盘的信息，并且销售人员可以更贴切地与消费者进行亲情沟通。

这种销售模式具有针对性、便捷性、低成本性等优点，但也有其自身的弱势，所以应建立一套科学、完整的“行销管理链”并坚持地予以执行，这样可以达成一定的效果。

2. 展会营销

展会营销主要是由政府主管部门或各大房地产开发商和运营商于某一固定的时间、地点集中在一起，为消费者提供现场的介绍和售房。这种模式最大的优点是能为目标顾客和准顾客提供便利，并且单个房地产开发商可以借助同行和竞争对手之势来吸引更多的消费者目光。市场经济时代是竞争和合作并存的时代，房地产开发商不仅要有效地配置自己的资源，同时也要注意借他人的资源来为自己造势。在房展会上，消费者也可以从一次房屋展销会上了解到多个楼盘的信息，从而更好地做出比较和选择，不再需要一个一个楼盘地疲于奔命。

3. 口碑渠道

把口碑传播提升到房地产的营销渠道之一，也是正视了它在房地产市场营销中的重要作用。这种渠道尤其在楼盘销售的中后期作用突出。面对口碑传播的奇效，开发商和运营商应该注重在老顾客身上的投资，尽量让每一个已购买的顾客都能实现效用的最大化和满意程度的最大化，从而由他们来拉动口碑传播，吸引新的消费者。维系一个老顾客的成本要比开发一个新顾客的成本低得多，因此，守住老客户、有效利用老客户，不仅能为企业节约成本，更能带来相当规模的新顾客。

4. 电话营销

电话营销主要面对准顾客展开。它的主要优点在于可以事先获得顾客的基本信息，并依据一定的标准对准顾客进行分类。然后有针对性地开始电话公关工作。这种销售模式的优点在于便捷和劳动成本的廉价性。

可以针对不同的收入阶层，推荐不同的住宅，并可首先给准顾客留下深刻的印象。比如，房地产企业正在开发经营一个花园别墅区，那么我们就可以搜集全市或全地区高收入、高阶层人士的电话号码，一一电话拜访和推荐。与人员推销等方式相比，此方式被拒绝的概率较小并且不会给准顾客带来反感。这有利于我们后期的吸引和销售的达成。

---

① 参见崔峰等：《浅谈房地产市场推广渠道的整合》，载《重庆建筑大学学报》，2005（6）。

5. 设置便利专卖柜

此渠道是指房地产开发商在大超市、大卖场设立展柜，与消费者沟通并销售楼盘。

此种销售渠道最大的优点在于可以利用大超市和卖场的客流量，起到很好的宣传和推广作用。我国现阶段的大超市和卖场都已经逐步走向了规模化、专业化，消费者几乎可以在里面买到任何自己需要的日用商品。同时，随着生活节奏的加快，消费者大多也更愿意在同一家超市或卖场采购自己所需的所有东西，了解自己想了解的商品信息，而不愿再多奔波。并且，在大超市和卖场购物的消费者包括各个阶层，可以减少企业针对性宣传、促销的费用。

9.3.4 房地产网络营销

随着互联网技术越来越广泛的应用，网络营销这种形式越来越多地被用在房地产领域。房地产网络营销主要是指利用互联网进行房地产销售，以互联网为基本手段营造网上销售环境的各种活动。进行网络营销的目的是为了实现每一个具体项目的销售目标，或最终实现销售，或以这个项目为基础打造公司的品牌形象。

1. 运作模式①

房地产网络营销的运作模式主要包括以下四个方面的内容，其中采购平台是基础，宣传平台是核心，沟通平台是形式，管理平台是保障。

（1）采购平台。房地产开发商可以通过互联网对供应链的重新整合，改变产业内上下游企业之间以及企业与政府之间的交往方式，从而降低交易成本。

（2）宣传平台。房地产开发企业可利用网站或所设计的网页，进行项目相关信息的发布，例如项目的建设进度、最新的房地产法规、楼盘的促销信息、项目某些方案的意见征集等都可以迅速地发布出去。与传统的信息发布媒介相比，网络营销的信息平台不但可以发布信息，而且可以通过留言板、业主论坛等及时地获得信息反馈。例如，购房者与业主既可及时得知开发企业的决策方案，又能及时地对诸如房型设计、装修标准等提出自己的意见，实现真正的互动营销。

（3）沟通平台。在信息交换的基础上，房地产网络营销还应当建立业主与业主之间的沟通平台，即所谓的网上社区，以促进小区文化的形成。

（4）管理平台。房地产网络营销的管理平台是产品售后服务中的一环，开发商在网站架设中为日后物业管理公司开辟专用的空间，物业管理公司可以以此发布公告通知、小区财务管理情况，听取业主意见等，有利于日后小区的规范化管理。

2. 房地产网络营销优劣势分析

（1）优势分析。

1）无时空限制。传统房地产市场营销存在时间和空间的限制，而房地产网络营销则不受此限。房地产营销网站是全天候开放的，也就是说房地产网络营销无时无刻不在开展进行之中，无论身处何地，用户只要拥有上网设备和畅通的网络连接，就可以登录网站获取信息、进行交流。另外，通过先进的网络支付平台，购房者还可以在家中完成看房、选

① 参见李佳：《浅议房地产网络营销》，载《合作经济与科技》，2011（1）。

房、签订合同、付款的整个购房过程。

2）信息量大、全面。传统房地产市场营销惯用的纸质、电视等媒介可包含的信息量都较小，尤其是电视或者广播的广告，受到时间的限制可以传达的信息更是非常有限。即便是纸质的广告或者传单，也只能让房地产潜在购买者了解一些简单的信息，诸如公司、楼盘的名称及简介。网络营销则不同，电子技术的日新月异使得用户不仅可以在网站上得知公司和楼盘的具体信息，也可以播放音频、浏览图片，甚至可以看到3D模拟的楼盘。图文并茂、声像兼备的房地产网络营销使得用户有身临其境之感，其信息量之大之全面是传统房地产市场营销所不可比拟的。对于消费者来说，房地产网络营销的开展使其可以免受奔波看房、了解情况的劳顿之苦，只需上网便可以轻松了解到不同楼盘、不同房地产开发商和中介机构的具体信息。

3）营销成本低廉。采用网络营销房地产，房地产企业和中介机构所需的成本为网络服务器的各种软件和硬件费用、网络使用和维护的费用，所需人力亦较少。较之前者，传统房地产市场营销所需人力较多，因此所需付出的薪金亦较多；另外，其房租、店面装潢费用、印刷费、交通费亦高出不少。

4）互动及时，效率高。传统房地产市场营销主要采取的是推送的方式，需要将大量的信息强行推给客户。而通过广告、短信群发等手段客户既难以获取有效的所需信息，也无法表达自身的意见看法。在房地产企业与客户的沟通之中，这样自上而下的强推方式是单向的，缺乏交流和互动。另外，市场上各类房地产信息纷繁复杂，也容易使客户产生厌烦心理。房地产网络营销则不然。它以客户为中心，信息传送的针对性强，互动效率高。通过网络平台，客户可以根据自己的需要选择浏览了解相关信息，并且可以通过网络留言的方式实时与房地产企业进行沟通。对于房地产企业与材料商等一些上游企业的沟通来说，网络营销方式亦非常便利，可在正式交易开始之前了解双方的具体信息和竞争对手的情况，为日后沟通交流打好基础。

（2）劣势分析。

1）无法单独存在。作为一种新兴的营销手段，房地产网络营销并不能独立存在，而是需要与传统营销手段相互配合、相互促进、互为一体。因此，对于房地产企业或者中介机构来说，仅仅依靠网络营销是远远不够的。原因之一是，网络营销的发展本身就需要传统营销手段的支持。如同“广告的广告”一样，这种关系被称为“营销的营销”。以曾拥有“全球PC销量冠军”、采取独特直销模式的戴尔为例，一直被作为计算机业直销典型成功案例的戴尔从未放弃过传统营销手段，近年来甚至开始进一步加强传统营销方式对网络营销的支持。传统的广告平台，如杂志、报纸、电视等，随处可见戴尔的宣传广告，而这些广告中，无一例外地会告知消费者戴尔的官方直销网址，传统的营销方式对戴尔官网点击浏览量的提升所起的作用不可小觑。房地产网络营销也不例外。对于初级网络用户来说，有效地利用网络查询、搜集信息存在困难。因此，房地产网络营销的开展需要由传统营销手段为其进行推广宣传。此外，房地产网络营销与传统房地产市场营销手段需相辅相成、互相促进。除去传统房地产市场营销方式对网络营销本身必不可少的助推之外，作为两种不同的营销方式，房地产企业和中介机构必须实现这两者之间的相辅相成、互相促进。也就是说，房地产网络营销和传统营销是房地产整体营销系统的两个有机组成部分。就目前而言，房地产网络营销并不能取代传统营销，传统营销也不能阻挡网络营销的兴起和发展。两者互有长处，互有短处，只有将两者有机结合，才能实现其效用最大化。

2）网络安全[①]技术问题。只有确保营销环境的安全性、交易信息的真实性、数据的有效性、身份的确认性等，才能保证网络营销的安全进行。但网络在物理安全、结构安全、应用系统方面仍然存在安全隐患，使得营销无法全面依赖网络。网络物理安全指的是计算机、通信线路等一系列与房地产网络营销密切相关的物理设备的安全。由于它们是房地产网络营销顺利开展的载体，所以它们的安全性至关重要。电子设备较为贵重，也极易受到损害，操作错误、地震、火灾、水灾、电磁干扰等种种自然力或人力事故都会对网络物理安全造成极大的危害，进而致使房地产网络营销无法开展。网络结构按照网络数据安全等级的高低可以分为外部网、内部网和公共子网。其中，公共子网外部用户和内部用户都可以访问，外部网和内部网则分别只有外部用户和内部用户可以访问。房地产网站的外部网、内部网和公共子网必须要有必要的隔离，以免信息数据泄露。由于计算机技术日新月异的特性，网络应用系统也处在不断发展之中，各类系统漏洞亦会随之产生。因此，在开展房地产网络营销时需要不断地通过专业技术人员、专业安全工具发现漏洞、修补漏洞，以保证系统的安全性。

网络应用系统的安全隐患主要是有关信息和数据的安全保密性。最常见的两种隐患是信息或数据被窃取以及被篡改，严重的情况是整个房地产网站都可能因被攻击而陷入瘫痪状态。2010 年初，包括知名的中国房地产行业网、海南新房产网等在内的近千家房地产网站被黑客挂马[②]，不仅网站的正常运转受到极大影响，用户访问这些网站时也可能使所用电脑感染病毒或者个人隐私信息遭到泄露。

3）虚假宣传等信用安全隐患。这里的信用安全指的是网络信用安全机制。网络具有虚拟性和远程性，且网络信息和数据较之纸质更易更改，因此，房地产网络营销具有信用缺失的隐患。无论是房地产企业、普通网民、客户还是建筑材料企业等，房地产网络营销中所涉及的对象都有可能提供虚假的信息，对他方造成误导。另外，在网络上完成房地产交易时，由于支付平台对于用户的身份认证亦存在漏洞，很容易对交易双方的利益造成损害。

目前，我国还没有正式出台有关网络营销方面的有关法律和规定，宣传问题还呈现鱼龙混杂的混乱局面，让消费者眼花缭乱，容易产生纠纷。

3. 房地产网络营销推广工具

（1）房地产企业网站。房地产企业网站一般应包括企业介绍、企业组织结构、企业新闻、主要产品与品牌、营销与服务、企业管理与文化等内容。房地产企业网站建设的着重点在于提升企业的品牌形象，应在醒目的位置设计和展示企业的文化和经营特色。

---

① 网络安全：网络系统的硬件、软件及其系统中的数据受到保护，不因偶然的或者恶意的原因而遭受到破坏、更改、泄露，系统连续可靠正常地运行，网络服务不中断。

② 挂马：黑客通过网站的注入点获取系统管理员的账号和密码，同时通过扫描网站获得其后台登陆页面地址，登录网站后台后，备份或恢复数据库，或者上传漏洞以获得 webshell，以此在网站页面内容中加入恶意转向代码。当有用户访问该页面时，便会自动访问被转向的地址。

（2）网络广告。网络广告主要包括固定广告、弹出窗口广告、浮动广告、Flash 广告四种类型。网络广告与传统广告相比具有受时空限制少、信息容量大、传播范围广、即时更新、很强的交互性与感官刺激性等特点，同时对企业来说还具有灵活、成本低以及受众数量便于统计的特点。因此，一方面其在受众中的传播效果好，另一方面，企业在广告信息的设计、发布、维护和事后统计分析方面均具有较高效率。

（3）房地产企业博客营销。博客的出现，对市场人员的营销观念和营销方式带来了重大转变。原先网站推广是房地产企业网络营销工作的基本内容，但大量的企业网站建成之后都缺乏有效的推广措施，因而网站访问量过低，降低了网站的实际价值。若通过企业博客的方式，在博客内容中适当加入企业网站的信息（如某热销楼盘项目信息的链接）达到网站推广的目的，则这样的“博客推广”降低了一般付费推广的费用，或者在不增加网站推广费用的情况下，提升了网站的访问量。博客营销具有以下特点：首先，博客是一个信息发布和传递的工具。与企业网站相比，博客文章的内容题材和发布方式更为灵活。与门户网站发布广告和新闻相比，博客传播具有更大的自主性，并且无须直接费用。与供求信息平台的信息发布方式相比，博客的信息量更大，表现形式灵活，而且完全可以用“中立”的观点来对自己的企业和产品进行推广。与论坛营销的信息发布方式相比，博客显得更正式，可信度更高。

（4）网上售楼处。欲购买房地产的消费者只需在开发商和中介商所设电脑终端上输入目标房地产的特征参数，就可查阅所有符合条件的房地产类型，并且可以通过网上电子地图查看目标房地产的准确位置，通过网上播放的实地互动画面“考察”目标房地产的外观、环境、内部构造及结构细节；若房源不够充足，还可委托中介商把符合其要求的房地产信息上传至房地产专业网站，在更庞大的数据库中查找。

关键术语

关系营销　　客户关系营销　　合作伙伴关系营销　　渠道关系营销　　房地产网络营销

复习思考题

1. 如何改善与客户的关系？应掌握什么要点？

2. 构建房地产合作伙伴关系具有哪些作用？假如你是一名房地产公司经理，谈谈你将如何对待房地产开发过程中的各种合作伙伴。

3. 如何构建房地产渠道营销体系？阐述在不同内部和外部环境下构建房地产渠道营销体系的重点。

第10章

房地产营销计划、组织、执行与控制

本章内容提要

本章从营销管理的角度，讨论对市场营销活动的计划、执行、组织与控制。房地产企业的整体战略计划规定了企业的任务、目标、增长战略，但每个职能部门必须制定各自的计划，包括市场营销计划。有了好的营销计划，企业还必须有能力执行营销计划，强化营销执行的能力就是在提高运营管理的效率。而无论是计划的制定还是执行，都离不开有效的市场营销组织。在计划的执行过程中，还必须对其实施严格的控制，以保证营销目标的实现。

10.1　房地产营销计划

房地产营销计划是在对房地产企业内部环境予以准确地分析，并有效运用经营资源的基础上，对一定时期内的房地产市场营销活动的行为方针、目标、战略以及实施方案与具体措施进行的设计和计划。一个好的营销方案必须要有一个好的营销计划，计划是营销的第一步，它明确了房地产公司的发展策略，指明了做什么样的事是正确的，它是整个营销业务活动开展的指导和前奏。成功的房地产公司应该知道怎样适应不断变化的房地产市场环境，而营销计划的内容则能够反映房地产公司在组织目标、技能、资源等方面，与其面对的变化的市场信息和市场机会之间是否相适应。本节重点介绍房地产营销计划的内容和优化：

10.1.1　房地产营销计划的内容

在房地产市场营销中，制定一份优秀的营销计划十分重要。一般来说，房地产营销计划包括如下内容：

（1）计划概要。计划书一开头便要对本计划的主要目标和建议进行扼要的概述，计划概要可让上级主管很快掌握计划的核心内容，内容目录可附在计划概要之后。

（2）营销现状分析。首先应阐明影响房地产市场未来的重要的宏观环境趋势，如人口、经济、技术、政治法律、社会文化等的趋向。其次，应提供关于目标市场的资料，说明市场规模与近年来的增长率，同时预测未来年份的增长率，分析目标顾客群的特征和购买行为，并按一定的因素进行市场细分。再次，应分析过去几年各种商品房的销量、价格、差异额和利润等资料。最后，应分析主要竞争者的规模、目标、市场占有率、商品质量、营销策略等方面的资料，做到知己知彼。

（3）机会与威胁分析。机会指营销环境中对企业有利的因素；威胁指对企业营销不利的因素。在计划中指出这些因素，分析轻重缓急，以便使其中较重要的因素受到特别关注。图 10—1 提供了一种评估机会和威胁的简单实用的方法。

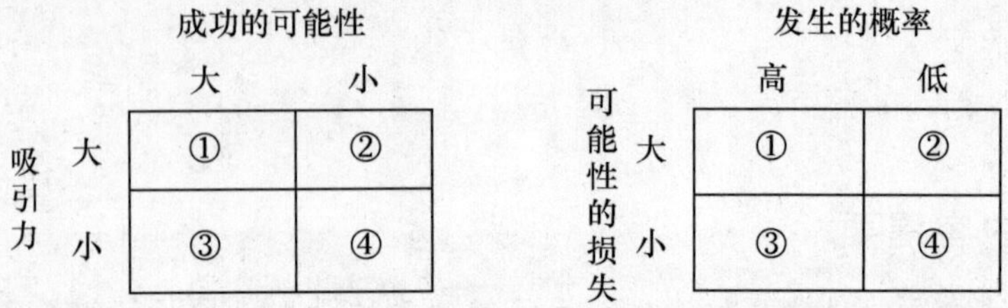

（A）机会方格　　（B）威胁方格

图 10—1　环境机会与威胁评估方格

必须说明的是，环境机会能否成为企业机会，还要看它是否符合企业的目标和资源。除了外部环境机会与威胁的分析外，计划书中还应该对本企业的优势和劣势做出分析。和环境机会与威胁相比，优势和劣势是企业的内在因素，反映企业在竞争中与对手相比的长处和短处。

（4）制定营销目标。营销目标是营销计划的核心部分，它对企业的策略和行为起指导作用。营销目标分为两类：财务目标和实际营销目标。财务目标主要由即期利润指标和长期投资收益率指标组成。财务目标必须转换成实际营销目标，如销售额、市场占有率、产品覆盖面、单价水平等。所有目标都应以定量的形式表达，并具有可行性和一致性。

（5）营销策略。在制定营销策略时往往会面对多种可能的选择，每一目标可用若干方法来实现。例如，增加10%的销售额的目标可以通过提高全部房屋平均售价来实现，也可以通过增大房屋销售量来实现。对这些目标进行深入的探讨，便可以找出房地产市场营销的主要策略。策略陈述书可以用如下形式表述：

目标市场：高收入家庭（特别关注成功的男士消费者）、公司客户（注重外企）。

产品定位：质量高档的外销房，有商用、家用两种。

价格：价格稍高于竞争对手。

配销渠道：主要通过各大著名房地产代理公司代理销售。

服务：提供全面的、高标准的物业管理。

广告：针对目标市场着重宣传高价位、高舒适度的特点，广告预算增加 30%。

营销研究：增加 10%的费用以提高对消费者选择过程的了解，并监视竞争者的举动。

（6）行动方案。有了营销策略，还要将其转化为具体的行动方案，如怎么具体着手做？何时开始，何时完成？由谁做？花费多少？这些都要按照时间顺序列成一个详细且可供实施的行动方案。

（7）预算开支。根据行动方案编制预算方案，收入分列出预计销售量及单价，支出分列出生产、广告、物业管理及其他营销费用，收支差额即为预计的利润。上级主管部门负责该预算的审查、批准和修改。此预算一旦获得批准，即成为房屋设计、建筑、装修及营销费用支出的依据。

（8）控制。规定如何对计划执行过程进行控制。基本做法是将计划规定的目标和预算按季度、月份或更小的时间单位进行分解，以便于主管部门能对计划执行情况进行监督检查。

有些计划的控制部分还包括发生意外时的应急计划，详述请参见本章第五节的有关内容。

10.1.2　改进营销计划：利润最优化模型

现代企业营销计划是一项常规性的工作，房地产企业也不例外。企业可以利用计算机软件程序设计自己的营销计划。为此有必要研究各种利润最优化模型，改进手工制作的营销计划。

1. 利润方程

我们可以用下述方程测算企业的利润：

$$E=R-C \tag{10—1}$$

式中，E 为总利润；R 为总收入；C 为总成本。

$$R=P\times Q \tag{10—1}$$

式中，P 为产品单价；Q 为产品销量。

$$C=cQ+F+M \tag{10—3}$$

式中，C 为总成本；c 为单位可变非营销成本；F 为固定成本；M 为市场营销成本。

将方程（10—2）和（10—3）代入方程（10—1）得：

$$\begin{aligned} E&=PQ-(cQ+F+M)\\ &=(P-c)Q-F-M \end{aligned}$$

式中，$(P-c)$ 为单位产品毛利；$(P-c)Q$ 为总毛利。用于补偿固定成本和市场营销费用后的剩余部分才是利润。

2. 销售反应函数

可用销售反应函数描述销售量与营销组合各要素之间的关系。准确地说，销售反应函数是在假定其他营销组合因素不变的情况下，测定某一种或几种营销要素支出水平的变化对销售量的影响。其中广为人知的是需求函数，它说明了价格变化对销售量的影响，即在其他营销要素不变的情况下，价格越低，销量越大。需求函数是一条从左上向右下延伸的曲线。此外，销售量与营销要素支出水平之间的函数关系还有另外四种可能（见图 10—2）。

图 10—2 中，函数 a 的情况最不可能发生，它表明销售量丝毫不受营销支出水平变化

的影响。函数 b 表示销售量随营销支出的增长呈线性上升，这种情况也很少见。函数 c 是一个凹函数，前期销售量将会随营销支出的增长依递减的速度增加，这符合人员推销的情况。假设只存在一位商品房推销员，他首先会访问那些最有可能购买并且购买量最大的目标客户，此时边际效率最大。当新的推销员加入商品房推销时，陆续加入的推销员所访问的目标客户成为现实购买者的概率逐渐降低，潜在购买量也逐渐较小，所以，尽管销售量随着推销员数量的增加而增加，但推销员的边际效率却逐渐下降。

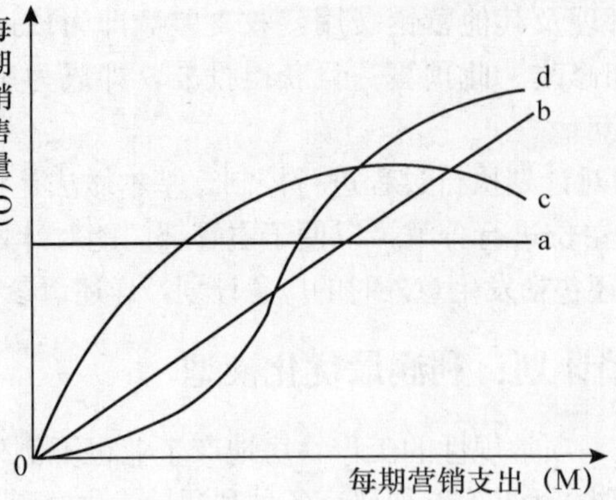

图 10—2　销售反应函数

函数 d 为 S 形曲线，它表示随营销支出的增长，销售量的增长速度由逐渐增加，变为逐渐减小，使得销售量最终达到一个极限。广告支出对销售量的影响大体如此。当广告预算很低时，无力购买足够的媒体版面或时间，促销强度不足，在目标客户中的知名度不够，对销售量增长的促进有限。当广告预算达到一定水平时，目标客户对企业及其商品房的知晓度和兴趣迅速上升，销售量也迅速增长。但无限制地增加广告预算并不能带来销售量的无限增长。因为市场需求客观上存在一个极限，销售量越接近极限，营销支出增长带来的边际效益越低。

3. 利润最大化

应用销售反应函数可以帮助制定实现利润最大化的计划。图 10—3 表明了一种可行的方法。

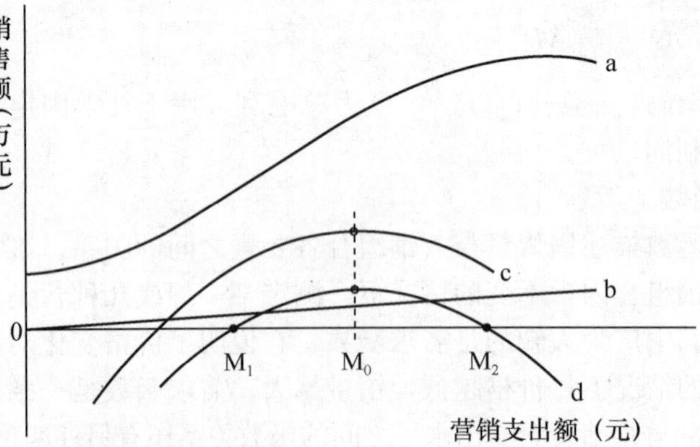

图 10—3　销售额、营销支出与利润的关系

图10—3中，a是一条S形销售反应函数曲线，其起点高于原点，说明在没有任何营销支出的情况下仍有一基础销售额。b曲线为营销费用支出函数，是一条从原点开始的直线。曲线c是减去了非营销支出后的毛利。曲线d是净利润函数，它表明营销支出在M_1和M_2之间时净利润为正值，净利润达到最大值时的营销支出水平为M_0。

上述图解法也可用数值法或代数法代替，特别是同时考虑两个或两个以上的营销组合因素对销量的影响时，更须使用数值法或代数方法求解。企业还可进一步开发设计制定长期规划和合理分配营销预算的计算机程序，以便更有效地制定最优的营销计划。

营销实战案例：河南ZS置业集团“幸福港湾”项目营销计划

1. 项目概况

河南ZS置业集团是郑州知名地产公司，公司在郑州已开发楼盘十余个，累计开发建筑面积达300万平方米以上，已有30 000多个家庭选择ZS地产住宅社区。港湾系列楼盘是ZS地产十余年来一直致力于品牌建设的代表性楼盘。2009年初，ZS地产推出新楼盘“幸福港湾”。该项目属于郑州市管城区城中村改造重点项目，位于郑州市城东路东、航海路北，总用地面积约93 000平方米，总建筑面积约60万平方米，容积率约为6.5，绿化率为35%，分为A、B、C、D四个区，其中A、B、D为商品房，可售面积约为43.5万平方米，C区为村民安置区。计划第一期开发为B区，总建筑面积约20万平方米。

2. 项目营销计划内容

“幸福港湾”的营销计划内容经概括整理后如下：

(1) 项目的市场定位。

1) 市场调研：包括项目区位、周边房地产竞争者和消费者群体调研。区位和竞争者方面的具体调研内容包括：项目周边的公交地铁线路、医疗教育设施、银行商服，以及周边约5千米范围内的住宅小区和在建楼盘等。消费者调研则主要采用了区域因素、消费者心理因素、行为因素以及人口统计的细分参数，以问卷调查为主要市场调研方式，发放8 000份问卷调查，实际有效问卷5 470多份。

2) 市场细分：经筛选确定意向购买人群区域为：主力购买客户集中在京广铁路以东、中州大道以西，金水路以南、南三环以北围合区域。本项目处在市场的空白点，区域客源丰富，但其他楼盘会分流部分客源，开盘期需要抢在“十一”黄金周以前，最好在九月份以前，“十一”再利用假期进行促销。

3) 确定目标市场：主力客户为本案区域内的郑州老居民（二次置业者），第二主力客户为在郑州市工作的白领或类白领（首次置业者），最后是到郑州经商的外地人（约占15%）。

4) 产品定位：首先对B地块进行开发，东部为四栋27～34层的高层住宅，西部为一栋34层的小户型青年公寓楼。采用冷灰色系及“简约、时尚、品位”的建筑立面风格。以“平价房”为主，以“区位、价格、概念、品牌”为价值核心，强调“家”的幸福体验。楼盘的户型、面积比例配置如表10—1、表10—2所示。

表 10—1　　高层户型统计表

楼号	一居室	二居室	二居室	三居室	小计（套数）
	44.5m²	62m²～89m²	90m²～93m²	123m²～134m²	
B1 套数	0	34	97	97	228
B2 套数	68	139	31	170	408
B3 套数	68	139	31	170	408
B4 套数	0	31	76	78	185
套数总计	136	343	235	515	1 229
面积总计（m²）	6 052	28 431	21 552	66 542.7	122 577.7

表 10—2　　青年公寓户型统计表

户型	套数	套数占楼栋百分比
公寓	480	37.30%
一室两厅	64	5.00%
二居室	742	57.70%
小计	1 286	100%

5）项目 SWOT 分析。

(2) 项目的价格定位。

1）项目单方成本分析。

2）价格制定策略：综合运用成本加成定价法和竞争价格定价法。ZS 地产为树立企业的品牌形象，决定推出的第一批房源约 600 套，以成本价销售，直接让利于民，充分体现幸福港湾“平价房”的概念，传递幸福理念，让幸福港湾深入人心。第二批房源根据低价入市快速拉升的策略提高房价，均价逐步上浮至 4 000～4 200 元/m²，房源 400 套左右，在为期一个月的强销期中促销完毕，确保销售率在 40%以上。然后在持续销售期阶段，把价格再拉升一个档次，提高到 4 400～4 600/m²，维持公司制定的利润率 20%左右。一直保持对其他楼盘有价格竞争上的领先优势，保持本项目的足够客源储备。各房屋具体销售价格根据采光、楼层、景观、视野等因素，确定一个调整系数，基本上一户一价。

3）价格市场应变策略：以成本价低价入市，然后小幅快跑提价，后期冲高。

(3) 项目的品牌策略。

1）品牌的宣传与塑造：以企业品牌为价值核心，把“幸福港湾”的概念推广——“首个大型民生地产项目、首个幸福主题社区”，与企业的文化理念“建筑幸福的家”结合起来，结合公司不同楼盘的产品来塑造企业的品牌形象。

2）建立品牌管理系统。

3）品牌的内在价值提升。

(4) 项目营销推广方案。

1）销售推广计划（见表 10—3）。

表10—3 **销售推广计划表**

阶段	时间	主要任务
筹备初期	2009年4—6月初	售楼部装修完成。
内部坐销（准备）期	2009年6月1—28日	不做大范围推广，只进行项目情况介绍，内部蓄客期。
内部认购期	2009年6月28日—9月5日	全城招募VIP客户，VIP卡认筹金额5 000元，签约时抵1万元，累计内部认筹1 000组。
开盘热销期	2009年9月6—30日	销售目标：保底，第一批房源600套，若第一批房源快速销完，接着紧推第二批房源。
强销期	2009年10月1—31日	销售目标：第二批房源400套，计划完成约40%；利用"十一"国庆假日，进行房展促销活动，抓住黄金假日、销售高峰期，采取多种优惠组合，拉动强销。
持续期	2009年11月1日—2010年2月10日	销售目标：保底完成70%，计划完成85%，由于一房和两房的房源众多，力争清盘；同时保留部分三房作为中长线销售，根据市场发展变化，配合2010年二期项目开盘。

2）促销策略：包括促销计划和促销活动两大内容，如表10—4和表10—5所示。

表10—4 **项目促销计划表**

促销时间	促销内容
内部认购期（2009年9月5日前）	凡交定金5 000元者，即为VIP客户，签约时定金抵1万元。
开盘热销期（2009年9月6日开盘当天）	（1）凡购房下单者，即以成本价3 800元/m² 成交，仅此一天； （2）开盘日后迅速取消该优惠价，并恢复至均价4 000元/m² 以上； （3）凡一次性付款者，优惠2%，按揭无优惠； （4）开盘当天交定金认筹VIP卡者，可获得1 000元购房优惠券； （5）前期VIP卡客户排号按无顺位进行，在开盘当天统一由电脑摇号，进行选房，以显示公开、公平、公正。
强销期（2009年"十一"国庆假日）	进行房展促销活动，凡国庆节黄金周下定金认筹VIP卡者，可获得5 000元购房优惠券；十月份内购房下单者，一次性付款，优惠2%。

表10—5 **项目促销活动表**

	时间	目的	说明
活动一	2009年6月28日及以后重要节假日	（1）以大规模、专业化的行销活动为项目造势； （2）通过全城总动员，使得幸福港湾迅速在郑州家喻户晓； （3）在内部认购期间，以ZS地产的品牌为先导，构建幸福港湾的知名度和附加值； （4）内部认购积蓄客源，保证有充足的客源完成目标销售。	联系学生组成200人的幸福港湾行销团队，在项目全程招募VIP客户。认筹期间以及今后的重要节日，身着"幸福衫"（统一的T恤）全城派发"幸福资料"、"幸福礼品"。进行"幸福港湾送幸福"的全城总动员。

续前表

	时间	目的	说明
活动二	2009 年 6 月 28 日以后的每个周日	(1) 重塑 ZS 地产品牌，提高品牌关注度，为幸福港湾的开盘造势； (2) 利用政府资源为本项目做宣传，拉近项目与群众的距离； (3) 为现场人气提供持续性的支持，每周末可在销售中心举行评选活动； (4) 内部认购积蓄客源，保证有充足的客源完成销售目标。	联合管城区委宣传部等政府资源，在全郑州范围内，通过报纸广告、短信等形式发布活动通告，在郑州全程征集“幸福感动瞬间”、“家庭才艺大赛”等内容开展评选“幸福家庭”的活动，宣传 ZS 地产品牌，并为销售现场提供持续的人气。
活动三	2009 年“十一”黄金周	(1) 配合每年一度的政府举办的房产秋交会，结合楼盘自身优势，进行促销刺激，延续开盘热销氛围； (2) 延续开盘热销的余温，配合广告的密集轰炸的宣传，把幸福港湾的销售推向高潮； (3) 加快促销步伐，提前完成公司经营目标。	房展会现场进行产品推荐，发放小礼品，对意向客户发 1 000 元购房优惠券；办签约客户答谢会、VIP 卡认筹客户联谊会，进行产品介绍等；黄金周下定金认筹 VIP 卡者，可获得 5 000 元购房优惠券。
活动四	2010 年 2 月初春节前	(1) 通过客户联谊活动的举办，答谢幸福港湾所有的 VIP 会员对本项目的支持，同时给予准客户一定的信心； (2) 巩固 ZS 地产的亲民、责任的品牌形象。	在郑州某星级酒店举行春节答谢晚会。

3）广告媒介推广：采用“高覆盖，高强度”的媒介策略，整合各类资源（媒体资源、推广资源、营销资源等），并向开盘前期倾斜，以保证开盘的轰动性效果。广告媒介组合手段包括：户外广告牌、公交广告；报纸广告；电台；专业、高端杂志广告；新闻缮稿；网络广告；手机短信；宣传单页；导购手册等。

4）营销费用安排：幸福港湾 2009 年全年销售额预计 3 亿元，营销费用按 2%估算，全年营销费用预计约 600 万，其中售楼装修分摊费用 68 万，实际营销费用 532 万。

5）营销结果统计。

10.2 房地产营销组织概述

市场营销工作是房地产企业的重要职能，市场调研、广告促销、人员推销、物业管理等各项工作的完成都依赖于营销组织，营销计划也要靠组织去实施。正如上一节已经提到的，营销组织的设计是否合理，会严重影响整个房地产企业营销执行力的高低，即项目运营效率的高低。本节和下一节将对房地产营销组织的演化、模式、影响因素和设计等各方面内容进行重点阐述。

10.2.1 市场营销组织的演化过程

现代市场营销组织是经过长期演化而来的。从 20 世纪 30 年代起，企业营销部门从无足轻重的简单形式发展成现今这样复杂的职能组织，并成为企业组织的核心部门，其间可划分出六个阶段。

（1）简单的销售部门（simple sales department）。一般说来，房地产企业建立之初都是从财务、工程、规划、人事、销售等职能部门开始发展的。在这个阶段，企业通常以规划和工程作为经营管理的重点。商品房的开发计划主要由规划、工程、财务等部门制定。销售部门通常只有一位销售经理率领几位销售人员，销售经理的主要职能是管理销售人员，促使他们卖出更多的房地产，其本人也进行一些销售工作。当公司需要市场调研和广告促销时，销售经理往往委托外部单位完成。这一阶段的企业营销组织结构如图 10—4（a）所示。

（2）销售部门监管其他营销职能（sales department with ancillary marketing functions）。随着公司规模的扩大，它需要经常进行市场调研、广告宣传及顾客服务等方面的工作。此时，销售经理可聘用一位市场主管，计划、指挥、控制那些非推销职能，如图 10—4（b）所示。

（3）独立的市场营销部门（separate marketing department）。公司继续扩大，其他营销功能相对于推销工作来说更重要了。最后，公司总经理看到了建立一个独立于销售部门的市场营销部门的必要性。营销经理和销售经理都直接向总经理或执行总裁汇报工作，营销、销售两部门成为组织中两个独立但又紧密相连的部门，如图 10—4（c）所示。

（4）现代营销部门（modern marketing department）。虽然销售部门和营销部门的工作目标应该是一致的，但平行和独立又常常使它们的关系充满竞争和矛盾。如销售经理注重短期目标和眼前销售额，营销经理注重长期目标和开发满足消费者长远需要的产品。由于两者之间的冲突太多，最终导致公司总经理增设营销和销售总监来协调两者之间的合作和冲突，如图 10—4（d）所示。

（5）现代营销公司（effective marketing company）。一家（房地产）公司设置了现代市场营销部门，但并不意味着它就是完全意义上的现代营销公司，这取决于公司中的其他主管人员怎样看待营销功能。如果只把营销看成是销售功能或把营销部门认为是市场运作部门，那么他们都没有抓住要害。只有当所有公司人员都认识到他们的工作是为了创造、服务顾客并使顾客满意，营销不只是一个部门的名称，而是始终贯穿于公司运营的公司哲学时，公司才能称得上是完全意义上的现代营销公司（公司组织结构图同第四阶段，见图 10—4（d））。

（6）过程与结果共同导向的公司（process-and outcome-based company）。当前的许多公司正将它们的公司组织结构由分部门式结构，调整至以重点项目为中心的组织结构。分部门式的组织结构被逐渐认为是阻碍基本业务顺利运转的障碍。为了真正实现“顾客关联”（customer-related process outcomes）的目标，公司任命项目经理来管理跨专业的项目小组，市场营销人员和销售人员更多的时候是作为项目小组的成员。这种情况下，市场营销人员在他们的所属团队小组中承担固定的职能（solid-line responsibility），而在市场营销部门中承担临时性的职能（dotted-line responsibility）。市场营销部门同时承担训练营销人员的责任，将他们分配至新的项目小组，并评估他们的工作绩效。（见图 10—4（e））。

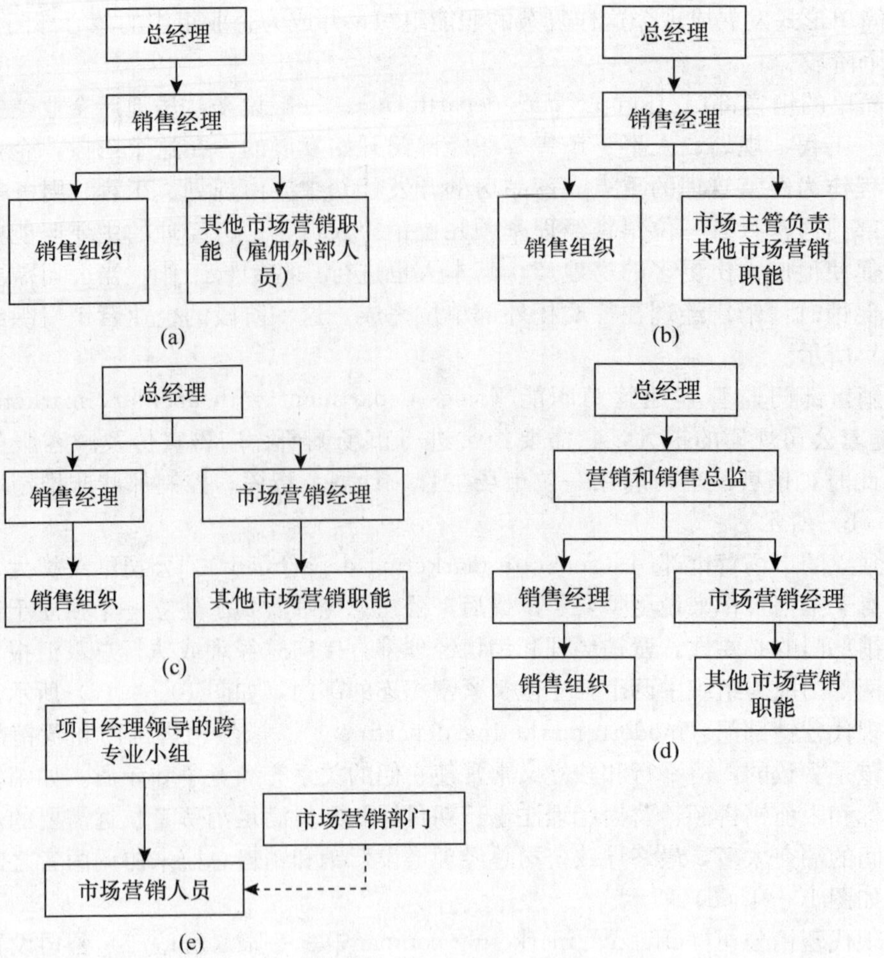

图 10—4　营销组织的发展

10. 2. 2　影响营销组织模式的因素

营销组织模式的选择不是任意的，需要考虑各种影响因素。为了使营销组织具备灵活性和系统性的特点，一般需要考虑如下几个方面：

（1）企业规模。一般来说，企业规模越大，营销组织越复杂。大的房地产公司往往拥有各类专职的营销人员和营销部门，管理层次也较多。小型房地产企业的营销组织则相对简单，有些甚至只派专人负责，没有专门的营销部门。

（2）市场。市场的地理位置是决定营销人员分工和负责区域的依据。如果市场由几个较大的细分市场组成，企业需要为每个细分市场任命一位市场经理；如果市场地理位置分散，需要按照地区设置营销组织。市场规模大，范围广，就需要庞大的营销组织，众多的专职人员和部门；市场范围窄，销量有限，营销组织自然也规模有限。

（3）房地产产品种类。企业经营的房地产产品种类的不同和多寡也关系到企业的营销组织形式。如果企业只销售单一的居民住宅，则推销人员相对较少，而广告部门和营销调研部门的人员相对较多。如果企业销售的是商用写字楼和厂房，这类商品房对广告的依赖相对较弱，企业应该使用更多的推销人员。如果企业三种商品房都销售，则还要设置相应的产品经理和各项职能经理，营销组织就复杂得多。

（4）房地产销售方式。我国房地产企业的销售模式已经由直销为主转变成了多种销售方式相结合，包括直销、店铺销售、网络销售等，且大部分采用分期付款的销售方式。如果房地产企业自身负责广告、人员推销、物业管理、市场调研各项工作，营销组织应该较为全面复杂。如果企业通过房地产代理机构进行销售，则营销组织可以简单化。另外，企业的经营思路也会影响营销组织。如果企业把市场调研和物业管理工作委托给专门的广告代理商或物业管理公司，则营销组织可以简单化；如果企业希望自己负责市场调研和物业管理各项业务，则营销组织会复杂化。

10.2.3　房地产营销部门的组织模式

所有的营销组织都须适应四种意义的基本营销活动，即职能的、地区的、产品的和市场的营销活动。相应地，房地产企业也有四种基本的营销部门组织模式：职能式组织、地区式组织、项目式组织和市场式组织。

（1）职能式组织。这是最常见的组织模式（见图 10—5），营销和销售总监的工作就是协调各专业职能部门的活动。职能部门的数量可以根据需要增减。

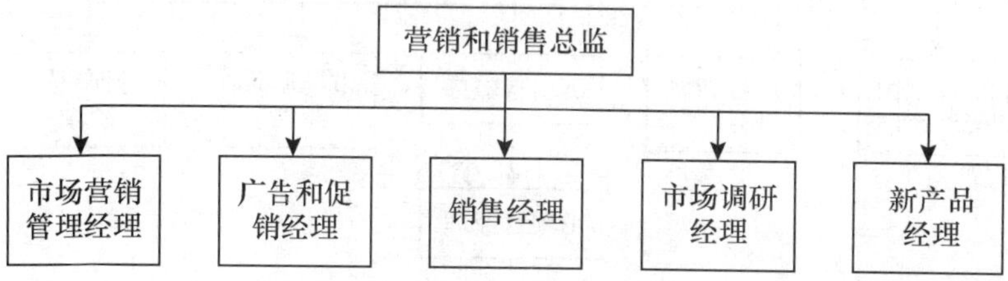

图 10—5　职能式营销组织

职能式组织的最大优点是简便易行。不过，随着公司开发项目的增多和市场的扩大，这种组织方式可能导致效率降低。因为没有一个职能部门对某一具体项目或市场负责，每个职能部门都在为获得更多的预算和更有力的地位而竞争，致使营销和销售总监忙于调解纠纷。

（2）地区式组织。在全国范围内经营房地产业务的企业通常按地理区域组织其营销力量（见图 10—6）。地区营销经理掌握一切关于该地区市场环境的情报，为在该地区打开市场销路制定长、短期计划，并负责执行计划。

（3）项目式组织。房地产企业在开发一个住宅小区、建造一幢大厦或修理一栋厂房时，可以委派一名营销经理，负责协助项目经理管理整个开发过程的各项营销业务，包括市场调研、目标市场、产品定位、价格策略、广告宣传、物业管理、销售渠道等各项业务。项目式组织与职能式组织或地区式组织不同的是，它带有临时的性质，这是由房地产产品的特点决定的。因为房屋的开发与销售过程是时段性的，不可能像其他产品那样可以长久地延续下去。整个项目完成后，负责该项目的营销经理的工作也就完成了。这种组织模式的结构见图 10—7。

项目式组织的优点是：1）能够为开发某个项目协调各方面力量；2）能对市场上出现的问题做出快速反应；3）项目经理是锻炼年轻经理的极好位置。但这种组织模式的不足

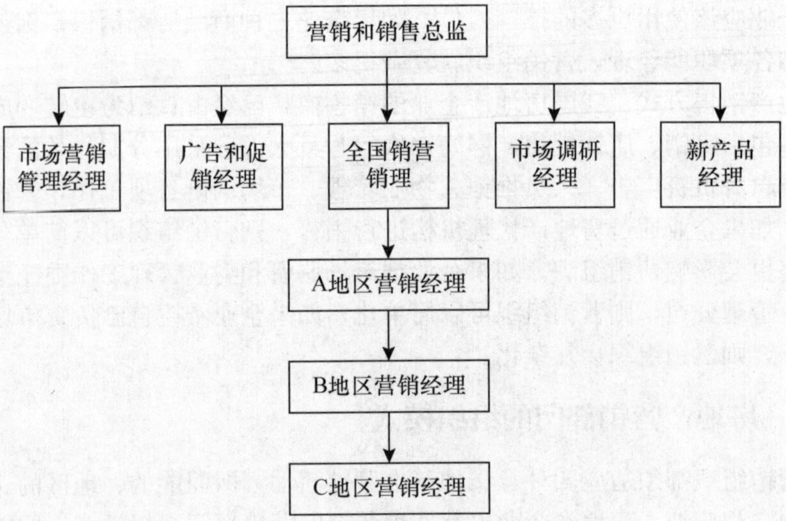

图 10—6 地区式营销组织

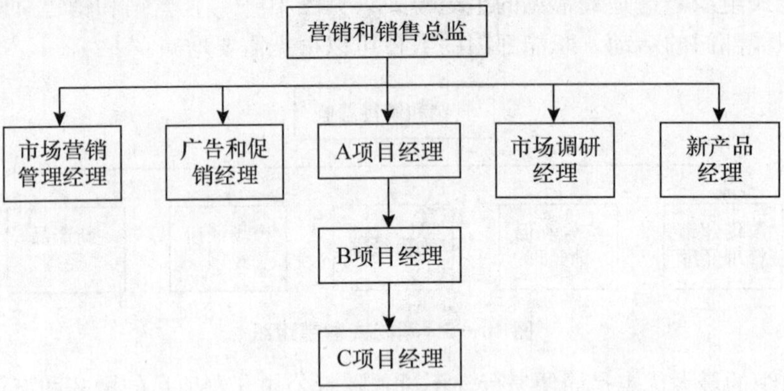

图 10—7 项目管理式组织

之处也是显而易见的。首先，项目经理并无履行其职能的充分权力，他不得不依靠诸如广告、推销、调研等各职能部门的配合；其次，项目经理通常只能成为本项目的专家，而很难成为职能专家；最后，这种管理系统的费用较期望的高。

（4）市场式组织。这种组织模式在一些大型重工业企业中比较常见，如钢铁厂将其钢材分别卖给铁路、建筑、汽车、造船等各部门，可以设置不同的市场经理或组织。同理，房地产公司也可以将居民住宅分为高档别墅、中档住宅和安居工程住宅，分别委派市场经理负责。市场经理的职责是负责制定长期的和年度的计划，分析市场趋势及新的需求。他们比较注重长远的市场占有率，而不是眼前的获利能力；比较注重某一细分市场的研究和开发，而不是某一住宅小区的销售。这种组织模式的最大优点是各种营销活动通过市场经理被组织起来，以满足不同客户群的需求，而不是着眼于职能的、地区的或项目的需要。专家认为，市场式组织最符合现代市场营销观念的要求。

此外，市场营销组织还有矩阵式、事业部式等组织模式，但有些模式在我国房地产企业中并不多见，故不详述。

10.2.4　房地产营销部门同其他部门的关系

从理论上讲，企业各个职能部门应能密切配合，以达到企业整体利益的最大化。但实际上，企业内部各部门之间几乎总是存在着矛盾和争论，冲突大多来自对一些问题的不同观点，如企业的最大利益在哪里；也有因部门之间对企业有限资源的争夺而引起的争论。由于看问题的角度不同，每个部门都倾向于更强调自身的重要性和自身的利益。

许多房地产企业对市场营销的重要性是有疑问的。它们认为，企业所有职能部门都均衡地影响着企业战略的成功和消费者的满意度，没有哪个部门处于领先地位，如图 10—8（A）所示。当企业销售不景气、销量下降时，营销部门的重要性略微上升，如图 10—8（B）所示。但营销部门的人员认为营销才是企业的中心职能，规定着企业的任务、产品和其他部门的职能，如图 10—8（C）所示。明智的营销人员更倾向于将顾客放在企业各项职能环绕的中心，如图 10—8（D）所示，他们认为企业的全部职能都应围绕使顾客满意

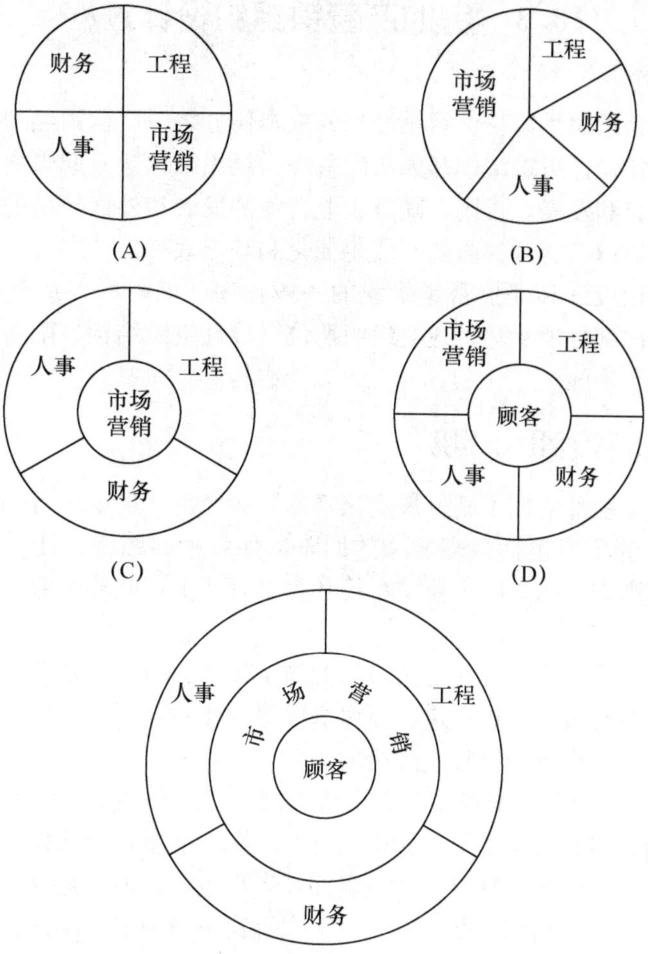

图 10—8　营销在房地产企业中的地位

这个宗旨。最后，还有一些营销人员认为，营销职能应处于顾客和企业其他各项职能的中介地位，如图 10—8（E）所示，因为企业依靠营销部门将顾客的需求传递到企业，并控制、协调其他部门，向顾客提供有效的服务。

当代内部营销理论认为，组织中的所有部门均应为消费者着想，每个人都应该认可企业的营销目标，并投入到选择、提供和传播顾客价值中去。企业营销活动经过多年的发展，已经从仅仅是销售部门的工作发展到遍及整个组织的一系列复杂活动。只有当企业所有员工均认识到自己的工作是为了创造、服务和满足消费者，这家企业才能成为有效的营销者。因此，营销部门与其他部门的有效合作尤其重要。成熟的房地产企业只有真正呈现图 10—8（E）所示的情况，而不是仅在销售发生困难时才想到营销和顾客导向，解决企业内部各部门之间的冲突才有一个正确的基础。总之，建立一个市场营销导向的组织，是一场没有尽头的战争。当各部门一起为共同目标工作时，营销将变得更有效率。

10.3 房地产营销组织设计过程

设计和发展营销组织是每一位营销经理的根本任务之一。营销经理从事管理的前提是进行组织规划，包括设计组织结构和人员配备等。组织结构建立起来之后，营销经理还要不断地对它进行调整和发展。否则，随着企业自身的发展与外部环境的变化，原先的营销组织会越来越不适应营销管理的需要，变得僵化和缺乏效率。

本节将重点讨论设计和评价营销组织的一般程序。该程序大致包括分析营销组织环境、确定营销组织内部各项活动、建立组织职位、设计组织结构、配备组织人员以及检查和评价营销组织六个步骤。

10.3.1 分析营销组织环境

任何一个营销组织都是在不断发展变化着的社会经济环境中运行，并受这些环境因素的影响和制约。外部环境包括很多复杂的因素，如政治、经济、社会、文化、科学技术等，而对营销组织影响最明显的主要是市场和竞争者状况，此外企业自身的状况也影响着营销组织。

（1）市场状况。市场状况首先是指市场的稳定程度。对于房地产市场而言，在一个较长时间内，客户消费行为、配销渠道、新房供应等变化不会很大。因而，房地产营销组织可以相对稳定，以适应市场稳定程度较高的需要。

从产品生命周期①的角度来看，以商品房为例，在某种类型的商品房的不同生命周期阶段，企业的营销战略和营销组织也相应地有所不同。通常在投入期，企业冒着很大的风险向市场投放新房，往往建立临时性的组织如销售小组，以便迅速对市场做出反应。在成长期，消费者需求增大，利润不断上升，吸引大批竞争者加入市场。这时企业应建立有效

① 产品生命周期，即一项产品从投入市场开始到被市场淘汰为止所经历的时间，包括投入期（介绍期）、成长期、成熟期和衰退期四个阶段。

的营销组织如市场导向型矩阵结构，确立自身强有力的竞争地位。在成熟期，购房需求稳定，利润开始下降，企业应建立高效率、低成本的组织，如职能金字塔组织，以获取最大利润。而在衰退期，购房需求减弱，此时企业为保持原有的利润水平，应着手精简部分组织结构。

另外，消费者行为类型也是市场状况的一个方面。不同类型的购房者对企业提供的房屋有不同的要求和侧重。例如，文化层次较高的消费者要求住宅周围绿化较好，上班族强调交通方便，家庭主妇则更重视室内的宽敞舒适。企业应该准确把握目标顾客群的侧重点，强调自身的优势特色，相应地在组织上有所侧重。

（2）竞争者状况。营销组织必须从两个方面来面对竞争者：一是竞争者是谁，他们在干些什么；二是如何对竞争者的行为做出反应。房地产企业所面对的竞争者不仅包括其他房地产企业，还包括所有从居民手中争夺大宗货币支出的企业和组织，如汽车制造商、教育机构、医疗机构等。住房是昂贵的商品，居民在其他方面的支出多了，自然也就很难支付购买商品房的款项。

企业搜集竞争情报的方式多种多样，既可以设立专门的市场调研部，也可以借助销售人员获得，还可以依靠外部的咨询机构。不同的选择将直接影响营销组织的构成。企业搜集到情报后，还必须制定相应的措施，经由营销组织贯彻实施。如果经调查发现，加强售后服务是提高企业竞争力的主要手段，企业就可能增加市场调研部门和物业管理部门的合作。

（3）企业状况。高层管理者的经营思想对企业营销组织的设计影响较大。此外，企业的规模、文化传统等因素也会影响营销组织的设计。

10.3.2　确定营销组织内部各项活动

营销组织内部的活动主要有两种类型：一是职能活动，涉及营销组织的各个部门，范围相当宽广（见表 10—6）。企业在制定战略时就会确立各个职能部门在营销组织中的地位，以便开展有效的竞争。二是管理性活动，涉及管理任务中的计划、协调和控制等方面。

表 10—6　　营销组织内部的职能活动列举

广告	国内外营销业务	项目开发
预算	情报收集	项目管理
控制	革新控制	公共关系
协调	法律	工程
信贷	楼花处理	市场研究
顾客服务	个人晋升	销售管理
代设关系	计划和战略	推销
经纪	定价	广告效果评测
预测	装修	人员培训

企业通常是在分析市场机会的基础上，制定营销战略，然后再确定相应的营销活动和组织的专业化类型。假定一家房地产企业较为年轻且易于控制成本，企业的几种商品房都在相对稳定的市场上销售，竞争战略依赖于广告或人员推销等活动，则该企业就可能设计职能式组织。同样，如果企业同时在多个城市开发住宅小区，并且每个城市的消费行为与

需求存在很大差异，则它就会建立地区式组织。但上述逻辑在实践中有时是行不通的，因为企业的营销战略可能被现有的组织结构所制约。例如，一家房地产企业通过对市场和竞争者状况的分析，决定实行系统营销战略，然而由于该企业原有的组织机构是为不断开发新项目而设计的，采用这种新战略就显得困难重重。

10.3.3 建立组织职位

企业在确定了营销组织活动之后，还要建立组织职位，使这些组织活动有所归附。职位决策时要弄清楚各个职位的权力和责任及其在组织中的相互关系，它要考虑三个要素，即职位类型、职位层次和职位数量。每个职位的设立都必须与营销组织的需求及其内部条件相吻合。通常，对职位类型的划分有三种方法。

（1）直线型和参谋型。处于直线职位的人员行使指挥权，能领导、监督、指挥和管理下属；而处于参谋职位的人员则拥有辅助性职权，包括提供咨询和建议等。事实上，直线型和参谋型之间的界限是模糊的，一个主管人员既可能处于直线型职位，也可能处于参谋型职位，这取决于他所起的作用及行使的职权。

（2）专业型和协调型。一个职位越是专业化，它就越无法起协调作用。但是各个专业化职位又需要从整体上进行协调和平衡，于是就产生了协调型职位，像项目经理或小组组长都是类似的例子。

（3）临时型和永久型。严格地说，没有一个职位是永久的，它只是相对于组织发展而言较为稳定罢了。临时型职位的产生主要是由于在短时期内企业要完成某项特殊任务，有时在组织进行大规模调整时也设立临时型职位。

职位层次是指每个职位在组织中地位的高低。比如，公共关系和销售管理的地位孰高孰低，对于不同的企业情况大不一样，它取决于这些职位所体现的营销活动与职能在企业整个营销战略中的重要程度。职位数量是指企业建立的组织职位的合理数量。它同职位层次密切相关。一般地，职位层次越高，辅助性职位数量就越多。很明显，市场调研经理在决策时就要依靠大批市场分析专家和数据处理专家的帮助。

职位决策的目的，是把组织活动纳入各个职位。因此，建立组织职位时必须以营销组织活动为基础。企业可以把营销活动分为核心活动、重要活动和附属性活动三种。核心活动是企业营销战略的重点，所以首先要根据核心活动来确定相应的职位，而其他职位则要围绕这一职位依其重要程度逐次排定。

此外，职位的权力和责任的规定主要体现在工作说明书上。工作说明书包括工作的名称、主职能、职责、职权和此职位与组织中其他职位的关系以及与外界人员的关系等。如企业决定建立新的职位，有关部门主管就会会同人事专家拟出一份关于职位的工作说明书，以便于对应聘人员进行考核和挑选。

10.3.4 设计组织结构

组织结构的设计和选择同职位类型密切相关。企业如果采用矩阵型组织，就要建立大量的协调型职位。如果采用金字塔形组织，则又要求有相应的职能性职位。因此，设计组织结构的首要问题是使各个职位与所要建立的组织结构相适应。

从这个意义上讲，对组织结构的分析要注重外部环境因素（包括市场和竞争状况），它强调组织的有效性。但是，营销经理总是希望节约成本和费用，并且要考虑效率。通常，组织的效率表现为用较少的人员和上下隶属关系以及较高的专业化程度去实现组织的目标。这取决于两个因素：一是分权化程度，即权力分散到什么程度才能使上下级之间更好地沟通；二是管理宽度，即每一个上级所能控制的下级的人数。普遍认为，假设每一个职员都称职，则分权化越高，管理宽度越大，组织效率也越高。

此外，营销组织总是随着市场和企业目标的变化而变化，所以，设计组织结构要立足于将来，为未来组织结构的调整留下更多的余地。

10.3.5 配备组织人员

在分析营销组织人员配备时，必须考虑两种组织情况，即新组织和再造组织。相比较而言，再造组织的人员配备要比新组织的人员配备更为复杂和困难。这是因为，人们总是不愿意让原组织发生变化，他们视再造组织所提供的职位和工作为一种威胁。组织经过调整后，许多人在新的职位上从事原有的工作，这也大大损害了再造组织的功效。同时，企业解雇原有职员或招聘新职员也非易事。

但是，不论哪种情况，企业配备人员时必须为每个职位制定详细的工作说明书，从受教育程度、工作经验、个性特征及身体状况等方面进行全面考察。对再造组织来讲，还必须重新考核现有员工的水平，以确定他们在再造组织中的职位。

此外，在营销组织中，小组人员配备也应引起重视。小组往往是企业为完成某项特殊任务而成立的，是组织的一个临时单位，其成员多从组织现有的人员中抽调。如果希望小组有效地发挥作用，则必须使小组成员与组织成员之间保持协调关系。比如，组织下层人员不可能作为领导来管理组织高层的成员，小组领导的职位也不应该比该小组所隶属的经理的职位高。不过，当人们意识到参与小组工作将影响其正常工作和晋升机会时，营销组织就很难为小组配备合适的人员。

10.3.6 检查和评价营销组织

世界上没有尽善尽美的组织，各种组织总是不同程度地存在着摩擦和冲突。因此，从营销组织建立之时起，营销经理就要经常检查、监督组织的运行状况，并及时加以调整，使之不断得到发展。营销组织需要调整的原因主要有以下几种：

（1）外部环境的变化：包括商业循环的变化、竞争加剧、新的生产技术出现、工会政策、政府法规和财政政策、产品或销售方法的改变等。

（2）组织主管人员的变动：新的主管人员试图通过改组来体现其管理思想和管理方法。

（3）改正组织结构缺陷：有些缺陷是由组织本身的弱点所造成的，如管理宽度过大、层次太多、信息沟通困难、部门协调不够、决策缓慢等。

（4）解决组织内部主管人员之间的矛盾。

总而言之，企业营销组织的设计和发展大体上要遵循以上六个步骤，而这六个步骤是相互联系、相互作用的，并形成一个动态有序的过程。为了保持营销组织的生机和活力，营销经理就要根据这一过程进行有效决策。

10.4 房地产营销执行

制定了好的房地产营销计划，若不能有效地执行，结果也无济于事。房地产营销执行将房地产营销计划落实为实际任务，并确保任务的执行效果能达到营销计划的目标。房地产营销执行能力直接影响着房地产营销管理运营系统的效率，决定了房地产营销计划的最终实施效果，从而决定了房地产企业的收益和未来发展前景。

10.4.1 房地产营销执行与计划、组织的关系

1. 营销计划与执行

一个优秀、切实可行的房地产营销计划可以为房地产企业提供明确的市场目标和可操作的执行方案，这对于提高企业执行力而言是极其重要的。但一个良好的营销计划仅仅是营销工作的一部分，只有当这个计划能被有效地执行时，房地产企业的营销目标才有可能实现。

良好的房地产营销计划和有效的实施相结合，是房地产企业持续发展的前提。明确的房地产营销计划和发展策略，是整个房地产营销业务活动开展的指导和前奏，房地产企业的运营体系则是计划实施的保障。在房地产营销计划和策略明晰之后，房地产企业经营的重点则应转向既定策略的细化和具体落实，以及完善运营系统、提升人员能力，从而提高执行能力去支持企业经营的重点工作。

所以，正确的计划和良好的执行是房地产企业经营成功的两大基础。仅有好的计划，而没有有效的实施执行将无法达到企业的营销目标，从而导致房地产企业在市场竞争中的失败。相反，尽管房地产企业可能在制定营销计划时出现纰漏，但如果在实施计划的过程中能够克服既定计划的不足，并拥有一套完善高效的运营体系，那么也可能通过计划实施过程中根据实际情况对原定计划进行的适时调整，最终完善并成功实现房地产营销计划。

房地产企业应对营销的执行给予充分的重视，并且要认识到，计划和执行是不可分割的整体。企业在制定房地产营销计划时，需要考虑计划和策略的“可执行性”，即企业是否有能力彻底执行制定的计划。在制定了完善、准确、可操作的计划之后，房地产企业要高度重视计划的落实和实施，不断提高企业的执行能力。

2. 组织设计与执行效力

房地产企业的执行能力不是一项独立分化的内容，而是贯穿在企业的方方面面。房地产营销系统执行力的高低关键取决于营销系统行为是否一致。要将房地产营销计划正确地转为房地产营销中系统一致的行动，就必须通过规范化的形式来完善营销管理体系。

高效率的房地产营销管理体系需要规范化、效率化的组织载体。所以，房地产企业的营销组织结构设计是否合理，将成为影响整个企业营销执行能力的关键。随着营销部门组织结构的演变，现代企业营销部门也由原来单一简单的销售部门逐渐发展至企业的核心部门，拥有复杂的组织结构，并与其他部门的职能紧密联系，而真正意义上的现代营销公司则将营销的理念贯穿整个企业，成为企业核心文化的一部分。所以，房地产营

销执行力不仅包括营销部门落实各项策略、计划的能力，还包括与营销相关的部门和工作的水平及效率。房地产营销工作执行力的提高涉及设计、开发、建设、财务、人事等各个部门。

由此可见，房地产企业合理的组织结构是其有效执行营销策略和计划的平台。一个完善的房地产营销组织体系，能够通过对关键业务的提炼，准确定位企业的核心职能，构建起整个部门和职位体系，从而形成良好的管理平台，推动房地产营销计划有效执行。如果房地产企业管理者过于孤立地看待执行力，忽视执行力所需要的内部环境和管理保障，则会在企业内部组织结构上出现以下缺点：(1) 企业总部组织职能缺乏，如缺少专业的营销计划部门而导致销售部门缺乏执行过程中的方向指导，或缺少销售计划预测部门而造成产、供、销、物的衔接不良等；(2) 区域组织职能缺乏，由于领导忽视了区域销售组织作为管理平台的功能，仅认识到其业务工作的层面，而在设立区域销售组织时仅分派了销售业务人员，从而造成区域销售业务缺乏系统的管理、评估和指导，导致策略无法执行到位；(3) 总部与区域组织之间缺乏对应和互动，一方面使一些工作的处理缺乏层级，另一方面则缺乏顺畅的沟通。

10.4.2 房地产营销执行的工具：营销管理信息系统

在当今的网络时代和信息时代，敏捷和互动是决定企业能否在市场竞争中赢得先机并适应市场迅速变化的关键特质。尤其是对于房地产市场这样的差异化市场而言，日益细分的市场，越来越多样化的房地产特点，消费者生活方式、潮流的迅速变化，需求的日益多样化、复杂化，市场范围的逐渐扩大等，都使得房地产企业在准确分析市场环境、捕捉消费者行为特征、制定迎合市场的营销策略时面临巨大的挑战，在执行的过程中更需要及时准确地获取有效、全面的信息，保持与外界市场环境的有效互动，以及企业内部上下行动的一致性、信息传达的通畅性等。而仅靠人力办公和简单、分散的电子办公，已远远无法满足这些要求。所以，房地产企业需要引进各种现代化的管理工具和信息系统，来提高企业的运营效率。一套完善、高效的营销管理信息系统将成为房地产营销计划有效执行的强有力的工具。

1. 房地产营销管理信息系统的作用

房地产企业需要根据整体营销计划和关键业务要求来制定营销管理制度，通过严格的规范来明确业务运作过程中的工作标准，并对营销工作的结果进行有效评估，从而保障营销计划和关键业务的正确执行。房地产营销管理信息系统的实施可使这些标准和制度落到实处，并为房地产企业管理提供高效便捷的工具。

房地产营销管理信息系统一方面能使领导、各部门及时了解基层的市场信息，确保执行团队能及时找出企业的问题，并赋予执行团队切实有效的方法来找到解决问题的答案，从而使企业迅速、准确地应对房地产市场的变化。另一方面又能保证团队中的成员进行及时的交流、沟通，并提供了对于基层员工的一种约束监督机制，促使员工工作态度的端正和工作质量的提高，从而增强房地产企业的整体执行力。

一个有效的房地产营销管理信息系统，可以根据不同房地产业务模式的变化，组合出不同的业务处理流程，有效支撑房地产企业管理模式和管理流程，提升企业的管理水平，强化企业的执行能力，提高执行的效率。应用房地产营销管理信息系统，可以使房地产企业在管理方面实现以下转变：(1) 从传统的面向职能管理转变为面向流程管理，随时监控房地产业务流程的执行情况并做出相应的调整和决策，提高房地产企业对顾客和市场的反应速度；(2) 由局部最优转而实现整体流程全局最优的目标，尽可能地实现房地产项目或业务的最大化增值；(3) 降低房地产企业的管理费用和成本，提高房地产营销运营过程中的人员素质与团队合作精神，构建具有自我学习机制的有机组织，避免组织的运作效率与效益随着规模扩大而降低，发挥出规模效应；(4) 将有企业特色的管理经验固化为具体的工作规范和流程，使所有员工都能及时获知公司高层领导的营销战略意图和营销管理理念；(5) 能充分利用现代化的计算机技术和网络技术，保持吸收国内外先进的营销管理思想和管理成果，使房地产企业保持不断更新的状态。

2. 房地产营销管理信息系统的建设

房地产营销管理信息系统不仅包括房地产企业内部各种营销数据的收集、传输、加工、储存、更新、维护和管理，更重要的是，它以企业营销战略竞优、提高营销运营效率、提高企业效益为目的，能体现房地产企业的运作、管理、控制等各项流程、规定和制度，为房地产企业及时地制定营销计划、考核工作人员绩效、执行监控等工作提供正确的数字依据和各种信息资料，从而支持房地产企业战略目标的实现。

进行房地产营销管理信息系统建设需要遵循五项基本原则。(1) 一致性，即系统在整个公司内的信息架构要统一，并且要覆盖整个公司各级管理层次，在规划、标准制定、管理方式等各方面保持一致。(2) 适用性，即网络通信建设要与应用系统建设相匹配，合理地设计、利用和分配资源，使网络建设满足信息共享的需要。(3) 应用性，即应用系统的选择和设计要符合房地产业务操作的实际需要和系统使用者的要求，并保证系统运行的平稳性。(4) 先进性，即在信息技术平台、应用系统、网络通信技术、安全管理和信息管理等各个领域，要选用适合房地产企业发展的先进技术。(5) 标准化，即应尽可能地选择与国内和国际房地产相关领域标准相符合或兼容的技术和标准，以确保系统的稳定和扩展。

可以从两个方面来衡量营销管理信息系统是否有效。(1) 运作管理系统效率，包括运作管理系统的完善性和简洁性两个主要指标。(2) 信息管理系统效率，包括管理系统的速度、精确度和全面性三个主要指标。需要注意的是，在现实工作中，并非所有的要求都要同时满足，比如，优秀中小型房地产企业的运作流程往往较简洁但不够完善，而优秀大型房地产企业的运作流程往往较完善但不够简洁。因此，衡量时应根据各房地产企业的实际规模、业务要求等具体条件来确定以哪些指标为主要保障对象。

目前被国内企业普遍采用的应用系统包括企业资源计划系统（ERP）、客户关系管理系统（CRM）、供应链管理系统（SCM）、办公自动化/工作流管理系统（OA/WFM）、企业信息门户/知识共享平台（EIP）、数据仓库/决策支持系统（DW/DSS）等。

3. 影响房地产营销管理信息系统成功的关键

(1) 部门领导的支持。房地产营销管理信息系统的建设和实施过程其实是利用现代管理理念彻底革新和改造传统落后的房地产企业管理思想和管理模式，它会对房地产企业的管理职能、管理权限、管理方法、管理效果等诸多方面产生根本性的影响，所以必须要得到各部门领导和企业最高领导的全面理解和支持。尤其是在下层员工不愿意配合系统的建设和实施的情况下，只有高层领导持支持态度，才能保证信息系统建设和运行的成功。

（2）突破传统思维方式，重组业务流程。这是房地产企业信息化建设的前提。因为房地产营销管理信息系统所带来的不仅仅是一套软件，更重要的是整套先进的房地产营销管理思想。它不是单纯的手工自动化，而是需要引入信息系统的房地产企业突破习惯性思维方式，重新认识并理顺企业的关键业务流程，在流程优化的基础上用信息技术予以辅助支撑，从而保证企业信息化投资的谨慎性、科学性和正确性。所以，房地产企业在信息系统建设方面不可盲目地求大求全，进行过度投资和重复建设，而应该在房地产业务流程重组与信息系统规划实施有效结合的基础上，寻求一个最适合自身发展的营销管理信息系统。

（3）企业主导系统设计。引入房地产营销管理信息系统的房地产企业是系统项目的主体，必须在项目实施过程中处于主导地位，并发挥决定性的领导作用，而不能简单地认为信息系统建设就是IT部门或者是聘用的软件商主导设计的任务。房地产营销管理信息系统的实施项目是一个现代管理工程项目，必须由实施的房地产企业从市场竞争、企业宏观战略的高度去审视和把握项目实施中出现的问题，并根据自己的战略要求、管理需要、组织结构特点对信息系统的建设进行总体控制。

（4）控制系统建设成本。房地产营销管理信息系统的复杂性决定了其高昂的建设实施成本。房地产企业在决定引进一整套的房地产营销管理信息系统之前，必须要了解应用这一系统所需要的全部成本。在聘请软件公司或第三方咨询顾问时，要根据自身的技术实力和管理实力进行选择和决策。目前常用的信息系统成本管理体系是标准成本体系，该系统可以自动计算出产品的标准成本、实际成本，自动计算出成本差异，还能将差异细分为原材料价格差异、原材料数量差异等，从而帮助房地产企业在建设实施营销管理信息系统时避免陷入成本失控的“无底洞”状态。

营销实战案例：房地产营销管理信息系统应用——客户关系管理（CRM）

客户关系管理是指企业以客户为中心，不断加强与顾客的交流，了解顾客需求，并不断对产品及服务进行改进和提高以满足顾客需求的连续的过程，它可以为客户提供多种交流的渠道以方便企业与客户的沟通。它是企业利用信息技术和互联网技术实现的对客户的整合营销，是营销管理信息系统应用的一个典型例子。下面我们来看一个地产客户投诉的例子。

【深圳某楼盘的客户投诉】①：“我上周日去××花园的管理处投诉房屋质量问题。负责接待的×先生说他们是××物业的，让我到××地产去投诉；××地产让一个工人将我带到维修部，说找维修部的人投诉；到了维修部，前台小姐找来负责维修这一块的张工，但他后来说他只负责维修，这些问题应该去找位于售楼处二楼的营销部门，于是又将我踢回售楼处；在那里找到一位陈某（后来我记起了他就是最初我拒绝收楼、向花园投诉时接待我的那个人，他当时就不重视我的投诉资料，导致后来险些找不到我那张写了意见的收楼单了）。我说准备把我们的对话录下来，他就马上翻脸说要录音的话就免谈，摆出一副爱理不

① 参见胡利杰、田宇：《营销执行》，2版，211页，北京，企业管理出版社，2010。

理的样子。之后，在我一再坚持下，他才说找负责××花园的客户服务部的人来和我谈。像这样接受业主投诉的人我还是第一次见到，希望以后不会再碰到这种人了！”

类似这样的客户投诉在房地产领域中其实是屡见不鲜的。我们需要思考的问题是：为什么客户不满意？由以上的案例可以看到，这家房地产公司没有实现各个部门以提供优质客服为己任，没有“以客户为中心”的战略和理念，同时缺乏规范化、程序化的处理客户投诉的流程，还缺乏对客户信息的有效记录。因此，房地产企业需要配置训练有素的专门人员来处理客户的投诉，并采用规范、统一、有效的信息系统来收集、储备、更新客户信息。面对客户投诉时，客服人员应采用一套标准化、流程化的语言和处理方式，实现客户问题的“一站式”解决，而不是相互推诿，使客户四处奔走而得不到问题的解决。客户关系管理系统正好可以满足以上要求，从而改善企业与客户之间的关系。

10.4.3 领导者在房地产营销执行中的角色

房地产企业的领导者在房地产营销执行过程中扮演着非常重要的角色。传统的管理思想认为领导者只需要重点关注策略制定、把握企业未来发展远景，而执行属于细节事务，不需要领导费神，只需交给下属去做即可。但恰恰相反，执行才应该是领导者最重要的工作之一。企业领导者在制定了房地产营销计划后必须要参与营销执行，这样才能准确、及时地确定房地产营销目标是否可以实现。对于领导者来说，在房地产营销执行的过程中应重点关注的事务有以下五个方面：

1. 营造企业执行力文化

把房地产营销策略和计划执行到位的关键在于透过房地产企业的文化影响员工的行为，只有当各个核心业务运作过程中的员工在思想意识和行为习惯上都将房地产营销决策的执行作为一种无条件的纪律时，整个房地产企业的营销系统行为才能实现高度一致，保持营销过程的高效性。因此，房地产企业的领导者应努力营造企业执行力文化，身体力行地参与执行计划的全过程。这个过程包括：（1）明确告知全体工作人员公司的营销目标，指导营销人员共同讨论如何实现目标；（2）在执行过程中根据实际执行情况对员工进行奖励或惩罚；（3）在执行过程中适时了解并控制进展状况，指导员工的工作。

2. 关注团队执行力

房地产营销执行力的关键在于团队执行能力而非个人执行能力，因为客户价值的实际创造和传递不是单独某个人能够承担的责任。所以，领导者应按照营销计划对岗位的要求谨慎选择工作人员，使人员配备能保证较高的团队执行力。在房地产营销执行的整个过程中，领导者要保持与营销个体成员的有效沟通，在鼓励员工个体创造新价值的同时，又要注意收敛个体的差异性来保持营销团队的和谐配合，支持房地产开发营销项目的整体价值。

3. 对执行过程进行监督和控制

执行过程中，房地产企业领导者的主要任务是对执行过程进行监督和控制，这是确保房地产营销计划落实到具体行动的重要过程。领导者要对房地产营销计划实施各阶段的结果进行评估反馈，对员工工作进行指导和绩效评估，并及时纠正执行过程中产生的问题。关于营销控制的基本程序和方法等内容，将在本章第五节进行进一步的阐述。

4. 提高领导者自身素质

如前所述，房地产企业的领导者在营销执行过程中扮演着重要的角色，他们需要身先士卒，通过自身参与执行来影响下属的执行观念和行为方式，他们需要对营销的执行过程进行监督和控制，努力营造企业执行力文化等。这些都要求领导者自身具备很高的职业素质，并要求领导者在工作过程中不断提高自己的素质。领导者需要做到：（1）充分了解自己的企业，从整体上了解自己的企业如何运转，战略计划如何实施，营销人员如何工作，营销过程如何进行，等等；（2）坚持实事求是的原则，客观地评价房地产企业营销工作的优缺点和营销工作人员的工作成果等；（3）科学设定营销目标，明确目标实现的顺序，简化明确目标以使员工能在最短的时间内理解并接受该目标。

5. 挖掘和培养营销精英，提高营销人员执行力

选拔优秀的营销精英，为营销人员提供系统、规范化的培训，是提高房地产营销人员执行能力和整个团队执行能力的重要保障。房地产企业的领导者可以通过在企业内部选拔、对外公开招聘、委托猎头公司等方式搜寻优秀的具有很强执行力的房地产营销精英，并通过制定有竞争力的薪酬制度和福利制度、为营销经理和销售经理提供职业生涯规划和定期的职业培训、营造良好的企业工作氛围和和谐的人际环境等，达到维持和激励营销精英为自己的企业服务的目的。其中，建立有效的培训体系，不仅是针对优秀的营销人员，而且应针对所有的营销工作人员。

对于新进和普通员工来说，房地产营销培训能够补充营销人员的专业知识和技能，提高营销人员的营销能力、销售能力，保证营销人员能面对不断变化的市场竞争的挑战，延长营销人员的使用期限，维护房地产企业形象。在培训过程中，还能够发掘出具有营销天赋的人员，可将其重点培养成为优秀的房地产营销经理。对于具有丰富的营销经验，营销成绩优秀的精英人员来说，定期的培训能够给予他们更多的机会参加学习和自我提高，延缓营销人员的老化，激发这些优秀工作者的自我挑战和创新的激情，一方面保持了营销精英们的工作热情，提高了他们的工作绩效，另一方面又显示出房地产企业对营销精英们的职业关怀，有利于增强优秀营销人才对企业的忠诚度和满意度，避免他们频频跳槽，从而对整个营销系统执行力的稳定和提高起到了重要的积极作用。

10.4.4　影响有效房地产营销执行的技能

早在 1985 年，波诺玛（Thomas V. Bonoma）就提出了影响有效执行营销计划方案的四种技能，这些技能也是房地产营销执行所需要具备的基本技能。（1）诊断技能：当营销计划执行的结果未达到预期目标时，低销售率究竟是由战略欠佳造成的，还是执行不当的结果？如果是执行问题，问题是什么？（2）确定问题层次：营销执行问题可能发生在三个层次上：营销职能、营销规划、营销政策。（3）营销执行和评估技能：为使计划成功履行，营销者必须掌握其他技能，如用分配技能来预算资源，用组织技能来开发一个有效的工作组织，用相互配合技能来影响别人从而完成自己的工作。（4）评价技能：营销者还需要监控技能来评价营销活动的结果。

随着时代进步和营销管理哲学、营销技能的发展，影响有效执行营销计划方案的技能也变得越来越丰富和复杂。前文所述的房地产营销管理信息系统的技术应用、房地产企业领导者对营销人才的发掘和培训、房地产企业执行力文化的营造等，其实都是影响房地产营销计划有效执行的重要技能。面对不断变化、竞争激烈的市场环境，房地产企业要保持高效的执行能力，需要从企业整体、领导者层面和基层员工层面提高前述的各种技能水平，并根据市场发展需要和消费者心理、行为等的变化主动地发掘新的技术和管理理念，以保持自身执行能力的高效性。

10.5 房地产营销控制

10.5.1 房地产营销控制的基本程序

控制是管理的重要职能之一。如果把市场营销管理看做是计划、实施、控制这样一个周而复始的过程，那么，市场营销控制既是前一次循环的结束，又孕育着新循环的开始。

实施营销控制的目的，是要确保企业经营按照计划规定的预期目标运行。控制的原因在于计划通常是建立在事先对众多不确定因素的假定基础上的。当计划实施过程中遇到与事先假设不一致的现实情况时，就需要通过营销控制，及早发现问题，并对计划或计划的实施做出必要的调整。

控制有助于企业及早发现问题，防患于未然。控制还对营销人员起着监督和激励作用。如果营销人员发现上级主管非常关心某个项目，而且他们自身的前途和报酬也取决于此，则他们肯定会更加努力地工作，并认真地按计划要求去做。

在房地产企业的营销组织中，有效的营销控制是由科学、严格的工作步骤来保证的。其控制步骤如图10—9所示。

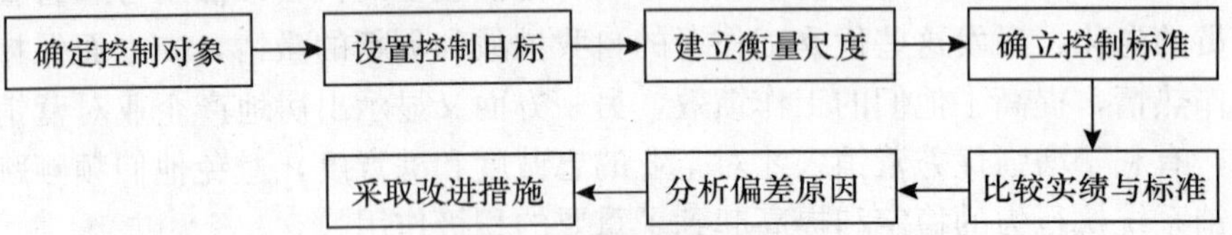

图10—9 营销控制步骤

第一步，确定应对哪些市场营销活动进行控制。固然，控制的内容多、范围广，可获得较多信息，但任何控制活动本身都会有成本。因此在确定控制内容、范围、额度时，管理者应当使控制成本小于控制活动所能带来的效益或可避免的损失。最常见的控制内容是销售收入、销售成本和销售利润，但对市场调查、推销人员工作、消费者服务、新产品开发、广告等营销活动，也应通过控制加以评价。

第二步，设置控制目标。这是将控制与计划连接起来的主要环节。如果在计划中已经认真地设立了目标，那么，这里只要借用过来就可以了。

第三步，建立一套能测定营销结果的衡量尺度。在大多数情况下，企业的营销目标就决定了它的控制衡量尺度，如目标销售收入、利润率、市场占有率、销售增长率等。但还有一些问题则比较复杂，如销售人员的工作效率可用一年内新增加的客户数目及平均访问频率来衡量，广告效果可用记住广告内容的读者（观众）占全部读者（观众）的百分比来衡量。由于大多数企业都有若干管理目标，所以，在大多数情况下，营销控制的衡量尺度也会有多种。

第四步，确立控制标准。控制标准是指以某种衡量尺度来表示控制对象的预期活动范围或可接受的活动范围，即对衡量尺度加以定量化。如规定每个推销员全年应增加30个新客户；某种商品房的市场占有率达到3%；市场调查访问中每个用户的费用每次不得超过10元；等等。控制标准一般应允许有一个浮动范围，如上述商品市场占有率为2.8%也是可以接受的，而访问费用最高不超过12元也可接受。

确立标准可参考外部其他企业的标准，并尽可能吸收企业内多方面的管理者和被管理者的意见，以使其更切合实际，得到各方面的承认。为使标准具有刺激作用，可采用两种标准：一种是按现在可接受的水平设立；另一种用以激励营销人员的工作达到更高水平。

确立标准还需考虑项目、地区、竞争情况的差别而导致的标准的不同。如考察推销人员工作效率时需要考虑以下因素的影响：(1) 所辖区内的市场潜力；(2) 所辖区内新房的竞争力；(3) 广告强度；(4) 商品房的具体情况。因此，不可能要求每人都创造同样的销售额或利润。

第五步，比较实绩与标准。在将控制标准与实际执行结果进行比较时，需要决定比较的频率。这取决于控制对象的变动频率。如果比较结果是实绩与控制标准一致，则控制过程到此结束；如果不一致，则需进行下一步。

第六步，分析偏差原因。产生偏差可能有两种情况：一是实施过程中的问题，这种偏差比较容易分析；二是计划本身的问题，确认这种偏差比较困难。而且两种情况往往交织在一起，使分析偏差的工作成为控制过程中的一大难点。

第七步，采取改进措施。如果在制定计划的同时，也制定了应急计划，改进就能更快。例如，若计划中规定“一季度利润如果下降5%，就要削减该部门预算费用的5%”，届时就可以自动启用。但在多数情况下并没有这类预定措施，这就需要根据实际情况，迅速制定补救措施，或适当调整某些营销计划目标。

10.5.2 房地产营销控制方法

房地产营销控制的主要方法有年度计划控制、盈利能力控制、效率控制、战略控制以及房地产营销审计。本书重点介绍年度计划控制的方法，其他方法简要概述之。

1. 年度计划控制 (annual-plan control)

年度计划控制是房地产企业所采用的主要控制方法，其目的是确保企业达到年度计划规定的销售额、利润指标及其他指标，它是一种短期的即时控制，中心是目标管理。年度计划控制的实质是随时检查年度计划的执行情况。其主要工具有以下四种：

(1) 销售额分析 (sales analysis)。由统计分析与年度销售目标有关的销售额组成，具体有两种。

1) 总量差额分析。

【例10—1】 假定年度计划要求第一季度按每平方米1万元的价格销售某种商品房4 000平方米，目标销售额为4 000万元。但到季度末仅按每平方米0.8万元的价格销售出3 000平方米，总销售额为2 400万元，比目标销售额减少了1 600万元。但这1 600万元的减少额有多少是由于销售量下降造成的？有多少是由于价格降低造成的？分析计算方法如下：

降价影响＝(1－0.8)×3 000＝600（万元）
（占 1 600 万元的 37.5%）
销售量下降影响＝1×(4 000－3 000)＝1 000（万元）
（占 1600 万元的 62.5%）

2）个别销售分析。着眼于个别产品或地区销售额未能达到预期份额的分析。

【例 10—2】 假定某企业分别在三个地区销售某种商品房，期望的销售目标分别是 100 套、150 套和 200 套。实际销售量分别为 120 套、145 套和 150 套。则有：

地区Ⅰ：较期望销售量高出 20%；

地区Ⅱ：较期望销售量低出 3.3%；

地区Ⅲ：较期望销售量低出 25%。

显然，地区Ⅲ是造成麻烦的主要原因。市场营销经理应检查该地区的情况，找出原因。是营销力量不够？还是竞争对手太强大？或是原来的预期目标制定不妥？

（2）市场占有率分析（market-share analysis）。销售额的绝对值并不能说明企业与竞争对手相比的市场地位如何。有时一家企业的销售额上升并不说明它的经营就是成功的，因为这有可能是企业正处在一个迅速成长的市场，企业的销售额上升但市场占有率反而下降。只有当企业的市场占有率上升时，才说明的它的竞争地位上升。

市场占有率分析有三种指标：1）总体市场占有率，用本企业销售额在全行业销售额中所占比重表示；2）有限地区市场占有率，指企业在某一有限区域内的销售额占全行业在该地区市场销售额的比重；3）相对市场占有率，将本企业的市场占有率与行业内领先的竞争对手的市场占有率进行比较。

（3）市场营销费用/销售额比率分析（market expense-to-sales analysis）。年度计划控制要确保企业的利润水平，关键就是要对市场营销费用/销售额比率进行分析。

【例 10—3】 假定某房地产企业的市场营销费用/销售额比为 30%，即年销售 100 万元房屋，支出营销费用 30 万元；又假定费用由五部分构成：推销人员费用 12 万元，广告费用 8 万元，其他促销费用 6 万元，市场调查费用 1 万元，营销管理费用 3 万元；它们与销售额的比率分别为 12%、8%、6%、1%、3%。

这些目标比率因受各种随机因素的影响，经常会有可以忽略的小波动，通常也允许存在一个正常的偏差值。但当波动超过正常的波动范围时，就应引起关注。用于跟踪波动情况的控制图如图 10—10 所示。图中显示的广告费用/销售额比率的正常波动范围为 8%～12%，数据显示出两个值得注意的问题：1）从第 9 期起，比值呈持续上升状态。在独立事件影响下，遇到六次连续上升的概率只有 $(1/2)^6$ 即 1/64，故这种不寻常的情况应尽早引起注意；2）连续上升最终在第 15 期导致波动值超出允许范围，须立即寻找原因并采取措施。

还有一种费用/销售额偏差分析图可用来评价不同地区达到销售额目标与费用目标的比较，方法如图 10—11 所示。按图中所示，地区 D 达到销售额目标与费用目标的百分比几乎相等；地区 B 超额完成了销售指标，但费用水平也以相同比例增加；最糟的是 J 地区，销售额目标只完成 80%，而费用却不成比例地增长到定额值的 120%。

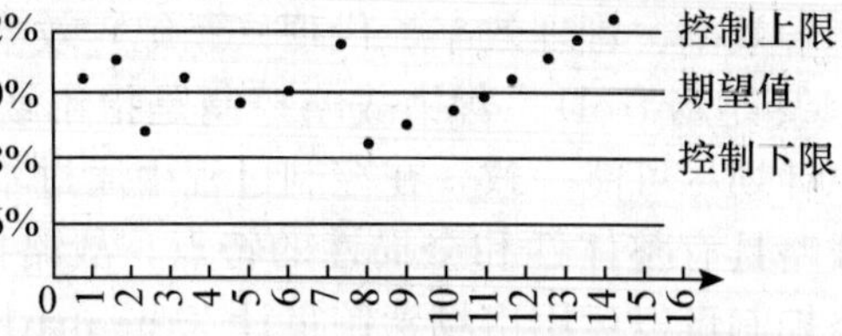

图 10—10　广告费用/销售额比率控制图模型

（4）顾客满意度跟踪（market-based scorecard analysis）。前面的方法主要以财务和数量化分析为主，它们十分重要，但仍不够。为了尽早觉察市场销售可能发生的变化，具有远见和高度警惕性的公司还应建立顾客满意度跟踪系统。这个系统包括用户投诉和建议制度、典型户调查和用户定期随机调查三部分。一般而言，房地产企业的用户数量并不会很多，建立用户定期随机调查系统不仅是必要的，而且是可能的。建立完善的顾客满意度控制系统，能够提高企业在用户心目中的形象，促进企业新房的销售，并为企业开发新项目提供有益的建议。

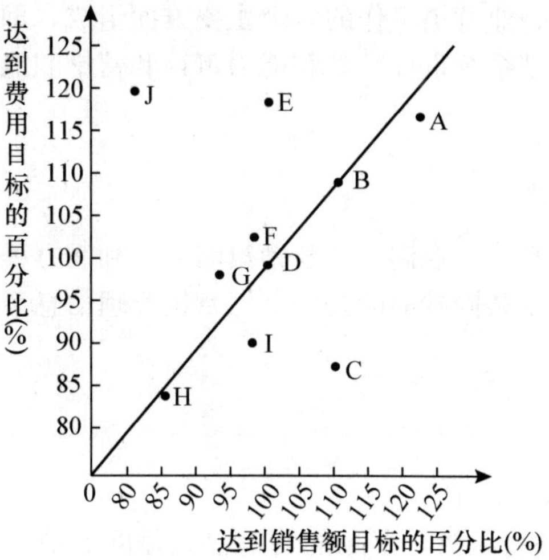

图 10—11　费用/销售额偏差分析图

2. 其他控制方法

除了年度计划控制以外，房地产企业还会经常用到的营销控制方法有盈利能力控制、效率控制、战略控制和房地产营销审计。

（1）盈利能力控制（profitability control）。企业可以利用盈利能力控制来测算不同项目、不同地区、不同顾客群的盈利能力。由盈利能力控制所获取的信息，有助于管理人员决定各个项目或各种营销活动是扩展、减少还是取消。盈利能力控制的主要内容是营销成本控制和财务指标控制。营销成本直接影响企业的利润，它由如下项目构成：推销费用、促销（广告）费用、代理费用、营销管理费用等。企业在控制营销活动的盈利能力时主要考察的财务指标有销售利润率、资产收益率、净资产收益率和资产管理效益等项。

（2）效率控制（efficiency control）。效率控制的目的在于提高人员推销、广告、销售促进和代理等各项营销活动的效率，降低营销成本，提高企业整体的利润水平。其主要内容包括推销访问效益、广告效率、管理效率、代理（经纪）效率等多项营销控制。

（3）战略控制（strategic control）。营销战略控制是指市场营销管理者采取一系列行动，使实际营销工作与原计划尽可能一致，在控制过程中通过不断评审和信息反馈，对营销战略做出修改。营销战略具有整体性和全局性的特点，战略控制关注的是企业的未来，因此难度较大。进行战略控制可以运用市场营销审计（the marketing audit）这一工具。

（4）房地产营销审计。所谓房地产市场营销审计，是对房地产企业的市场营销环境、目标、战略、组织、方法、程序和业务等做出综合的、系统的、独立的和定期的核查，以便确定企业的困难所在和各项机会，并提出行动计划的建议，改进企业营销管理的效果。

审计工作开始时，通常由公司内部人员和外部审计专家共同组成审计小组，拟定关于审计目标、范围、资料来源、报告形式、所需时间和费用的协议。然后通过调查访问、收集资料、评价比较等项工作，制定审计报告，进而提出公司营销工作的改进意见。访问对象不仅包括企业内部员工，顾客、代理商和其他有关团体也都应该造访。最后，最高主管应参与审计工作的主要过程，并听取汇报，协助审计专家的工作。

营销审计内容由评价企业营销工作的六个主要方面组成，即营销环境审计、营销战略审计、营销组织审计、营销系统审计、盈利能力审计和营销职能审计。

关键术语

计划　组织　执行　控制　营销策略　利润方程　销售反应函数　现代营销公司　过程与结果共同导向的公司　营销管理信息系统　总量差额分析　营销审计

复习思考题

1. 一些营销观察家坚持认为，卓越的营销很大程度上是一门艺术，无须严格分析和缜密思考。但这种观点的反对者认为，营销管理应与其他经营学科一样，是一门非常严谨的学科。你认为营销管理是艺术还是科学？原因是什么？这对于房地产企业的营销管理有什么启发？

2. 房地产营销计划的主要内容有哪些？请根据你所学的房地产营销知识，针对你感兴趣的房地产产品，制定一个营销计划。

3. 根据以上你所制定的营销计划，你会采用哪些方式，以确保你的计划得到有效的执行？

4. 假如你是一家房地产公司的营销经理，在一项房地产营销项目中，你需要关注哪些重要环节，采取什么样的具体措施，以提高该项目的销售业绩？

参考文献

一、著作类

Louis W. Stern，Adel L. El-Ansary，Anne T. Coughlan. 市场营销渠道. 6版. 北京：清华大学出版社，2001

陈佳贵等. 中国工业化进程报告——1995—2005年中国省域工业化水平评价与研究. 北京：社会科学文献出版社，2007

[美] 菲利普·科特勒. 营销管理. 北京：中国人民大学出版社，2010

[美] 菲利普·科特勒. 反思：可持续营销——亚洲公司成功的战略、战术和执行力. 北京：中国市场出版社，2008

[美] 菲利普·科特勒等. 营销管理. 北京：中国人民大学出版社，2005

[美] 菲利普·科特勒. 营销管理. 13版. 上海：格致出版社，2009

叶剑平，孙晓岚. 房地产营销. 修订2版. 北京：首都经济贸易大学出版社，2006

纪宝成等. 市场营销学教程. 4版. 北京：中国人民大学出版社，2009

[美] 加里·阿姆斯特朗，菲利普·科特勒. 营销学导论. 7版. 北京：中国人民大学出版社，2006

[美] 迈克尔·波特. 竞争战略. 北京：华夏出版社，2005

全国二级建造师职业资格考试用书编委会编写. 建设工程法规及相关知识. 北京：中国建筑工业出版社，2007

上海易居研究院. 最强大的公司怎么做房地产. 大连：大连理工大学出版社，2008

胡利杰，田宇. 营销执行. 2版. 北京：企业管理出版社，2010

张原，苏萱. 房地产营销. 北京：机械工业出版社，2006

中国房地产估价师与房地产经纪人学会编. 房地产经纪实务. 5版. 北京：中国建筑

工业出版社，2010

胥和生，沈蕙帼．房地产策划．上海：东华大学出版社，2006

邹晓燕．房地产法律制度．北京：化学工业出版社，2010

李英，周宇．房地产市场营销．北京：清华大学出版社，2010

二、年鉴报告类

中国人口与就业统计年鉴2010．北京：中国统计出版社，2010

中国统计年鉴2009·人口篇．北京：中国统计出版社，2009

中国统计年鉴1996·人口篇．北京：中国统计出版社，1996

中国人民银行房地产金融分析小组．2004中国房地产金融报告．中国人民银行网站，2005

俞稚玉．关于美国购物中心的研究报告．上海：连锁经营研究所，2004

三、期刊类

蔡黔芬，刘富勤．我国住宅房地产市场细分现状分析．建筑经济，2007（5）

崔峰等．浅谈房地产市场推广渠道的整合．重庆建筑大学学报，2005（6）

丁利军．供应链合作伙伴关系管理过程分析．计算机集成制造系统—CIMS，2003（10）

孔飞．房地产促销策略创新研究．山东纺织经济，2006（2）

李佳．浅议房地产网络营销．合作经济与科技，2011（1）

刘卫卫．宏观调控背景下中小型房地产企业发展之路．上海房地，2008（11）

栾淑梅．浅析房地产品牌策略．辽宁行政学院学报，2007（9）

任超，陈瑛，裴艳飞．古城西安住宅消费市场满意度重要性与差异性分析．人文地理，2010（2）

史丽娜．关于房地产推销方法的研究．山西建筑，2009（9）

吴选明．试论房地产公司的品牌策略．经济师，2010（9）

颜涛．供应链合作伙伴关系管理的难点与对策．物流技术，2008（6）

袁则．当代中国房地产品牌资产分析体系的构建元素．山西建筑，2010（2）

张虹，黄硕等．基于产业群划分法的我国房地产产业定位．中国房地产，2010（9）

赵全胜．基于消费行为特征的城市住宅市场需求结构研究．中国高新技术企业，2010（9）

左根林．浅论房地产人员推销．企业家天下，2009（7）

章程，夏晓薇．品牌万科的成功之路．沪港经济，2008（5）

图书在版编目（CIP）数据

房地产市场营销/叶剑平，邹晓燕编著．—2版．—北京：中国人民大学出版社，2011.11
21世纪房地产系列教材
ISBN 978-7-300 14561-7

Ⅰ.①房… Ⅱ.①叶…②邹… Ⅲ.①房地产市场-市场营销学-高等学校-教材 Ⅳ.①F293.35

中国版本图书馆CIP数据核字（2011）第225691号

21世纪房地产系列教材
房地产市场营销（第二版）
叶剑平　邹晓燕　编著
Fangdichan Shichang Yingxiao

出版发行	中国人民大学出版社		
社　　址	北京中关村大街31号	**邮政编码**	100080
电　　话	010－62511242（总编室）		010－62511770（质管部）
	010－82501766（邮购部）		010－62514148（门市部）
	010－62515195（发行公司）		010－62515275（盗版举报）
网　　址	http://www.crup.com.cn		
经　　销	新华书店		
印　　刷	北京东君印刷有限公司	**版　　次**	2000年4月第1版
规　　格	185 mm×260 mm　16开本		2012年1月第2版
印　　张	19.5 插页1	**印　　次**	2021年6月第8次印刷
字　　数	447 000	**定　　价**	35.00元

教学支持说明

（教学课件）

中国人民大学出版社政治与公共管理出版分社秉承“出教材学术精品，育人文社科英才”的出版宗旨，多年来，出版了大批高质量的公共管理、教育学、政治学、政治理论公共课教材和学术著作。

我们为本教材制作了相应的 PPT 教学课件，任何一位采用本书作为授课教材的教师均可免费获得该课件。为了确保该课件仅为授课教师获得，烦请您填写如下材料，并将相关信息通过 E-mail 发送给我们，我们将在收到相关信息后通过 E-mail 给您发送该课件。欢迎您加入我们的 QQ 群（全国政管教师交流群，群号为 236159213），或登录我社官方网站（www. crup. com. cn），注册并认证成为教师会员，以获得更好的服务。

我们的联系方式：

地址：（100872）北京市中关村大街甲 59 号文化大厦 1202 室

中国人民大学出版社政治与公共管理出版分社

电话：（010）82502724　62514775（传真）

E-mail：ggglcbfs@vip. 163. com

QQ 群：236159213

兹证明__________大学/学院__________院/系__________专业__________学年第__________学期开设的__________课程，采用中国人民大学出版社出版的____________________（书名、作者）作为本课程教材。授课教师为__________，授课班级共______个、学生______人。授课教师需要与本书配套的教学课件。

联 系 人：____________________

通信地址：____________________

邮　　编：____________________

电　　话：____________________

E-mail：____________________

系/院主任：__________（签字）

（系/院办公室章）

______年______月______日